A Prescrição das Pretensões Coletivas

Análise dos efeitos nas demandas coletivas e individuais. Estudo da legislação estrangeira.

Lorena de Mello Rezende Colnago

A Prescrição das Pretensões Coletivas

Análise dos efeitos nas demandas coletivas e individuais. Estudo da legislação estrangeira.

LTr

LTr®

LTr Editora Ltda.

Rua Jaguaribe, 571
CEP 01224-003
São Paulo, SP — Brasil
Fone (11) 2167-1101
www.ltr.com.br
Agosto, 2022

Produção Gráfica e Editoração Eletrônica: RLUX
Projeto de capa: DANILO REBELLO
Impressão: LOG & PRINT GRAFICA

Versão impressa — LTr 6375.7 — ISBN 978-65-5883-166-2
Versão digital — LTr 9858.2 — ISBN 978-65-5883-167-9

Dados Internacionais de Catalogação na Publicação (CIP)
(Câmara Brasileira do Livro, SP, Brasil)

Colnago, Lorena de Mello Rezende
A prescrição das pretensões coletivas : análise dos efeitos nas demandas coletivas e individuais : estudo da legislação estrangeira / Lorena de Mello Rezende Colnago ; prefácio Enoque Ribeiro dos Santos ; apresentação Clarissa Ribeiro Schinestsch.
— São Paulo : LTr, 2022.

Bibliografia.
ISBN 978-65-5883-166-2

1. Ação coletiva 2. Ação coletiva trabalhista 3. Justiça do trabalho 4. Poder judiciário I. Santos Enoque Ribeiro dos. II. Schnestsch, Clarissa Ribeiro. III. Título.

22-117498 CDU-347.998:331

Índice para catálogo sistemático:

1. Justiça do trabalho : Direito 347.998:331

Cibele Maria Dias — Bibliotecária — CRB-8/9427

DEDICATÓRIA

A Jorge Cavalcanti Boucinhas (in memoriam).

O tempo prematuramente o levou de nosso convívio.

Ironicamente, esse mesmo tempo marcou com intensidade a admiração, o carinho, a confiança, o respeito, a amizade e a cumplicidade de nossa relação parental.

Gratidão e saudade!

A Jorge Cavalcanti Boucinhas Filho.

Meu grande amor e maior incentivador da vida acadêmica. Obrigada por todo carinho, compreensão, amor e cumplicidade.

Ao meu gatinho Fido, que sempre deixa meus dias mais doces e alegres.

AGRADECIMENTOS

Agradecer é sempre uma tarefa difícil, não pelo sentimento genuíno de gratidão, mas porque tudo o que somos é um pouco do que nos deixa cada pessoa ao longo da vida. Espero nestas linhas não cometer o pecado de olvidar alguém.

Inicialmente agradeço a Deus. Ao amado esposo, Jorge Cavalcanti Boucinhas Filho, que vibrou, acompanhou-me e apoiou-me minuto a minuto, dividindo alegrias, tristezas, reflexões e livros em tempos tão difíceis e desafiadores.

Agradeço ao estimado Professor Orientador, Dr. Enoque Ribeiro dos Santos, que, com sua preparação, sua cultura e seu talento, aceitou-me como discípula, mas também porque me permitiu crescer sob a sua sombra. Aos professores Antonio Rodrigues de Freitas Júnior e Hermes Zaneti Junior, pelas reflexões críticas.

Muitas pessoas fizeram parte da construção desta tese, tijolo a tijolo, ora com apoio e amizade, ora com materiais e pesquisa. Agradeço à bibliotecária da USP, Maria dos Remédios, pela orientação quanto aos detalhes da formatação, e uma especial gratidão às servidoras públicas da Biblioteca Dr. Nebrídio Negreiros do Fórum Trabalhista Ruy Barbosa, na pessoa das bibliotecárias Denise de Mello Alcantara da Silva e Barbara Maidel. Nesses tempos de pandemia, vocês foram um bálsamo no meu caminho! Nunca pouparam esforços para me ajudar a conseguir as obras mais raras e difíceis, especialmente com as bibliotecas fechadas pelo isolamento social. Não tenho palavras suficientes para agradecer-lhes.

A Carla Reita Leal, Gabriela Mendizabal, Gabriela Merialdo, Vito Palo, João Renda Leal, Morgana de Almeida Richa, José Cláudio Monteiro de Brito Filho, Manoel Carlos Toledo Filho, Ivani Contini Bramante, Luiz Eduardo Gunther, Maíra Marques da Fonseca, Valdete Severo, Adalberto Martins, Marcelo Azevedo Chamone, Mario Garmendia Arigón, Martha Elisa Monsalve Cuellar, María Ángelles Valle, César Arese, Stefano Bellomo, Augustus Bonner Cocham III e Alberto Levi, que me emprestaram, além de seus conhecimentos, obras antigas e novas, com especial destaque para a última atualização do *Tratado de Direito Privado* de Pontes de Miranda, gentilmente cedido pela professora Giselda Maria Fernandes Novaes Hironaka.

Agradeço também aos professores Ricardo de Barros Leonel e Marcelo José Magalhães Bonizzi pela disciplina sobre ações coletivas Brasil e Itália, bem como ao professor de italiano Filippo *Di Iorio*, que, de retorno da Itália, trouxe-me um importante livro de Processo Coletivo e ainda conseguiu os originais de textos italianos. Ao professor Estêvão Mallet, pela indicação de importantes obras francesas. E ao meu querido sogro (*in memoriam*) que me ajudou com a tradução dos textos em alemão.

Aproveito o momento para fazer um agradecimento especial pelo tempo de debate, ainda que por telefone, com o professor Humberto Theodoro Júnior, e à querida Beatriz Theodoro, por me proporcionar tamanha alegria. Agradeço igualmente ao professor Antonio Gidi, sempre entusiasmado e com uma incrível disponibilidade para o diálogo. Agradeço aos professores Raimundo Simão de Melo, Sandoval Alves da Silva, Clarissa Ribeiro Schinestsck, Adriane Reis de Araújo, Ronaldo Lima dos Santos e Xisto Tiago de Medeiros Neto, pela disponibilidade para discutir sobre suas obras, e as reflexões compartilhadas com Angel Rafael Mariño Castellanos, Eliana dos Santos Alves Nogueira, Célia Regina Zaparolli e Valério Soares Heringer.

A todos(as) os(as) queridos(as) professores(as) que compuseram a banca examinadora: Clarissa Ribeiro Schinestsck, Hermes Zaneti Junior, Raimundo Simão de Melo, Guilherme Guimarães Feliciano e Antônio Rodrigues de Freitas Júnior.

Ao amigo Zeno Simm, pelo tempo despendido e pelos detalhes que não lhe fugiram em acurada leitura. Faltam-me palavras para expressar minha eterna gratidão por todo o carinho. À minha tia Eliane Rezende, à estimada Sônia Claro e à Graça Leal, pela ajuda na correção ortográfica e gramatical.

Aos colegas de disciplina, pela troca de reflexões e de material. Ouso citar alguns: Maria Elisa Cesar Novais, Vivian Paixão, Edna Lemos, Amanda Tirapelli, Selma Carloto, Robson Alves Ribeiro, Carlos Abener, Fábio Ribeiro da Rocha, Leonardo Aliaga Betti, Adib Pereira, Eduardo Caprara, Naiane Melo, Fernanda Junqueira, Ricardo Jahel Filho, Victor Gasparini e Gustavo Valle.

À estimada amiga Beatriz Casimiro Costa, com toda admiração, pela amizade, incentivo e confiança. Estendo os agradecimentos a toda equipe da Editora LTr e ao Dr. Armando Casimiro Costa (*in memoriam*) por publicarem meus trabalhos com especial destaque para o artigo Desaposentação (monografia do Bacharelado em Direito na UFES) e o livro Competência da Justiça do Trabalho para as lides de natureza jurídica penal trabalhista (dissertação de Mestrado em Direito Processual na UFES). É muito gratificante tê-los comigo a cada etapa da vida acadêmica.

Aos amigos e amigas, que não vou nominar para não cometer o pecado do esquecimento: Vocês são uma verdadeira família espiritual nesta Terra!

SUMÁRIO

PREFÁCIO

Com muita alegria e satisfação que recebi o amável convite da professora e juíza do Trabalho, agora Doutora em Direito, Dra. Lorena de Mello Rezende Colnago para elaborar o prefácio desta importante obra jurídica, mais uma entre várias outras por ela já elaboradas e publicadas, porém talvez o seu maior desafio nos últimos anos, entre seus vários e valiosos trabalhos científicos.

Entretanto, esse livro ostenta um valor especialíssimo à autora, pois representa o fruto de sua tese de Doutoramento em Direito, defendida com sucesso e honrada com nota de destaque, na verdade com dois títulos acadêmicos, um de distinção e outro de reconhecimento para efeito de publicação, que foram conferidos à autora pela banca de Defesa de Tese de Doutorado apresentada à Faculdade de Direito da Universidade de São Paulo, tradicional Arcadas do Largo São Francisco, presidida por mim, sem direito a voto, na condição de orientador, e aprovada por unanimidade pelos demais integrantes, professores Doutores Antônio Rodrigues de Freitas Junior, Guilherme Guimarães Feliciano, Raimundo Simão de Melo, Clarissa Ribeiro Schinestsck e Hermes Zaneti Junior.

A Juíza e Professora Lorena de Mello Rezende Colnago, neste momento particular, brinda o mundo do Direito com mais essa importantíssima contribuição jurídica, até o momento sem similar e precedente na academia brasileira, colmatando, na verdade, uma grande lacuna doutrinária e legislativa, diante do fato que é a primeira obra jurídica a se dedicar integralmente ao tema da prescrição e seus efeitos (impedimentos, suspensão, interrupção e prazos, no Brasil e no direito estrangeiro) no domínio do Direito Coletivo do Trabalho e, por extensão, no Processo Coletivo do Trabalho.

É cediço que o tema suscita inúmeras dúvidas e especulações no mundo do Direito, justamente pelo fato de que os conflitos moleculares, de massa e fragmentários advieram às relações jurídicas com maior intensidade, a partir da década de setenta, época em que surgiram os primeiros estudos de doutrinadores italianos e progressivamente pelos estudiosos americanos, que deram ensejo à gênese do microssistema de tutela coletiva e das "*class actions*" do direito norte-americano.

A aceitação da prescrição, como sendo instituto do direito material, porém produzindo efeitos predominantemente processuais, e não apenas causa direta de extinção do direito material, foi contemplada, inicialmente, no Código Civil Napoleônico, de 1805, tendo sido acompanhada no século XX pelos códigos da Alemanha e da Suíça. Logo a seguir, o Código Italiano afastou a tese de que a prescrição se constituía em perda da ação, pelo transcurso do tempo, declarando em seu art. 2934, que são os próprios direitos que se extinguem. Certamente com fulcro neste entendimento que o legislador brasileiro, na esteira do Código Civil de 2002, ciente do embate existente entre o direito italiano e o alemão, optou por acompanhar a tradição romanística, considerando a prescrição como causa de extinção da *pretensão* (entendida como o direito do credor de querer, de exigir da parte contrária, o cumprimento de determinada obrigação — por meio de uma ação) e não do direito material em si, que permanece vivo, latente, embora transformado em obrigação natural, entretanto, que tem o condão, inclusive, de suscitar entre nós o pagamento voluntário de dívida prescrita.

A beleza do instituto jurídico da prescrição, e também da decadência, reside exatamente no fato de seus prazos diferenciados para cada ramo da ciência do Direito. Daí, porque os prazos prescricionais adotados pelo Código Civil brasileiro diferem-se do prazo prescricional de cinco anos, adotado pelo Código de Defesa do Consumidor (art. 27). Além disso, para complicar ainda mais a aplicação do instituto, na seara das pretensões do trabalhador contra o empregador, provenientes de um contrato de trabalho extinto, a legislação apresenta dois tipos de prescrição (art. 7º, XXIX, da CF/88), uma de dois anos e outra de cinco anos.

Neste sentido, extremamente significativas e oportunas as palavras da Professora Lorena, ao aduzir em seu texto que "*na área trabalhista, os prazos prescricionais estão previstos na Constituição Federal quando se trata de pretensão individual, mas em 2017 a Consolidação das Leis do Trabalho foi alterada para reproduzir o texto constitucional do art. 7º, XXIX, no art. 11, além de receber outras pequenas regulamentações quanto ao tema. Há regra celetista de imprescritibilidade das pretensões declaratórias (art. 11, § 1º da CLT), início de contagem da prescrição quanto à pretensão das férias não usufruídas (art. 149), impedimento da pretensão para trabalho do menor enquanto não alcançar 18 (dezoito) anos (art. 440), e de suspensão do prazo prescricional pela provocação de mediação nas Comissões de Conciliação Prévia (art. 625-G) e para o direito intertemporal (art. 916). A omissão legislativa é complementada pelo direito comum (art. 8º, § 1º da CLT): o regramento quanto à prescrição previsto no Código Civil*".

A temática da prescrição se apresenta de notável importância na sociedade atual, complexa, contingente, globalizada, reurbanizada, consumerista, politizada, altamente cibernética ou digital, descoletivizada, *on-line*, dominada pela técnica, ciência e tecnologia do conhecimento e da informação, que demanda novos pensares e saberes, em processo de constante transformação e evolução.

Neste contexto de alta complexidade e contingência da sociedade moderna, bem como de alta conflitualidade na seara dos direitos fragmentários e dos micro litígios, a Profa. Lorena de Mello Rezende Colnago nos apresenta a síntese de sua contribuição científica, ao propor como referencial para profunda reflexão do mundo jurídico uma síntese sobre a prescrição, nos seguintes termos: "*(...) o prazo da pretensão coletiva veiculada nas ações civis públicas e coletivas é decenal, independente da categoria de direito coletivo veiculado (art. 5º da LACP e art. 81 do CDC). As multas e medidas coercitivas aplicadas pelo magistrado no curso do processo coletivo são obrigação principal. Independente da destinação para o erário público ou para um ente privado, essas multas e medidas coercitivas têm o mesmo prazo da obrigação principal. Há modulação do prazo prescricional decenal na área trabalhista quando o ilícito gerar uma tutela reintegratória, nascida com o fim do contrato de trabalho. Nesse caso, o prazo para a atuação dos legitimados coletivos será de dois anos para essa tutela específica (art. 7º, XXIX, da CF/1988), embora a indenização moral que emerge dessa dispensa coletiva siga o prazo decenal".*

Se o princípio da dignidade da pessoa humana constitui o fundamento de validade do Estado Democrático de Direito, e por que não dizer fundamento e validade da própria preservação da raça humana, natural a preocupação dos autores modernos, entre eles, a Profa. Lorena de Mello Rezende Colnago, no sentido de apresentar à comunidade jurídica modernos referenciais jurídicos que visem promover a máxima efetividade a direitos materiais legitimamente conquistados.

Daí a inegável e transcendental importância da presente obra, não apenas pelo fato de se associar aos demais autores que defendem a ascendência dos direitos individuais homogêneos à mesma estatura jurídica dos considerados superdireitos metaindividuais (difusos e coletivos), mas também de oferecer um novo parâmetro no tempo para aplicação da prescrição trabalhista nas lides moleculares, tendo por objeto os direitos metaindividuais.

Não hesitamos, ao contrário, reforçamos o reconhecimento do mérito do trabalho científico de qualidade e de profundidade analítica da Profa. Lorena de Mello Rezende Colnago, com a desenvoltura que lhe é peculiar, no tratamento da gênese, evolução e aplicação contemporânea do instituto da prescrição no direito estrangeiro e, por extensão, no direito pátrio na seara do direito material e processual do trabalho.

Desta forma, congratulamo-nos com a nobre autora pelo árduo esforço intelectual, extensão e qualidade técnico-jurídico, e notadamente pela profundidade analítica e contribuição científica que esse trabalho proporcionará aos juristas, não tendo outra opção lógica a não ser recomendá-lo fortemente ao leitor, ávido e interessado na aquisição e incorporação de nossos ensinamentos jurídicos nesse maravilhoso mundo do direito.

Enoque Ribeiro dos Santos

Desembargador Federal do Trabalho do TRT da 1ª Região.
Professor Associado do Depto. de Direito do Trabalho da Faculdade de Direito da Universidade de São Paulo.
Professor convidado da Faculdade de Direito da Universidade Autônoma de Lisboa, Portugal.

APRESENTAÇÃO

É com grande alegria e satisfação que recebemos o convite de Lorena de Mello Rezende Colnago para fazer a apresentação da presente obra.

O trabalho que vem a lume aborda a prescrição das pretensões coletivas na Justiça do Trabalho, a incidência do prazo prescricional sobre tais pretensões e os efeitos desse prazo nas demandas coletivas e individuais.

Trata-se de pesquisa instigante, atual e de relevância para a comunidade jurídica, com implicações não apenas acadêmicas, mas sobretudo práticas. É notória também a sua contribuição com o debate doutrinário e jurisprudencial acerca da aplicação da prescrição às pretensões coletivas na Justiça Laboral.

A perspicácia da autora, que alia aptidão para a pesquisa científica com a sua excelência profissional de docente e magistrada, é revelada na firme estruturação do trabalho e na discussão de questões importantes para o desenvolvimento do tema.

A tese, defendida pela autora com brilhantismo perante a banca de doutorado na Universidade de São Paulo, e da qual tivemos a honra de participar, está calcada na ideia central de que diante da lacuna normativa existente no microssistema de tutela coletiva a respeito da prescrição, deve-se aplicar às pretensões coletivas deduzidas em ações civis públicas e em ações coletivas, o prazo decenal fixado como regra geral no art. 205 do Código Civil brasileiro, excluídas as situações em que há prazos previstos em leis especiais, como são os casos das leis de Ação Popular e de Improbidade Administrativa, bem como as hipóteses de imprescritibilidade.

Observa a autora que, conquanto as pretensões coletivas e individuais sejam diferentes, a sociedade necessita de segurança e, em razão disso, é preciso que se estabeleça um prazo prescricional incidente sobre aquelas, ressaltando que em virtude da natureza de ordem pública e do caráter restritivo de direitos, o instituto da prescrição não comporta interpretação extensiva ou analógica.

Perfilhando um caminho intermediário entre as correntes que sustentam a imprescritibilidade dos direitos coletivos e as que preconizam a aplicação do prazo de cinco anos às pretensões coletivas, foram eleitos com lucidez os pontos fundamentais para o desenvolvimento do tema, sem desconsiderar as distintas orientações que se formaram a respeito do assunto de que trata a obra.

Fruto de pesquisa séria e comprometida, o livro que ora apresentamos ao público é baseado em rica literatura nacional e internacional, e, sem embargo de qual a orientação que se adote a respeito da prescrição dos direitos coletivos, certamente se constituirá em obra de referência e fonte de consulta qualificada fulcrada no saudável diálogo entre perspectivas controversas sobre a matéria em tela.

Campinas, 10 de maio de 2022

Clarissa Ribeiro Schinestsck

INTRODUÇÃO

A contagem do tempo ao longo da história das civilizações variou bastante em cada época e construção social. Há notícias de critérios de contagem em ciclos da natureza, tempos de caça ou de plantio, calendários lunares, solares etc. O primeiro ano já foi considerado como a fundação de Roma, mas atualmente é considerado o ano do nascimento de Jesus Cristo (mundo cristão ocidental). Para os árabes, o primeiro ano do calendário é marcado pela fuga de Meca para Medina, empreendida por Maomé. Essas demarcações situam a humanidade no tempo e no espaço. São importantes para as pesquisas históricas e culturais. O mundo ocidental contemporâneo, além do nascimento de Jesus Cristo, baseia sua contagem no ciclo solar e lunar. O tempo é dividido em dias, os dias em horas, as horas em minutos e os minutos em segundos. Convencionou-se usar o marco de 365 (trezentos e sessenta e cinco) dias para a contagem do ano, período aproximado da volta da Terra em torno do Sol. E, a partir das fases da Lua, fixou-se o tempo dos meses, 28 (vinte e oito) a 31 (trinta e um) dias.

A passagem do tempo já foi considerada um fator de cura para as relações sociais e esperança de uma nova vida no clássico romance de Victor Hugo, *Os miseráveis*. A obra foi adaptada para a televisão e o cinema e contém diversos questionamentos sobre o tempo, o trabalho como fator de dignificação social, além de retratar as misérias e desigualdades sociais da França do século XIX. Usar o tempo para controlar os conflitos sociais não é próprio de todos os períodos do desenvolvimento humano.

Esta pesquisa restringe a incidência do tempo como fator de extinção da pretensão e exclui o estudo do tempo como fator de aquisição de direitos, para uma melhor delimitação. Não houve uma preocupação de aprofundamento do instituto da decadência, o qual será pontuado em algumas partes do trabalho quando necessário, apenas para diferenciá-lo do instituto da prescrição. A prescrição não é exclusiva do Direito do Trabalho; pelo contrário, seu desenvolvimento ocorreu dentro do Direito Civil, estuário normativo que originou toda sistematização normativa em torno das relações jurídicas trabalhistas. O instituto da prescrição — sua aplicação na área trabalhista, com enfoque nas pretensões coletivas — foi escolhido como o objeto central desta pesquisa.

É importante destacar que tanto o instituto da prescrição quanto o acesso coletivo à Justiça demandam uma compreensão atenciosa e profunda para a fixação de premissas seguras em uma sistematização lógica e harmônica. O tema da prescrição passou a fazer parte dos conflitos judiciais a partir do conflito decorrente das correções monetárias oriundas dos Planos Bresser e Collor na Justiça Comum (REsp n. 1070896/SC). Houve intenso debate sobre o prazo prescricional aplicável às pretensões coletivas, considerando a omissão da Lei n. 7.347/1985 e da Lei n. 8.078/1990. O Superior Tribunal de Justiça (STJ) entendeu que o prazo prescricional aplicável deveria ser extraído das normas do microssistema de acesso coletivo à Justiça. No julgamento, o colegiado optou por aplicar à pretensão coletiva veiculada na ação civil pública, por analogia, o art. 21 da Lei n. 4.717/1965 — prazo quinquenal para as pretensões objeto da ação popular. Os fundamentos utilizados pelo STJ influenciaram o Tribunal Superior do Trabalho (TST).

A polêmica quanto aos prazos prescricionais para as pretensões coletivas ainda não foi sedimentada. A lacuna normativa referente ao tema é o principal objeto de análise deste estudo. Parte-se da visão de unicidade do ordenamento pátrio e da tentativa de harmonizá-lo do modo mais integrativo possível, observando as políticas públicas do sistema de Justiça e a análise dos institutos da prescrição e do processo coletivo pertinentes ao tema.

A visitação à doutrina civilista e processualista civil, ao lado da doutrina clássica trabalhista (material e processual), das legislações e doutrinas estrangeiras que influenciaram o desenvolvimento do ordenamento pátrio, é necessária para uma melhor compreensão do objeto de pesquisa. É igualmente necessária uma organização sistemática e aprofundada da prescrição em pretensões coletivas para que o instituto seja um fator que permite, ao mesmo tempo, eliminar as injustiças do sistema e sedimentar os conflitos pelo decurso do tempo. Há uma lacuna doutrinária quanto à aplicação do instituto da prescrição em sua plenitude quando se trata de processo coletivo. Não há uma obra completa sobre o tema.

Assim, a contribuição que se entregará à comunidade jurídica, sujeita a críticas, é uma tentativa de sistematização da problematização que gira em torno do tema. Qual o prazo aplicável às pretensões coletivas? A regra geral para a omissão dos prazos prescricionais prevista na codificação civil pode ser utilizada? Há diferença de tratamento para a prescrição de pretensões individuais e coletivas? Como harmonizar o sistema? De onde se extrai e como se aplica o impedimento à fluência dos prazos prescricionais em pretensões coletivas? Quais as causas de suspensão e de interrupção do prazo prescricional em pretensões coletivas? Qual o marco de contagem para o início ou reinício desses prazos e como eles se relacionam com as lides individuais? A prescrição intercorrente é aplicável às pretensões coletivas?

Todos esses questionamentos estão em aberto e precisam ser respondidos de algum modo para que a segurança jurídica que se almeja com a resolução judicial dos conflitos seja alcançada.

Optou-se por estruturar o trabalho em cinco capítulos a partir dos elementos principais de seu título. O primeiro capítulo discorrerá sobre o instituto da prescrição desde o seu nascimento até a fixação de seu conceito e de sua natureza jurídica. Foi necessário apresentar os debates doutrinários entre as escolas ítalo-francesa e alemã, tão importantes para a visão contemporânea do instituto com seus fundamentos.

O segundo capítulo ocupa-se do estudo do acesso coletivo à Justiça. Em primeiro lugar, apresenta-se o que seria um sistema de Justiça e o que esse sistema pretende com a criação estruturada do combate aos litígios de massa. A história no mundo, no Brasil, nas áreas trabalhista e cível é igualmente importante para a compreensão do tratamento coletivo de conflitos. E, como o tema comporta muito debate e divergências doutrinárias, foi necessário, nesse capítulo, fixar as premissas utilizadas no entendimento do que seriam direitos difusos, coletivos e individuais homogêneos, pois as pretensões coletivas derivam desses direitos.

O direito estrangeiro não poderia ser olvidado em uma tese de doutoramento, especialmente diante da comunicação e da relação de influência recíproca entre o ordenamento pátrio e os países eleitos para uma pesquisa da legislação pertinente ao tema da prescrição em pretensões trabalhistas individuais, do acesso coletivo e da indagação se há em outros ordenamentos alguma norma jurídica relativa à prescrição com enfoque na estrutura coletiva das pretensões. Na primeira parte do terceiro capítulo, a distribuição dos países foi realizada a partir do grau de influência e de comunicação com o Direito Material do Trabalho, sob a perspectiva individual, com corte metodológico no tratamento da prescrição para as pretensões individuais trabalhistas. Na segunda parte, o enfoque da pertinência é alterado. Passa-se a interagir com as legislações e doutrinas desenvolvidas sobre o processo coletivo. Daí a disposição dos primeiros países tratados, porque fazem parte, de algum modo, da história legislativa brasileira, e os últimos passam a demonstrar a influência do ordenamento pátrio em suas mudanças legislativas.

Chega-se ao coração da tese. O quarto capítulo traz o tratamento do instituto da prescrição das pretensões individuais e coletivas. Faz-se uma revisão doutrinária e jurisprudencial das teorias sobre a prescrição em pretensões coletivas, com a apresentação da solução proposta para a colmatação da lacuna normativa apresentada. Propõe-se uma solução de aplicação da prescrição às pretensões coletivas reivindicadas ou exigidas no Direito Coletivo do Trabalho, em sua visão contemporânea, bem como se expõem os anteprojetos e projetos de lei existentes sobre o tema da prescrição em pretensões coletivas.

Por fim, no quinto capítulo, apresentam-se respostas e soluções para os problemas da contagem do prazo prescricional, formas de impedimento, suspensão e interrupção. Discorre-se sobre os efeitos produzidos nas demandas individuais pelas ações coletivas, tanto na fase de conhecimento como na de execução, além de conflitos relacionados à chamada prescrição intercorrente, propondo-se, por meio de interpretação sistemática, lógica e segura, o tratamento do instituto.

Em termos de prescrição, foram utilizados como marcos teóricos os trabalhos desenvolvidos por Francisco Cavalcanti Pontes de Miranda no tomo VI do *Tratado de direito privado* e a obra de Humberto Theodoro Júnior, *Prescrição e decadência*, no que diz respeito à fixação do tema da prescrição como normativo geral do ordenamento pátrio e a suas especificidades. Quanto ao processo do trabalho, os marcos teóricos eleitos foram as obras de Wilson de Souza Campos Batalha e de Enoque Ribeiro dos Santos. Procurou-se abranger o máximo de autores da doutrina processual coletiva civil e trabalhista que tentaram de algum modo tratar o tema, ainda que pontualmente.

A epistemologia jurídica — estudo dos fatores que condicionam a origem do Direito e tem como um dos seus objetivos tentar definir o seu objeto de conhecimento e afirmações — foi utilizada desde a análise do instituto da prescrição até o exame do processo coletivo. A pesquisa sintética, aquela que, para explicar e prever comportamentos ou fenômenos complexos, examina o conjunto das relações em que variáveis dependentes e independentes intervêm para fixar uma linearidade sistêmica, foi eleita para o desenvolvimento desta tese. Além dela, utilizou-se da pesquisa de desenvolvimento, visando a elaboração de uma nova forma de intervenção sobre o tema da prescrição em pretensões coletivas tratadas pelo TST.

O método exegético, dialético e dedutivo, com o estudo lógico dos textos normativos, jurisprudenciais e doutrinários, também foi usado para a revisão dos conhecimentos científicos e a elaboração de uma abordagem original do instituto da prescrição e de sua interface com as pretensões decorrentes dos direitos coletivos. O processo coletivo, embora de raízes longínquas, é uma especialidade relativamente contemporânea em comparação com o desenvolvimento do Direito Processual Individual. Por esse motivo, os institutos que a ele se aplicam, como a prescrição, suscitam dúvidas, carecendo de uma maior dedicação para sua estruturação e aplicação visando a segurança jurídica e a harmonia do sistema de Justiça.

1. O INSTITUTO DA PRESCRIÇÃO

Usar o tempo para controlar os conflitos sociais não é próprio de todos os tempos em termos de desenvolvimento humano. Neste capítulo, verificar-se-á o nascimento do instituto da prescrição, seu conceito, a interferência da doutrina pandectista ao esclarecer os conceitos de pretensão e ação, as divergências doutrinárias e o modo como o ordenamento pátrio foi alterado a partir da influência estrangeira.

A primeira lei brasileira que tratou da prescrição foi a Lei n. 556/1850, o Código Comercial do Império do Brasil, nos arts. 411 a 456. Foi fixado o prazo genérico de 20 (vinte) anos (art. 442) e foi previsto um ano para a prescrição trabalhista, a contar do término do contrato (art. 448[(1)]). É interessante observar a trajetória do instituto da prescrição do Direito Comercial ao Código Civil de 1916 e analisar a influência das doutrinas ítalo-francesa e tedesca nas alterações realizadas pelo legislador pátrio no Código Civil de 2002. Sem essa evolução histórica dos conceitos, ainda que resumida, não há como entender o instituto da prescrição aplicado ao Direito do Trabalho.

São adiante abordados o conceito utilizado como premissa metodológica para o desenvolvimento das ideias aqui contidas, a natureza jurídica e os fundamentos do instituto da prescrição.

1.1. ESCORÇO HISTÓRICO DA PRESCRIÇÃO

A origem da prescrição encontra-se no direito grego antigo, sob a denominação de *prothesmia*, que agrupava tanto a preclusão como a decadência. Para a inércia e o atraso, em geral na reivindicação de direitos, era previsto o prazo de cinco anos. O Império Romano, na época de Caracalla, absorveu a regra do direito local grego e expandiu-a para suas áreas dominadas.[(2)] A difusão do tempo como

(1) "As ações de salários, soldadas, jornais, ou pagamento de empreitadas contra comerciantes, prescrevem no fim de 1 (um) ano, a contar do dia em que os agentes, caixeiros ou operários tiverem saído do serviço do comerciante, ou a obra da empreitada for entregue. Se, porém, as dívidas se provarem por títulos escritos, a prescrição seguirá a natureza dos títulos" (BATALHA, Wilson de Souza Campos; RODRIGUES NETTO, Silvia M. L. Batalha. *Prescrição e decadência no direito do trabalho.* 2. ed. rev. e ampl. São Paulo: LTr, 1998. p. 31).

(2) LEVESQUE, Frédéric; TREMBLAY, François; LEPAGE, Caroline. Lorsque le temps est l'ennemi de la justice: les fondements et les origines de la prescription extinctive des droits personnels: Note de recherche. *Revue de Droit*, Université de Sherbrooke, v. 46, n. 3, 2016, p. 590-591. Disponível em: <https://doi.org/10.17118/11143/13624>. Acesso em: 10 jan. 2020.

limitador do exercício do direito manifestou-se no trabalho da *giurisprudenza romana* — responsável efetiva pela divulgação de *la perdita dell'azione civile per decorso del tempo.*[3] Nessa época, havia uma fusão do direito material e do direito processual — a divisão só aconteceu séculos mais tarde.

Historiadores apontam a *Lex Aebutia* como a primeira a prever a prescrição no século II a.C.[4] Historiadores divergem quanto à data dessa lei: 126 a 117 a.C[5], 126 a 149 a.C[6], ano 520 de Roma.[7] Em geral, apontam para a fase em que os pretores puderam criar ações não previstas no direito honorário. A partir dessas ações, denominadas de temporárias, os pretores introduziram um prazo para o seu exercício em oposição à ausência de prazo das ações perpétuas. Ao estabelecer que a ação era temporária, o pretor realizava uma parte introdutória, a *praescriptio*, antes ou no começo da fórmula. Por causa do uso cotidiano de *praescriptio* para determinar o que vinha antes da fórmula, a palavra passou a designar o instituto da prescrição.[8]

A fórmula correspondia a uma previsão abstrata inserida no edito do pretor para ser aplicada num caso concreto, com as adequações necessárias, a fim de que um documento fosse redigido fazendo constar o objeto da demanda que seria julgada. A fórmula promoveu alterações no sistema de Justiça da época, marcado pela oralidade.[9]

A *Lex Aebutia* é apontada como uma das mais importantes do processo romano em razão dos novos poderes conferidos ao magistrado. A intervenção legislativa passou a ser quase inútil. Por meio dessa lei, as palavras e os gestos foram formalmente substituídos pela escrita, redigida pelo magistrado a pedido das partes. Essa é a origem do chamado processo formulário e um marco da origem das regras processuais contemporâneas.

A fórmula determinava que o juiz condenasse ou absolvesse o réu conforme as provas dos fatos alegados pelo autor. A *Lex Aebutia* permitia aos magistrados

---

(3) MARUOTTI, Laura Solidoro. La perdita dell'azione civile per decorso del tempo nel diritto romano. Profili Generali. *Rivista Internazionale On Line.* Peer Review Journal (ISSN 2036:2528). Aut. Tr. Napoli n. 78 del 03/10/2007 — Proprietario e direttore responsabile: Laura Solidoro Iscr. Cam. Comm. n. 04552920482 — Partita IVA: IT01573850616 — Cod. Fisc. 04552920482. Disponível em: <https://www.teoriaestoriadeldirittoprivato.com/iii-annata-2010/>. Acesso em: 15 jan. 2020.

(4) VENOSA, Sílvio de Salvo. *Direito civil*: parte geral. 19. ed. São Paulo: Grupo Gen, 2019. p. 605.

(5) CASEIRO NETO, Francisco da Silva. Conteúdo do processo formular romano, com suas condições da ação e pressupostos. *Revista de Processo*, São Paulo, v. 4, n. 245, p. 551-568, jul. 2015.

(6) ALVES, José Carlos Moreira. *Direito romano.* 15. ed. Rio de Janeiro: Forense, 2012. p. 72.

(7) Há divergência se essa lei era de 151 a 124 a.C. ou de 149 a 126 a.C., ou ainda de 199 a 126 a.C. (CHAMONE, Marcelo Azevedo. *Prescrição e decadência*: proposta de definição e identificação dos institutos a partir de uma perspectiva histórica comparada. 2019. Tese (Doutorado em Direito) — Pontifícia Universidade Católica de São Paulo, São Paulo, 2019. p. 18).

(8) VENOSA, Silvio de Salvo. *Direito civil*: parte geral. 19. ed. São Paulo: Grupo Gen, 2019. p. 605-606.

(9) TUCCI, José Rogério Cruz e; AZEVEDO, Luiz Carlos de. *Lições de história do processo civil romano.* 2. tir. São Paulo: RT, 2001. p. 47.

a correção do rigor das leis e o suprimento de suas lacunas. A cada ingresso no cargo, o magistrado poderia redigir um edito para dizer como seriam as regras, uma espécie de programa que adotaria ao assumir o cargo.(10)

A *Lex Aebutia* permitiu às partes escolher entre a *legis actio* e a fórmula, mas, se as partes não se entendessem quanto à escolha, cumpria ao magistrado substituir suas vontades. Uma interpretação extensiva da *Lex Aebutia* fez com que os magistrados preferissem o processo formulário à *legis actio*.(11) Com o desenvolvimento do exercício desses poderes, surgiram duas espécies de editos: um inicial, que continha a programação do que o pretor faria ao longo do cargo no início da administração, chamado *edictum annuum* (anual porque previsto para vigorar um ano) ou *edictum perpetuum* (permanente); quando surgiam questões não previstas nesses editos, o pretor criava outro edito para regular essa questão, que era chamado *edictum repentinum* (imprevisto). Nos editos, havia previsão de modelos ou fórmulas para pedir direitos previstos na lei (ações civis) ou criados pelo pretor (ações pretorianas). No primeiro caso, o pretor limitava-se a dar a fórmula sem indicar as condições em que concederia o direito porque a lei já tinha essa previsão. No segundo, as fórmulas eram seguidas de cláusulas estipulando as condições em que o magistrado concederia ou denegaria o direito. Também havia previsão de exceções para neutralizar as obrigações, sem negá-las — eram as defesas indiretas ou sua origem.(12)

Os editos tinham a duração de um ano. Cada novo magistrado que ingressava no cargo terminava por repetir os editos anteriores, recomendados pela experiência, deixando de fazê-lo apenas quando a solução não era mais adequada às relações sociais. Essa é a razão do direito pretoriano ser mais dinâmico que a lei e, portanto, mais aplicado. Em caso de conflito do edito com a lei, prevalecia o edito.(13) Por isso, parte da doutrina entende que esse era um direito temporário e não a origem da prescrição.(14)

A chamada *praescriptio* do processo formulário aparecia de duas formas: a) a *praescriptio pro actore*, que era a forma como o autor tentava delimitar o objeto de sua pretensão a fim de que o seu direito não fosse atingido pela eficácia extintiva da *litis contestatio*, especialmente usada quando a pretensão não estava totalmente esclarecida, ou quando incerta, e até mesmo para impedir que um direito conexo deixasse de ser pleiteado futuramente, porque já teria sido

---

(10) PEIXOTO, José Carlos de Matos. *Curso de direito romano*: partes introdutória e geral. Rio de Janeiro: Companhia Editora Fortaleza, 1950. t. I, p. 66.

(11) *Ibidem*, p. 67.

(12) Acresce-se que, antes da Lei Ebúcia, o devedor não poderia deixar de pagar se fosse vítima de dolo, mas, após o processo formulário, o dolo poderia ser alegado como exceção, e o juiz só condenava o devedor a pagar se o credor não estivesse eivado de dolo (*Ibidem*, p. 68-69).

(13) *Ibidem*, p. 71.

(14) BETTI, Emilio. *Istituzioni di diritto romano.* Padova: CEDAM — Casa Editrice Dott, Antonio Milani, 1947. p. 291.

abrangido pela decisão do pretor; b) a *praescriptio pro reo*, que também consistia na delimitação de um direito do qual o réu afirmava ser titular, o que mais tarde originou as chamadas *exceptiones*, mais eficazes porque eram inseridas no corpo da fórmula imediatamente após a *praescriptio* do autor.(15)

As leis romanas eram deficitárias quanto à eficácia da norma. Havia o prazo de 30 dias para a nomeação de um juiz e nenhum prazo para a possibilidade de reivindicação de um direito no tribunal. Até o primeiro século depois de Cristo, o direito romano não conhecia a prescrição como matéria que poderia ser arguida contra o Estado. Apenas no governo do imperador Nerva tem-se notícia de uma prescrição quinquenal prevista num estatuto que impedia o Estado de discutir limitações territoriais da propriedade de pessoas mortas há cinco anos.(16) Há forte crítica italiana à confusão que se faz entre as ações temporárias do período formulário e a prescrição.(17)

Por volta do século I d.C., havia uma norma prevendo que, depois de cinco anos em liberdade, essa liberdade seria definitiva — escravidão da época. Porém, essa norma também tinha origem no direito grego, apropriado pelo direito romano, e não na fórmula ou no processo formulário — conforme fragmentos encontrados em escritos antigos.(18) A prescrição do período formulário era uma cláusula para questionar de modo preliminar as reservas do autor e do réu, limitando a abrangência das ações em processos criados por pretores.(19)

O período da *cognitio extra ordinem* ocorreu após o principado de Otaviano Augusto (27 a.C. a 14 d.C.) com a reorganização do sistema processual. Foi introduzido definitivamente o processo formular em substituição à *legis actiones*, de modo unificado e limitando o poder dos pretores. Nela havia, no máximo, as soluções previstas a partir de uma regra previamente fixada. Houve a substituição do mero parecer de um cidadão por uma decisão vinculativa de um órgão estatal e unificador das instâncias. Alguns apontam esse fato para a origem da publicização processual, porque nessa época o principado chamou para si os processos que

---

(15) TUCCI, José Rogério Cruz e; AZEVEDO, Luiz Carlos de. *Lições de história do processo civil romano*. 2. tir. São Paulo: RT, 2001. p. 95-97.

(16) AMELOTTI, Mario. *La prescrizione delle azioni in diritto romano*. Milano: Giuffrè, 1958. v. VII, p. 116-117.

(17) Para Amelotti, o instituto da prescrição foi fixado no sentido de perda da ação devido à passagem do tempo, nascido da *cognitio extra ordinem*, procedimento estranho ao período formulário (AMELOTTI, Mario. *La prescrizione delle azioni in diritto romano*. Milano: Giuffrè, 1958. v. VII, p. 8; BETTI, Emilio. *Istituzioni di diritto romano*. Padova: CEDAM — Casa Editrice Dott, Antonio Milani, 1947. p. 49). Para aprofundar o tema, conferir: CHAMONE, Marcelo Azevedo. *Prescrição e decadência*: proposta de definição e identificação dos institutos a partir de uma perspectiva histórica comparada. 2019. Tese (Doutorado em Direito) — Pontifícia Universidade Católica de São Paulo, São Paulo, 2019. p. 36 *et seq*.

(18) *Ibidem*, p. 116 e p. 117.

(19) HINESTROSA, Fernando. *La prescripción extintiva*. Bogotá: Universidad Externado de Colombia, 2001. p. 24.

antes eram julgados pelos pretores.[20] A unificação de procedimentos produziu a unificação de prazos (*perdita dell'azione*). O legado do período de Theodosio foi a criação do prazo de 30 anos para a perda das ações.[21]

Como o direito romano propriamente dito foi desenvolvido por meio das ações perpétuas, a prescrição extintiva nasceu no direito grego, sendo difundida como costume legal transformado em lei pelos romanos descendentes do povo helênico.[22] A prescrição extintiva foi difundida legalmente pelo Império Romano exatamente em razão dessa prática. Da Grécia ao Império Romano, a prescrição difundiu-se por todos os ordenamentos jurídicos.

1.2. DIVERGÊNCIA HISTÓRICA ENTRE AS DOUTRINAS ÍTALO-FRANCESA E GERMÂNICA

Os estudos iniciais do instituto da prescrição elaborados pelos juristas italianos apontavam a incidência do tempo como causa de extinção do direito de ação. Ruggiero defendia que a prescrição extinguia a ação e não a relação creditória.[23] A base conceitual da prescrição passava pelo entendimento do direito subjetivo. Carnelutti definia o direito subjetivo como a liberdade de comandar, e não a liberdade de fazer, um direito destituído da parte psicológica da faculdade do querer; associava-o ao elemento econômico e atribuía-o ao exercício desse direito para a criação das obrigações.[24]

Para a doutrina italiana, a força do exercício de um direito continua sendo a ação. Couture indica que essa concepção esteve focada na ideia francesa de que os romanos tratavam direitos e ações do mesmo modo. Essas duas palavras tinham o mesmo significado. Demolombe, Pothier e os processualistas Garsonnet e Cezar-Bru influenciaram as escolas italiana, espanhola, portuguesa e latino-americana, base para essa concepção. Chegou-se a afirmar que a ação era o direito em

---

(20) TUCCI, José Rogério Cruz e; AZEVEDO, Luiz Carlos de. *Lições de história do processo civil romano*. 1. ed. 2. tir. São Paulo: RT, 2001. p. 47-48 e 137-139.

(21) AMELOTTI, Mario. *La prescrizione delle azioni in diritto romano*. Milano: Giuffrè, 1958. v. VII, p. 217. Conferir também: HINESTROSA, Fernando. *La prescripción extintiva*. Bogotá: Universidad Externado de Colombia, 2001. p. 24.

(22) Cf. MODRZEJEWSKI, Joseph Mélèze. *Le droit grec après Alexandre*. Paris: Dalloz, 2012. p. 95-96 *apud* LEVESQUE, Frédéric; TREMBLAY, François; LEPAGE, Caroline. Lorsque le temps est l'ennemi de la justice: les fondements et les origines de la prescription extinctive des droits personnels: Note de recherche. *Revue de droit*, Université de Sherbrooke, v. 46, n. 3, 2016. p. 591. Disponível em: <https://doi.org/10.17118/11143/13624>. Acesso em: 10 jan. 2020.

(23) RUGGIERO, Roberto. *Instituições de direito civil*: direito das obrigações e hereditário. Trad. da 6. ed. italiana com notas remissivas aos Códigos Civis brasileiro e português por Dr. Ary dos Santos. São Paulo: Livraria Acadêmica Saraiva & Cia., 1934. v. III, p. 27.

(24) CARNELUTTI, Francesco. *Teoria geral do direito*. Trad. de A. Rodrigues Queiró e Artur Anselmo de Castro. Rio de Janeiro: Âmbito Cultural, 2006. p. 262-263.

movimento ou o direito elevado à segunda potência[25]. O instituto da prescrição, que era entendido como a extinção da ação pelo tempo, recebeu uma modificação conceitual a partir da escola alemã.[26]

No século XIX, com o desenvolvimento da disciplina processual civil a partir da obra clássica de Oskar Von Bülow, defendeu-se pela primeira vez a existência de uma relação jurídica processual entre autor, Estado e réu, e não apenas entre autor e réu, separando processo e procedimento. Iniciou-se a sedimentação das bases da ciência processual como autônoma.[27]

Os alemães utilizavam duas palavras: *actio* e *Anspruch*. O estudo aprofundado delas dividiu os conceitos, entendidos como sinônimos. *Anspruch* correspondia à pretensão[28]. Outra palavra muito utilizada era *Klage*, direito de queixa contra o Estado proveniente do processo medieval alemão. A *actio* romana era entendida como o próprio direito contra o obrigado. O novo direito criado pelo pretor não era o direito de acionar. Nesse sentido, a ação romana (*actio*) é equiparada à pretensão, distanciando-se do direito subjetivo, pois da lesão ao direito subjetivo é que surge a pretensão (*Anspruch*). A ação é a persecução judicial, concebida como existência ou potencial existência, a partir da vontade da parte lesada e ínsita à faculdade da pessoa em exercê-la. A realização da ação confunde-se não com a realização da pretensão, mas antes com o fato de tornar-se uma realidade judicial, uma *litiscontestatio*.[29]

Em síntese, a *actio* é a faculdade de impor a própria vontade por meio da persecução judicial, podendo existir sem a existência do direito, pois ela não ordena a relação entre pessoas e coisas, mas apenas entre pessoas.[30] Windscheid, em seus estudos, afirma que os pretores utilizavam *actio* e *judicium* como termos equivalentes: se prometessem a *actio*, prometiam um *iudicium*, sendo esse termo mais específico. Na verdade, o que o pretor prometia era uma ordem ou uma proibição, nem *actio*, nem *iudicium*.[31]

Os estudos de Muther apontam que Windscheid trouxe uma contribuição mais refinada em argumentação, ultrapassando a concepção jurídica moderna

---

(25) COUTURE, Eduardo J. *Fundamentos del derecho procesal civil.* 4. ed. Buenos Aires: B de F. Julio Cesar Faria Editor, 2018. p. 51.

(26) *Ibidem*, p. 52.

(27) BÜLOW, Oskar Von. *Teoria das exceções e dos pressupostos processuais.* Trad. e notas de Ricardo Rodrigues Gama. 2. ed. Campinas: LZN, 2005. p. 5-7.

(28) COUTURE, *loc. cit.*

(29) Retirado da apresentação de Luis Alejandro Luján Sandoval, que explica e interpreta a polêmica (WINDSCHEID, Bernhard; MUTHER, Theodor. *Polemica sobre la "actio"*. Trad. de Tomás A. Banzhaf. Santiago: Ediciones Olejnik, 2017. p. 14-15).

(30) Conceito de Windscheid, assim mencionado como de sua autoria exclusiva na obra: WINDSCHEID, Bernhard; MUTHER, Theodor. *Polemica sobre la "actio"*. Trad. de Tomás A. Banzhaf. Santiago: Ediciones Olejnik, 2017. p. 61-63.

(31) *Ibidem*, p. 65-66.

segundo a qual o direito romano era focado na máxima de que o ordenamento jurídico é o ordenamento dos direitos. O conceito de acionamento do Estado não era totalmente desconhecido do direito romano.[32] Porém, ao tratar dos direitos obrigacionais ou creditórios, Windscheid afirma que a *actio* não se limita à *obligatio*, mas alcança o que se pode exigir de outra pessoa. Essa pretensão encerraria uma contradição. Com efeito, Windscheid inicialmente parte da ideia de que o ordenamento jurídico romano era o ordenamento dos direitos, e essa última afirmação contradiz a anterior. Se os romanos reconhecem o direito de acionar, seu ordenamento não é de ações, mas de pretensões judicialmente reivindicadas.[33]

Muther reconhece que outros autores advertiram sobre o emprego da *actio* não só para designar uma faculdade processual, mas também para designar uma faculdade material — esclarecimento realizado em seus estudos que revisaram o direito de ação. A *actio* romana era entendida como o início do processo e dependia do réu, ou da pessoa contra quem era pedido algo. O verdadeiro significado da *actio* seria um instituto que iniciava o processo a partir de partes contrapostas. Entre outros fundamentos, Muther extrai o significado da *actio* da expressão *agere cum aliquo*. A partir dos estudos de Gaio, Muther percebeu que a *actio* também foi usada como sinônimo de fórmula no direito romano.[34]

Ao separar os termos e fixar o conceito de ação, os processualistas da Alemanha sedimentaram como conceitos distintos direito, ação e pretensão, possibilitando o desenvolvimento do estudo diferenciado acerca da prescrição como fim da pretensão e não do direito, ou da ação.

Para Windscheid, o direito assinala o senhorio do indivíduo, cuja vontade é lei para os demais. O ordenamento não diz ao indivíduo que ele tem um direito, mas uma ação. E Windscheid acrescenta que o ordenamento confere ao indivíduo o poder de invocar o Estado para que a vontade estatal pela via judicial diga se a vontade individual pode ser lei para os demais. Por isso, não se trata de um ordenamento de direitos, mas de pretensões perseguíveis. E a ação nasceria quando o acionamento é feito em contraposição a outrem, de modo autônomo.[35] Ademais, as ações pretorianas não estavam fundadas em direitos, inicialmente; por isso, o que prescreve é a pretensão, possibilidade de acionamento do Estado, pois quantas vezes prescreve uma ação nem sequer nascida? Esse é o legado de Windscheid.[36]

Em geral, os estudos dos pandectistas alemães tiveram um olhar para o passado, fugindo do casuísmo romano, sistematizando os conceitos.[37] Isso

---

(32) WINDSCHEID, Bernhard; MUTHER, Theodor. *Polemica sobre la "actio"*. Trad. de Tomás A. Banzhaf. Santiago: Ediciones Olejnik, 2017. p. 213.

(33) *Ibidem*, p. 213-214.

(34) *Ibidem*, p. 233.

(35) *Ibidem*, p. 61.

(36) *Ibidem*, p. 100-108.

(37) Para um estudo mais aprofundado sobre a história do direito alemão e o desenvolvimento da prescrição, conferir a formação do direito alemão e o processo e a construção dos conceitos de prescrição

contribuiu não só para a evolução das teorias processuais, mas também para a fixação de um método distinto dos franceses e italianos para distinguir a prescrição como um instituto que finda a pretensão, mantendo-se o direito abstrato de ação e também o direito subjetivo do indivíduo.

Na réplica de Muther à teoria da ação de Windscheid, há a fixação do conceito de pretensão como a faculdade por direito de exigir algo. Ação seria a faculdade ou o poder de solicitar a assistência judicial para algo que se reclama. Essa faculdade não seria destinada ao réu, mas ao Estado. Nem no direito de ação, nem na pretensão, é dito qual é a norma que vai prosperar após a reclamação, qual norma será aplicada ao final pelo julgador. Ambos os autores acreditam que tanto a pretensão como a ação devem ser fundamentadas numa norma jurídica.(38) Embora Muther entenda que a prescrição extingue a ação, a pretensão e o direito, discordando de Winsdcheid,(39) é o pensamento desse último que prevalece na distinção dos institutos. Essa afirmação extrai-se do modo como o legislador tedesco tratou a prescrição no Código Civil alemão de 1900.

A separação dos conceitos pretensão e ação é importante para melhor explicar por que uma determinada obrigação pode ser adimplida por vontade do devedor, ainda quando haja incidência do instituto da prescrição. No direito pátrio, por exemplo, não há proibição legal do pagamento, gerado pela obrigação com pretensão prescrita.(40) O direito decorrente da obrigação pode gerar efeitos jurídicos, permanecendo incólume também o direito de ação.

A presença dessas doutrinas no Direito Civil pátrio é marcante.

A exposição de motivos do Código Civil brasileiro de 1916, primeira codificação civil pátria, demonstra a existência de influência não apenas das codificações francesa e italiana, mas também da codificação alemã ao evidenciar a necessidade de separação entre o direito público e privado, deixando para esse último a normatização produzida com harmonia entre "conservadorismo e inovação". O Código Civil de 1916 reconheceu direitos e ao mesmo tempo as

---

na mesma tese ora referenciada: CHAMONE, Marcelo Azevedo. *Prescrição e decadência*: proposta de definição e identificação dos institutos a partir de uma perspectiva histórica comparada. 2019. Tese (Doutorado em Direito) — Pontifícia Universidade Católica de São Paulo, São Paulo, 2019. p. 51.

(38) WINDSCHEID, Bernhard; MUTHER, Theodor. *Polemica sobre la "actio"*. Trad. de Tomás A. Banzhaf. Santiago: Ediciones Olejnik, 2017. p. 305-306.

(39) *Ibidem*, p. 308.

(40) Portanto, quem paga dívida prescrita não tem direito à restituição do pagamento em juízo, como se pode verificar a partir da norma jurídica que se extrai do art. 882 do Código Civil (CC) de 2002: "Não se pode repetir o que se pagou para solver dívida prescrita, ou cumprir obrigação judicialmente inexigível", mas também do art. 970 do Código Civil de 1916: "Não se pode repetir o que se pagou para solver dívida prescrita, ou cumprir obrigação natural". Houve apenas uma adequação técnica do texto de 2002 ao substituir a obrigação natural por obrigação exigida em juízo.

ações para os proteger e assegurar, fazendo-os perecer por meio da prescrição. A forma e o modo de exercício da ação foram regulamentados como pertencentes ao processo.[41]

Houve divergência entre os projetos de lei apresentados. A cizânia deu-se quanto ao lugar, dentro da codificação civil, destinado ao instituto da prescrição. Gonçalves Chaves sustentava que a prescrição deveria ser tratada separadamente na parte geral, a aquisitiva, no direito das coisas e a extintiva, no direito das obrigações. Já Coelho Rodrigues defendia a unificação das duas partes do instituto em um só local, como as codificações internacionais da época. Prevaleceu o tratamento do instituto na parte geral, de modo unificado, a exemplo das codificações francesa e italiana, seguidas também por países como a Argentina e o Chile. O texto da exposição de motivos destaca que, apesar de serem tratados de modo unificado, os conceitos são distintos, porque, enquanto um fenece, atrofia-se e perde o tecido protetor da ação, o outro tem seu foco no nascimento de outro direito (prescrição aquisitiva).[42]

De modo diverso, o projeto de Felício dos Santos, feito com base no Código Civil português e no uruguaio, tratou a prescrição de modo intercalado; na visão prevalecente dos comentários de Clóvis Beviláqua, essa classificação foi considerada ilógica. A palavra "usucapião" para a prescrição aquisitiva foi mantida tal qual na codificação alemã.[43] Adotou-se a corrente dualista, reservando-se a prescrição para a extinção das ações e a usucapião para a aquisição da propriedade pelo tempo, à semelhança do sistema alemão.[44]

Revisitar a exposição de motivos do código brasileiro revogado é importante para compreender o nascimento da prescrição na legislação pátria codificada, influenciada pelas três nações envolvidas no desenvolvimento do instituto (Itália, França e Alemanha) e por países da América Latina.

Nas palavras de Clóvis Beviláqua, a prescrição é a perda da ação atribuída a um direito e de toda sua capacidade defensiva, em consequência do não uso delas, durante determinado espaço de tempo. Destaca o não uso da propriedade defensiva o fator que marca a prescrição e coloca a ação como o princípio tutelar da sociedade, atrofiando-se como um órgão ante o seu desuso.[45] A marca da

---

(41) BRASIL. Câmara dos Deputados. Código Civil brasileiro, volume I: exposição de motivos. *Biblioteca digital*. Disponível em: https://bd.camara.leg.br/bd/handle/bdcamara/14356?show=full. Acesso em: 3 jun. 2020, p. 25-27.

(42) *Ibidem*, p. 51.

(43) *Ibidem*.

(44) LEAL, Antônio Luís da Câmara. *Da prescrição e da decadência*: teoria geral do direito civil. 3. ed. atual. pelo juiz José de Aguiar Dias. Rio de Janeiro: Forense, 1978. p. 7.

(45) BEVILÁQUA, Clóvis. *Teoria geral do direito civil*. 2. ed. Rio de Janeiro: Livraria Francisco Alves, 1929. p. 370.

doutrina ítalo-francesa transparece também no conceito do instituto fixado pelo autor do projeto da primeira codificação brasileira.[46]

Durante muitos anos, os civilistas brasileiros fixaram a prescrição como a extinção da ação seguindo a doutrina ítalo-francesa. A polêmica entre os autores perpetuou-se. Ainda no final da década de 30, Câmara Leal destacava-se com a obra *Da prescrição e da decadência*. Para esse autor, a prescrição significa a extinção da ação.[47]

Outro expoente da doutrina brasileira foi Pontes de Miranda.[48] Para esse autor, há obrigação exigível por meio de interpelação, ou seja, o direito poderia ser reconhecido em juízo ou não, sem alterar o fato de a pessoa ter pretensão à tutela jurídica. "Se não se tem direito, pretensão, ação ou exceção, não se exerceu qualquer dêles; exerceu-se a pretensão à tutela jurídica, e a sentença foi desfavorável."[49] Pontes de Miranda foi um dos primeiros a distinguir pretensão, ação e direito no Brasil ao estudar a prescrição, afirmando que as pretensões se exercem pelo fato positivo ou negativo, tendendo para que se cumpram no chamado espaço-exercício, e o direito seria o preenchimento desse espaço com a obrigação. Mas também ao afirmar: "Exercer a pretensão é exigir a prestação; propor 'ação' é pedir a tutela do Estado, deduzindo-se o que se pede (pretensão, ação). Quem apenas interpela não aciona. Às vezes, o titular da pretensão exige, porém não pode propor ação. São pretensões sem ação, se o obrigado cumpre, a pretensão está satisfeita".[50] Pontes de Miranda estabelece ainda uma distinção entre exigir e acionar, separando a pretensão do direito material, de uma pretensão processual. A pretensão processual faz nascer a ação, que traz no mérito a relação de direito material. A pretensão material refere-se à obrigação.[51]

Agnelo Amorim Filho é outro autor clássico, importante por realizar uma distinção entre os institutos da decadência e da prescrição. A decadência incide sobre os direitos potestativos, ou seja, de sujeição, inerente às ações constitutivas. A prescrição incide sobre os direitos prestacionais sujeitos a tutelas condenatórias.

---

(46) *Ibidem*, p. 373-374.
(47) LEAL, Antônio Luís da Câmara. *Da prescrição e da decadência*: teoria geral do direito civil. 3. ed. atual. pelo juiz José de Aguiar Dias. Rio de Janeiro: Forense, 1978. p. 1-12.
(48) Pontes de Miranda iniciou a publicação dos 60 volumes do *Tratado de direito privado* em 1954, seguindo um movimento positivista, com a preocupação de estudar as estruturas sociais e as categorias adequadas para o conhecimento (SALDANHA, Nelson. Espaço e tempo na concepção do direito de Pontes de Miranda. *Revista de Informação Legislativa*, Brasília, v. 25, n. 97, jan./mar. 1988, p. 273-274).
(49) MIRANDA, Pontes de. *Tratado de direito privado*: parte geral. Exceções, direitos mutilados, exercício dos direitos, pretensões, ações e exceções, prescrição. Atual. por Otávio Luiz Rodrigues Júnior, Tilman Quarch, Jefferson Carús Guedes. São Paulo: Revista dos Tribunais, 2013. t. VI, p. 168.
(50) *Ibidem*, p. 207.
(51) *Ibidem*, p. 168-208.

A lesão ao direito faz nascer o direito de ação, sendo esse o momento de contagem inicial dos prazos.[52]

No fim da década de 30, o direito processual brasileiro já estava sedimentado pelo Código de Processo Civil (CPC) de 1939. O Brasil já era signatário da teoria do direito abstrato de ação, realizando a separação entre ação e direito subjetivo, e esses dois, do conceito de pretensão.[53] Na seara processual, o conceito bastante aceito pela doutrina é o de que a pretensão é "a exigência de subordinação de um interesse alheio ao interesse próprio"[54], por influência de Carnelutti[55]. Coqueijo Costa, processualista do trabalho, de modo simples, claro e preciso, influenciado pelas ideias de Pontes de Miranda, resume e distingue ação, pretensão e direito subjetivo: a pretensão é o direito de exigir uma prestação; a ação é a atividade da pretensão que requer a tutela do Estado; direito subjetivo, o poder jurídico de ter a faculdade de exercer um direito.[56]

A relação jurídica obrigacional pactuada entre as partes contém obrigações recíprocas. No momento da celebração do pacto, nasce a expectativa de cumprimento da obrigação e sua exigibilidade (pretensão material). Cumprida a obrigação, ou as obrigações, encerra-se a relação jurídica material, caso dela não decorram outros efeitos. Porém, se uma das partes não cumprir essa obrigação no tempo pactuado, a outra pode reivindicá-la diretamente à outra parte. Se as partes não se entendem sobre algo, diz-se que têm pretensões resistidas, por isso, abstratamente, há interesse no provimento jurisdicional, que será útil para resolver a questão entre esses sujeitos. Se além do interesse jurisdicional houver a legitimidade — em abstrato as pessoas indicadas para formar a relação triangular com o Estado e compor o polo ativo e passivo da relação jurídica —, há direito de ação.[57]

A doutrina ítalo-francesa, como se pode observar, ao focar o nascimento da prescrição na violação da obrigação — daí o enfoque na ação, meio de reivindicar perante o Estado a substituição do ato ou a coação de outrem para o praticar —, também fixa o nascimento do prazo prescricional na violação, diferentemente da doutrina americana, que o coloca no nascimento da obrigação. Caio Mario da Silva

---

(52) AMORIM FILHO, Agnelo. Critério científico para distinguir a prescrição da decadência e para identificar as ações imprescritíveis. *Revista de Direito Processual Civil*, São Paulo, v. 2, n. 3, jan./jun. 1961, p. 103-105.
(53) MARQUES, José Frederico. *Instituições de direito processual civil*. 3. ed. Rio de Janeiro: Forense, 1966. v. 2, p. 30-31.
(54) DINAMARCO, Cândido Rangel. *Instituições de direito processual civil*. 6. ed. rev. e atual. São Paulo: Malheiros, 2009. v. I, p. 106.
(55) CARNELUTTI, Francesco. *Instituciones del proceso civil*. Trad. de Santiago Sentis Melendo. Buenos Aires: EJEA, 1959. p. 32.
(56) COSTA, Coqueijo. *Direito processual do trabalho*. 4. ed. Rio de Janeiro: Forense, 1995. p. 90.
(57) Cf. SIQUEIRA, Cleanto Guimarães. *A defesa no processo civil*: exceções substanciais no processo de conhecimento. 2. ed. rev., atual e ampl. Belo Horizonte: Del Rey, 1997. p. 59-60.

Pereira[58] defendia, de modo isolado no país, que a prescrição extinguia o direito e não a ação, porém, não se pode dizer que a extinção é do direito. O direito permanece incólume, não havendo proibição de pagamento da dívida prescrita. Nesse sentido, o art. 970 do Código Civil de 1916 previu o pagamento de dívida prescrita, vedando a reivindicação jurídica. A base da tese defendida por Caio Mario[59] foi a codificação italiana — o artigo 2.934 do *Regio Decreto*, de 16 de março de 1942[60].

O afastamento legislativo da doutrina ítalo-francesa no Brasil apenas ocorreu com o advento do Código Civil de 2002; mesmo assim, o legislador manteve a fixação da violação do direito como marco para a contagem do prazo prescricional. A doutrina alemã foi recepcionada em diversos temas: direitos da personalidade, teoria da representação, teoria das nulidades, simulação, conversão substancial do negócio jurídico, silêncio e prescrição.[61]

A evolução no campo da ciência processual, com o reconhecimento da autonomia do direito de ação em relação ao direito material ameaçado ou violado, deveria ter sido suficiente para afastar a tese de que a prescrição extingue a ação — no Brasil, o direito de ação foi reconhecido como fundamental pelo art. 5º, XXXV, da Constituição Federal (CF) de 1988 —, mas ainda é comum o equívoco entre os juristas, atribuindo à prescrição um poder extintivo.[62]

O art. 189 do Código Civil de 2002 positivou expressamente: "Violado o direito, nasce para o titular a pretensão, a qual se extingue, pela prescrição, nos prazos a que aludem os arts. 205 e 206"[63]. A posição adotada foi elogiada pelos juristas por adequar-se a outros conceitos, como o de extinção do processo com resolução do mérito determinada pelo antigo art. 269, inciso IV, do CPC de 1973, equivalendo a dizer que a ação foi exercida de modo regular e que o seu mérito processual foi analisado.[64]

---

(58) "[...] Pelo efeito do tempo, entretanto, aliado à inércia do sujeito, é o próprio direito que perece. O titular não pode reclamá-lo pela ação, porque não o pode tornar efetivo" (PEREIRA, Caio Mário da Silva. *Instituições de direito civil.* 3. ed. rev. e atual. Rio de Janeiro: Forense, 1971. v. 1, p. 405).

(59) *Ibidem*, 1971.

(60) GAZZETTA UFFICIALE. *Regio Decreto 16 marzo 1942, n. 262.* Disponível em: <https://www.gazzettaufficiale.it/atto/serie_generale/caricaDettaglioAtto/originario?atto.dataPubblicazioneGazzetta=1942-04-04&atto.codiceRedazionale=042U0262&elenco30giorni=false>. Acesso em: 2 abr. 2020.

(61) RODRIGUES JUNIOR, Otavio Luiz. A influência do BGB e da doutrina alemã no direito civil brasileiro do século XX. *Revista dos Tribunais*, São Paulo, v. 102, n. 938, dez. 2013, p. 123.

(62) RABELLO, Bruno Resende. Algumas considerações sobre a prescrição e a decadência no Código Civil de 2002. *In*: FIUZA, Cesar (org.). *Curso avançado de direito civil.* São Paulo: Thompson-IOB, 2004. P. 312-313.

(63) BRASIL. Presidência da República. Código Civil. Lei n. 10.406, de 10 de janeiro de 2002. *Legislação*. Disponível em: <http://www.planalto.gov.br/ccivil_03/leis/2002/l10406compilada.htm>. Acesso em: 13 mar. 2021.

(64) MOREIRA, José Carlos Barbosa. O novo Código Civil e o direito processual. *Revista Síntese de Direito Civil e Processual Civil*, São Paulo, n. 19, set./out. 2002, p. 115-116.

A partir da nova codificação civil, a doutrina passou a afirmar que a prescrição não extingue o direito, enfraquece-o, ao permitir que o beneficiário da prescrição tenha êxito ao suscitá-la por meio das vias judiciais, impedindo a atuação do Estado na defesa desse direito, que continuará a existir.[65] Pode-se acrescentar que a prescrição não atua no plano da existência, nem da validade, pois o direito pode ser adimplido. A atuação dar-se-á no plano da eficácia, as defesas do direito é que serão mitigadas. Fazendo uma remissão à teoria de Pontes de Miranda, o exercício da pretensão pode ser realizado judicial ou extrajudicialmente; por isso, segundo o jurista, a prescrição refere-se ao prazo para a exigibilidade ou reivindicação da pretensão.[66]

A violação como marco de início da prescrição (art. 189 do CC) gerou polêmica entre os doutrinadores, especialmente entre os que seguem a teoria pontiana.[67] Para Pontes de Miranda, a pretensão nasce a partir da exigibilidade do direito, não de sua lesão. A base desse estudo está na tradução literal do art. 194, § 1º, do Código Civil alemão (BGB): "(d)esde que há exigibilidade, há pretensão"[68].

Para conceituar a pretensão como poder efetivo de exigir, o Código Civil brasileiro preferiu o critério subjetivo ao objetivo, que iguala a palavra "pretensão" à mera exigibilidade. Essa escolha é objeto de crítica: utiliza-se o exemplo do direito de propriedade, cujo detentor pode exigir o respeito a ele por outrem independentemente de qualquer violação ou ameaça de violação. A importância da distinção é fixada na pretensão fundada (aquela que efetivamente representa a violação de um direito, quando nasce o poder de exigir) e na pretensão infundada (exigibilidade do direito antes que ele passe por qualquer violação).[69]

Outra polêmica perpetuada na codificação atual refere-se à exceção[70]. Clóvis Beviláqua aderia à ideia de que a exceção, como defesa, é incompatível com as regras da prescrição, daí a "impossibilidade lógica de aplicar-lhe a noção".[71]

---

(65) RABELLO, Bruno Resende. Algumas considerações sobre a prescrição e a decadência no Código Civil de 2002. *In*: FIUZA, Cesar (org.). *Curso avançado de direito civil.* São Paulo: Thompson-IOB, 2004. p. 316.

(66) No mesmo sentido: MOREIRA, José Carlos Barbosa. Notas sobre pretensão e prescrição no sistema do novo Código Civil brasileiro. *Revista Forense*, Belo Horizonte, v. 99, n. 366, mar./abr. 2003, p. 119-120.

(67) Por exemplo: MOREIRA, José Carlos Barbosa. Notas sobre pretensão e prescrição no sistema do novo Código Civil brasileiro. *Revista Forense*, Belo Horizonte, v. 99, n. 366, p. 147-158, mar./abr. 2003.

(68) MIRANDA, Pontes de. *Tratado de direito privado*: parte geral. Exceções, direitos mutilados, exercício dos direitos, pretensões, ações e exceções, prescrição. Atual. por Otávio Luiz Rodrigues Júnior, Tilman Quarch, Jefferson Carús Guedes. São Paulo: Revista dos Tribunais, 2013. t. VI, p. 211 (notas dos atualizadores).

(69) MOREIRA, *op. cit.*, p. 150.

(70) Atualmente há a regra da prescritibilidade da exceção no mesmo prazo da ação (art. 190 do CC). Ela refere-se às exceções pessoais impróprias como a compensação.

(71) BEVILÁQUA, Clóvis. *Teoria geral do direito civil.* 2. ed. Rio de Janeiro: Livraria Francisco Alves, 1929. p. 397.

Caio Mário afirmava ser perpétua a faculdade de se alegar a exceção, porque ela sempre depende de um ato alheio, o ajuizamento da ação, e seu fundamento é um princípio de justiça, pois a exceção não está sob a completa vontade de seu titular — "[...] não se inscreve na casa dos direitos imprescritíveis, senão da faculdade ou do poder de opor uma defesa à pretensão de outrem, faculdade que subsiste enquanto permanece a *actio* do contendor [...]".(72) Atualmente o Brasil mitiga essa regra. Desde 2006, por meio da Lei n. 11.280, o art. 219, § 5º, do CPC/1973, repetido no art. 332, § 1º, do CPC/2015, permite o reconhecimento de ofício da prescrição pelo Estado-Juiz, revogando a regra do art. 194 do CC/2002.(73)

Essas regras tornaram-se difíceis de serem compatibilizadas sob a perspectiva de que o devedor pode pagar uma dívida prescrita, devendo suscitar a prescrição em sede de exceção processual, imprescritível porque seu nascimento depende de um ato de outrem. No plano dos fatos, esse direito ainda é garantido, há permissão de pagamento da dívida decorrido o prazo prescricional de sua reivindicação (art. 882 do CC); processualmente há a autorização do reconhecimento de ofício, ou seja, sem a manifestação de vontade da parte, dessa ação do tempo, impedindo o credor obrigacional de litigar contra seu devedor no Poder Judiciário. A compatibilização só será possível se a prescrição for analisada na perspectiva do gerenciamento do processo e da estabilização das relações humanas. Em prol da harmonização das regras materiais e processuais, exsurge o contraditório. A parte ré deve ser intimada para manifestar-se sobre a prescrição antes que o juiz a pronuncie de ofício.(74)

O legislador da codificação de 2002 reduziu os prazos prescricionais. Na codificação de 1916, na omissão de prazo, aplicava-se a regra geral de 20 anos às ações pessoais (arts. 177 e 179 do CC/1916). Houve a redução para dez anos na codificação de 2002 (art. 205), com uma regra de transição expressa no art.

---

(72) PEREIRA, Caio Mário da Silva. *Instituições de direito civil.* 3. ed. rev. e atual. Rio de Janeiro: Forense, 1971. v. 1, p. 409.

(73) No Brasil, o CPC de 1973 previu a regra no art. 219, § 5º: excluindo direitos patrimoniais, o juiz poderá de ofício conhecer a prescrição e declará-la. Porém, em 2006, com a minirreforma da Lei n. 11.280, o legislador ampliou a regra, prevendo apenas que "o juiz pronunciará, de ofício, a prescrição", abarcando a prescrição extintiva ou liberatória. Com a substituição do Código de 1973 pela Lei n. 13.105/2015, a nova codificação previu a improcedência liminar do pedido, independentemente da citação do réu e dispensando a fase instrutória, verificando a existência de prescrição (art. 332, § 1º); no art. 487, inciso II, previu a extinção com solução de mérito quando o juiz decidir de ofício ou a requerimento da parte sobre a prescrição. A Consolidação das Leis do Trabalho (CLT) inicialmente não previa a mesma regra. Com a reforma produzida pela Lei n. 13.467, o legislador inseriu o art. 11-A sobre prescrição intercorrente, a que é verificada ao longo do processo, e, no § 2º, previu a declaração de ofício pelo juiz em qualquer grau de jurisdição, sem, contudo, versar sobre a regra geral, tal como o fez a codificação do processo civil. Destaca-se que a codificação civil brasileira de 1916, substituída pela de 2002 (Lei n. 10.406), não tem regra sobre a declaração ou o reconhecimento de ofício pelo juiz da prescrição extintiva.

(74) THEODORO JÚNIOR, Humberto. *Prescrição e decadência*: de acordo com a reforma trabalhista. Rio de Janeiro: Forense, 2018. p. 81-105.

2.028: "Serão os da lei anterior os prazos, quando reduzidos por este Código, e se, na data de sua entrada em vigor, já houver transcorrido mais da metade do tempo estabelecido na lei revogada".

O instituto da prescrição deveria ser normatizado na lei de introdução ao direito brasileiro (Decreto-lei n. 4.657/1942), pois seu espectro de aplicação irradia-se para várias áreas especializadas do ordenamento jurídico, o que facilitaria sobremaneira o trabalho da academia. Essa não foi a opção legislativa. A CLT, que é a base normativa de aplicação do direito material e processual trabalhista, ao lado da Constituição Federal, não tem um regramento detalhado sobre vários aspectos da aplicação do instituto da prescrição. O Direito do Trabalho tem origem normativa nas relações contratuais do Direito Civil, apartando-se dele quando houve o desenvolvimento de uma legislação própria para regulamentar relações desiguais. Atualmente, o Direito Civil aplica-se subsidiariamente ao Direito do Trabalho (art. 8º, § 1º, da CLT), por isso estudar a evolução do instituto no direito civil é tão importante.

1.3. NATUREZA JURÍDICA DA PRESCRIÇÃO

Determinar a natureza jurídica de um instituto é fixar o seu lugar no sistema jurídico, aproximando-o das instituições às quais se relaciona, opondo-o a outras. A natureza jurídica, assim, é objeto do exame científico e analítico para determinar o mecanismo do instituto em questão com a necessária identificação dos interesses sociais que ele se destina a proteger.(75) É verificar quais são as suas características ou parâmetros nucleares, sua essência e seus fundamentos intrínsecos.(76)

A primeira afirmação importante é que a prescrição serve ao sistema de Justiça como um todo. Dentro de uma organização social, o sistema de Justiça é o fiel que modula o tempo para as reivindicações, o que permite a estabilização social e a segurança jurídica.

A natureza jurídica destina-se a estudar um instituto a partir das categorias jurídicas existentes(77), buscando um lugar comum dentro de uma classificação útil do direito, comparando-o com os semelhantes para melhor compreender a sua complexidade, entendendo suas causas e seus efeitos.

Da divergência quanto ao conceito da incidência da prescrição na ação, extrai-se a tese superada pelo ordenamento pátrio de que a natureza jurídica da

---

(75) DU PASQUIER, Claude. *Introduction à la théorie générale et à la philosophie du droit.* 3. ed. Paris: Delachaux & Niestlé S.A., 1948. p. 144-145.
(76) SANTOS, Enoque Ribeiro dos; HAJEL FILHO, Ricardo Antonio Bittar. *Curso de direito processual do trabalho.* 3. ed. rev., ampl. e atual. São Paulo: Atlas, 2019. p. 4.
(77) MAGANO, Octavio Bueno. *Organização sindical brasileira.* São Paulo: Revista dos Tribunais, 1981. p. 13.

prescrição é de direito processual porque teria a capacidade de extinguir a ação, e não a pretensão. Diversamente, trata-se de instituto de natureza jurídica privada, do subtipo ato jurídico, porque depende de dois atos humanos volitivos negativos para existir: 1) a omissão ou inércia do titular do direito em exigir um direito por um lapso, associada à 2) omissão ou inércia do devedor em renunciar ao lapso de exigibilidade do direito. Quando essas duas condutas estiverem presentes, haverá a prescrição. A alteração produzida pelo ordenamento em regra heterotópica para a pronúncia de ofício pelos juízes (do art. 219, § 5º, do CPC de 1973 pela Lei n. 11.280/2016) não alterou a natureza jurídica da prescrição, como regra de direito material.

Também não alterou o regramento de que a alegação da prescrição é exceção processual e não objeção[(78)]. A compatibilização realizada para permitir a renúncia do devedor é mantê-la na apresentação da defesa, em respeito ao contraditório, antes do pronunciamento de ofício.[(79)] Esse fato não altera a natureza jurídica do direito material, como norma de direito privado que envolve o instituto.

1.4. FUNDAMENTOS DO INSTITUTO DA PRESCRIÇÃO

Há diversos fundamentos para o instituto da prescrição. A sistematização desses argumentos levou em consideração a perspectiva estatal de organização social por meio dos institutos jurídicos e a perspectiva dos indivíduos (devedores e credores).

1.4.1. Efeitos do tempo na perspectiva do Estado

Partindo do pressuposto de que a prescrição extingue a ação, a doutrina italiana aponta que o fundamento da prescrição é o interesse público porque está fundamentado na lei e não no interesse do seu titular[(80)], tanto assim é que não podem ser criados prazos prescricionais pelas partes. Nessa perspectiva, as antigas ações perpétuas do direito romano não atendem à ideia de finitude, promovendo uma eterna tensão entre os indivíduos contrapostos. A razão da prescrição reside em não manter conflitos, nem em perpetuar os processos.

Para os franceses, o fundamento do instituto da prescrição é ainda mais complexo, e não se trata apenas de facilitar o trabalho do Judiciário ao eliminar

---

(78) PIRES, Eduardo Rockenbach. O pronunciamento de ofício da prescrição e o processo do trabalho. *Revista do Direito Trabalhista*, São Paulo, v. 14, n. 7, p. 24-26, jul. 2008.

(79) THEODORO JÚNIOR, Humberto. *Prescrição e decadência*: de acordo com a reforma trabalhista. Rio de Janeiro: Forense, 2018. p. 91-104.

(80) MAZZONI, Giuliano. *Manuale di diritto del lavoro.* 6. ed. Milano: Giuffrè Editore, 1988. v. 1, p. 1019-1020.

a prerrogativa de acionamento do Estado com o processo[81], mas de garantir a credibilidade da regra de direito apagando suas falhas.[82] Esse entendimento, que atrela a prescrição à ação, foi superado pela doutrina pátria, mas é importante manter a essência do pensamento francês dentro da construção da fundamentação do instituto.

O instituto da prescrição serve ao Estado na medida em que organiza a sociedade em suas relações sociais, mantendo a ordem jurídica por meio da necessária observância de seu ordenamento, utilizando a ação do tempo para excluir dele as reivindicações longas. Dessa forma, a estabilização das relações jurídicas em sociedade proporciona certeza[83], por conseguinte, a segurança jurídica tão almejada.

Na perspectiva da moralidade, ele não é apontado como um instituto muito justo[84], porque sedimenta pelo tempo os ilícitos ou as violações legais. A justificativa de sua razão de ser é a afetação na justiça que produz.[85] Nesse sentido, uma pessoa não pode ser perpetuamente devedora de outra, sob pena de se institucionalizar a insegurança jurídica por revés, ainda que se trate de injustiça notória, porque essa injustiça não foi exigida no prazo que a lei considera razoável.

A sociedade, de um modo geral, cultiva a chamada cultura de arena em espaços institucionais, em especial dentro do Poder Judiciário, onde se acirram as disputas entre sujeitos que pretendem um mesmo bem da vida. Almeja-se que essa cultura seja substituída por uma outra de diálogo, em que a tolerância prevaleça com respeito ao dissenso e à diversidade.[86] Por isso, o tempo é tão importante como estabilizador das relações sociais.

O contorno do tempo também é um importante fator de gerenciamento de processos que tramitam no Poder Judiciário, pois a prescrição aplicada não apenas às pretensões que envolvem o acionamento, mas também àquelas que surgem ao longo do processo, pressupõe a inércia da parte por um lapso determinado, permite que o Estado se preocupe com o jurisdicionado ativo. Isso demonstra a necessidade e a utilidade do provimento jurisdicional para a pacificação de um conflito em prol da segurança jurídica.

---

(81) RUGGIERO, Roberto. *Instituições de direito civil*: direito das obrigações e hereditário. Trad. da 6. ed. italiana com notas remissivas aos Códigos Civis brasileiro e português por Dr. Ary dos Santos. São Paulo: Livraria Acadêmica Saraiva & Cia., 1934. v. III, p. 27.

(82) BANDRAC, Monique. Les tendances récentes de la prescription extinctive en droit français. *Revue Internationale de Droit Comparé*, Lyon, v. 46, n. 2, avril/juin 1994, p. 360.

(83) MADDALONI, Osvaldo A.; JAVIER TULA, Diego. *Prescripción y caducidad en el derecho del trabajo*. 2. ed. Buenos Aires: Abeledo Perrot, 2008. p. 2.

(84) FERREIRÓS, Estrela M. El plazo de la prescripción, su oponibilidad, inicio y duración en la extensión de la responsabilidad de los socios, directores y gerentes de personas jurídica. *In Del*, nro. 243, t. XOX, Errepar, noviembre 2005 *apud* MADDALONI, Osvaldo A.; JAVIER TULA, Diego. *Prescripción y caducidad en el derecho del trabajo*. 2. ed. Buenos Aires: Abeledo Perrot, 2008. p. 4.

(85) MADDALONI, *op. cit.*, p. 4.

(86) Cf. FREITAS JUNIOR, Antônio Rodrigues de. Sobre a relevância de uma noção precisa de conflito. *Revista do Advogado*, São Paulo, v. 34, n. 123, p. 11-18, ago. 2014.

Em regra, esses são os fundamentos da prescrição na perspectiva estatal para a aplicação dos efeitos do tempo em pretensões individuais. À época da construção do instituto, os conceitos de litigiosidade repetitiva ou de conflitos de massa não eram desenvolvidos como na contemporaneidade. É importante estudar o instituto sob essa nova ótica para verificar em que termos interessa ou favorece ao Estado a aplicação do tempo como corretor das falhas sociais, do esquecimento de uma lesão, do cumprimento de um direito prestacional para a harmonia social e em que medida interessa ao Estado a reparação *in totum* dos direitos maciçamente lesionados. O debate pode ser solucionado com a análise das políticas públicas adotadas pelo sistema de Justiça.

Se um devedor ou um lesionante do ordenamento pátrio tornar-se um problema maior para todo o sistema de Justiça, com condutas que se repetem no tempo ou se avolumam em termos de pessoas prejudicadas, o sistema de Justiça deve formular um prazo maior ou gravar essa pretensão como imprescritível. Essa é uma importante ponderação que as políticas públicas do sistema de Justiça precisam realizar.

1.4.2. Efeitos do tempo na perspectiva do indivíduo

O instituto da prescrição também tem seus fundamentos extraídos da perspectiva dos indivíduos envolvidos na relação jurídica obrigacional que é por ele conformada. Extrair da perspectiva do devedor e do credor da relação os fundamentos da prescrição é primordial para o seu completo entendimento.

1.4.2.1. Perspectivas do devedor

A prescrição caracteriza-se por, transcorrido o tempo da reivindicação, deixar à escolha do devedor o pagamento ou não do crédito, como um menoscabo do império e da potestade ou da faculdade que o ordenamento confere ao titular de exigir o cumprimento compulsório de seu crédito em juízo.(87) O instituto trabalha com a presunção de pagamento(88) ou de perdão da dívida em razão de uma negligência prolongada decorrente da autonomia da vontade do credor, sujeito ativo da obrigação, e também da temporalidade das relações humanas. Há uma necessidade de se resolver relações de fato, evitando que elas sejam gravadas nas relações futuras.(89) O devedor tem a faculdade de pagar a dívida decorrente de

---

(87) MONSALVO, Manuel. Extinción de los créditos laborales. *In*: ACKERMAN, Mario E. (dir.); TOSCA, Diego M. (coord.). *Tratado de derecho del trabajo*: la relación individual del trabajo III. Santa Fé: Rubinzal-Culzoni Editores, 2005. p. 595.

(88) SAVIGNY, Friedrich Carl. *Traité de droit romain*, p. 287-288 *apud* SIMÃO, José Fernando. *Prescrição e decadência*: início dos prazos. São Paulo: Atlas, 2013. p. 109.

(89) LORENZETTI, Ari Pedro. *A prescrição e a decadência na Justiça do Trabalho*. São Paulo: LTr, 2009. p. 29.

uma relação obrigacional, por uma análise moral, mas não pode ser compelido pelo Estado a pagá-la.

O direito pátrio fixou a negligência ou inércia do titular e a ação do tempo como fundamentos da prescrição, mas não deixou de perquirir se a boa-fé seria um fator essencial ao instituto, argumento fundamentado no Código Filipino, ord. 4, 79: "Porém, esta lei não haverá logar nos devedores que tiverem má fé, porque estes taes não poderão prescrever em tempo algum". Essa norma foi revogada em 1869, prevalecendo os critérios objetivos na fixação dos fundamentos da prescrição. Assim, a má-fé do devedor para com o credor deixou de ser um fundamento do instituto, predominando a visão de Teixeira de Freitas, embora mereça o seu destaque na história dos fundamentos da prescrição na perspectiva do credor da obrigação decorrente da relação jurídica.(90)

A negligência do credor, mesmo rechaçada por Clóvis Beviláqua e Teixeira de Freitas, foi defendida por Câmara Leal (década de 40) como uma punição do ordenamento pátrio à pessoa que deixa de defender seu direito. A inércia representaria a falta de um dever social, com característica de penalidade, protegendo o devedor de uma má-fé do credor, que, aproveitando-se do desaparecimento das provas para o pagamento, da ausência ou morte de testemunhas que o presenciaram, novamente poderia exigir a obrigação.(91)

A inércia, a negligência ou o desuso do direito do credor modernamente geram para o devedor o direito ao esquecimento.(92) A prescrição extintiva ressurge, assim, como um mecanismo de adaptação do direito ao fato, realizando a justiça ao determinar o esquecimento do que se deixou por lapso demasiado de se realizar — capacidade do ordenamento de se autoadaptar a uma regulamentação que inscreve na série ininterrupta do tempo um fato ou ato.(93)

Monique Bandrac afirma que esse perdão conferido pelo ordenamento seria uma punição pela negligência do inerte. Há uma forte crítica a esse argumento, por representar uma proteção conferida àquele que lucra. Todavia, por esse viés, não há a preocupação com a paz de espírito do devedor, direito igualmente legítimo para o ordenamento.(94) O esquecimento da conduta em benefício da paz

---

(90) BEVILÁQUA, Clóvis. *Teoria geral do direito civil*. 2. ed. Rio de Janeiro: Livraria Francisco Alves, 1929. p. 374-375.

(91) LEAL, Antônio Luís da Câmara. *Da prescrição e da decadência*: teoria geral do direito civil. 3. ed. atual. pelo juiz José de Aguiar Dias. Rio de Janeiro: Forense, 1978. p. 16-18.

(92) POIRIER, Mireille. Éviter le couperet de la prescription, après la loi du 14 juin 2013 relative à la sécurisation de l'emploi. *Le Droit Ouvrier*, Bordeaux, n. 788, mars 2014, p. 183. Disponível em: <file:///C:/Users/I170500/AppData/Local/Temp/201403_doctrine_poirier.pdf>. Acesso em: 11 jul. 2020.

(93) OST, François. *O tempo do direito*. Trad. de Élcio Fernandes, rev. téc. de Carlos Aurélio Mota de Souza. Bauru: Edutec, 2005. p. 157-158.

(94) BANDRAC, Monique. Les tendances récentes de la prescription extinctive en droit français. *Revue Internationale de Droit Comparé*, Lyon, v. 46, n. 2, avril/juin 1994, p. 359.

social e da segurança jurídica faz parte das razões que fundamentam o instituto da prescrição.

1.4.2.2. Perspectivas do credor

A prescrição é um instituto que favorece o credor ao lhe impor um prazo para reivindicar suas pretensões (ou ações, para os que assim entendem), permitindo que as obrigações cumpram-se o mais próximo do ideal, facilitando a colheita da prova judicial.(95) A inação é vista positivamente como um facilitador do acesso à justiça.

As relações humanas tendem a ser temporárias e a ter finitude. Dessa forma, utilizar um critério subjetivo para fundamentar o instituto da prescrição, deixando transparecer que se privilegia o perdão como injustiça ou o castigo ao credor inerte, negligente, não é adequado. Por esse motivo, os critérios objetivos foram privilegiados neste estudo em detrimento dos subjetivos.

Acessar a justiça em tempo breve facilita o conhecimento da pretensão, por meio da colheita de provas que estarão mais acessíveis ao autor da ação, mas também ao réu, permitindo ao juiz conhecer do conflito entre as partes com maior riqueza de detalhes e também com maior aproximação da verdade real.

Por serem de trato sucessivo, as obrigações decorrentes do contrato de emprego perpetuam-se no tempo, e alguns credores, ao acessarem a Justiça do Trabalho, delimitam o período a ser cobrado, observando a regra de prescrição.(96) O fundamento para o fato constitui boa-fé processual e lealdade, traz o processo mais perto da realidade. O devedor pode pagar obrigações com pretensões prescritas por ato volitivo, não sendo essa regra proibida pelo ordenamento pátrio. Esse ato é classificado como renúncia à prescrição. Privilegia-se a boa-fé do credor que desde logo demonstra conhecer os prazos legais de sua pretensão, bem como a lealdade processual. Esses também são fundamentos do instituto da prescrição na perspectiva do credor.

Em sentido contrário, já foi defendido que a relação desigual e de subordinação jurídica, que envolve as relações de emprego, colocariam o empregado em uma posição de inferioridade e vulnerabilidade perante seu empregador, e por isso as pretensões decorrentes deveriam ter um tratamento de suspensão do prazo.(97) Por vezes, sem qualquer estabilidade no emprego, a inércia do credor dessa

---

(95) LORENZETTI, Ari Pedro. *A prescrição e a decadência na Justiça do Trabalho*. São Paulo: LTr, 2009. p. 32.

(96) Alguns autores entendem o fato como omissão do pedido e não como renúncia dele. Ver SILVA, Homero Batista Mateus da. *Estudo crítico da prescrição trabalhista*. São Paulo: LTr, 2004. p. 51.

(97) Cf. SILVA, Homero Batista Mateus da. *Estudo crítico da prescrição trabalhista*. São Paulo: LTr, 2004. p. 91-94.

relação jurídica justifica-se e perpetua-se até o advento da extinção do contrato de trabalho. E, nessa hipótese, a legitimação extraordinária conferida para lesões coletivas exsurge como um meio de superar esse obstáculo ao acesso à Justiça, pois os legitimados podem atuar para eliminar as lesões macrossociais durante o contrato de trabalho.

1.5. CONCEITO DE PRESCRIÇÃO

A prescrição consiste na incidência do tempo sobre a exigibilidade da pretensão. A pretensão pode ser exercida judicialmente ou extrajudicialmente. Os prazos prescricionais são afetos aos direitos prestacionais, são de ordem pública, fixados pelo legislador e não podem ser alterados pelas partes. A natureza jurídica do instituto é de direito material.

A prescrição é a utilização do tempo para sedimentar as relações jurídicas. Ela baseia-se na inércia do titular da pretensão que a deixa de exigi-la contra outra pessoa. Essa pessoa pode renunciar ao prazo e cumprir a pretensão do titular. O Estado utiliza essa técnica, aparentemente injusta, para gerenciar melhor os processos, permitindo às partes o debate processual por meio de provas que ainda não se perderam no tempo, caso a reivindicação extrajudicial não tenha êxito. A sociedade para manter-se harmônica precisa de uma resposta em um tempo considerado razoável para que o conflito não se perpetue.

Outro instituto que utiliza a ação do tempo é a decadência. A decadência atinge os chamados direitos potestativos, pode ser instituída por lei ou pela vontade das partes — prazo decadencial convencional. A análise tem corte metodológico na prescrição extintiva, na ação do tempo sobre a exigibilidade da pretensão referente a direitos prestacionais, e não na aquisição de direitos em razão do tempo, a chamada prescrição aquisitiva, ou na decadência.

2. O ACESSO COLETIVO À JUSTIÇA E A JUSTIÇA DO TRABALHO

Para melhor entender a conflituosidade de grupos e de massa, é importante esclarecer o que vem a ser o sistema de Justiça. A análise dos conceitos sociológicos será importante. Aprofundar a visão desse sistema sobre a conflituosidade de massa para a melhor harmonia do ordenamento jurídico, as políticas públicas a ele afetas e sua organização também é imprescindível ao desenvolvimento desta pesquisa.

O processo coletivo, como a contemporaneidade o entende, tem origem remota, com importantes exemplos de reivindicações intentadas por grupos de pessoas ou contra eles. Esses antecedentes ajudam a construir as leis atuais, mas também formam uma base histórica para a doutrina, por isso serão tratados neste capítulo. O modo de organização do Poder Judiciário brasileiro para atender a essas demandas, já que não existe uma codificação própria, ajuda-nos a ver como a doutrina foi importante para o entendimento do chamado sistema ou microssistema de acesso coletivo à Justiça, do seu desenvolvimento na área trabalhista e do seu objeto.

2.1. O SISTEMA DE JUSTIÇA: POLÍTICAS DE COMBATE À CONFLITUOSIDADE E O ACESSO COLETIVO

O chamado sistema de Justiça pode confundir-se com o Poder Judiciário em alguns momentos, mas é considerado um conceito mais amplo do que a simples organização dos órgãos e a estrutura desse Poder Estatal. O sistema de Justiça é composto pelas políticas públicas judiciais que influenciam a forma de aplicação das normas jurídicas por meio de uma estrutura organizacional construída pelo Estado e distribuída entre o Poder Judiciário e o Ministério Público, com seus Conselhos Nacionais, e também pela estrutura pública e privada da advocacia, além do jurisdicionado.

Boaventura[98] aponta três funções básicas do sistema de Justiça: instrumental, política e simbólica. Com a função instrumental, o Poder Judiciário e o

(98) SANTOS, Boaventura de Sousa; MARQUES, Maria Manuel Leitão; PEDROSO, João. Los tribunales en las sociedades contemporáneas. *Pensamiento Jurídico*, [*s.l.*], n. 4, p. 5-38, 1995. Disponível em: <https://revistas.unal.edu.co/index.php/peju/article/view/38999>. Acesso em: 10 mar. 2021.

Ministério Público são os principais locais de solução de conflitos.(99) A essa ideia, acrescentam-se as câmaras de solução de conflitos por meio da arbitragem e da mediação, no âmbito da advocacia.

A função instrumental é conferida ao juiz para a solução de litígios, a administração e a criação de direitos, além da aplicação dos instrumentos jurídicos de controle social. Esses instrumentos asseguram a manutenção de uma ordem na sociedade e a recuperação do direito violado para que as ações individuais não se desviem de modo significativo do padrão fixado de sociabilidade.(100) A criação dos direitos, na visão de Cappelletti, é ínsita ao Judiciário, que, ao interpretar, o faz com a criação limitada pela lei, mas que continua a significar a criação de direitos.(101)

Na visão de Boaventura, a função política diz respeito à instituição de mecanismos de controle social, mas também à consciência dos direitos e à afirmação da capacidade de reivindicá-los. Expressão de exercício da cidadania e da participação política. Essa função está atrelada à instrumental, pois a morosidade, o acesso e o custo judicial são reflexos da capacidade ou da incapacidade de resposta da função política do sistema de Justiça.(102) Na realidade, a função política é mais ampla e encontra-se dentro de um sistema maior, que se insere na própria existência do Estado.

Por função simbólica, entende-se a maior eficácia das garantias processuais, a imparcialidade e a possibilidade de recursos como visão externa da sociedade sobre o sistema de Justiça. "En términos simbólicos, el derecho procesal es tan substantivo como el derecho substantivo"(103). Por isso, a falta de acesso à Justiça, a impunidade, o custo do processo e a morosidade — desempenho instrumental deficiente — afetam a imagem, como símbolo do sistema.(104) Acresce-se ao conceito, a necessária disseminação do sentido de equidade e de justiça na vida social, além da socialização da expectativa dos atores na interpretação do ordenamento jurídico, calibrando padrões vigentes de legitimidade na vida política.(105)

---

(99) FARIA, José Eduardo. O sistema brasileiro de Justiça: experiência recente e futuros desafios. *Estudos Avançados*, São Paulo, v. 18, n. 51, p. 103-125, ago. 2004. Disponível em: <http://www.scielo.br/scielo.php?script=sci_arttext&pid=S0103-40142004000200006&lng=en&nrm=iso>. Acesso em: 9 mar. 2021.

(100) SANTOS, Boaventura de Sousa; MARQUES, Maria Manuel Leitão; PEDROSO, João. Los tribunales en las sociedades contemporáneas. *Pensamiento Jurídico*, [*s.l.*], n. 4, 1995, p. 33. Disponível em: <https://revistas.unal.edu.co/index.php/peju/article/view/38999>. Acesso em: 10 mar. 2021.

(101) CAPPELLETTI, Mauro. *Juízes legisladores?* Trad. Carlos Alberto Alvaro de Oliveira. Porto Alegre: Sergio Antonio Fabris, 1999. p. 20-27.

(102) SANTOS; MARQUES; PEDROSO, *op. cit.*, p. 35.

(103) *Ibidem*, p. 36.

(104) *Idem*.

(105) FARIA, José Eduardo. O sistema brasileiro de Justiça: experiência recente e futuros desafios. *Estudos Avançados*, São Paulo, v. 18, n. 51, p. 103-125, ago. 2004. Disponível em: <http://www.scielo.br/scielo.php?script=sci_arttext&pid=S0103-40142004000200006&lng=en&nrm=iso>. Acesso em: 9 mar. 2021.

As três funções estão entrelaçadas, influenciando e sendo influenciadas umas pelas outras, compõem não só o aspecto repressivo de manutenção de uma ordem posta por meio de normas jurídicas, mas também uma ordem social prospectiva e pedagógica de alteração de um *status quo* social rechaçado pelas políticas públicas instituídas pelo Estado e por esse sistema.

A ideia de sistema utilizada no texto não é uma ideia fechada de um subsistema político ou estatal, como proposta na teoria sistêmica de Luhmann.[106] Esse não é um sistema fechado, autopoiético, que apenas observa as alterações dos demais. O sistema de Justiça influencia e é influenciado também pelos demais sistemas — políticos, sociais e econômicos.

O sistema de Justiça tem base constitucional. Sua função primordial é atuar como concretizador de um modelo de Estado e de sociedade, por meio da solução de conflitos de modo repressivo, prospectivo e pedagógico. Repressivo por meio de suas decisões, que não só aplicam a normatização pátria, mas nessa aplicação focam o futuro da sociedade com viés educativo, a fim de contribuir com o modelo de Estado pretendido e fixado na Constituição Federal de 1988, no caso contemporâneo do Brasil. Nesse contexto, surgem as políticas judiciais a serem aplicadas para a manutenção da ordem social e para a educação de todo um povo, moldando os atos desse povo, conforme o que se espera do projeto de nação.

A ideia evolucionista das três ondas do acesso à Justiça de Cappelletti — 1) a ampliação da gratuidade de justiça para fazer frente ao alto custo do processo, 2) a representatividade coletiva para conflitos repetitivos e de massa e 3) a ampliação e a aplicação de métodos de conciliação e de mediação como outras formas adequadas de solução efetiva da lide[107] — pode ser relacionada com a evolução dos direitos de Bobbio[108].

Em apertada síntese, a primeira geração[109], melhor dizendo dimensão, refere-se ao Estado Liberal e à conquista de direitos de cidadania, com absenteísmo do

---

(106) Sobre o tema, conferir: LUHMANN, Niklas. *Stato di diritto e sistema sociale*. Napoli: Guida Editori, 1978. p. 58 *et seq.*; FAVA, Marcos Neves. Teoria dos sistemas: sistemas operativos fechados: posição do poder normativo da Justiça do Trabalho no sistema jurídico. *Revista de Direito do Trabalho*, São Paulo, v. 33, n. 128, p. 103-124, out./dez. 2007; CAMPILONGO, Celso Fernandes. *Política, sistema jurídico e decisão judicial*. São Paulo: Max Limonad, 2002.

(107) Cf. CAPPELLETTI, Mauro; GARTH, Bryant. *Acesso à justiça*. Porto Alegre: Sergio Antonio Fabris, 1998.

(108) Cf. BOBBIO, Norberto. *A era dos direitos*. Trad. de Carlos Nelson Coutinho. 16. tir. Rio de Janeiro: Campus, 1992.

(109) Não se pode olvidar a crítica ao termo "geração", realizada posteriormente por Bonavides, que melhor reflete a fluidez dessas conquistas no tempo e no espaço. "[...] o vocábulo 'dimensão' substitui, com vantagem lógica e qualitativa, o termo 'geração', caso este último venha a traduzir apenas sucessão cronológica e, portanto, suposta caducidade dos direitos das gerações antecedentes, o que não é verdade" (BONAVIDES, Paulo. *Curso de direito constitucional*. 13. ed. rev. e atual. São Paulo: Malheiros, 2003. p. 571-572).

Estado, em razão de uma forte ideia de liberdade com a mínima intervenção. A segunda dimensão coincide com a conquista humana de direitos sociais e econômicos, que dependiam da intervenção estatal (Estado Social). A terceira dimensão, com a mistura das anteriores em equilíbrio, considerando a convivência entre intervenção e absenteísmo do Estado, reflete o Estado Democrático de Direito e uma sociedade de massa, no surgimento dos direitos coletivos e ambientais.[(110)]

É nessa segunda dimensão de conquista de direitos que o Poder Judiciário passa a interferir no desenho das competências decisórias dos poderes estatais, atraindo a condição de formulador de políticas públicas ao lado dos demais poderes, segundo Morgana.[(111)] Porém, adota-se a ideia de que a criação dos direitos é ínsita ao Poder Judiciário a partir da interpretação das normas, segundo Cappelletti[(112)], estando presente desde os primórdios do Estado Liberal e da primeira dimensão de conquista de direitos.

No plano internacional, a crise da administração da Justiça eclodiu na década de 60, a partir da transformação do Estado Liberal em Estado Providência ou Assistencial, ou seja, um Estado ativamente envolvido nos conflitos sociais mediante a expansão de direitos sociais, dos direitos da mulher — que se antecipava e assumia o mercado de trabalho, transformando a família e seu rendimento —,[(113)] com confluência para o Poder Judiciário de todo conflito que a sociedade não dava conta de resolver em razão da alteração dos paradigmas anteriores.

As decisões judiciais que envolvem essas demandas de massa não mais se restringem às partes litigantes, podendo afetar milhares de interessados, estando em um dos polos um litigante repetitivo. Esse novo tipo de jurisdição levou ao Poder Judiciário uma litigância distinta da atomizada com impactos no interesse público,[(114)] afetando todo o sistema de Justiça — que é mais amplo que o Poder Judiciário com seus órgãos.

No Brasil, a inserção do Conselho Nacional de Justiça (CNJ) no sistema de Justiça por meio da Emenda Constitucional n. 45/2004 redesenhou a fisionomia institucional do Poder Judiciário, alterando a configuração histórica de seu fun-

---

(110) Há referências atuais para a quarta e a quinta dimensão de direitos, respectivamente quanto ao direito à informação, à bioética, à genética e à democracia, e à paz (BONAVIDES, Paulo. *Curso de direito constitucional*. 25. ed. rev. e atual. São Paulo: Malheiros, 2010).

(111) RICHA, Morgana de Almeida. *Políticas públicas judiciárias e o acesso à Justiça*. São Paulo: LTr, 2021. p. 98. No prelo.

(112) CAPPELLETTI, Mauro. *Juízes legisladores?* Trad. de Carlos Alberto Alvaro de Oliveira. Porto Alegre: Sergio Antonio Fabris, 1999. p. 20-27.

(113) SANTOS, Boaventura de Sousa. Introdução à sociologia da administração da justiça. *Revista Crítica de Ciências Sociais*, [*s.l.*], n. 21, nov. 1986, p. 16.

(114) SANTOS, Enoque Ribeiro dos. *O microssistema de tutela coletiva*: parceirização jurisdicional. 4. ed. Rio de Janeiro: Lumen Juris, 2020. p. 51.

cionamento[115] (art. 103-B da CF/1988). Acresce-se que o mesmo ocorreu com o Ministério Público, a partir da inserção do Conselho Nacional do Ministério Público (CNMP) (art. 130-A da CF/1988).

A composição desses órgãos com representantes de dentro do Poder Judiciário, em cada uma de suas especializações e instâncias (juízes, desembargadores e ministros), mas também com representantes da advocacia e dos cidadãos — indicados por cada casa do Congresso Nacional —, além do Ministério Público, permite uma ampla representação de cada um dos sujeitos que atuam e acionam o sistema de Justiça. Essa configuração instaura um espaço público de debate qualificado para a fixação de políticas públicas, o que nos remete à teoria argumentativa ou da ação comunicativa de Habermas.[116] A competência constitucional do CNJ possibilita expedir atos regulamentares ou recomendar providências em favor do aperfeiçoamento do Poder Judiciário, ocorrendo o mesmo com o Ministério Público, por meio de seu conselho nacional.

Esses Conselhos Nacionais podem realizar ações de planejamento, coordenação, controle administrativo e financeiro. Os estudos estatísticos realizados por meio de diagnósticos do Poder Judiciário[117] e do Ministério Público[118] têm contribuído para um aperfeiçoamento de dois braços importantes do sistema de Justiça.

O enfoque principal a respeito de políticas públicas considera a ideia de que os direitos sociais são caracterizados pela necessidade de atuação do Estado por meio de programas governamentais concebidos no ambiente político, concretizados em regra pela função estatal executiva e sujeitos à justiciabilidade no que tange ao processo de formulação e aos resultados correspondentes. Nesse contexto, o princípio da inércia tem aplicação interna, nos limites da decisão adjudicada. Para além do processo, o protagonismo do Poder Judiciário sugere uma postura de sujeito ativo quanto aos serviços judiciários.[119] Morgana de Almeida Richa sublinha uma necessidade premente:

> [...] mudanças internas a partir de políticas públicas de redesenho institucional, voltadas à readequação de procedimentos, métodos de organização estrutural, estabelecimento de metas de produtividade

---

(115) RICHA, Morgana de Almeida. O Conselho Nacional de Justiça e a constituição da vida republicana. *Revista Eletrônica do Tribunal Regional do Trabalho da 9ª Região*, Curitiba, v. 3, n. 25, nov. 2013, p. 83.

(116) Cf. HABERMAS, Jürgen. *Teoría de la acción comunicativa*. Trad. de M. Jiménez Redondo. 3. ed. Madrid: Taurus, 1999.

(117) BRASIL. Conselho Nacional de Justiça. Justiça em números. *Publicações*. Disponível em: <https://www.cnj.jus.br/pesquisas-judiciarias/justica-em-numeros/>. Acesso em: 10 mar. 2021.

(118) BRASIL. Conselho Nacional do Ministério Público. Relatório anual de atividades do Conselho Nacional do Ministério Público 2020. *Publicações*. Disponível em: <https://www.cnmp.mp.br/portal/publicacoes/244-relatorios/13884-relatorio-anual-cnmp-2020>. Acesso em: 10 mar. 2021.

(119) RICHA, Morgana de Almeida. *Políticas públicas judiciárias e o acesso à Justiça*. São Paulo: LTr, 2021. p. 158-159.

para garantir o aperfeiçoamento da prestação dos serviços judiciários, alargando, por consequência, o princípio do acesso à justiça.[120]

Um exemplo de uma política pública instituída pelo CNJ foi o impulsionamento da mediação e da conciliação em todos os âmbitos e esferas do Poder Judiciário, por meio do "Movimento pela Conciliação em 2006",[121] regulamentado posteriormente com a edição da Resolução n. 125/2010 e da Emenda n. 1/2013 como método de solução de conflitos.

Por meio dessa política pública, foi criado um programa de incentivo à autocomposição de litígios e à pacificação social, a ser implementado por meio da participação de uma rede, também desenvolvida pelo CNJ, em cooperação com os órgãos públicos competentes, instituições públicas e privadas da área de ensino, tendo em vista a criação de disciplinas e de uma cultura jurídica de solução pacífica dos conflitos.[122]

A conciliação fixada para semanas específicas durante o movimento implementado pelo CNJ e inserido na meta 2, entre 2006 e 2011, gerou um elevado número de acordos, especialmente no ramo da Justiça Federal, que chegou a conciliar 70% dos processos na pauta, em verdadeira mudança de perspectiva.[123] Essa política foi tão forte que influenciou o CNMP no mesmo sentido (Resolução n. 118/2014). A solução pacífica de conflitos também é uma meta instituída de 2020 a 2029[124], além da criação de um Núcleo Permanente de Incentivo à Autocomposição (Nupia) e de cursos de mediação e de negociação[125].

A política pública de mediação e de conciliação também influenciou a advocacia, que, em âmbito nacional, celebrou em 2020 um convênio com o CNJ por meio da Escola Nacional de Advocacia (ENA) para capacitar advogados mediadores e conciliadores[126], embora não seja o primeiro curso para a classe advocatícia.

---

(120) RICHA, Morgana de Almeida. *Políticas públicas judiciárias e o acesso à Justiça.* São Paulo: LTr, 2021. p. 165.

(121) RICHA, Morgana de Almeida. O CNJ e a estruturação da Política Judiciária Nacional: solução consensual dos conflitos de interesse. *Revista Eletrônica do Tribunal Regional do Trabalho da 9ª Região*, Curitiba, v. 1, n. 7, p. 31-43, maio 2012, p. 33.

(122) SALES, Lilia Maia de Morais; CHAVES, Emmanuela Carvalho Cipriano. Mediação e conciliação judicial: a importância da capacitação e de seus desafios. *Sequência*, Florianópolis, n. 69, p. 255-279, dez. 2014. Disponível em: <http://www.scielo.br/scielo.php?script=sci_arttext&pid=S2177-70552014000200011&lng=en&nrm=iso>. Acesso em: 13 mar. 2021.

(123) RICHA, *op. cit.*, p. 35-36.

(124) BRASIL. Conselho Nacional do Ministério Público. Mapa estratégico nacional 2020-2029. *Publicações*. Disponível em: <https://www.cnmp.mp.br/portal/institucional/comissoes/comissao-de-planejamento-estrategico/atuacao/planejamento-estrategico-nacional/pen-2020-2029>. Acesso em: 13. mar. 2021.

(125) BRASIL. Conselho Nacional do Ministério Público. Manual de negociação e mediação para membros do Ministério Público. *Publicações*. Disponível em: <https://www.cnmp.mp.br/portal/publicacoes/245-cartilhas-e-manuais/7560-contribuicoes-para-atuacao-do-ministerio-publico-na-copa-das-confederacoes-e-na-copa-do-mundo-2>. Acesso em: 10 mar. 2021.

(126) BRASIL. Conselho Nacional de Justiça. CNJ e OAB firmam parcerias para expandir conciliação e Escritório Digital. *Notícias*. Disponível em: <https://www.cnj.jus.br/cnj-e-oab-firmam-parcerias-para-expandir-conciliacao-e-escritorio-digital/>. Acesso em: 13 mar. 2021.

As seccionais da Ordem dos Advogados do Brasil (OAB), por meio de suas escolas, e as Associações de Advogados têm disponibilizado cursos de mediação e de arbitragem desde a década de 90, após a promulgação da Lei n. 9.307/1996. Porém, o convênio celebrado é um marco para a política pública interna da OAB, pois funcionará em âmbito nacional e de modo unificado.

Ada Pellegrini Grinover alterou seu conceito de jurisdição e processualidade para nele incluir a mediação e a arbitragem como meios de solução de conflitos — alternativos diante do Poder Judiciário. Também integrou ao conceito de jurisdição a área administrativa. A solução de conflitos dentro de órgãos estatais, o processo administrativo.(127) Esse conceito está mais próximo da atuação ampliada do sistema de Justiça que o antigo de jurisdição e processualidade, limitado ao âmbito do Poder Judiciário.

A conciliação é um princípio para o processo do trabalho e pode ser realizada em qualquer fase processual (art. 764 da CLT). A política pública instituída pelo CNJ (Res. CNJ n. 125/2010) influenciou a codificação processual civil de 2015(128), pois, no novo código, a conciliação passou a ser permitida em qualquer fase processual, sendo preferível à atuação estatal, o que a aproximou do processo do trabalho.

O relatório anual que mede as estatísticas do Poder Judiciário no ano de 2012 (referente ao ano de 2011) traduz o que se pretende do sistema de Justiça brasileiro e da implementação de políticas públicas para solucionar seus principais problemas referentes à alta litigiosidade. Nesse relatório, foram encontrados os cem maiores litigantes do Poder Judiciário. Especial destaque é dado ao setor público federal, seguido dos bancos, setor público estadual, indústria, telefonia, serviços em geral, comércio, entre outros na área trabalhista.(129) O indicador foi descontinuado, tendo sido substituído pela classe processual em 2015 (referente ao ano de 2014).(130)

---

(127) "Se, conforme nosso pensamento, a jurisdição compreende a justiça estatal, a justiça arbitral e a justiça consensual, é evidente que fica superado o conceito clássico de jurisdição. Definida como poder, função e atividade, verifica-se que não há exercício de poder na justiça consensual, onde o conflito é dirimido exclusivamente pelas partes" (GRINOVER, Ada Pellegrini. *Ensaio sobre a processualidade*: fundamentos para uma nova teoria geral do processo. Brasília: Gazeta Jurídica, 2016. p. 18-19).

(128) BRASIL. Presidência da República. Código de Processo Civil. Lei n. 13.105/2016. *Legislação*. Disponível em: <http://www.planalto.gov.br/ccivil_03/_ato2015-2018/2015/lei/l13105.htm>. Acesso em: 13 mar. 2021.

(129) BRASIL. Conselho Nacional de Justiça. 100 maiores litigantes. *Publicações*. Disponível em: <https://www.cnj.jus.br/wp-content/uploads/2011/02/100_maiores_litigantes.pdf>. Acesso em: 13 mar. 2021.

(130) BRASIL. Conselho Nacional de Justiça. Relatório Justiça em números 2015. *Publicações*. Disponível em: <https://www.cnj.jus.br/pesquisas-judiciarias/justica-em-numeros/>. Acesso em: 13 mar. 2021.

Em 2015, a Justiça do Trabalho apareceu em primeiro lugar na classe de repetições de assuntos com o tema "verbas rescisórias", acima da Justiça Estadual (a maior detentora de processos do sistema). Os três principais temas no *ranking* de ações trabalhistas foram: extinção contratual e diferença das verbas decorrentes; responsabilidade civil do empregador; diferença na remuneração/salário dos trabalhadores.(131) Em 2020, o Relatório anual da Justiça em números repetiu os mesmos temas como os mais demandados na Justiça do Trabalho.(132)

Mesmo após a implementação da política pública de conciliações e mediações, a litigiosidade manteve-se alta. Para uma maior harmonização social, seria muito importante ter um relatório mais detalhado dos litigantes repetitivos no âmbito de especialização das Justiças e a promoção de uma política pública para corrigir os ilícitos encontrados nos processos judiciais. A atuação coletiva como política pública pode contribuir muito para a redução da litigiosidade repetitiva. O Ministério Público do Trabalho e os sindicatos são órgãos importantes que podem agir a partir desses números, em atuação inibitória de novas irregularidades. O combate à litigiosidade trabalhista foi enfraquecido com a ausência de reposição e com a desvalorização da carreira dos auditores do trabalho, responsáveis pela fiscalização dos empregadores.(133)

A Escola Judicial do Paraná (Ejud2) realizou uma pesquisa quanto aos dez maiores devedores privados, e os principais temas demandados em Curitiba nos anos de 2012 a 2014.(134) O estudo constatou a existência de 33.760 pedidos divididos em 258 diferentes assuntos, sendo que apenas 10% dos assuntos (26 assuntos) concentraram 80% de todos os pedidos (26.967 pedidos). Os principais assuntos encontrados foram: horas extras, intervalo intrajornada, indenização por danos morais, FGTS, assistência judiciária gratuita, verbas rescisórias, diferenças salariais, férias, responsa-

---

(131) BRASIL. Conselho Nacional de Justiça. Justiça em números. 2015. *Publicações*. Disponível em: <http://www.cnj.jus.br/files/conteudo/arquivo/2016/10/b8f46be3dbbff344931a933579915488.pdf>. Acesso em: 5 mar. 2021.

(132) BRASIL. Conselho Nacional de Justiça. Relatório Justiça em números 2020. *Publicações*. Disponível em: <https://www.cnj.jus.br/pesquisas-judiciarias/justica-em-numeros/>. Acesso em: 13 mar. 2021.

(133) "Segundo a entidade, a melhor condição de mão de obra da fiscalização do trabalho foi em 1996, quando a área chegou a ter 3.464 auditores. O atual número de cargos é o mesmo de 1984. O total de profissionais caiu até 2003, quando chegou a 2.837, e teve recuperação até 2007, atingindo 3.174. Desde então, o número foi drasticamente reduzido. E pode ser ainda mais nos próximos anos, já que cerca de 500 profissionais estão em condições de se aposentar e continuam em atividade recebendo um abono de permanência" (GOMES, Rodrigo. A fiscalização do trabalho tem o menor número em 20 anos. *Rede Brasil Atual*: trabalho. 28 jun. 2018. Disponível em: <https://www.redebrasilatual.com.br/trabalho/2018/06/fiscalizacao-do-trabalho-tem-menor-numero-de-auditores-em-20-anos/>. Acesso em: 2 abr. 2021).

(134) Pesquisa completa publicada no artigo COLNAGO, Lorena de Mello Rezende. Normas processuais coletivas do Código de Defesa do Consumidor — um diálogo necessário com o processo do trabalho para mudança de paradigma na solução de conflitos. COLNAGO, Lorena de Mello Rezende; CLAUS, Bem-Hur Silveira (coord). *A teoria dos diálogos das fontes no processo do trabalho*: 2ª obra coletiva do FNPT. São Paulo: LTr, 2017. p. 201-211.

bilidade solidária e subsidiária, isonomia e equiparação salarial. Houve inconsistências nos dados tanto quanto ao nome das empresas, quanto aos assuntos cadastrados. Isso demonstra a subnotificação no cadastro processual(135), que merece ser corrigido.

O estudo constatou a existência de 33.760 pedidos divididos em 258 diferentes assuntos, sendo que apenas 10% dos assuntos (26 assuntos) concentraram 80% de todos os pedidos (26.967 pedidos). Os principais assuntos encontrados foram: horas extras, intervalo intrajornada, indenização por danos morais, FGTS, assistência judiciária gratuita, verbas rescisórias, diferenças salariais, férias, responsabilidade solidária e subsidiária, isonomia e equiparação salarial. Houve inconsistências nos dados tanto quanto ao nome das empresas, quanto aos assuntos cadastrados. Isso demonstra a subnotificação no cadastro processual(136), que merece ser corrigido.

Algumas conclusões pragmáticas foram extraídas. A mais importante foi a necessidade de atuação em cooperação para que a alta litigiosidade seja efetivamente reduzida:

> [...] A escolha pelo tratamento atomizado das ações não está produzindo o resultado pedagógico e repressivo que se espera, porque os mesmos pedidos manifestam-se todos os dias nos processos não só dessas empresas, algumas de extensão nacional, mas se analisarmos novamente outro biênio, é capaz de parte grande do resultado dessa pesquisa ser repetido — mesmas empresas privadas como rés, ou melhor, na nomenclatura do Processo do Trabalho, como Reclamadas em idênticos assuntos.
>
> [...] não só os órgãos públicos estão negligenciando a utilização racional do acesso coletivo à Justiça, mas também as entidades sindicais. Essas com a função constitucional de defender os interesses coletivos de sua categoria estão abrindo mão de sua prerrogativa constitucional ao não atuar coletivamente e de modo preventivo nos problemas relatados pelos membros da categoria, que podem facilmente ser encontrados a partir das estatísticas da Justiça em números — ferramenta disponibilizada pelo Conselho Nacional de Justiça Brasileiro.(137)

---

(135) COLNAGO, Lorena de Mello Rezende. Normas processuais coletivas do Código de Defesa do Consumidor — um diálogo necessário com o processo do trabalho para mudança de paradigma na solução de conflitos. COLNAGO, Lorena de Mello Rezende; CLAUS, Bem-Hur Silveira (coord). *A teoria do diálogo das fontes no processo do trabalho*: 2ª obra coletiva do FNPT. São Paulo: LTr, 2017. p. 204-207.
(136) COLNAGO, Lorena de Mello Rezende. Normas processuais coletivas do Código de Defesa do Consumidor — um diálogo necessário com o processo do trabalho para mudança de paradigma na solução de conflitos. COLNAGO, Lorena de Mello Rezende; CLAUS, Ben-Hur Silveira (coord.). *A teoria do diálogo das fontes no processo do trabalho*: 2ª obra coletiva do FNPT. São Paulo: LTr, 2017. p. 204-207.
(137) COLNAGO, Lorena de Mello Rezende. Normas processuais coletivas do Código de Defesa do Consumidor — um diálogo necessário com o processo do trabalho para mudança de paradigma na solução de conflitos. COLNAGO, Lorena de Mello Rezende; CLAUS, Ben-Hur Silveira (coord.). *A teoria do diálogo das fontes no processo do trabalho*: 2ª obra coletiva do FNPT. São Paulo: LTr, 2017. p. 208-209.

A atuação judicial dos sindicatos e do Ministério Público, por meio das ações coletivas, evita a multiplicação de ações atomizadas com os mesmos assuntos. Os impedimentos, suspensões e interrupções da prescrição aplicados às pretensões coletivas, e também às pretensões individuais dos titulares do direito, contribuem para a redução da litigiosidade repetitiva, com reeducação social do infrator. As estatísticas do Poder Judiciário devem alimentar a atuação dos entes coletivos. O fato de muitos processos versarem sobre o mesmo tema demonstra que há problemas no ambiente de trabalho de uma empresa, que merecem ser corrigidos.

A priorização do primeiro grau (Resolução n. 194/2014) é outra importante política do CNJ. O foco na fase de conhecimento fomenta um agir prático dos indivíduos.[(138)] As decisões pretéritas, conhecidas pelas partes e juízes, aplicadas aos casos novos e semelhantes ajudam a reduzir o número de recursos e a manter a segurança jurídica.

As medidas administrativas do CNJ relativas aos processos coletivos foram iniciadas dezenove anos depois da Resolução n. 125/2010. Em outubro de 2019, foi instituído um grupo de trabalho para estudar os problemas decorrentes das ações coletivas por meio da Portaria n. 152/2019.[(139)] O grupo apresentou algumas propostas administrativas para serem avaliadas. A primeira medida foi a criação em todos os tribunais brasileiros, em cada ramo da Justiça, de comitês executivos no plano nacional e regional, para funcionarem de modo autônomo ou em conjunto com os Núcleos de Gestão de Precedentes. Essa medida depende apenas de ato normativo de cada tribunal porque está inserida em sua autonomia normativa[(140)].

A criação, a estruturação e a regulamentação de um cadastro para as ações coletivas em âmbito nacional, que se comunique com o cadastro regional a ser instituído em cada tribunal, foi outra medida proposta pelo grupo de trabalho do CNJ. Além do cadastro nacional, propôs-se um olhar mais acurado para o tratamento das ações coletivas, o incentivo à solução consensual e o aprimoramento do processamento dessas ações com o uso de inteligência artificial.[(141)] Quando implementadas, todas essas medidas facilitarão a identificação das ações coletivas, a pesquisa e o acesso aos dados desses processos, tanto pelos magistrados como pelo jurisdicionado.

---

(138) CHAVES, Luciano Athayde. Eficácia dos direitos trabalhistas e litigiosidade na Justiça do Trabalho: reflexões e propostas de intervenção. *In*: CLAUS, Ben-Hur Silveira; ALVARENGA, Rúbia Zanotelli (coord.). *Execução trabalhista*: o desafio da efetividade. São Paulo: LTr, 2015. p. 38-40.
(139) BRASIL. Conselho Nacional de Justiça. Portaria n. 152, de 30 de setembro de 2019. Institui grupo de trabalho com o objetivo de apresentar propostas voltadas para o aprimoramento da atuação do Poder Judiciário nas ações de tutela de direitos coletivos e difusos. *Atos normativos*. Disponível em: <https://atos.cnj.jus.br/atos/detalhar/3039>. Acesso em: 14 mar. 2021.
(140) BRASIL. Conselho Nacional de Justiça. Grupo de trabalho do CNJ indica medidas para acelerar ações coletivas. *Notícias CNJ*, 28 jul. 2020. Disponível em: <https://www.cnj.jus.br/grupo-de-trabalho-do-cnj-indica-medidas-para-acelerar-acoes-coletivas/>. Acesso em: 14 mar. 2021.
(141) *Idem*.

Na área legislativa, o grupo propôs um anteprojeto para alterar e unificar as regras de acesso coletivo. As conclusões do grupo de trabalho do CNJ culminaram na apresentação de um anteprojeto de lei, que será tratado no capítulo 5. O CNMP não participou do grupo de trabalho do CNJ (2019). Por isso, em outubro de 2020, publicou a Portaria n. 159 com o objetivo de instituir um grupo de trabalho próprio, constituído por promotores e juristas, para apresentar propostas destinadas ao aprimoramento da atuação do Ministério Público brasileiro na tutela de direitos coletivos e difusos.(142) O grupo ainda não apresentou suas conclusões sobre o trabalho desenvolvido.

A impunidade, como foi relacionada por Boaventura e Faria, é uma deficiência que afeta sobremaneira a simbologia do sistema de Justiça, a capacidade de organização da sociedade pelo Estado, sem contar a afetação grave que traz para a função instrumental do sistema de Justiça. A tutela coletiva de direitos é importante instrumento para a ampliação do acesso efetivo à Justiça e para a redução da litigiosidade atomizada. Permite a muitos indivíduos com direitos violados ou não cumpridos, seja por carência econômica, seja por falta de informação, diante de litigantes habituais, serem tutelados, saindo da invisibilidade. A tutela coletiva é importante fator de segurança porque evita decisões conflitantes e contraditórias, em desprestígio à função judicial. Reduz o desestímulo intelectual dos juízes, dos membros do Ministério Público(143) e da própria advocacia ante a ineficiência do sistema de Justiça quando analisado pela ótica do processo individual, em uma visão mais ampla.

O combate à litigância repetitiva, especialmente no polo passivo das ações, é fundamental para manter o equilíbrio da sociedade. O tratamento coletivizado dos litígios traz uniformidade, segurança jurídica e coerência para esse sistema, tanto no âmbito judicial como no extrajudicial.

2.2. ACESSO COLETIVO À JUSTIÇA DO TRABALHO: DESENVOLVIMENTO E OBJETO

A evolução legislativa é importante para que se compreenda como se desenvolveu o processo coletivo e quais foram as influências que recebeu durante a sua evolução. Neste capítulo, são traçados os fatos históricos em geral, deixando-se a análise da legislação e da doutrina estrangeiras, especialmente a estadunidense e a italiana, para o capítulo 3.

---

(142) BRASIL. Conselho Nacional do Ministério Público. *Legislação*. Portaria CNMP-Presi n. 159/2020. Institui grupo de trabalho com o objetivo de apresentar propostas voltadas ao aprimoramento da atuação do Ministério Público brasileiro na tutela de direitos coletivos e difusos. Disponível em: <https://www.cnmp.mp.br/portal/images/Portarias_Presidencia_nova_versao/2020/2020.Portaria-CNMP-PRESI.159-1-3.pdf+&cd=1&hl=pt-BR&ct=clnk&gl=br&client=firefox-b-d>. Acesso em: 14 mar. 2020.

(143) SANTOS, Enoque Ribeiro dos. *Processo coletivo do trabalho*. 2. ed. rev., ampl. e atual. Rio de Janeiro: Forense, 2018. p. 13.

2.2.1. Antecedentes das ações coletivas no mundo

A origem das ações coletivas pode ser encontrada nos antecedentes romanos, nas ações do direito canônico do medievo, nas ações de classe trabalhistas e também nas ações populares. Alguns desses marcos precisam ser apresentados e contextualizados nessa evolução.

Para Mancuso, no direito romano, com a *rei sacrae* ou *rei publica*, está a raiz do processo coletivo. Naquela época, o bem jurídico não pertencia diretamente ao cidadão, mas a todos. O cidadão era o titular de sua gestão. A noção contemporânea de Estado ainda não estava desenvolvida. A relação entre o indivíduo e a coisa pública (*res publica*) fundamentava a legitimação do *cives* (cidadão) para pleitear em juízo uma tutela dessa universalidade (*universitas pro indiviso*).[144]

Scialoja e Clementoni são autores que situam o antecedente das ações coletivas na ideia romana de *actio popularis*. Há dúvida doutrinária sobre o tipo de interesse veiculado nessas ações, se era público ou privado.[145] Carlo Fadda indica que a *popularis* foi chamada de ação porque se referia à defesa do Estado (*populus*), de outra forma teria sido chamada de *accusa criminale*. Essa ação poderia ser proposta por qualquer um, mas também por um funcionário público.[146]

O direito romano mais remoto previa a regra de que ninguém pode litigar em nome alheio, com exceção da *legis actiones*, o *agere pro populos* da *actio popularis* permitia que uma pessoa, *quivis de populo*, pudesse agir para reivindicar, em nome e no interesse de uma comunidade, um bem público que estivesse em poder de outro cidadão. Esse *quivis de populo* chegava a receber uma remuneração por agir em nome do *populus*.[147]

O ápice dessa tutela ocorreu no período republicano. Reduziu-se no período do império, porque o cidadão foi perdendo espaço na gestão da coisa pública. A divisão do público e do privado em Roma é diferente da utilizada atualmente. Público não era uma palavra utilizada para o que pertence ao Estado, seu sentido durante o período da república romana era o de utilidade comum, aquilo que diz

---

(144) MANCUSO, Rodolfo de Camargo. *Ação popular*: proteção do erário, do patrimônio público, da moralidade administrativa e do meio ambiente. 8. ed. rev., ampl. e atual. São Paulo: Revista dos Tribunais, 2015. p. 55. *E-book*.

(145) Especialmente nos estudos de Mommsen e Bruns traduzidos para o italiano por Scialoja. Essa tradução é apontada como importante em razão do prefácio do tradutor e das notas realizadas pelo jurista italiano. (CLEMENTONI, Myriam Benarrós. Actio popularis *no direito romano e sua recepção no direito brasileiro*. 2016. Dissertação (Mestrado em Direito) — Universidade de São Paulo, São Paulo, 2016. p. 89-91).

(146) FADDA, Carlo. *L'azione popolare*: studio di diritto romano ed attuale. Torino: G.B. Paravia, 1894. p. 85-86. Disponível em: https://babel.hathitrust.org/cgi/pt?id=hvd.32044049751340. Acesso em: 9 abr. 2021.

(147) SCIALOJA, Vittorio. *Procedura civile romana*: esercizio e difesa dei diritti. Roma: Anonima Romana Editoriale, 1894. p. 343.

respeito a todos os cidadãos como parte do uso comum de um bem. Essa ação não era uma tutela para lesões de massa ou para o combate à litigância repetitiva. Tratava-se da tutela de um bem confiado ao cidadão, titular do bem comum. Outrem poderia tutelá-la porque os bens comuns pertenciam a todos.(148) Fadda reforça essa ideia de que as violações ao interesse público afetavam interesses privados, para que a condição de todos os cidadãos fosse igual. Essa é a tutela buscada pela ação popular romana.(149)

A Idade Média traz antecedentes das ações coletivas passivas. Um deles está nos procedimentos eclesiásticos do século IX, na Europa Ocidental. Tem-se notícia de um processo de moradores de áreas infestadas por insetos, roedores e outros animais que propuseram ações nos tribunais da Igreja Católica para obrigar os animais a saírem das cidades, sob pena de receberem excomunhão.(150)

Outro antecedente encontra-se em Paris, vila de Rosny-sous-Bois, no ano de 1179. Foi registrado o caso dos aldeões que reivindicaram ao abade e aos clérigos de Santa Genoveva o fim de sua condição servil. Uma ação contra seus senhores. Esse processo envolveu três reis e cinco papas, com o consumo de todos os recursos dos aldeões para pagar o procurador que os representava. O conflito em si não foi solucionado. Vários aldeões desistiram do processo em 1224-1225 pelas pressões dos clérigos. Em 1246, adquiriram a liberdade pretendida com a promessa de não formarem uma comuna, tamanha força que tiveram com sua união.(151) Reivindicações similares também são registradas na península itálica e nas cortes de origem germânica entre os séculos IX e XI.(152)

Antes do ano de 1300, século XII, encontram-se registros ingleses de conflitos envolvendo aldeões e *lords* sobre a administração e a utilização das terras nos feudos, fiéis e párocos disputando o pagamento de dízimos, corporações questionando o pagamento de tributos e arrendamento de impostos pela autoridade local ou pelo senhor.(153) Em geral, esses estudos são criticados por se terem baseado em documentos esparsos e de difícil reconstrução.(154)

---

(148) CLEMENTONI, *op. cit.*, p. 163-164.

(149) FADDA, *op. cit.*, p. 81.

(150) GIDI, Antonio. *A* class action *como instrumento de tutela coletiva dos direitos*: ações coletivas em uma perspectiva comparada. São Paulo: Revista dos Tribunais, 2007. p. 43.

(151) PETERS, Edward. Book review: From medieval group litigation to the modern class action. *The American Journal of Legal History,* v. XXXIV, 1990 p. 1495-1496. Disponível em: <https://www.repository.law.indiana.edu/cgi/viewcontent.cgi?article=3514&context=facpub>. Acesso em: 10 maio 2019.

(152) ADAMOVICH, Eduardo Henrique Raymundo von. *Sistema da ação civil pública no processo do trabalho.* São Paulo: LTr, 2005. p. 43.

(153) YEAZELL, Stephen C. *From medieval group litigation to the modern class action.* New Haven and London: Yale University Press, 1987, p. 21. Disponível em: <https://www.jstor.org/stable/4285766?seq=1#page_scan_tab_contents>. Acesso em: 10 maio 2019.

(154) PETERS, *op. cit.*

Os litígios medievais na Inglaterra representavam um direito vivo e usual da época. Igualmente dignos de nota, foram os conflitos processados nos chamados Tribunais de Equidade (*equity*), com destaque para a estabilidade das relações envolvidas — em geral, de servidão, entre aldeões e *lords*. Apesar do processo, essas relações sociais eram tão estáveis que não se desfaziam durante o litígio. Mantinham-se após o término do processo. Os Tribunais de Equidade faziam parte do sistema paralelo ao legal. Eram presididos pelo *chancellor* (chanceler) e não pelo rei. A figura do chanceler foi criada para resolver os litígios que não tinham regras previstas nos decretos reais. Com o aumento das petições, em vez de apenas repassar o problema ao rei, o chanceler terminava por decidir o litígio de modo informal; por isso, as *equities* surgiram como decisões mais livres e não jurídicas. Desde o século XVI, o chanceler poderia emitir ordens mandamentais (*injunctions*). O corpo mais técnico só apareceu no século XVII.(155)

As *injunctions* tratavam de indenizações. Nesse período histórico, a simples existência de muitas pessoas envolvidas em um litígio seria uma forma de atração do conflito para os Tribunais de Equidade, sistema que durou até o século XIX, quando a filosofia individualista mudou o sistema anglo-saxão.(156) Esse individualismo do Estado Liberal (primeira dimensão dos direitos) gerou reflexos no direito processual. Determinou a redução da importância da figura do grupo, reduziu a existência das ações coletivas até o seu desaparecimento por quase um século. As ações coletivas só ressurgiram em razão da consciência de classe proveniente da segunda dimensão dos direitos, do *Welfare State* e do Direito do Trabalho, para regulamentar o trabalho livre em contraposição à servidão. Essa classe de trabalhadores afasta-se da ideia medieva de comunidade. Nesse novo momento, o grupo passa a ser reconhecido como uma aglomeração de indivíduos independentes de sua comunidade. Adiante surgirão as teorias para que uma pessoa possa representar de modo autônomo as demais na relação processual.(157)

Em período mais próximo da contemporaneidade, houve o desenvolvimento do sistema americano. Originado do sistema inglês, o período colonial estadunidense repetiu a tradição de manter a *law* e a *equity* — Tribunal das Leis e Tribunal da Equidade. Após a independência das treze colônias, houve a fusão desses sistemas em um único tribunal até a criação do Judiciário Federal em 1789.(158)

A primeira codificação das ações representativas no sistema americano foi realizada em 1842, quando a Suprema Corte editou um conjunto de normas de

---

(155) YEAZELL, Stephen C. Group Litigation and Social Context: Toward a History of the Class Action. *Columbia Law Review*, [*s.l.*], v. 77, n. 6. 1977, p. 885-886.

(156) GIDI, Antonio. *A* class action *como instrumento de tutela coletiva dos direitos*: ações coletivas em uma perspectiva comparada. São Paulo: Revista dos Tribunais, 2007. p. 43-44.

(157) MAIA, Diogo Campos Medina. *Ação coletiva passiva*. Rio de Janeiro: Lumen Juris, 2009. p. 15-16.

(158) GIDI, *op. cit.*, p. 45.

equidade para admitir o litígio de grupo sem distinção quanto aos polos ativo e passivo.[159] Em 1912, foi promulgada a *Federal Equity Rule* n. 38, reproduzida quase integralmente nos códigos de processo civil estaduais. A Regra n. 38 era mais simples e lacônica, permitindo a ação coletiva a partir de um interesse comum em um grupo de pessoas que impedisse o litisconsórcio de todos os interessados, sendo implícita a representação adequada e realizada por um dos membros do grupo, atingindo os presentes e ausentes no processo.[160]

A *Federal Rule* unificou os sistemas da *equity* e da *law*, passando a haver apenas um tipo de ação civil existente; a *class action*, que era exclusiva do outro sistema, passou a ser permitida para todos os direitos legais, dando-se lugar não apenas às pretensões injuntivas e declaratórias, mas também às indenizatórias. Originalmente a Regra n. 23 da Lei Federal dos Estados Unidos da América (EUA) realizava uma divisão em três tipos de ações coletivas, mas, depois de 1966, essa regra foi integralmente reformulada, o sistema mudando de *opt in* (tutela por ingresso voluntário) para o sistema de *opt out* (tutela de todos, exceto os que se excluem voluntariamente — direito de autoexclusão).[161] Com a alteração do sistema, a *class action* norte-americana produziu muitos impactos sociais ante a ampliação das pessoas tuteladas, sendo esses fatos históricos, resumidamente, os mais importantes. Esse modo de resolver lesões de massa chamou a atenção de doutrinadores de vários países.

Um dos eventos históricos estadunidenses de maior destaque quanto ao problema da litigiosidade de massa ocorreu em 1976, a *Pound Conference*. A ideia da conferência era a visualização concreta dos conflitos de massa, a partir do real problema com o amianto e as ações repetitivas espalhadas por todo o país desde a década de 60.[162]

Entre os italianos, a ideia de tutelar um direito de uma coletividade nasceu na década de 40, quando o Código Civil, por meio do art. 2.601 (inserido em 1940), previu que as associações profissionais (sindicatos) poderiam tutelar direitos coletivos, rompendo com a tutela individual exclusiva do indivíduo, em legitimação própria por meio de ações.[163]

---

(159) GAIZO, Flávia Viana del. *Breves notas sobre o escorço histórico da tutela coletiva norte-americana*. 2015. Disponível em: <https://www5.pucsp.br/tutelacoletiva/download/ARTIGO-3-flavia-viana.pdf>. Acesso em: 9 nov. 2021.

(160) GIDI, Antonio. *A* class action *como instrumento de tutela coletiva dos direitos*: ações coletivas em uma perspectiva comparada. São Paulo: Revista dos Tribunais, 2007. p. 45-47.

(161) *Ibidem*, p. 47-58.

(162) DANTAS, Bruno; SANTOS, Caio Victor Ribeiro dos. A contribuição do contencioso coletivo norte-americano para o combate à judicialização no Brasil. *In*: WATANABE, Kazuo; NOLASCO, Rita Dias; CABRAL, Trícia Navarro Xavier; ÁVILA, Henrique. *Desjudicialização, Justiça conciliativa e o poder público*. São Paulo: Revista dos Tribunais, 2011. cap. 2, p. 2. *E-book*.

(163) DE SANTIS, Angelo Danilo. *La tutela giurisdizionale collettiva*: contributo allo studio della legittimazione ad agire e delle tecniche inibitorie e risarcitorie. Napoli: Jovene, 2013. p. 232.

Não houve debate pelos processualistas civis sobre a experiência trabalhista coletiva italiana, talvez por ter sido desenvolvida em período ditatorial (governo de Mussolini). O art. 28 do Estatuto dos Trabalhadores previu a representação sindical com legitimação para as ações em proveito dos trabalhadores sindicalizados. O Estatuto foi revogado por meio do art. 1468-*sexties* combinado com o art. 3 da Lei n. 281/1998.[164]

Voltando à década de 70, foi a partir das ideias de Cappelletti e de Garth, sobre o combate às lesões de massa e às *class actions* estadunidenses, que se realizou em Pavia, no ano de 1974, dois anos antes da *Pound Conference*, um evento para debater as características do processo coletivo. Estiveram presentes, entre outros, Cappelletti, Denti, Proto Pisani, Vigoriti, Trocker.[165] Não obstante esses estudos, somente no fim da década de 90, a Itália, por meio da Lei n. 281/1998, instituiu uma sentença genérica para ações ajuizadas por associações de consumidores. A execução dessa sentença era individual.[166]

A tutela coletiva, como ação de classe, foi efetivamente utilizada para os consumidores apenas em 2009, com o art. 140-*bis* do Código do Consumo italiano, com a previsão da tutela do direito homogêneo de ressarcimento e restituição.[167] Amadei faz referência ao art. 1469-*sexies* do Código Civil italiano como o primeiro mecanismo de defesa judicial do consumidor e dos usuários contra o mercado. Generalizado pela Lei n. 281, de 30 de julho de 1998 (art. 3º), foi posteriormente inserido nos arts. 139 e 140 do Código de Defesa do Consumidor de 2005 — embora a tutela dos consumidores tenha sido inserida, genericamente, no ordenamento italiano com o Decreto-lei n. 206/2005. Amadei e De Santis convergem para o fato de que apenas com a reforma em 2009, pela Lei n. 99, o Código do Consumidor recebeu o art. 140-*bis*, prevendo a tutela coletiva ou *l'azione di classe*, em vigor em 1º de janeiro de 2010. Nessa primeira tentativa de inserir uma ação coletiva no ordenamento italiano, havia uma referência legal aos *diritti identici*, direitos idênticos, o que dificultou muito a sua aplicação.[168]

Esses registros históricos são importantes, especialmente quando se consideram os estudos processuais da doutrina da Itália e a experiência prática dos EUA,

---

(164) DE SANTIS, *loc. cit.*

(165) GRINOVER, Ada Pellegrini. Novas tendências em matéria de legitimação da coisa julgada nas ações coletivas. *In*: GRINOVER, Ada Pellegrini; WATANABE, Kazuo; MULLENIX, Linda. *Os processos coletivos nos países de* civil law *e* common law. 2. ed. São Paulo: Revista dos Tribunais, 2011. p. 228-229.

(166) DE SANTIS, Angelo Danilo. I disegni di legge italiani sulla tutela degli interessi collettivi e il "Class Action Fair Act of 2005". *Rivista Trimestrale di Diritto e Procedura Civile*, Milano, v. 60, n. 2, 2006. p. 604.

(167) DE SANTIS, Angelo Danilo. *La tutela giurisdizionale collettiva*: contributo allo studio della legittimazione ad agire e delle tecniche inibitorie e risarcitorie. Napoli: Jovene, 2013. p. 232.

(168) AMADEI, Davide. La nuova azione inibitoria coletiva. *In*: SASSANI, Bruno (a cura di). *Class action*: commento sistemático alla legge 12 aprile 2019, n. 31. Pisa: Pacini Editore, 2019. p. 229.

para a adoção do modelo de acesso coletivo brasileiro, pois os juristas pátrios sempre estiveram muito ligados a esses dois países, mais do que a outros. A legislação contemporânea desses países será mais bem aprofundada no capítulo 3.

2.2.2. Evolução legislativa do sistema processual coletivo no Brasil

Inicialmente as ações coletivas existiam apenas no Direito Processual do Trabalho[(169)], e sua história confunde-se com a história da greve e dos conflitos coletivos entre trabalhadores e empregadores. A greve já foi criminalizada, como se extrai dos arts. 205 e 206 do Código Penal (CP) de 1890, do Decreto n. 1.162, 12 de dezembro de 1890 e dos arts. 200 e 202 do Código Penal de 1940.[(170)]

A ideia de criação de um espaço para resolver os conflitos capital-trabalho surgiu como forma de possibilitar uma solução mais rápida, simples e barata desses conflitos, "a par de propiciar métodos mais eficazes de composição tanto dos dissídios individuais, como, principalmente, dos coletivos".[(171)] Sob a égide da Constituição da República de 1891, foi editado o Decreto n. 979, de 6 de janeiro de 1903, que facultou aos trabalhadores do campo e aos produtores rurais a organização em sindicatos que resolvessem seus conflitos.[(172)]

Em 1907, durante o governo de Afonso Pena, foram criados em âmbito sindical, pelo Decreto n. 1.637, os Conselhos Permanentes de Conciliação e Arbitragem, que nunca chegaram a ser efetivados.[(173)] Quatro anos após a tentativa de instituição dos conselhos permanentes de arbitragem, foi criado o Patronato Agrícola em São Paulo pela Lei Estadual n. 1.299-A, de 1911 (regulamentada pelo Decreto Estadual de 15 de março de 1912). O Patronato Agrícola foi um órgão de assistência judiciária aos trabalhadores rurais na cobrança de suas retribuições, na execução dos contratos agrícolas e na defesa contra o aliciamento, em especial de imigrantes.[(174)]

---

(169) "A ação coletiva é um instituto peculiar do processo do trabalho, não encontradiço em matriz do direito processual civil" (COSTA, Coqueijo. *Direito judiciário do trabalho.* Rio de Janeiro: Forense, 1978. p. 86).

(170) COSTA, Orlando Teixeira da. *Direito coletivo do trabalho e crise econômica.* São Paulo: LTr, 1991. p. 184-185.

(171) Cf. MARTINS FILHO, Ives Gandra da Silva. Breve história da Justiça do Trabalho. *In*: NASCIMENTO, Amauri Mascaro; FERRARI, Irany; MARTINS FILHO, Ives Gandra da Silva (org.). *História do trabalho, do direito do trabalho e da Justiça do Trabalho:* homenagem a Armando Casimiro Costa. Parte III. São Paulo: LTr, 1998. p. 174.

(172) D'AMBROSO, Marcelo José Ferlin. Competência criminal da Justiça do Trabalho e legitimidade do Ministério Público do Trabalho em matéria penal: elementos para reflexão. *Jus Navigandi*, Teresina, ano 11, n. 995, 23 mar. 2006. Disponível em: <http://jus2.uol.com.br/doutrina/texto.asp?id=8141>. Acesso em: 17 maio 2007.

(173) Cf. MARTINS FILHO, Ives Gandra da Silva. Evolução histórica da estrutura judiciária brasileira. *Revista do TST*, Brasília, v. 65. n. 1, out./dez. 1999, p. 102.

(174) *Ibidem*, p. 179.

No período da primeira república brasileira e após as grandes greves de 1917 e 1919, a questão social foi inserida na pauta estatal.[175] Durante essa fase, a Assembleia Legislativa do Estado de São Paulo, sob o governo de Washington Luiz, editou a Lei Estadual n. 1.869, de 10 de outubro de 1922, criando os Tribunais Rurais para julgar os conflitos de execução e de interpretação dos contratos de locação dos serviços agrícolas. Esses tribunais tinham uma composição tríplice: um juiz de direito, um representante do locador dos serviços, previamente indicado, e um representante do trabalhador, por ele conduzido à audiência.[176]

Para resolver o problema dos conflitos coletivos, em 1923, foram criados o Conselho Nacional do Trabalho (Decreto n. 16.027, de 30 de abril) e as Comissões Mistas de Conciliação (Decreto n. 21.396, de 12 de maio). Essas comissões eram paritárias, compostas por dois, quatro e seis vogais, em localidades ou municípios onde havia sindicatos, mas o Ministro do Trabalho poderia criar em outros lugares em que não houvesse.[177] Em 1932, por meio do Decreto n. 21.396[178], foi instituída a arbitragem facultativa para os dissídios coletivos.[179] O art. 34, reformado em 1926 na Constituição de 1891, atribuiu ao Congresso Nacional a competência privativa para legislar sobre o trabalho. Dessa forma, houve a criação de mecanismos de controle do Estado, seja por meio policial, seja por meio das mediações, das arbitragens e do dissídio coletivo, para controlar o conflito coletivo.[180]

O primeiro Ministro do Trabalho, Lindolfo Collor, criou dois órgãos no âmbito do Conselho Nacional do Trabalho: as Comissões Mistas de Conciliação (Decreto n. 21.396/1932) e as Juntas de Conciliação e Julgamento (Decreto n. 22.132): as primeiras para dirimir os conflitos coletivos do trabalho, e as segundas para dirimir

---

(175) FREITAS JUNIOR, Antonio Rodrigues de. *Sindicato*: domesticação e ruptura: um estudo da representação sindical no direito brasileiro. São Paulo: Departamento Editorial da Ordem dos Advogados do Brasil, 1989. p. 40-43.

(176) MARTINS FILHO, Ives Gandra da Silva. Breve história da Justiça do Trabalho. *In*: NASCIMENTO, Amauri Mascaro; FERRARI, Irany; MARTINS FILHO, Ives Gandra da Silva (org.). *História do trabalho, do direito do trabalho e da Justiça do Trabalho*: homenagem a Armando Casimiro Costa. Parte III. São Paulo: LTr, 1998. p. 180.

(177) BRASIL. Tribunal Superior do Trabalho. *Do C.N.T. ao T.S.T*: Tribunal Superior do Trabalho: ontem, hoje. Compilação: Americo J. P. Mesquita. Brasília: Tribunal Superior do Trabalho, 1975. p. 15.

(178) Foi encontrada uma divergência de datas nos livros publicados pelo próprio TST: no primeiro, de 1975, consta que a criação das comissões ocorreu em 1923; de acordo com o segundo, de 2011, essas mesmas comissões foram criadas pelo decreto de 1932 (FRANCO, Raquel Veras; MOREIRA, Leonardo Neves. História da Justiça do Trabalho no Brasil: o olhar do TST. *In*: BRASIL. Tribunal Superior do Trabalho (TST). Comissão de Documentação. *A história da Justiça do Trabalho no Brasil*: multiplicidade de olhares. Brasília: TST, 2011. p. 28-29).

(179) BATALHA, Wilson de Souza Campos. *Tratado de direito judiciário do trabalho*. 2. ed. São Paulo: LTr, 1985. p. 682.

(180) FREITAS JUNIOR, Antonio Rodrigues de. *Sindicato*: domesticação e ruptura: um estudo da representação sindical no direito brasileiro. São Paulo: Departamento Editorial da Ordem dos Advogados do Brasil, 1989. p. 40-43.

os conflitos individuais. Ambas as comissões foram compostas de forma paritária, por representantes dos empregados e dos empregadores, e tripartite, uma vez que a presença de um agente administrativo estatal era obrigatória.(181)

No anteprojeto da Constituição de 1937, houve um debate sobre a necessidade de uma arbitragem obrigatória como "único meio eficaz" para impedir as greves e os *lockouts*. O poder normativo foi consagrado como obrigatório por meio dessa Constituição dos Estados Unidos do Brasil (período ditatorial), sendo bastante utilizado para a fixação do salário profissional, que era diferente do salário mínimo previsto em lei.(182)

Com a CLT, criada pelo Decreto n. 5.452, de 1º de maio de 1943, os dissídios coletivos passaram a ser previstos no art. 856 e seguintes. O Conselho Nacional do Trabalho apenas passou a fazer parte do Poder Judiciário em 1946, com a Constituição da redemocratização do país. Era então denominado "Justiça do Trabalho". A partir desse momento, as suas decisões tiveram eficácia executiva, porque antes eram executadas perante a Justiça Comum.

O Estado como interventor na luta de classes, sob o fundamento de apaziguá-la, está presente na história do Direito Coletivo do Trabalho, pela via administrativa, judicial ou mista.(183) Nesse sentido, pesquisa histórica no acervo do CNJ indica que vários julgados mencionaram que o interesse de classe não poderia sobrepor-se ao interesse da coletividade.(184)

A doutrina do processo coletivo do trabalho desenvolveu-se sob o prisma da intervenção estatal nos conflitos de classe. Essa intervenção, mesmo após a Constituição da República de 1988 (arts. 8º, 9º e 114), manteve-se por meio dos julgamentos da Justiça do Trabalho quanto às ações hodiernamente utilizadas para debater o direito coletivo do trabalho: dissídios coletivos, ações de cumprimento e, posteriormente, ações anulatórias de cláusulas coletivas, antes mesmo das ações civis públicas e ações civis coletivas.

---

(181) CATHARINO, José Martins. Justiça do trabalho brasileira: evolução institucional, diagnóstico, terapêutica, prognósticos. *Revista do TST*, Brasília, v. 66, n. 4, out./dez. 2000, p. 93.

(182) BATALHA, Wilson de Souza Campos. *Tratado de direito judiciário do trabalho*. 2. ed. São Paulo: LTr, 1985. p. 683-684.

(183) COSTA, Orlando Teixeira da. *Direito coletivo do trabalho e crise econômica*. São Paulo: LTr, 1991. p. 97-98.

(184) Por exemplo: "DISSÍDIO COLETIVO. É de competência da Justiça do Trabalho estabelecer condições de trabalho capazes de harmonizar as classes dissidentes, desde que se esgotaram tôdas as possibilidades de conciliação, achando-se em foco o interêsse da coletividade" (BRASIL. *Jurisprudência*: Conselho Nacional do Trabalho. Rio de Janeiro: Imprensa Nacional, v. XXVIII, 1946, p. 96 *et seq*. *apud* UNTURA NETO, Marcos. *O Conselho Nacional do Trabalho e os direitos sociais no Brasil*. 2013. Dissertação (Mestrado em Direito) — Universidade de São Paulo, São Paulo, 2013. p. 96).

2.2.2.1. *Dissídios coletivos*

Há uma crítica à denominação do dissídio coletivo segundo a qual o nome mais apropriado seria ação coletiva(185). Há vários tipos de dissídios coletivos. O dissídio de natureza jurídica é o ajuizado para que o Poder Judiciário interprete uma norma coletiva criada pelas partes,(186) sendo ele uma ação declaratória. O dissídio coletivo de natureza econômica ou de interesse refere-se às ações coletivas para debater as cláusulas normativas criadas pelas partes, quando ultrapassam a negociação coletiva, as rodadas de mediação no antigo Ministério do Trabalho ou Ministério Público do Trabalho, permanecendo inconciliáveis. É um meio de resolver com heterocomposição o conflito coletivo, pois a autocomposição frustrou-se. Essa heterocomposição foi concebida para substituir a autotutela exercida pelos trabalhadores por meio do movimento paredista, a greve.

O dissídio coletivo pode ser misto, ter pedidos de caráter econômico e declaratório ao mesmo tempo, o que ocorre quando a greve é deflagrada. Campos Batalha afirma que as categorias acostumaram-se a resolver seus conflitos na Justiça do Trabalho. Ante a complexidade da autocomposição e sua burocratização (vide os arts. 612 e seguintes da CLT), as partes encontraram na Justiça do Trabalho um procedimento mais célere. Além do costume conciliatório de ramo especializado, as greves passaram a ser utilizadas também como fator de aceleração das decisões. Dessa forma, esses dissídios têm múltiplas naturezas em razão da cumulação de pedidos: declaratória, constitutiva e condenatória.(187)

O legislador deu-se conta dos inconvenientes criados e adotou as seguintes orientações: proibição da homologação dos acordos extrajudiciais; simplificação sistemática dos acordos e convenções coletivas, que passaram a ser estendidos a toda categoria; inclusão do pressuposto processual da prévia negociação extrajudicial; celeridade de julgamento para o dissídio coletivo sem greve, idêntico àquele precedido da greve.(188) Essas alterações foram inseridas no texto celetista por meio do Decreto n. 229, de 28 de fevereiro de 1967(189). No âmbito do TST, a Orientação Jurisprudencial n. 34 da Sessão de Dissídios Coletivos fixa a prescindibilidade da

(185) TEIXEIRA FILHO, Manoel Antônio. *Curso de direito processual do trabalho*. São Paulo: LTr, 2009. v. III, p. 2981.

(186) ANDRADE, Everaldo Gaspar Lopes de. *Dissídio coletivo*. São Paulo: LTr, 1993. p. 40-41.

(187) Cf. BRAMANTE, Ivani Contini; MOMEZZO, Marta Casadei. Sentença condenatória em dissídio coletivo. *Revista do Tribunal Regional do Trabalho da 15ª Região*, Campinas, n. 8, p. 87-99, 1996; BOUCINHAS FILHO, Jorge Cavalcanti. Reflexões sobre o atual papel da ação de cumprimento no processo do trabalho brasileiro. *Revista Fórum Trabalhista*, Belo Horizonte, ano 3, n. 10, p. 23-37, jan./fev. 2014.

(188) BATALHA, Wilson de Souza Campos. *Tratado de direito judiciário do trabalho*. 2. ed. São Paulo: LTr, 1985. p. 693.

(189) BRASIL. Presidência da República. Decreto n. 229, de 28 de fevereiro de 1997. *Legislação*. Disponível em: <http://www.planalto.gov.br/ccivil_03/decreto-lei/Del0229.htm#art616>. Acesso em: 25 ago. 2021.

homologação extrajudicial para os acordos coletivos para sua vigência no mundo jurídico, bastando o depósito no Ministério do Trabalho.

O dissídio coletivo de extensão foi previsto nos arts. 868 a 871 da CLT. Quando um dissídio coletivo de natureza econômica contempla apenas uma fração de empregados de uma empresa ou a categoria de trabalhadores em uma empresa, o Tribunal pode estender as condições de trabalho para os trabalhadores inicialmente não abrangidos no dissídio coletivo de natureza econômica, ou para empregados de mesma categoria que trabalhem em outras empresas.[190] Com a alteração da CLT pelo Decreto n. 229/1967, esse tipo de ação foi desaparecendo ainda mais da Justiça do Trabalho. O texto originário do art. 616 previa que o Ministro do Trabalho, Indústria e Comércio poderia tornar o contrato (leia-se a norma coletiva pactuada pelas partes) obrigatório, dentro das respectivas bases territoriais, para todos os membros das categorias profissionais e econômicas, representadas pelos sindicatos convenentes. Essa extensão deveria ser realizada dentro do lapso de vigência da norma coletiva. O fundamento da extensão de ofício e administrativa era o interesse público, uma cláusula aberta que demonstrava todo o poder intervencionista do Estado. Em 1967, a negociação coletiva foi considerada obrigatória para os sindicatos, que não poderiam recusá-la sob pena de uma convocação obrigatória.

A importância histórica do dissídio de extensão está ligada à coisa julgada. Essa ação coletiva amplia a coisa julgada de outra ação para pessoas que não participaram da relação jurídica processual da sentença normativa originária. A existência do dissídio coletivo já ampliava a coisa julgada para além das partes, antes mesmo da Lei da Ação Popular n. 4.717/1965, pois essa ação coletiva trabalhista trazia o sindicato dos trabalhadores como legitimado no lugar dos indivíduos, em substituição processual.

Como explicado, o dissídio de extensão ia além: por meio do mesmo sindicato (à época, com procuração dos seus substituídos), estendia a norma coletiva para trabalhadores ou parte da categoria não contida nos debates do primeiro dissídio coletivo econômico. Essa ação coletiva e sua coisa julgada não são mencionadas pela doutrina processual civil brasileira no estudo da coisa julgada coletiva[191].

Outra espécie é o dissídio coletivo de revisão previsto no art. 873 da CLT, para que as partes, após um ano contado da vigência da sentença normativa, possam rever junto ao Poder Judiciário Trabalhista as condições instituídas no dissídio coletivo econômico. Diante do espírito interventor da norma, o art. 874 da CLT indica que esse dissídio tem por legitimados não apenas as partes, mas

---

(190) BATALHA, Wilson de Souza Campos. *Tratado de direito judiciário do trabalho*. 2. Ed. São Paulo: LTr, 1985. P. 731.

(191) Por todos, ver MANCUSO, Rodolfo de Camargo. *Jurisdição coletiva e coisa julgada*: teoria geral das ações coletivas. São Paulo: Revista dos Tribunais, 2006.

também o Tribunal que julgou o dissídio coletivo originário e o Procurador do Trabalho[192], mesmo após 1946, quando a Justiça do Trabalho passou a integrar o Poder Judiciário.

O Judiciário Especializado, com previsão legal, tinha legitimação para, de ofício, chamar as partes para a revisão da norma coletiva prevista na sentença normativa do dissídio coletivo econômico. Da mesma forma, tem o poder de provocar de ofício as execuções de suas sentenças, embora esse poder seja mitigado com a Lei n. 13.467/2017.

O dissídio de extensão foi perdendo sua importância ao longo dos anos, não só porque os sindicatos passaram a representar toda a categoria, mas também porque o TST alterou sua jurisprudência sedimentada na Súmula n. 277 em 2012 para fixar a ultratividade das normas coletivas até que outras lhe sobrevenham.[193] As cláusulas normativas aderem aos contratos individuais de trabalho e só podem ser retiradas por negociação coletiva. Essa alteração ocorreu oito anos após a mitigação do poder normativo da Justiça do Trabalho, por meio da Emenda Constitucional n. 45/2004, que alterou o art. 114 da CF/1988. Atualmente, esse tema encontra-se em julgamento no Supremo Tribunal Federal (STF), por meio da Arguição de Descumprimento de Preceito Fundamental (ADPF) n. 323 com decisão monocrática do Ministro Gilmar Mendes, a ser referendada pelo Plenário da Corte (julgamento suspenso).

Historicamente, e a partir do texto celetista, as normas coletivas têm vigência temporária fixada em até dois anos (art. 614, § 3º, da CLT com redação inserida pelo Decreto n. 229/1967). A Súmula n. 277 do TST foi criada pela Resolução n. 10/1998 com redação que ratificava o sentido de norma temporária: "As condições de trabalho alcançadas por força de sentença normativa vigoram no prazo assinado, não integrando, de forma definitiva, os contratos". Essa redação foi mantida na revisão realizada em 2003 pelo TST (Resolução n. 121/2003, publicada no *Diário de Justiça* de 19, 20 e 21 de novembro de 2003). Em 2009, por meio da Resolução n. 161/2009, a redação foi alterada em razão das controvérsias decorrentes da Lei n. 8.542/1992[194], sobre a política nacional de salários, que vigorou de 1992 a 1995, sendo substituída pela Lei n. 10.192/2001, que previu que os reajustes salariais não poderiam ser estipulados por período inferior a um ano.[195] Foi inserido o item II na súmula com a ressalva desses períodos, mantida a

---

(192) COSTA, Coqueijo. *Direito judiciário do trabalho.* Rio de Janeiro: Forense, 1978. P. 94.

(193) BRASIL. Tribunal Superior do Trabalho. Res. 185/2012, DEJT divulgado em 25, 26 e 27.09.2012. *Resoluções.* Disponível em: <http://www.trtsp.jus.br/geral/tribunal2/TST/Resol/Res_185_12.html>. Acesso em: 30 ago. 2021.

(194) BRASIL. Presidência da República. Lei n. 8.542, de 23 de dezembro de 1992. *Legislação.* Disponível em: <http://www.planalto.gov.br/ccivil_03/leis/l8542.htm>. Acesso em: 30 ago. 2021.

(195) "Art. 2º É admitida estipulação de correção monetária ou de reajuste por índices de preços gerais, setoriais ou que reflitam a variação dos custos de produção ou dos insumos utilizados nos contratos de prazo de duração igual ou superior a um ano. § 1º É nula de pleno direito qualquer

redação original no item I até que sobreveio a redação inserindo a ultratividade das normas coletivas, por meio da Resolução n. 185/2012, atualmente suspensa (STF-ADPF n. 323/DF). A nova controvérsia sobre a ultratividade foi gerada por meio da alteração promovida pela Lei n. 13.467/2017 no art. 616, § 3º, da CLT, vedando expressamente a ultratividade dos acordos e convenções coletivas.(196)

A doutrina dividia o processo coletivo em dispositivo como forma típica que se destina a instituição de normas coletivas, de caráter constitutivo, e de acertamento constitutivo(197), que era a forma revisional das normas coletivas já criadas. Quanto ao chamado dissídio de greve, classificado como dissídio misto, tem-se na Justiça do Trabalho a primeira ação coletiva passiva do ordenamento pátrio, esta, sim, referenciada na doutrina do processo civil.(198)

A doutrina trabalhista tem rechaçado a legitimação dos tribunais e de seus presidentes para o ajuizamento de ofício dos dissídios coletivos sob a fundamentação de que essa previsão normativa do texto celetista não foi recepcionada pela Constituição Federal de 1988, mas também porque essa hipótese fere a liberdade sindical.(199) É importante relembrar que, embora o movimento sindical brasileiro tenha nascido livre, a intervenção estatal foi acentuada nas legislações que se seguiram desde o final da década de 30. Ademais, a Justiça do Trabalho, como explicado, era um órgão do Poder Executivo até 1946, e a Procuradoria do Trabalho, diferente da configuração atual, tinha a atribuição de defender os interesses do Estado, também pertencendo ao Poder Executivo e não ao Ministério Público do Trabalho.

Os dissídios coletivos são ações *sui generis* porque, para resolver um conflito com pretensões resistidas, julgam cláusulas contratuais, criando condições do trabalho coletivas para as categorias até o advento da Emenda Constitucional n. 45/2004, a chamada Reforma do Poder Judiciário. Por meio dessa alteração constitucional, o chamado poder normativo da Justiça do Trabalho foi limitado

---

estipulação de reajuste ou correção monetária de periodicidade inferior a um ano. § 2º Em caso de revisão contratual, o termo inicial do período de correção monetária ou reajuste, ou de nova revisão, será a data em que a anterior revisão tiver ocorrido" (BRASIL. Presidência da República. Lei n. 10.192, de 14 de fevereiro de 2001. *Legislação*. Disponível em: <http://www.planalto.gov.br/ccivil_03/leis/leis_2001/l10192.htm>. Acesso em: 20 ago. 2021).

(196) O histórico das redações pode ser obtido no texto celetista (BRASIL. Presidência da República. Consolidação das Leis do Trabalho. *Legislação*. Disponível em: <http://www.planalto.gov.br/ccivil_03/decreto-lei/del5452.htm>. Acesso em: 22 mar. 2021).

(197) JAEGER, Nicola. *Corso di diritto processuale del lavoro*. 2. ed. 1936. p. 16 *apud* MELLO, Luiz Philippe Vieira de. Ação coletiva. *In*: MAGANO, Octavio Bueno (coord.). *Curso de direito do trabalho*: em homenagem ao Ministro e professor Mozart Victor Russomano. São Paulo: Saraiva, 1985. p. 717.

(198) MAIA, Diogo Campos Medina. *Ação coletiva passiva*. Rio de Janeiro: Lumen Juris, 2009. p. 18-20.

(199) SANTOS, Enoque Ribeiro dos. *Processo coletivo do trabalho*. 2. ed. rev., ampl. e atual. Rio de Janeiro: Forense, 2018. p. 219.

(art. 114 da CF/1988) ao julgamento das cláusulas propostas sem a criação de novos direitos.[(200)]

2.2.2.2. *Ações de cumprimento*

As ações de cumprimento são, na realidade, as ações utilizadas para obrigar uma das partes ao descumprimento de uma norma coletiva decorrente do acordo homologado ou da sentença normativa dos dissídios coletivos, de natureza condenatória[(201)]. As sentenças normativas, em regra, decidem sobre o direito criado pelas partes; antes da Emenda Constitucional n. 45/2004, também criavam direitos para as partes coletivas (derivação do poder normativo da Justiça do Trabalho). A ação de cumprimento está prevista no art. 872 da CLT e sofreu alteração por meio da Lei n. 7.701/1988[(202)] para permitir esse ajuizamento após o vigésimo dia do julgamento com a cópia do acórdão ou a certidão de julgamento, entendimento também pacificado pelo TST na Súmula n. 246.[(203)]

Trata-se de uma ação, porque a sentença normativa tem natureza constitutiva, seu conteúdo não é executado, mas cumprido[(204)], especialmente quanto às obrigações de fazer ou às obrigações de pagar (aumentos salariais). Para dirimir polêmica sobre o prazo prescricional, o TST editou a Súmula n. 350[(205)] para fixar o marco inicial da contagem a partir do trânsito em julgado da sentença normativa.

As ações de cumprimento também podem ser utilizadas para a cobrança de cláusulas normativas provenientes dos acordos e convenções coletivas, como sumulado pelo TST no verbete de n. 286, em tutela de direitos individuais homogêneos[(206)] ou de direitos coletivos da categoria abrangida pelo instrumento normativo. Contudo, antes da Lei n. 7.347/1985, essa classificação dos direitos

---

(200) FAVA, Marcos Neves. O esmorecimento do Poder Normativo: análise de um aspecto restritivo da competência da Justiça do Trabalho. *In*: COUTINHO, Grijalbo Fernandes; FAVA, Marcos Neves. *Nova competência da Justiça do Trabalho*. São Paulo: LTr, 2005. p. 276-291.

(201) GONÇALVES, Emilio. *Ação de cumprimento do direito brasileiro*. 3. ed. rev., amp. e atual. São Paulo: LTr, 1997. p. 30.

(202) Essa lei dispõe sobre a especialização das Turmas dos Tribunais do Trabalho em processos coletivos, entre outras matérias. Observe-se que a legislação traz em sua ementa a expressa designação do processo coletivo (BRASIL. Presidência da República. Lei n. 7.701, de 21 de dezembro de 1988. *Legislação*. Disponível em: <http://www.planalto.gov.br/ccivil_03/leis/l7701.htm>. Acesso em: 20 ago. 2021).

(203) Por todos, ver LEITE, Carlos Henrique Bezerra. *Ministério Público do Trabalho*: doutrina, jurisprudência e prática. 6. ed. São Paulo: Saraiva, 2014. p. 270.

(204) GIGLIO, Wagner Drdla; CORRÊA, Cláudia Giglio Veltri. *Direito processual do trabalho*. 16. ed. São Paulo: Saraiva, 2007. p. 431.

(205) GOMES NETO, Indalécio. Dissídio coletivo. *Revista do Tribunal Superior do Trabalho*, São Paulo, v. 62, p. 20-47, 1993.

(206) SANTOS, Enoque Ribeiro dos. *Processo coletivo do trabalho*. 2. ed. rev., ampl. e atual. Rio de Janeiro: Forense, 2018. p. 244-245.

não era utilizada na área trabalhista, apenas a dicotomia entre direitos individuais — para tratar dos conflitos atomizados — e direitos coletivos — para tratar dos conflitos envolvendo grupos de trabalhadores ou toda categoria profissional com os empregadores e seus sindicatos.

2.2.2.3. Ações anulatórias

Outras ações coletivas presentes no processo do trabalho são as ações anulatórias ou ações declaratórias de nulidade de cláusula de acordo ou convenção coletiva de trabalho. Sua previsão legal extrai-se do art. 83, inciso IV, da Lei Complementar n. 75/1993, lei orgânica do Ministério Público da União e, por conseguinte, do Ministério Público do Trabalho. Embora haja doutrina diferenciando as ações anulatórias (desconstituição e de ineficácia do ato) das ações de nulidade (desconstituição para os atos nulos), com base nos dispositivos do Código Civil (art. 166 e art. 171), cabe defender que sejam usados ambos os pedidos para evitar o debate jurídico futuro sobre a filigrana técnica, inviabilizando a tutela judicial pretendida.[207]

A legitimidade para o ajuizamento dessa ação coletiva trabalhista anulatória é do Ministério Público do Trabalho, mas há apontamento doutrinário para a legitimidade dos sindicatos, empregados e empregadores,[208] desde que não sejam partes convenentes do acordo ou da convenção coletiva, pois nesse caso haveria um *venire contra factum proprium*. As partes estariam reivindicando uma nulidade sobre algo que elas mesmas produziram conjuntamente, o que não é razoável e fere a boa-fé contratual prevista no art. 422 do Código Civil aplicável às relações individuais e coletivas de trabalho (art. 8º, § 1º, da CLT).

Essas são as principais ações coletivas que existiam no processo do trabalho; tipicamente, a maior parte delas é anterior às ações civis públicas e ações coletivas. O processo do trabalho, diferentemente do processo civil, tem uma forma mais plástica e pragmática de resolver conflitos sociais. Essa plasticidade extrai-se do art. 769 da CLT, mas também da necessidade criativa de resolver com rapidez e efetividade, com maior oralidade e menor formalismo procedimental, comparativamente com o sistema processual civil.

A legislação do dissídio coletivo nasce de uma matriz intervencionista estatal no conflito social entre capital e trabalho. Os procedimentos e o modo de desenvolvimento do processo trabalhista seguem essa lógica até os dias atuais, embora o poder normativo esteja mitigado. Há o desenvolvimento da doutrina

---

(207) MELO, Raimundo Simão de. Ação anulatória de instrumentos coletivos. *Revista Eletrônica do Tribunal Regional do Trabalho da 9ª Região*, Curitiba, v. 3, n. 31, jun. 2014, p. 9-10.

(208) Em sentido contrário, defendendo a legitimação das partes convenentes: TEIXEIRA FILHO, Manoel Antônio. *Curso de direito processual do trabalho.* São Paulo: LTr, 2009. v. III, p. 2740.

processual coletiva como instrumento de tutela judicial do direito coletivo do trabalho para além da criação da normatividade. Ao longo dos anos, os sindicatos especializaram-se em veicular ações de cobrança das promessas inseridas nas normas coletivas. O Ministério Público do Trabalho, em defesa da sociedade e do ordenamento jurídico pátrio, também contribuiu bastante para essa evolução. Esses dois atores são os principais legitimados que atuam em nome coletivo na Justiça especializada.

2.2.2.4. Ações para a tutela de lesões de massa

A ampliação do conceito de classe e da tutela de várias pessoas ao mesmo tempo, em razão das lesões de massa na área cível, ocorreu a partir da década de 60, com a Lei n. 4.717/1965, a Lei da Ação Popular. Doutrinariamente, o estudo do processo civil coletivo teve início no Brasil na década de 70, por intermédio do contato dos processualistas brasileiros, como Ada Pellegrini Grinover, Kazuo Watanabe, Barbosa Moreira e Waldemar Maris de Oliveira Júnior, com textos e conferências de juristas italianos sobre o fenômeno da *class action* norte-americana.(209) Esses juristas também foram autores e relatores do anteprojeto pioneiro para a defesa de interesses transindividuais em juízo.(210)

A lei orgânica do Ministério Público Estadual (Lei Complementar n. 40/1981, art. 3º, inciso III) previu como função institucional a promoção da ação civil pública, regulamentada na década seguinte. No plano legislativo, essa lei é apontada como a preparação do sistema processual para a *class action* brasileira nos moldes da americana. O Ministério Público de São Paulo, por meio de grupos de estudo, também passou a analisar o modelo estrangeiro de tutela coletiva de direitos, surgindo as primeiras propostas de reforma processual, dentre as quais se destaca o Projeto de Lei n. 4.984/1985 (número atribuído na Câmara dos Deputados, ou PL n. 20/85, do Senado Federal), que resultou na Lei da Ação Civil Pública, n. 7.347/1985.(211)

Promulgada em 1985, a Lei da Ação Civil Pública sofreu restrição quanto à cláusula de abertura contida no art. 1º, que permitia sua aplicação a "qualquer outro interesse difuso", em ampliação do rol temático: danos causados ao meio ambiente, ao consumidor e a bens e direitos de valor artístico, estético, histórico, turístico e paisagístico.

---

(209) LEAL, Márcio Flávio Mafra. *Ações coletivas*: história, teoria e prática. Porto Alegre: Sergio Antonio Fabris, 1998. p. 185.

(210) MAZZILLI, Hugo de Nigro. *A defesa dos interesses difusos em juízo*: meio ambiente, consumidor, patrimônio cultural, patrimônio público e outros interesses. 15. ed. rev., ampl. e atual. São Paulo: Saraiva, 2002. p. 99.

(211) LEAL, *op. cit.*, p. 186.

A ação civil pública passou a ter previsão constitucional em 1988 (art. 129). A lei maior foi a primeira a ampliar o objeto da ação civil pública para a defesa do meio ambiente, patrimônio público e social, entre outros interesses difusos e coletivos, além de ampliar os legitimados, conferindo legitimidade às entidades associativas, aos sindicatos e às comunidades indígenas. Previu ainda o mandado de segurança coletivo.(212)

A Constituição Federal de 1988 também provocou uma revolução no sistema processual civil, ampliando a perspectiva do eixo processual individual para o eixo processual coletivo. O CPC de 1973, mesmo após as reformas legislativas, tinha por característica o individualismo. Os institutos processuais após a Constituição de 1988 ganharam uma nova interpretação a partir do processo constitucional civil.(213) Os valores sociais expressos no texto constitucional, aplicados também no acesso à Justiça, produziam uma alteração metodológica do estudo processual. O processo passa a ser entendido como um espaço democrático de construção do direito, por meio de um debate qualificado entre as partes em colaboração com o juiz.(214) Deixa de ser mero procedimento, passa a ser enxergado como um direito substancial, tão importante quanto o direito material, a partir da perspectiva da atividade, dos poderes e das faculdades dos órgãos jurisdicionais e das partes.(215)

Na mesma década de 90, outras leis infraconstitucionais foram agregadas à tutela coletiva, alargando o objeto da ação civil pública para abranger a responsabilidade por danos causados aos investidores no mercado de valores mobiliários (Lei n. 7.913/1989), a defesa dos direitos individuais e sociais das pessoas portadoras de deficiências (Lei n. 7.853/1989) e a tutela dos direitos da criança e do adolescente (Lei n. 8.069/1990). Com o Código de Defesa do Consumidor (CDC), Lei n. 8.078, de 11 de setembro de 1990, houve a inserção de regras processuais coletivas heterotópicas, referentes à chamada ação civil coletiva, que, integradas à Constituição Federal de 1988 e à Lei da Ação Civil Pública, constituíram o verdadeiro código de acesso coletivo à Justiça, complementado por toda a legislação esparsa existente. O art. 117 do CDC acrescentou o art. 21 à Lei n. 7.347/1985, determinando a aplicação subsidiária daquele diploma à defesa dos direitos difusos, coletivos e individuais, integrando as duas leis.

O art. 90 do CDC também traz a determinação de aplicação subsidiária da Lei n. 7.347/1985, incluindo o inquérito civil e as ações coletivas nele previstas. Esse é o grande fundamento para a criação do que se convencionou denominar de microssistema de acesso coletivo à Justiça, sob a égide das normas constitucionais.

---

(212) MAZZILLI, *op. cit.*, p. 103.

(213) OLIVEIRA, Carlos Alberto Alvaro de. *Do formalismo no processo civil*: proposta de um formalismo-valorativo. 3. ed. ampl., rev. e atual. São Paulo: Saraiva, 2009. p. 124-125.

(214) FAZZALARI, Elio. *Instituições de direito processual*. Trad. de Elaine Nassif. Campinas: Bookseller Editora e Distribuidora, 2006. p. 35-37.

(215) OLIVEIRA, *op. cit.*, p. 129-130.

A década de 90 ainda contou com a promulgação de importante legislação de responsabilização dos agentes públicos, ampliando seu conceito (art. 2º), por meio da Lei n. 8.429, de 2 de junho de 1992, que teve por finalidade a criminalização das condutas classificadas como de improbidade administrativa, mas também a previsão de devolução de valores e a reparação dos danos causados contra o patrimônio de entidades públicas, ou seja, um patrimônio comum e público da sociedade brasileira (art. 1º, parágrafo único).

Em 1993, a promulgação da Lei Complementar n. 75, sobre a organização do Ministério Público da União, ajudou a fortalecer ainda mais o subsistema coletivo de acesso à Justiça. Em 2003, o Estatuto do Idoso, Lei n. 10.741, de 1º de outubro, também previu o instrumento da ação civil pública para a tutela dos direitos dos idosos. A Defensoria Pública passou a ser legitimada para o ajuizamento da ação civil pública em 2007 (Lei n. 11.448). O mandado de segurança como ação mandamental recebeu uma regulamentação coletiva por meio da Lei n. 12.016, de 7 de agosto de 2009[(216)], passando a integrar o subsistema do processo coletivo.

Em 2014, o objeto da Lei da Ação Civil Pública foi ampliado novamente para incluir a honra e a dignidade de grupos raciais, étnicos ou religiosos (Lei n. 12.966) e o patrimônio público e social (Lei n. 13.004). Em síntese, a ação civil pública implicou o reconhecimento e a necessidade de tutela de interesses espalhados e informais voltados para necessidades coletivas, relacionados à qualidade de vida, não como um feixe de linhas paralelas, mas como um leque de linhas que convergem para um objeto comum e indivisível, envolvendo consumidores, meio ambiente, usuários de serviços públicos, investidores, beneficiários da previdência social e todos aqueles que integram uma comunidade.[(217)]

O novo CPC (Lei n. 13.105, de 16 de março de 2015), com vigência em 2016, após cerca de 25 (vinte e cinco) anos, veio positivar estruturalmente os comandos constitucionais processuais de 1988, alterando a visão de diversos institutos, como a coisa julgada, mas também importando outros do *common law* como os precedentes (art. 927) e os incidentes de resolução de demandas repetitivas (arts. 976 a 987), no intuito de combater a litigiosidade maciça. A legislação processual civil previu o dever de colaboração ou cooperação das partes (art. 6º) e tentou inserir no sistema a coletivização dos processos individuais repetitivos pelo juiz de primeira instância que observasse a repetição de determinada matéria sem sucesso, porque o art. 333 e seguintes foram vetados pelo Poder Executivo. Ainda assim, e mesmo sem a previsão, a unificação ou a regulamentação do processo coletivo, pode-se afirmar que a recente codificação processual brasileira rompeu com antigos paradigmas da doutrina processual pátria.

---

(216) COLNAGO, Lorena de Mello Rezende. Considerações sobre a tutela dos direitos metaindividuais pela Lei n. 12.016/2009. *Suplemento Trabalhista*, São Paulo, v. 45, p. 631-633, 2009.
(217) GRINOVER, Ada Pellegrini. A ação civil pública refém do autoritarismo. *In*: GRINOVER, Ada Pellegrini. *O processo*: estudos e pareceres. 2. ed. São Paulo: DPJ, 2009. p. 290-295.

Em 2016, houve a regulamentação do mandado de injunção coletivo por meio da Lei n. 13.300, de 26 de junho, prevendo no rol de legitimados os indivíduos (pessoas físicas) e as pessoas jurídicas (art. 3º); também previa a eficácia da decisão, coisa julgada, *ultra partes* ou *erga omnes* a depender do exercício de direito pretendido (art. 9º, § 1º).

A doutrina processual civil construiu toda uma interpretação sobre direitos coletivos, em sentido amplo, a partir da doutrina estrangeira e nacional, ignorando a área trabalhista. O fato ficou bastante claro em uma das obras de Ada Pellegrini Grinover, em que a autora descreve o relatório que confluiu para a elaboração do Código Modelo de Processos Coletivos para a Ibero-América: "observo que o relatório geral não incluirá os processos coletivos atinentes a relações de trabalho, envolvendo sindicato e trabalhadores, que existem em praticamente todos os países. O relatório geral, assim, se cingirá aos processos coletivos em matéria civil"[(218)].

Toda a construção doutrinária dentro do direito processual civil foi desenvolvida a partir da experiência americana[(219)] e da doutrina italiana do processo civil[(220)], agregadas à atuação prática referente à ação civil pública na Justiça Comum, estadual e federal[(221)]. É interessante observar que esse mesmo enfoque, excludente da experiência dos dissídios coletivos, reverberou na doutrina processual trabalhista ao tratar do processo coletivo do trabalho. Em vez de estudar o instituto da coisa julgada coletiva a partir dos avanços alcançados nos dissídios coletivos, a doutrina trabalhista contemporânea toma como ponto de partida a doutrina processual civil desenvolvida com base na ação civil pública e na ação civil coletiva. Os institutos da legitimação extraordinária, da coisa julgada coletiva, dos procedimentos são aplicados à Justiça do Trabalho a partir do marco teórico adotado na doutrina processual civil com a Lei da Ação Civil Pública e a codificação do consumidor. A Constituição Federal é a base normativa, mas não os dissídios coletivos e as ações de cumprimento. Talvez porque sua natureza seja mais constitutiva (dissídios co-

---

(218) GRINOVER, Ada Pellegrini. I. Relatório geral: *civil law*. Os processos coletivos nos países de *civil law*. *In*: GRINOVER, Ada Pellegrini; WATANABE, Kazuo; MULLENIX, Linda. *Os processos coletivos nos países de* civil law e common law. 2. ed. São Paulo: Revista dos Tribunais, 2011. p. 22.
(219) Cf. GRINOVER, Ada Pellegrini. A comparison of the class action for damages in the American judicial system to the Brazilian class action: the requirements of admissibility. *BRICS Law Journal*, [*s.l.*], v. 2, n. 1, p. 33-49, 2015. Disponível em: <https://doi.org/10.21684/2412-2343-2015-2-1-56-58>. Acesso em: 22 maio 2021. GIDI, Antonio. *A* class action *como instrumento de tutela coletiva dos direitos*: ações coletivas em uma perspectiva comparada. São Paulo: Revista dos Tribunais, 2007.
(220) Cf. LEAL, Márcio Flávio Mafra. *Ações coletivas*: história, teoria e prática. Porto Alegre: Sergio Antonio Fabris, 1998.
(221) Por todos, ver GRINOVER, Ada Pellegrini. *A ação civil pública no STJ*: obra comemorativa: 1989-1999. Brasília: Superior Tribunal de Justiça, 1999; GRINOVER, Ada Pellegrini; BENJAMIN, Antonio Herman de V. e; WAMBIER, Tereza Arruda Alvim; VIGORITI, Vicenzo (org.). *Processo coletivo*: do surgimento à atualidade. São Paulo: Revista dos Tribunais, 2014.

letivos em geral) do que condenatória (ação de cumprimento), talvez porque os institutos não sejam vistos como tutela de massa, ou ainda por puro preconceito.

O certo é que há uma necessidade premente de revisitação dos conceitos processuais civis, a partir da experiência trabalhista, para sua aplicação no universo da Justiça Especializada. O pragmatismo e a efetividade da Justiça do Trabalho, que tem procedimentos mais orais e simplificados, podem contribuir bastante para a construção doutrinária processual civil e a solução de vários problemas processuais coletivos.

2.3. O ACESSO COLETIVO AO PODER JUDICIÁRIO E À JUSTIÇA DO TRABALHO

A doutrina tem utilizado os termos "sistema"[222], "subsistema"[223] e "microssistema"[224] para designar o conjunto de normas processuais encontrado no sistema processual geral, por sua vez encontrado dentro do sistema de Justiça, inserindo-se em suas políticas públicas. Serão utilizados os termos mencionados como sinônimos.

A Constituição Federal de 1988 forma, junto com as legislações infraconstitucionais de defesa dos direitos coletivos, a Lei n. 7.347/1985 e a Lei n. 8.078/1990, o que a doutrina denomina de sistema de acesso coletivo à Justiça. A atenção especial volta-se para o art. 21 da Lei n. 7.347/1985 e o art. 90 do CDC por remeterem à aplicação subsidiária de uma lei a outra. Em regra, esse sistema ou microssistema tem nas normas processuais coletivas expressas na Constituição Federal de 1988 o seu ápice piramidal. Todas as demais normas devem ser interpretadas à luz da lei fundamental, sendo a aplicação do CPC subsidiária (art. 19 da Lei n. 7.347/1985).

No âmbito da Justiça do Trabalho, a CLT também prevê a aplicação normativa subsidiária do CPC (art. 769). Tratando-se de uma Justiça Especializada com normatização processual própria, com normas de tutela coletiva desde seu nascedouro, entende-se que o microssistema de acesso coletivo será por ela integrado. Dessa forma, não havendo norma celetista coletiva a ser aplicável ou normas processuais coletivas extraídas da Lei da Ação Civil Pública ou do CDC (ação coletiva), aplicar-se-ão, em primeiro lugar, as normas processuais trabalhistas comuns, incluindo seus prazos e procedimentos. Quando à omissão legislativa, as normas processuais civis (CPC) poderão ser aplicadas, se compatíveis.[225]

---

(222) LEONEL, Ricardo de Barros. *Manual do processo coletivo*. São Paulo: Revista dos Tribunais, 2002. p. 150.
(223) LEITE, Carlos Henrique Bezerra. *Curso de direito processual do trabalho*. 11. ed. São Paulo: LTr, 2013. p. 332.
(224) SANTOS, Enoque Ribeiro dos. *O microssistema de tutela coletiva*: parceirização jurisdicional. 4. ed. Rio de Janeiro: Lumen Juris, 2020. p. 9.
(225) LEITE, *op. cit.*, p. 106.

Por haver previsão de formas de tutela judicial e extrajudicial — esta por meio do inquérito civil público e de termos de ajustamento de conduta —, foi desenvolvida a tese de parceirização do Ministério Público com o Poder Judiciário na tutela de direitos coletivos, em sentido amplo.(226) Dentro do microssistema de acesso coletivo trabalhista, os autores legitimados que atuam com quase exclusividade são os sindicatos e o Ministério Público do Trabalho, tanto nas ações de dissídio coletivo (natureza jurídica, natureza econômica e greve), como nas ações civis públicas e ações coletivas.

O processo coletivo constitui uma relação jurídica processual complexa, com características especiais de atuação processual. Essa atuação destina-se a proteger novas subjetividades decorrentes de lesões ou de ameaças de lesões que se repetem ou que atingem múltiplos indivíduos. Logo, essa atuação está voltada para a proteção de interesses coletivos, por um meio processual adequado, pois o processo individual mostra-se insuficiente para essa tutela.(227)

É importante distinguir a coletivização do processo — método pelo qual são aglutinados processos individuais com a mesma base jurídica, uniformizando-se a interpretação do direito, em primeiro grau de jurisdição (reunião de execuções(228) ou o incidente de coletivização do art. 333 do CPC 2015 vetado) ou no âmbito dos tribunais (incidente de resolução de demandas repetitivas, recursos repetitivos e formação de precedentes) — do processo coletivo.

Uma parte da doutrina processual brasileira entende que o processo coletivo é o gênero, do qual são espécies as ações coletivas e o incidente de resolução de demandas repetitivas.(229) Há ainda os que dividem o processo coletivo em: a) coletivização do processo por meio das técnicas ou mecanismos de padronização das decisões em uniformização da jurisprudência, precedentes, incidente de resolução de demandas coletivas, recursos especiais e extraordinários repetitivos, reclamação constitucional; b) ações coletivas.(230) O presente trabalho adotará o conceito mais restrito quanto ao objeto do processo coletivo.

O conceito de processo coletivo expresso na doutrina pátria prevê a existência de uma relação jurídica coletiva envolvendo direito metaindividual, transindividual

---

(226) SANTOS, Enoque Ribeiro dos. *O microssistema de tutela coletiva*: parceirização jurisdicional. 4. ed. Rio de Janeiro: Lumen Juris, 2020. p. 228-229.

(227) TRABA, José Maria Torres. El rol del juez y del abogado em el ámbito de los procesos colectivos. *In*: SALGADO, José M. (dir.). *Procesos colectivos y acciones de clase*. Buenos Aires: Cathedra Juridica, 2014. p. 23-25.

(228) Cf. COLNAGO, Lorena de Mello Rezende. Reunião de execuções na Justiça do Trabalho. *Revista Eletrônica do Tribunal Regional do Trabalho do 9ª Região*, Curitiba, v. 3, p. 130-143, 2014.

(229) DIDIER JR., Fredie; ZANETI JR., Hermes. *Curso de direito processual civil*: processo coletivo. 14. ed. rev. e atual. Salvador: Juspodivm, 2020. v. 4, p. 36.

(230) PIZZOL, Patrícia Miranda. *Tutela coletiva*: processo coletivo e técnicas de padronização das decisões. São Paulo: Revista dos Tribunais, 2020.

ou coletivo em sentido amplo — palavras sinônimas para designar o mesmo evento.[231] Da análise das legislações estrangeiras impressas no relatório para o Código Modelo de Processos Coletivos para a Ibero-América[232], extraem-se três elementos para a caracterização de um processo como sendo coletivo e não individual: legitimação extraordinária, objeto coletivo e coisa julgada coletiva.[233]

Assim, a relação jurídica coletiva é aquela formada entre uma coletividade (grupo, classe ou sociedade) e um sujeito passivo, pessoa física ou jurídica, em torno de um bem coletivo tutelado por um direito. A relação jurídica processual coletiva, angular, envolverá a submissão desse conflito ao Estado-Juiz para a sua solução, por meio de uma sentença, às vezes genérica[234], que tem efeitos para todo o grupo, classe ou sociedade.

As técnicas de uniformização das decisões são importantes na medida em que conferem coerência e coesão ao chamado sistema de Justiça, mas constituem ora um meio de prevenção da jurisprudência divergente (incidente de resolução de demandas repetitivas e precedentes), ora um meio repressivo de uniformização das decisões divergentes (reclamação constitucional, recurso especial e extraordinário repetitivo). Essas técnicas são salutares para prevenir ou reprimir, de algum modo, o litígio de massa que se apresenta atomizado, mas, em geral, não possuem os três elementos caracterizadores das ações coletivas, a menos que um dos processos seja efetivamente uma ação coletiva, em grau de recurso, com matéria repetitiva.

Mesmo com a previsão de algumas dessas técnicas no CPC de 2015, e em outras normas jurídicas, não há, até o presente momento, uma regulamentação que fixe que a tese encontrada na ação coletiva será o modelo, por beneficiar mais pessoas, em detrimento de outro processo individual com a mesma tese — caso dos recursos repetitivos. Deveria existir uma norma jurídica fixando a ação coletiva como o processo modelo, caso exista uma ou mais entre os processos repetitivos, para a atuação da prevenção ou da repressão de decisões atomizadas distintas sobre uma mesma tese jurídica, por ser o processo mais representativo entre os demais.

---

(231) SANTOS, Enoque Ribeiro dos. *Processo coletivo do trabalho*. 2. ed. rev., ampl. e atual. Rio de Janeiro: Forense, 2018. p. 12.

(232) GRINOVER, Ada Pellegrini. I. Relatório geral: *civil law*. Os processos coletivos nos países de *civil law*. *In*: GRINOVER, Ada Pellegrini; WATANABE, Kazuo; MULLENIX, Linda. *Os processos coletivos nos países de* civil law e common law. 2. ed. São Paulo: Revista dos Tribunais, 2011.

(233) GIDI, Antonio. *Las acciones colectivas y la tutela de los derechos difusos, colectivos e individuales en Brasil*: un modelo para países de derecho civil. Trad. de Lucio Cabrera Acevedo. México: Universidad Autónoma de México, 2004. p. 31.

(234) Recurso Especial do STJ, Ministra Relatora Nancy Andrighi, parte da ementa: "[...] 10. Se uma sentença coletiva reconhece uma obrigação inteiramente líquida, tanto sob a perspectiva do *cui* quando do *quantum debeatur*, a liquidação é dispensável, pois a fixação dos beneficiários e dos critérios de cálculo da obrigação devida já está satisfatoriamente delineada na fase de conhecimento da ação coletiva" (BRASIL. Superior Tribunal de Justiça. *Acórdão do REsp 1798280*. Ministra Relatora Nancy Andrighi. Publicado no DJe: 04.05.2020. Disponível em: <https://processo.stj.jus.br/processo/revista/documento/mediado/?componente=ITA&sequencial=1900648&num_registro=201900468823&data=20200504&formato=PDF>. Acesso em: 29 mar. 2021).

Há, pelo contrário, o argumento de que a opção pelo incidente de resolução de demandas repetitivas é um fator de enfraquecimento das ações coletivas. Essas seriam mais aptas a resolver o problema de massa porque têm representantes adequados dos lesionados, o que não acontece no caso do processo modelo eleito no incidente (arts. 976 a 987 do CPC).[235]

O acesso coletivo na Justiça Especializada esteve presente desde a sua criação, por meio da atuação de dois dos atuais legitimados para ações coletivas, que também são pragmaticamente os mais atuantes nesse tema até os dias atuais — considerando a parca e quase inexistente atuação de outros legitimados definidos por lei, como a Defensoria Pública da União. Nesse caso específico, na área trabalhista, há previsão de apenas quatro ofícios na Defensoria Pública da União de Brasília (Portaria DPGF n. 140/2020) em atuação mais focada na tutela de indivíduos.

Os demais legitimados previstos na legislação atual (art. 5º da Lei n. 7.347/1985 e art. 82 da Lei n. 8.078/1990) têm pouca ou quase nenhuma atuação como autores de ações coletivas na Justiça do Trabalho.

Vale a pena relembrar que o processo coletivo do trabalho nasceu com o surgimento da Justiça do Trabalho, porque os sindicatos sempre defenderam o direito de um grupo de trabalhadores (art. 511 da CLT), não só para criar direitos e novas condições de trabalho, mas também para defender os já existentes e descumpridos por meio das ações ordinárias trabalhistas, reclamação trabalhista, representando a categoria ou grupo, em legitimação extraordinária, posteriormente constitucionalizada no art. 8º, inciso III, da lei fundamental de 1988.

A competência da Justiça do Trabalho, desde seu nascimento, fixada para julgar os conflitos individuais e coletivos — "suscitados" pelos sindicatos, ou contra eles —, tinha no Ministério Público do Trabalho um órgão de fiscalização da legalidade dos atos processuais. Em 1951, foi promulgada a primeira lei orgânica do Ministério Público da União, inserindo em suas especializações o Ministério Público do Trabalho, com concurso público para a carreira, sem a extinção do cargo de substitutos de procurador do trabalho, que não exigiam concurso público, mantendo-o, porém, vinculado ao Ministério da Indústria e Comércio, subordinado ao Ministério dos Negócios da Justiça, até o Decreto n. 200/1967.[236]

A Constituição Brasileira de 1967 inseriu o Ministério Público dentro do capítulo do Poder Judiciário, vinculando-o ao Poder Executivo.[237] Em 1981, a lei de

---

(235) VIEIRA, Debora da Silva; VERBICARO, Dennis; GÓES, Gisele Santos Fernandes. Incidente de resolução de demandas repetitivas e ação coletiva: diálogo ou duelo na defesa do consumidor em juízo? *Revista de Direito do Consumidor*, São Paulo, v. 130, p. 349-393, jul./ago. 2020.

(236) LEITE, Carlos Henrique Bezerra. *Ministério Público do Trabalho*: doutrina, jurisprudência e prática. 6. ed. São Paulo: Saraiva, 2014. p. 100-101.

(237) SILVA, Sandoval Alves da. *O Ministério Público e a concretização dos direitos humanos*. Salvador: Juspodivm, 2016. p. 231.

organização dos Ministérios Públicos Estaduais (Lei n. 40, de 14 de dezembro[238]) passou a prever a instituição como essencial ao funcionamento da Justiça, conferindo-lhe autonomia administrativa e financeira. O início da alteração nas atribuições do Ministério Público do Trabalho ocorreu com a Lei n. 7.347, de 24 de julho de 1985, que atribui a legitimação para o ajuizamento das ações civis públicas e para o inquérito civil ao Ministério Público, abrangendo o ramo especializado do trabalho, e isso mudou a sua forma de atuação.

A Constituição Brasileira de 1988 retirou o *Parquet* do Poder Executivo, estabelecendo-o como órgão essencial ao funcionamento da Justiça, incumbindo-lhe a defesa da ordem jurídica, do regime democrático e dos interesses sociais e individuais indisponíveis (art. 127), e fixando sua organização entre Ministério Público da União e Ministério Público do Estado (art. 128). O art. 129 da Constituição Brasileira de 1988, republicana e democrática, constitucionalizou a atuação do órgão, em especial, quanto ao inquérito civil e à ação civil pública, para a proteção do patrimônio público e social, do meio ambiente e de outros interesses difusos e coletivos (inciso III).

A atribuição legal expressa para a defesa dos direitos individuais homogêneos foi fixada pela Lei Complementar (LC) n. 75, de 20 de maio de 1993, que regulamentou as atribuições do Ministério Público da União, por meio do art. 6º, inciso VII, alínea "d": "Compete ao Ministério Público da União: [...] VII — promover o inquérito civil e a ação civil pública para: [...] d) outros interesses individuais indisponíveis, homogêneos, sociais, difusos e coletivos". Tudo conjugado com a previsão expressa de ajuizamento de ações civis públicas no art. 83, inciso III. O art. 83 da LC n. 75/1993 também fixou a atribuição do Ministério Público do Trabalho na perspectiva de atuação em direitos transindividuais ou metaindividuais.

É importante destacar a atuação em direitos coletivos dos trabalhadores, mas não como defesa da categoria — que é realizada pelo sindicato. O Ministério Público do Trabalho atua como fiscal do ordenamento jurídico para a manutenção dos direitos da sociedade como um todo, com especial destaque para as ações de greve (art. 83, VIII). Além disso, tem atuação difusa para declaração de nulidade de cláusula de contrato, de acordo coletivo ou convenção coletiva que viole as liberdades individuais ou coletivas ou os direitos individuais indisponíveis dos trabalhadores (art. 83, IV) e também na tutela dos direitos e interesses dos menores, incapazes e índios, decorrentes das relações de trabalho (art. 83, V).

As ações coletivas brasileiras têm por regra geral a legitimação extraordinária, que é a representação de modo autônomo de outras pessoas em juízo. O representante extraordinário pode ser o titular do direito junto à classe ou à sociedade,

---

(238) BRASIL. Presidência da República. Lei n. 40, de 14 de dezembro de 1981: estabelece normas gerais a serem adotadas na organização do Ministério Público estadual. *Legislação.* Disponível em: <http://www.planalto.gov.br/ccivil_03/leis/lcp/lcp40.htm>. Acesso em: 22 mar. 2021.

como pode ser um terceiro não titular do direito, a depender da autorização normativa. No Brasil, há três situações em que um indivíduo será legitimado. Uma delas encontra-se na ação popular, legitimação de agir do cidadão (art. 1º da Lei n. 4.717/1965), que não tem sido utilizada na área trabalhista. A outra pode ser encontrada no caso da defesa em juízo dos índios (art. 232 da Constituição Federal de 1988). O próprio grupo pode ser o condutor do processo coletivo.[239] E esse processo pode versar sobre direitos coletivos trabalhistas dos índios daquela comunidade. Há inclusive legislação específica garantindo a contratação por equipe; nesse caso, as condições do contrato são tratadas com o cacique, líder da equipe, em respeito aos costumes dos índios (Lei n. 6.001, de 19 de dezembro de 1973, art. 16, § 1º). Os índios não se enquadram em uma categoria nos termos do art. 511 da CLT, mas são categoria por força constitucional (art. 232), uma comunidade ligada entre si por uma relação jurídica de base cultural. A última situação foi acrescentada pelo art. 3º da Lei n. 13.300/2016, o mandado de injunção coletivo.

Essa é uma diferença crucial entre o ordenamento pátrio e o sistema das *class actions* estadunidenses. Extrai-se da Regra 23 (EUA) que um membro da classe é legitimado para o ajuizamento da ação para uma tutela em nome de todos. A doutrina norte-americana não se importa com a classificação dos legitimados, se são ordinários ou extraordinários, pois, se são membros do grupo, podem acusar ou defender-se. O mais importante é a adequação da representação desse membro e o número de pessoas, entre 25 e 40, para que se estabeleça a ideia de classe. Há casos em que os processos são reunidos em uma *class action*, se o risco for considerado alto, independentemente do número de pessoas envolvidas.[240] Essa regra, como pré-requisito para o ajuizamento de uma *class action* no EUA, permanece até a atualidade (*Rule 23, a*) e envolve a notificação, o mais cedo possível, de cada membro da classe (*Rule 23, c*).[241]

No Japão, a legislação de contratos do consumidor passou a prever as ações coletivas, à semelhança do modelo brasileiro, em 2016. O objeto fixado engloba os direitos difusos, coletivos e individuais homogêneos, mas os legitimados coletivos, associações de consumidores japonesas, precisam notificar individualmente os consumidores conhecidos (art. 25) e por edital os desconhecidos (art. 26). Trata-se de uma diferença entre a legislação japonesa e a brasileira[242], embora a inspiração da legislação seja o sistema de acesso coletivo pátrio.

---

(239) DIDIER JR., Fredie; ZANETI JR., Hermes. *Curso de direito processual civil*: processo coletivo. 14. ed. rev. e atual. Salvador: Juspodivm, 2020. v. 4, p. 41.

(240) BUENO, Cássio Scarpinella. As *class actions* norte-americanas e as ações coletivas brasileiras: pontos para uma reflexão conjunta. *Revista de Processo*, São Paulo, v. 21, n. 82, abr./jun. 1996, p. 112-113.

(241) USA. The Committee on the Judiciary House of Representatives. *Federal Rules of Civil Procedure. December 1, 2018*. U.S. Government Publishing Office Washington, 2018. Disponível em: <https://www.uscourts.gov/sites/default/files/cv_rules_eff._dec._1_2018_0.pdf>. Acesso em: 28 mar. 2021.

(242) MAEDA, Michio. Las acciones colectivas en Japón: evolución histórica y regulación actual. *Revista de Interés Público*, Buenos Aires, a. 1, n. 2, p. 110-127, 2007. Disponível em: <http://sedici.unlp.edu.ar/handle/10915/67475>. Acesso em: 28 mar. 2021.

No Brasil, há obrigatoriedade de publicação de um edital para a ciência dos interessados sobre a existência de uma ação civil pública ou ação coletiva. Não há a exigibilidade quanto ao dissídio coletivo, porque, para ser ajuizado, ele necessita de autorização prévia da categoria, sem outro tipo de notificação para a ciência dos interessados. Extrai-se do sistema coletivo que os processos em andamento com o mesmo objeto da demanda coletiva, ou parte dele, merecem uma ciência diferenciada, pelo próprio réu ou reclamado. Se o polo passivo do processo coletivo é o mesmo do processo individual, esse sujeito processual tem o dever de informar na ação individual a existência da ação coletiva. Essa exigência resulta do dever de cooperação das partes com o processo, por conseguinte com o sistema, conforme o art. 6º do CPC de aplicação subsidiária.

A coisa julgada individual, imutabilidade da sentença e de seus efeitos[(243)], ocorre após a irrecorribilidade da decisão. Antes desse fato jurídico processual, os efeitos da decisão são provisórios. A diferença quanto à coisa julgada coletiva está na ampliação da sentença para além do autor e do réu da ação. Portanto, o fato de existir um legitimado extraordinário em um dos polos permite que o efeito da coisa julgada seja ampliado para o grupo, classe ou categoria representada pelo legitimado extraordinário. Há o rompimento dos paradigmas do processo individual segundo os quais a sentença só faz coisa julgada entre as partes processuais (art. 472 do CPC de 1973 e art. 506 do CPC de 2015).

Em breve síntese, o ordenamento pátrio fixou, dentro do microssistema de acesso à Justiça, um regramento diferenciado. A coisa julgada coletiva trabalhista decorrente dos dissídios coletivos abrangia os trabalhadores e empregadores representados pelos seus sindicatos, depois, toda a categoria. Ela é pró e contra, sem qualquer distinção.

Na década de 60, a Lei n. 4.717/1965 (ação popular) previu, no art. 18, a coisa julgada conforme o resultado da sentença, baseando-se na apresentação das provas (*secundum eventum litis*). Ações populares julgadas improcedentes por deficiência probatória não fazem coisa julgada. O dispositivo foi trasladado para o art. 16 da Lei n. 7.347/1985 com a substituição do termo "cidadão" por "legitimado". Em pouco tempo, esse regime da Lei da Ação Civil Pública foi alterado. O CDC (Lei n. 8.078/1990), em seu art. 103, utilizou a classificação dos direitos em difusos, coletivos e individuais homogêneos, para manter o efeito *erga omnes* para os direitos difusos, restringindo-o para os direitos coletivos em sentido estrito (*ultra partes*). A limitação legal teve fundamento na ideia de que os legitimados extraordinários em direitos coletivos defendem um grupo, classe ou categoria, e não a sociedade.[(244)]

---

(243) DINAMARCO, Cândido Rangel. *Instituições de direito processual civil*. 6. ed. rev. e atual. São Paulo: Malheiros, 2009. v. III, p. 300.

(244) ALVIM, Eduardo Arruda. A demanda coletiva e sua relação com outras demandas: coisa julgada e litispendência no anteprojeto do código brasileiro de processos coletivos. *In*: GRINOVER,

A improcedência por insuficiência de provas decorrente da regra da ação popular foi copiada para os direitos difusos e coletivos. Os direitos individuais homogêneos tiveram regramento diverso. O art. 103, inciso III, do CDC manteve a coisa julgada *erga omnes*, limitada ao beneficiamento das vítimas e dos sucessores da lesão; retirou-a das decisões de improcedência (não fazem coisa julgada).[245]

Há quem sustente que uma ação, para ser coletiva, necessita apenas de legitimados adequados e de coisa julgada ampla.[246] Como o instituto da prescrição incide sobre a exigibilidade do objeto coletivo dos direitos coletivos em sentido amplo, será necessário um aprofundamento do tema.

2.4. O OBJETO DO DIREITO COLETIVO

Para entender a prescrição da pretensão coletiva, é necessário verificar o tipo de direito tratado na tutela judicial coletiva. Da análise do direito estrangeiro, no capítulo 3, extrai-se que cada país tem uma tradição em termos de regulamentação de regras sociais e de tratamento de seus conflitos. O Brasil, que sofreu a influência de outros países na fixação do conceito de prescrição, passou a influenciar outros quanto à legislação processual de tutela coletiva. Dessa forma, é importante examinar com profundidade onde se encontra a pretensão difusa, coletiva e individual homogênea.

O texto celetista, as leis da ação popular e da ação civil pública não previram a tutela de interesses. O termo está presente no inciso III do art. 129 da Constituição Federal e no art. 81 do CDC. O termo interesse tem significado plúrimo. Há o interesse em sentido amplo e o interesse jurídico, esse com conteúdo valorativo prefixado pela norma.[247]

O interesse jurídico pode ser definido como a relação entre a necessidade de um sujeito e um bem, material ou imaterial, valorado pela norma,[248] um fim buscado pelo direito[249]. O interesse coletivo aparece, no ordenamento jurídico

---

Ada Pellegrini; MENDES, Aluisio Gonçalves de Castro; WATANABE, Kazuo (coord.). *Direito processual coletivo e anteprojeto de Código Brasileiro de Processos Coletivos.* São Paulo: Revista dos Tribunais, 2007. p. 181.

(245) Para um aprofundamento do tema, cf. MANCUSO, Rodolfo de Camargo. *Jurisdição coletiva e coisa julgada*: teoria geral das ações coletivas. São Paulo: Revista dos Tribunais, 2006.

(246) LEAL, Márcio Flávio Mafra. *Ações coletivas*: história, teoria e prática. Porto Alegre: Sergio Antonio Fabris, 1998. p. 189.

(247) MANCUSO, Rodolfo de Camargo. *Interesses difusos*: conceito e legitimação para agir. 4. ed. São Paulo: Revista dos Tribunais, 1997. p. 18.

(248) ARAÚJO FILHO, Luiz Paulo da Silva. *Ações coletivas*: a tutela jurisdicional dos interesses individuais homogêneos. Rio de Janeiro: Forense, 2000. p. 7.

(249) RUGGIERO, Roberto. *Instituições de direito civil.* Trad. de Paolo Capitanio. Campinas: Bookseller, 1999. v. I, p. 265.

italiano, como simples adição dos interesses de cada membro de uma classe.[250] Ruggiero admite que o legislador possa tutelar um interesse jurídico sem que o referido interesse seja elevado à categoria de direito subjetivo.[251]

Em regra, o Brasil tem um ordenamento jurídico que tutela direitos, ou seja, os interesses são tuteláveis na medida em que estão inseridos no manto protetivo de um direito[252], porque os interesses são desprovidos de coercibilidade.[253] Essa é a crítica feita à adoção pelo legislador constituinte e ordinário do termo "interesse" no lugar de "direito". Há na doutrina trabalhista quem proponha uma classificação genérica dos interesses: "interesses individuais, interesses gerais (políticos, sociais e econômicos), interesses coletivos (sindicais), interesses grupais (associativos, comunitários), interesses populares (pertinentes a cidadãos, pessoas físicas), interesses difusos protegidos por ações civis públicas".[254]

Em sentido oposto, há a defesa de que o termo "interesse" seria o mais adequado porque os valores metaindividuais, de posições "dessubstantivadas", referem-se a toda a coletividade, incluindo as futuras gerações.[255] Ou ainda, o termo "interesse" é diferenciado em outros ordenamentos jurídicos, como o italiano, em que o direito é tutelado pelo Poder Judiciário e o interesse (legítimo), perante a administração pública[256]. No Brasil, interesse e direito foram previstos constitucionalmente, não havendo diferença quanto à tutela jurídica. Acrescente-se que os interesses coletivos, como saúde e segurança, podem sobrepor-se ao direito subjetivo de propriedade, e por isso a tutela dos interesses seria mais ampla.[257] O que efetivamente importaria seria a ponderação de direitos: de um lado, o direito à saúde e à segurança; de outro, o de propriedade. Para fins metodológicos, entender-se-ão os termos "direitos" e "interesses" como sinônimos, preferindo-se

---

(250) DE SANTIS, Angelo Danilo. I disegni di legge italiani sulla tutela degli interessi collettivi e il "Class Action Fair Act of 2005". *Rivista Trimestrale di Diritto e Procedura Civile*, Milano, v. 60, n. 2, 2006, p. 605.

(251) RUGGIERO, *loc. cit.*

(252) RODRIGUES, Marcelo Abelha. *Ação civil pública e meio ambiente*. Rio de Janeiro: Forense Universitária, 2003. p. 32.

(253) ZANETI JR., Hermes. Direitos coletivos *lato sensu*: a definição conceitual dos direitos difusos, dos direitos coletivos *stricto sensu* e dos direitos individuais homogêneos. *In*: AMARAL, Guilherme Rizzo; CARPENA, Márcio Louzada (coord.). *Visões críticas do Processo Civil Brasileiro*. Porto Alegre: Livraria do Advogado, 2005. p. 234-235.

(254) BATALHA, Wilson de Souza Campos. *Direitos processuais das coletividades e dos grupos*. São Paulo: LTr, 1991. p. 38.

(255) MANCUSO, Rodolfo de Camargo. *Jurisdição coletiva e coisa julgada*: teoria geral das ações coletivas. São Paulo: Revista dos Tribunais, 2006. p. 85-86.

(256) DENTI, Vittorio. *La giustizia civile*: lezione introduttive. Bologna: Società Editrice il Mulino, 1989. p. 114.

(257) LEONEL, Ricardo de Barros. *Manual do processo coletivo*. São Paulo: Revista dos Tribunais, 2002. p. 81-89.

direito a interesse — ao ser amparado pelo direito, desaparece a razão prática ou teórica para a busca de uma diferenciação ontológica.[258]

O objeto coletivo sofre críticas quanto à divisão dos direitos em tipologia — difuso, coletivo e individual homogêneo —, sob o argumento de que a jurisprudência, e parte da doutrina, tem fixado estandardizações excludentes do acesso coletivo com fundamento nessa classificação. De acordo com uma delas, o Ministério Público não seria legitimado para a tutela de direitos individuais homogêneos disponíveis; segundo outra, os indivíduos não poderiam intervir em processos que tratem de tutela de direitos difusos. Quanto aos direitos coletivos, já houve a exigência de autorização assemblear para a iniciativa da ação e a individualização de cada membro da classe ou do grupo substituído.[259]

A legislação pátria foi muito influenciada pela legislação estadunidense e pela doutrina italiana.

Atribui-se a Vittorio Scialoja e não às ações populares romanas a diferenciação entre *diritti diffusi* e direito público. O direito público é mais amplo, pertencente à população como categoria; o direito público difuso pertence também à população, mas de modo individual.[260] Scialoja desenvolveu seu conceito ao estudar as ações populares romanas, numa época em que Roma considerava os bens de propriedade de todos e o cidadão como gestor do bem público. Mas, na verdade, a ideia de direito difuso não nasceu no direito romano, sendo construção de Scialoja com base nos estudos que realizou.[261]

Os direitos coletivos rompem com uma tradição própria do sistema de direito civil, dos países de *civil law*, construída sobre a ideia de que a lei aplica-se por abstrações e não por respostas práticas.[262] Esse fato enseja a necessidade de se categorizar o que emerge da conflituosidade coletiva em direitos para facilitar o trabalho dos juristas dentro dessa tradição.

A tentativa de explicar os direitos coletivos passa por algumas construções doutrinárias. Uma teoria importante, sociológica e normativa, considera o uso dos

---

(258) WATANABE, Kazuo. Comentários sobre a defesa do consumidor em juízo. *In*: GRINOVER, Ada Pellegrini *et al. Código brasileiro de defesa do consumidor*: comentado pelos autores do anteprojeto. 9. ed. Rio de Janeiro: Forense Universitária, 2007. p. 882.

(259) VENTURI, Elton. *Processo civil coletivo*: a tutela jurisdicional dos direitos difusos, coletivos e individuais homogêneos no Brasil: perspectivas de um código brasileiro de processos coletivos. São Paulo: Malheiros, 2007. p. 86.

(260) SCIALOJA, Vittorio. *Procedura civile romana*: esercizio e difesa dei diritti. Roma: Anonima Romana Editoriale, 1894. p. 345-356.

(261) GIDI, Antonio. *Rumo a um Código de Processo Civil Coletivo*: a codificação das ações coletivas no Brasil Rio de Janeiro: GZ Editora, 2008. p. 202.

(262) GIDI, Antonio. *Las acciones colectivas y la tutela de los derechos difusos, colectivos e individuales en Brasil*: un modelo para países de derecho civil. Trad. de Lucio Cabrera Acevedo. México: Universidad Autónoma de México, 2004. p. 45.

direitos com base na apropriação do bem comum, de modo coletivo ou individual. Dessa classificação, emerge a indivisibilidade ou a divisibilidade dessa apropriação para a característica difusa, coletiva ou individual homogênea dos direitos, quando a apropriação for coletiva.[263] Essa teoria retoma a ideia romana de que os bens pertencem a todos, podendo, por isso, ser protegidos de modo individual ou coletivo.

Vem da doutrina italiana a ideia de diferenciar o interesse coletivo como síntese ou como soma de interesses individuais. A doutrina pátria adverte que o significado ampliado de uma somatória de lesões aos direitos individuais compromete valores comunitários privilegiados pelo ordenamento jurídico; daí a ampliação de seu significado.[264] Com o surgimento do direito coletivo do trabalho, Ruprecht defendeu a existência de uma relação jurídica autônoma do trabalho coletivo, fixando o interesse coletivo como sinônimo de categoria profissional[265], embora reconheça que há categoria profissional de trabalhadores e de empregadores. Esse autor chegou a defender que os interesses coletivos da categoria possam sobrepor-se ao interesse individual do trabalhador em determinadas ocasiões[266].

Como explicita Donzeli, é no direito do trabalho que surge a ideia de tratamento do interesse coletivo como síntese.[267] Ruprecht também menciona esse tema e faz referência a De Buen Lozano, cujo livro *Derecho del trabajo* foi publicado pela primeira vez em 1976, no México.[268] Lozano explica que o direito coletivo do trabalho envolve o interesse coletivo, que não significa o somatório dos interesses individuais; trata-se de um interesse diferente, que só vale para o grupo. Para ele, o pagamento de salário a um trabalhador satisfaz o interesse individual, enquanto o pagamento a todos os trabalhadores da empresa satisfaz um interesse geral, mas pode-se individualizar a obrigação para cada um dos membros do grupo. Também indica que é do direito coletivo, ou seja, daquele que envolve um interesse coletivo, a celebração de uma norma coletiva de trabalho ou a exigência de balancetes anuais da empresa para fixar as utilidades pertencentes aos trabalhadores.[269] Barbagelata referenciou o

---

(263) SILVA, Sandoval Alves da. *O Ministério Público e a concretização dos direitos humanos*. Salvador: Juspodivm, 2016. p. 87-91.

(264) ZAVASCKI, Teori Albino. O Ministério Público e a defesa de direitos individuais homogêneos. *Revista de Informação Legislativa*, Brasília, v. 30, n. 117, p. 173-186, jan./mar. 1993, p. 186.

(265) RUPRECHT, Alfredo J. *Relações coletivas de trabalho*. Rev. téc. de Irany Ferrari. São Paulo: LTr, 1995. p. 33.

(266) "O Direito Coletivo existe porque o trabalhador adquiriu clara consciência de classe e se une para defendê-la, mesmo quando isso implica limitação de alguma conquista individual, mas resulte em benefício da categoria. Exemplos claros são as cláusulas de exclusão e de preferência sindical" (*Ibidem*, p. 37).

(267) DONZELLI, Romolo. *La tutela giurisdizionale degli interessi collettivi*. Napoli: Jovene Editore, 2008. p. 110.

(268) RUPRECHT, Alfredo J. *Relações coletivas de trabalho*. Rev. téc. de Irany Ferrari. São Paulo: LTr, 1995. p. 37-38.

(269) DE BUEN LOZANO, Néstor. *Derecho del trabajo*. 16. ed. actual. México: Editorial Porrúa S.A. 2002, v. I, t. II, p. 574-575. Primera edición 1976.

debate sobre a acidentabilidade da coletivização do direito do trabalho ao afirmar que o processamento de um conflito trabalhista poderia ser individual ou coletivo a depender da percepção da entidade associativa quanto aos interesses dos trabalhadores em cada caso específico.(270)

Na área trabalhista, essa ideia de sobreposição e de hierarquia do interesse individual sobre o coletivo já esteve sumulada no TST (Súmula n. 310, itens V e VI), mas foi superada. Não se exige, desde a Resolução n. 119/2003, a listagem de trabalhadores ou procurações para a representação dos sindicatos em substituição processual, nem se permite a assistência litisconsorcial dos indivíduos.(271) Há superação da somatória de direitos e apresentação dos representados. Os direitos coletivos são síntese, prevalece a ideia da combinação dos interesses para a atuação e não uma mera aglutinação deles.

Outro aspecto dos interesses soma é o psicológico, quanto ao comportamento humano, mantém as vontades individuais reunidas com um tratamento coletivo.(272) Trasladando a ideia para o ordenamento pátrio, haverá nas ações plúrimas um interesse soma e nas ações coletivas um interesse síntese.(273) As lesões de massa ou os descumprimentos sistemáticos de direitos prestacionais acarretam uma quebra do pacto social e da harmonia dos direitos e deveres dentro de um ordenamento jurídico, afetando a organização estatal. Quando muitas pessoas necessitam do Estado, especialmente do Poder Judiciário, para buscar o que foi descumprido ou violado, surge a multiplicidade de demandas fundadas na mesma causa de pedir, congestionando o Poder Judiciário. A atomização de ações é um problema também para os sujeitos processuais, advogados e membros do Ministério Público, na medida em que necessitam de maior força de trabalho, e um trabalho mais mecanizado para fazer frente a esses conflitos. Além disso, demandas atomizadas geram decisões diferentes, às vezes em sentidos opostos, e isso concorre para o congestionamento do Judiciário em todas as suas instâncias.

---

(270) "O sea, que el procesamiento de un conflicto como individual o colectivo no depende de su naturaleza, sino de la percepción que el organismo representativo de los interesses colectivos de los trabajadores tenga de su calidad en cada circunstancia precisa, y la actividad que cumpla o se abstenga de cumplir para actualizarla" (BARBAGELATA, Héctor-Hugo. *El particularismo del derecho del trabajo y los derechos humanos laborales.* 2. ed. actual. rev. Montevidéu: Fundación de Cultura Universitaria, 2009. p. 23).

(271) BRASIL. Tribunal Superior do Trabalho. Súmulas do Tribunal Superior do Trabalho. *Jurisprudência*. Disponível em: <https://www3.tst.jus.br/jurisprudencia/Sumulas_com_indice/Sumulas_Ind_301_350.html#SUM-310>. Acesso em: 10 mar. 2021.

(272) DONZELLI, Romolo. *La tutela giurisdizionale degli interessi collettivi.* Napoli: Jovene Editore, 2008. p. 298.

(273) No mesmo sentido: MANCUSO, Rodolfo de Camargo. Interesses difusos: conceito e colocação no quadro geral dos interesses. *Revista de Processo*, São Paulo, v. 14, n. 55, jul./set. 1989, p. 168; CORREIA, Marcus Orione Gonçalves. *As ações coletivas e o direito do trabalho.* São Paulo: Saraiva, 1994. p. 16-17.

A atomização implica a banalização da lesão e promove a impunidade se o custo do litígio é maior do que a reparação pretendida ou o cumprimento do direito. A afetação do equilíbrio do sistema de Justiça é inegável. As funções — instrumental, política e simbólica —do sistema de Justiça ficam comprometidas.

Voltando ao conceito dos chamados direitos coletivos, supraindividuais, metaindividuais, transindividuais ou moleculares, que são sinônimos para o mesmo evento, apresentar-se-á o conceito de cada um dos direitos previstos no art. 81 do CDC (difusos, coletivos e individuais homogêneos). Desde os anos 70, a doutrina tem tentado compreender o fenômeno da coletivização civil estadunidense, país de *common law*, para o acesso à Justiça. E, para entender o conceito de direitos difusos, recuperou os estudos do direito romano sobre as ações populares, tendo por marco teórico Vittorio Scialoja. O conceito de direitos difusos não era inerente ao sistema das *class actions* dos EUA.[(274)] A tripartição dos direitos foi assim entendida pelos italianos, com base na análise da *Rule 23*.[(275)] Esse é o ponto que soluciona o problema da classificação dos direitos no Brasil, ou deveria ser. O afastamento da doutrina estadunidense — que aglutina pragmaticamente os direitos quando há lesões em massa — e a aproximação da doutrina italiana — que categoriza os direitos — produzem a diferença proposta.

A doutrina italiana estuda a tutela coletiva a partir dos direitos, e não a partir dos meios processuais de sua defesa.[(276)] Para os EUA, não há prazo diferenciado para a prescrição das pretensões porque não se trata de nova categoria de direito. Quando a legislação pátria conceitua e categoriza cada um dos direitos tutelados coletivamente, ela cria um tipo distinto de direito, diferente do individual, mas que não o aniquila. Por isso, há regras de harmonização do sistema por meio da suspensão da ação individual e do *opt out*, direito de exclusão do processo coletivo, quando se trata de direitos coletivos e individuais homogêneos, a partir da ciência da ação coletiva nos autos do processo individual (art. 104 do CDC).

Não há sobreposição do direito individual. Há um interesse coletivo que move todo o Estado a ponto de criar a chamada lesão coletiva social e ao sistema de Justiça, por meio das três categorias: difusos, coletivos e individuais homogêneos. Essas microlesões não interessam ao Estado em sua organicidade. Não interessam ao sistema de Justiça. Não interessam à sociedade. O prejuízo à sociedade, ao Estado e ao Poder Judiciário é tão grande que se criou o conceito de lesão moral coletiva decorrente desse macrodano.[(277)] A prescrição, sendo de natureza jurídica

---

(274) GIDI, Antonio. *Rumo a um Código de Processo Civil Coletivo*: a codificação das ações coletivas no Brasil. Rio de Janeiro: GZ Editora, 2008. p. 201 e p. 214.

(275) VIGORITI, Vicenzo. Class action e azione collettiva risarcitoria: la legittimazione ad agire e altro. *Revista de Processo*, São Paulo, v. 33, n. 160, jun. 2008, p. 181-182.

(276) GIDI, *op. cit.*, p. 202-204.

(277) Cf. GÓES, Gisele Santos Fernandes. Pedido de dano moral: o pedido de dano moral coletivo na ação civil pública do Ministério Público. *In*: MAZZEI, Rodrigo; NOLASCO, Rita Dias (coord.). *Processo civil coletivo*. São Paulo: Quartier Latin, 2005, p. 470-483.

material, incidirá sobre a exigibilidade dos direitos coletivos, que no ordenamento pátrio estão previstos de modo tripartite no art. 81 do CDC, integrando o sistema de acesso coletivo à Justiça.

2.4.1. Direitos difusos

A tutela dos direitos *superindividuali* ou *diffusi* caracteriza as sociedades contemporâneas e designa uma situação de interesse de cotitularidade de uma pluralidade de sujeitos não identificados, nem identificáveis.[278] É diferente do que os italianos denominam de direito público, porque esse está confiado aos órgãos públicos. O direito difuso está em uma categoria diferente da ontologicamente prevista como uma posição de vantagem para um sujeito,[279] que faz parte da noção de direito subjetivo. Nessa visão, e retomando os estudos da ação popular romana de Vittorio Scialoja, apresentada nos antecedentes das ações coletivas, é um direito que se encontra entre o público e o individual, porque não é propriamente do Estado, mas de todas as pessoas, de todos os cidadãos que nele vivem, ou melhor e em geral, de toda a humanidade, porque, em regra, refere-se a direitos de titulares indefinidos, mas que humanamente podem ser afetados em uma região ou em todo o globo terrestre.

A Itália, por meio de seu Conselho de Estado, publicou, em 20 de dezembro de 2009, o Decreto Legislativo n. 198 com o intuito de atualizar o art. 4º da *Legge* n. 15, de 4 de março de 2009, inserindo no ordenamento a ação de classe de interesse difuso. Como a Itália é dividida em instância judicial e instância administrativa, a ação de classe para a tutela de direitos difusos foi inserida na jurisdição administrativa.[280] Por meio da *Legge* n. 31/2019, houve a ampliação do objeto das ações coletivas para interesses individuais homogêneos, antes tratados apenas no Código de Defesa do Consumidor italiano[281].

Trata-se de uma ação que se fundamenta na ideia de se titular o sujeito cidadão para que seja retirada da estrutura administrativa uma patologia estrutural, permitindo a maior eficiência do sistema, havendo cinco hipóteses taxativas: 1) violação do término do processo administrativo, relativo à sua duração no tempo; 2) falha na emissão de atos administrativos, sem conteúdo regulatório e com prazo estabelecido em lei ou regulamento; 3) omissão quanto ao ato administrativo obrigatório, como atos de planejamento e de programação;

---

(278) DENTI, Vittorio. *La giustizia civile*: lezione introduttive. Bologna: Società Editrice il Mulino, 1989. p. 114.

(279) VIGORITI, Vicenzo. Class action e azione collettiva risarcitoria: la legittimazione ad agire e altro. *Revista de Processo*, São Paulo, v. 33, n. 160, p. 181-204, jun. 2008.

(280) LOPILATO, Vincenzo. *Manuale di diritto amministrativo*. 2. ed. Torino: G. Giappichelli Editore, 2020. p. 230-231.

(281) MAZZAFERRO, Giulia. Le spese e le sanzioni. *In*: SASSANI, Bruno (a cura di). *Class action*: commento sistemático alla legge 12 aprile 2019, n. 31. Pisa: Pacini Editore, 2019. p. 163.

4) violações das obrigações de prestadores de serviços públicos; 5) por último, violações dos padrões de qualidade, tempo, economia dos serviços prestados por concessionárias de serviços públicos.[282]

Essa ação, embora denominada de ação civil pública para interesses difusos, está concentrada na defesa de direitos públicos administrativos; por isso, tem utilizado possibilidades mais restritas de direitos difusos do que a ação civil pública brasileira, comparativamente. É importante mencionar a existência dessa ação porque a doutrina italiana, desde a década de 70, influencia a doutrina pátria com o conceito de direito difuso, mas o legislador italiano foi mais tímido nesse aspecto do que o legislador brasileiro. Talvez a explicação esteja na divisão entre a jurisdição administrativa e a judicial, inexistente no Brasil. Com efeito, a ação civil pública italiana para direitos difusos poderia ser manejada no Poder Judiciário brasileiro, ao se trasladarem as hipóteses genéricas para este país. Outra possibilidade é a existência de recente aplicação do cabimento da ação coletiva para interesses individuais homogêneos dos consumidores, na jurisdição judicial, para outras matérias. Porém, como ambas as ações são novidade no ordenamento italiano, as considerações apontadas podem confirmar-se, ou não, no futuro.

Retomando-se o conceito de direitos difusos, especialmente após a sua positivação no art. 81, inciso I, do CDC pátrio, extrai-se da legislação que essa categoria de direito coletivo tem as características marcantes da indivisibilidade, da titularidade indefinida e da origem comum. Verifica-se que, por política estatal e judiciária, os ordenamentos circunscrevem a tutela desses direitos a seus territórios, embora os danos ou a exigibilidade do direito possa, de fato, ultrapassar o limite de um território nacional. Cappelletti explica que o direito difuso envolve "novos direitos e deveres que, sem serem públicos no senso tradicional da palavra, são, no entanto, coletivos: desses ninguém é 'titular', ao mesmo tempo que todos os membros de um dado grupo, classe, ou categoria, deles são titulares".[283]

O direito difuso é o que se encontra em estado fluido, magmático, que não se refere a um bem suscetível de apropriação individual e, do ponto de vista subjetivo, pertence não a assuntos específicos, mas aos membros da comunidade.[284] Para Ada Pellegrini, "a fruição do bem, por parte de um membro da coletividade, implica necessariamente sua fruição por parte de todos, assim como sua negação para um representa a negação para todos".[285]

---

(282) LOPILATO, *loc. cit.*

(283) CAPPELLETTI, Mauro. Formações sociais e interesses coletivos diante da Justiça civil. *Revista de Processo*, São Paulo, v. 2, n. 5, jan./mar. 1977, p. 134.

(284) "L'interesse diffuso è un interesse che si trova allo stato fluido e magmatico che, dal punto di vista oggettivo, non ha come riferimento un bene suscettibile di appropriazione individuale e, dal punto di vista soggettivo, fa capo non a soggetti determinati ma ai membri della collettività" (LOPILATO, Vincenzo. *Manuale di diritto amministrativo*. 2. ed. Torino: G. Giappichelli Editore, 2020. p. 225).

(285) GRINOVER, Ada Pellegrini. Significado social, político e jurídico da tutela dos interesses difusos. *Revista de Processo*, São Paulo, v. 25, n. 97, jan./mar. 2000, p. 14.

Na área trabalhista, Ives Gandra Martins Filho indica que os direitos difusos podem ser encontrados em lesões praticadas contra "trabalhador sem vínculo empregatício formalizado, genericamente considerados, atingidos potencialmente por procedimentos de contratação ilegais ou discriminatórios; ou potenciais usuários de serviços essenciais interrompidos mediante greve deflagrada em desobservância das normas legais".[286] Acrescenta-se que os direitos difusos trabalhistas envolvem a liberdade do trabalho, a saúde do trabalho, o meio ambiente sadio em termos físicos e mentais, o direito ao não trabalho das crianças e ao trabalho protegido do adolescente, do idoso e da gestante coletivamente considerados, e sem levar-se em consideração apenas um grupo de trabalhadores, mas ainda as futuras gerações.

Não se trata de uma fruição maior ou menor por um sujeito, pois todos teriam direito à mesma fruição, por exemplo, ao trabalho livre, a um ambiente sadio, entre outros.[287] A tutela desses direitos, que são de toda a sociedade, faz parte do interesse estatal da harmonia e da manutenção da ordem social para a proteção dos bens para a presente e as futuras gerações.

2.4.2. Direitos coletivos em sentido estrito

Os chamados direitos de classe, ou coletivos em sentido estrito, têm origem no direito do trabalho, confundindo-se com a criação desse ramo especializado. Embora usualmente se atribua aos sindicatos a representação de uma classe, categoria ou grupo de trabalhadores, a palavra "sindicato" já foi usada para denominar grupo de empresas. Na França, como sinônimo da reunião momentânea de banqueiros para forçar a alta ou a baixa de valores mobiliários (sindicato financeiro). Na Itália, como sinônimo de grupo de empresa para formar monopólio ou cartel. Atualmente a palavra "sindicato" designa os grupos profissionais, embora o Brasil também a utilize para o grupo de empresas, ao passo que Portugal reserva o nome associações patronais para o agrupamento de empregadores.[288]

Coletivo é o nome dos interesses que valem para um grupo, e não uma soma de interesses individuais. Por exemplo, o pagamento do salário a um trabalhador satisfaz interesses coletivos, na medida em que o pagamento a todos os empregados de uma empresa satisfaz um interesse geral que pode ser individualizado para cada membro do grupo. Mas a celebração de um acordo

---

(286) MARTINS FILHO, Ives Gandra da Silva. Os interesses difusos na Justiça do Trabalho: atuação do Ministério Público do Trabalho. *Revista de Direito do Trabalho*, São Paulo, n. 88, out./dez. 1994, p. 13.

(287) ALVIM, Arruda. Ação civil pública. *Revista de Processo*, São Paulo, v. 22, n. 87, jul./set. 1997, p. 151-152.

(288) MAGANO, Octavio Bueno. *Manual de direito do trabalho*: direito coletivo do trabalho. 2. ed. rev. e atual. São Paulo: LTr, 1990. v. III, p. 82.

coletivo visando a entrega do balanço anual da empresa para fixar as utilidades pagas aos trabalhadores é um direito coletivo. Um trabalhador sozinho não consegue obtê-lo. Essa distinção é muito importante, especialmente quando se trata do direito de greve. De Buen destaca que um interesse geral pode ser pleiteado por ações individuais que podem ser aglutinadas ou separadas, mas essa prática não acontece com interesses coletivos. As ações coletivas não podem separar-se e só poderão ser exercidas por um ente coletivo, como, por exemplo, um sindicato celebrando convênios coletivos. As ações nesse texto estão fixadas em um sentido genérico para atos, e não propriamente para a ação judicial.(289)

Os interesses coletivos estão posicionados entre os interesses individuais e os gerais. Não configuram interesse de todo o povo, mas de certas pessoas que se integram abstratamente em categorias, independentemente da individualidade de cada uma. Esses interesses podem ser encontrados em sindicatos de empregados e de empregadores. Para Campos Batalha, os interesses coletivos estão relacionados apenas aos sindicatos. Para os interesses que dizem respeito a grupos ou associações, há uma outra classificação por ele fixada como interesses grupais.(290)

O diploma do consumidor (Lei n. 8.078/1990), no seu art. 81, inciso II, positivou como coletivos tanto o interesse coletivo das categorias como os interesses grupais. Atualmente é dessa forma que esses direitos são considerados tanto na Justiça Comum, como na Justiça do Trabalho. Tal como os direitos difusos, os coletivos representam uma indivisibilidade de seu objeto, uma transindividualidade. A fruição de um bem por um indivíduo, nesse caso, representa a fruição do bem por todos. A negação do bem para um também é equivalente à negação do bem para todos. Por esse motivo, a solução do conflito precisa ser única, trata-se de litisconsórcio unitário. Os direitos coletivos distinguem-se dos difusos em razão do vínculo jurídico existente entre os membros do grupo ou da categoria.(291) Esse é o conceito fixado pela doutrina e pela legislação pátrias.

2.4.3. Direitos individuais homogêneos

Os direitos individuais homogêneos são objeto de verdadeira polêmica no âmbito do direito processual coletivo. Para se chegar a um conceito dos direitos individuais homogêneos, é necessário perquirir o que vem a ser um interesse individual, objeto do direito individual. Interesse individual é aquele decorrente de uma vantagem almejada por um ser síngulo. Constitui a defesa da esfera material

---

(289) DE BUEN LOZANO, Néstor. *Derecho del trabajo.* 16. ed. actual. México: Editorial Porrúa S.A. 2002, v. I, t. II, p. 575. Primera edición 1976.

(290) BATALHA, Wilson de Souza Campos. *Direitos processuais das coletividades e dos grupos.* São Paulo: LTr, 1991. p. 39.

(291) GRINOVER, Ada Pellegrini. Significado social, político e jurídico dos interesses difusos. *Revista de Processo*, São Paulo, v. 25, n. 97, jan./mar. 2000, p. 14.

e imaterial do indivíduo ante o Estado e os demais membros da sociedade. Um critério objetivo apontado para identificar um interesse individual é o esgotamento da utilidade do evento na esfera de atuação de seus participantes. Observa-se o prejuízo causado ou a utilidade do evento impresso.(292)

Diferente do interesse puramente individual, tutelado por um direito individual, os interesses individuais homogêneos foram inseridos no ordenamento pátrio por meio do inciso III do parágrafo único do art. 81 do CDC: "interesses ou direitos individuais homogêneos, assim entendidos os decorrentes de origem comum". Sem efetuar distinção entre *interesse* e *direito* individual homogêneo, Arruda Alvim pondera que os "direitos individuais homogêneos têm caráter predominantemente individualizado, são perfeitamente divisíveis entre os titulares, há ordenamento da relação de titularidade entre o bem da vida violado ou disputado [...]"(293). A grande diferença entre os interesses individuais homogêneos e os interesses puramente individuais consiste na relevância social conferida pelo ordenamento àqueles, decorrente do fato de sua uniformidade e de sua origem comum. Essa uniformidade, segundo Ada Pellegrini, deve prevalecer sobre os direitos individuais comuns.(294) Medina afirma que essa prevalência tem origem na *Federal Rules of Civil Procedure* (EUA), a partir do termo *prevalence*.(295)

A Regra 23 da *Federal Rules of Civil Procedure*, regra 23, b, 3, em tradução livre, enuncia: "o tribunal considera que as questões de direito ou fato comuns aos membros da classe predominam sobre quaisquer questões que afetem apenas membros individuais, e que uma ação coletiva é superior a outros métodos disponíveis para julgar de forma justa e eficiente a controvérsia".(296)

O termo *prevalence* foi traduzido como predominância. Nessa regra, não há menção à homogeneidade, mas a questões comuns de direito ou fato, deixando um campo aberto para a atração da ação coletiva estadunidense a partir da análise subjetiva do magistrado. Vale ressaltar que, desde a reforma de 1966, os magistrados estadunidenses aceitam o tratamento coletivo a bens indivisíveis

---

(292) MANCUSO, Rodolfo de Camargo. *Interesses difusos*: conceito e legitimação para agir. 4. ed. São Paulo: Revista dos Tribunais, 1997. p. 45.

(293) ALVIM, Eduardo Arruda. Apontamentos sobre o processo das ações coletivas. *In*: MAZZEI, Rodrigo; NOLASCO, Rita Dias (coord.). *Processo civil coletivo*. São Paulo: Quartier Latin do Brasil, 2005. p. 31.

(294) GRINOVER, Ada Pellegrini. Da *class action for damages* à ação de classe brasileira: os requisitos de admissibilidade. *In*: MILARÉ, Édis (coord.). *Ação civil pública*: Lei n. 7.347/1985: 15 anos. 2. Ed. São Paulo: Revista dos Tribunais, 2002. P. 30-32.

(295) MAIA, Diogo Campos Medina. A revisão do objeto da tutela coletiva: os direitos homogeneamente lesionados. *In*: CORDEIRO, Juliana Vignoli (org.). *Ações coletivas*: críticas para a nova lei de ação civil pública. Brasília: Ministério Público do Trabalho, 2011. P. 28.

(296) EUA. *Courts*. The Federal Rule of Civil Procedure. Disponível em: <www.uscourts.gov>. Acesso em: set. 2020.

e divisíveis, e até mesmo os individualizáveis, considerando a lesão maciça, possibilitando ao indivíduo ingressar ou sair do processo (*opt in* ou *opt out*).(297)

Para fixar a homogeneidade, é necessário identificar o elemento que a determina, a identificação objetiva da demanda a partir do pedido mediato e imediato e a causa de pedir. O elemento dentro da causa de pedir pode ser o único ilícito praticado pelo réu ou o ilícito do qual todas as demais lesões derivam. O prejuízo deve atingir ao menos um membro da classe, mas esse prejuízo deve ser tutelado de modo unitário, sem a prevalência de qualquer questão individual. A análise preliminar, ainda que abstrata realizada pelo Judiciário, deve vislumbrar que o dano abrangerá toda a classe.(298)

Quanto à origem comum, ela não pode ser interpretada como unidade factual e temporal, pois uma lesão pode repercutir em todo o país, por exemplo, e por diversos meios, quando se trata de publicidade enganosa. Embora similar à *class action* americana, a ação para a defesa de direitos individuais homogêneos precisou ser adaptada à realidade brasileira.(299) A criação de uma categoria de direitos, como afirmado, remonta à doutrina italiana. Foi necessário inserir expressamente essa possibilidade no inciso III do parágrafo único do art. 81 do CDC para que não pairassem dúvidas quanto a essa possibilidade.

A doutrina pátria divide-se entre os que definem os direitos individuais homogêneos como acidentalmente coletivos e os que os definem como coletivos. A acidentabilidade coletiva está presente no conceito de Bezerra Leite, para quem os direitos individuais homogêneos são um feixe de direitos individuais, enquadrando-os materialmente como direitos subjetivos individuais. A coletivização desses direitos estaria restrita à instrumentalidade coletiva a eles conferida apenas na forma de acessar a Justiça. Dessa forma, os direitos individuais homogêneos seriam híbridos, materialmente individuais, mas processualmente coletivos.(300) Essa mesma corrente de pensamento entende a necessidade de aplicação do art. 95 do CDC aos direitos individuais homogêneos, tratados como coletivos no processo de conhecimento, mas divididos em liquidação e execução quando cada indivíduo deverá demonstrar o prejuízo sofrido.(301) A divisibilidade desses direitos traria uma

---

(297) GRINOVER, Ada Pellegrini *et al. Código brasileiro de defesa do consumidor*: comentado pelos autores do anteprojeto. 5. ed. Rio de Janeiro: Forense, 1998. p. 667-669.

(298) PETRILLO, Chiara. Situazioni soggettive implicate. *In*: SASSANI, Bruno (a cura di). *Class action*: commento sistematico alla legge 12 aprile 2019, n. 31. Pisa: Pacini Editore, 2019. p. 59-60.

(299) WATANABE, Kazuo. Demandas coletivas e os problemas emergentes da práxis forense. *Revista da Faculdade de Direito de São Bernardo do Campo*, São Bernardo do Campo, v. 2, 1992. p. 63.

(300) LEITE, Carlos Henrique Bezerra. *Direitos metaindividuais*. São Paulo: LTr, 2005. p. 147-149.

(301) VENTURI, Elton. O problema conceitual da tutela coletiva: a proteção dos interesses ou direitos difusos, coletivos e individuais homogêneos segundo o Projeto de Lei n. 5.130/2009. *In*: GOZZOLI, Maria Clara; CIANCI, Mirna; CALMON, Petrônio; QUARTIERI, Rita (coord.). *Em defesa de um novo sistema de processos coletivos*: estudos em homenagem a Ada Pellegrini Grinover. São Paulo: Saraiva, 2010. P. 194.

prerrogativa de coletivização para facilitar o acesso à Justiça apenas na fase de conhecimento, embora haja determinação do mesmo diploma, o CDC, quanto ao art. 100, ou seja, de coletivização da execução caso não haja pessoas habilitadas em número compatível com a gravidade da lesão.

Os direitos individuais homogêneos, embora sejam direitos com titulares conhecidos, têm uma relevância social que lhes confere a prerrogativa de acessar a Justiça por meio de um legitimado coletivo, obter uma sentença genérica e utilizar de todos os instrumentos coletivos à disposição no ordenamento pátrio para a tutela desses direitos, que, separadamente, podem gerar a quebra de unidade ou o congestionamento do sistema com decisões conflitantes e a impunidade dos infratores quando o impacto econômico da lesão for menor do que o custo processual com a tutela do direito. Essas considerações são importantes porque fazem desses direitos, inicialmente individuais, uma categoria única e uniforme que os transforma nos direitos coletivos individuais homogêneos. Sobressai-se a homogeneidade da lesão ou da ameaça do direito geradas pela mesma origem para gravar esses direitos numa categoria própria.

Mancuso adverte que o olhar deixa de ser lançado à causa de pedir próxima e remota, dirigindo-se à eficácia da sentença. Gravado o direito individual como coletivo em razão da multiplicidade das lesões geradas, a tutela coletiva é necessária. Não se pode afastar essa categorização coletiva na execução, transformando o processo coletivo em execuções individuais atomizadas para que esse processo coletivo não se transforme numa mera reunião litisconsorcial, por vezes, multitudinária.(302) O litisconsórcio ativo de ações ou pedidos é o agrupamento de várias pessoas, com direitos próprios e individuais no polo ativo da demanda. Nessa ação, haverá a defesa de cada direito pelo seu legitimado. Diversamente, na hipótese de uma tutela judicial de direito individual homogêneo, não haverá a intervenção individual.(303)

A homogeneidade não é uma característica individual e intrínseca aos direitos subjetivos individuais, mas uma qualidade que decorre da relação de cada um deles com os demais direitos provenientes da mesma causa fática ou jurídica, da visão de conjunto desses direitos materiais. Pontos de afinidades e semelhanças conferem-lhes um agregado formal próprio, que fixam sua defesa conjunta,(304) como um bloco amalgamado, um bloco único de direitos. Esse bloco traz intrínseca uma tese jurídica geral que pode beneficiar várias pessoas ao mesmo tempo, porque a lesão

---

(302) MANCUSO, Rodolfo de Camargo. *Jurisdição coletiva e coisa julgada*: teoria das ações coletivas. São Paulo: Revista dos Tribunais, 2006. P. 76.

(303) NUNES, Rizzatto. As ações coletivas e as definições de direito difuso, coletivo e individual homogêneo. *In*: MAZZEI, Rodrigo; NOLASCO, Rita Dias (coord.). *Processo civil coletivo*. São Paulo: Quartier Latin do Brasil, 2005. P. 91.

(304) ZAVASCKI, Teori Albino. *Processo coletivo*: tutela de direitos coletivos e tutela coletiva de direitos. São Paulo: Revista dos Tribunais, 2006. P. 156.

nasce do mesmo fato.(305) A coletividade do direito individual homogêneo está no fato de o legislador ter previsto a reparação integral do dano, ao permitir, na ausência de ingresso dos indivíduos em liquidação do dano, a reversão de eventual indenização para um fundo coletivo (art. 100 do CDC). Esse fundo fará com que o valor arrecadado seja revertido para a reparação integral do dano ou para uma tentativa máxima de reparação integral.

A permissão legal para a realização de uma tutela inibitória única para o direito individual homogêneo é outro fator de destaque que o iguala aos demais direitos coletivos. A coisa julgada só se produz em caso de procedência (art. 103 do CDC), mas parte da doutrina defende que esses direitos deveriam ter o mesmo tratamento dos demais (difusos e coletivos em sentido estrito) quanto à coisa julgada.(306) As características gerais de coletividade indicam que não há hierarquia entre os direitos coletivos (metaindividuais, transindividuais ou supraindividuais — como o leitor preferir denominar essa categoria de direitos). Os direitos individuais homogêneos refletem um interesse pessoal de um determinado grupo em síntese, e não em somatória de interesses individuais, extraindo-se desse ponto o fenômeno coletivo.(307)

Alterando o entendimento, Enoque Ribeiro dos Santos fixou os direitos individuais homogêneos como uma subespécie de direitos difusos ou uma subespécie de direito coletivo em sentido amplo, seguindo o STF (RE n. 631.111 GO, julgado em 7 de agosto de 2014, Ministro Relator Teori Zavaski). A titularidade do direito individual homogêneo é a coletividade. Sua divisibilidade só se realiza na liquidação e na execução da sentença molecular.(308)

Há uma visão distinta, fundamentada na sociologia e desenvolvida por Sandoval Alves da Silva, que insere os direitos coletivos, incluindo os individuais homogêneos, numa perspectiva diferenciada de propriedade. Para o autor, os bens são de todos, propriedade comum, e a propriedade privada é uma apropriação individual de parte desse bem. Tanto assim seria que, quando não há pessoas em número suficiente para a habilitação no cumprimento de sentença, essa indivisibili-

---

(305) ARAÚJO FILHO, Luiz Paulo da Silva. *Ações coletivas*: a tutela jurisdicional dos direitos individuais homogêneos. Rio de Janeiro: Forense, 2000. P. 114.

(306) DIDIER JR., Fredie; ZANETI JR., Hermes. *Curso de direito processual coletivo*. 14. Ed. Salvador: Juspodivm, 2020. V. 4, p. 100-103 e p. 488 *et seq.*

(307) Essa mesma perspectiva foi desenvolvida pelos italianos para o direito coletivo do trabalho, que se expandiu para o direito homogêneo do consumidor, influenciando o pensamento de Miragem. Para um aprofundamento da ideia desse autor, conferir: MIRAGEM, Bruno. *Curso de direito do consumidor*. 6. Ed. ver., atual. e ampl. São Paulo: Revista dos Tribunais, 2016. p. 726-727.

(308) SANTOS, Enoque Ribeiro dos. A polêmica sobre os direitos individuais homogêneos: essencialmente individuais e acidentalmente coletivos ou autênticos direitos coletivos, na seara trabalhista. *In*: SANTOS, Enoque Ribeiro dos (coord.); BARBOSA, Felipe de Melo (org.). *Fundamentos do processo coletivo do trabalho*. Rio de Janeiro: Lumen Juris, 2021. p. 8-9.

dade dos bens emerge e por isso permite o *fluid recovery*: a execução dos valores é destinada a um fundo, utilizado na reparação da lesão.(309)

Mesmo na década de 90, houve críticas contundentes à divisão legislativa e doutrinária realizada no art. 81 do CDC. O ponto nevrálgico dessa crítica está no fato de extrair-se por vezes, da mesma lesão, os direitos difusos, coletivos ou individuais homogêneos a depender da forma como o pedido é realizado.(310) Uma lesão pode irradiar em diferentes espectros e não apenas em um deles.

Outra classificação dos direitos metaindividuais, que abandona a divisão do art. 81 do CDC, é realizada com base nos efeitos gerados pelo conflito, que pode ser global, local e irradiado. O conceito de indivisibilidade desenvolvido pela doutrina do processo coletivo seria equívoco, mas utilizado na ausência de algo melhor para disfarçar o problema da titularidade desses direitos. Há um conceito aberto para atribuir a "todos" os direitos coletivos, especialmente os difusos. Esse sujeito "todos", na ausência de uma melhor definição para a tutela, é concebido como o Estado ou como a sociedade, sem melhor conceituação da palavra "sociedade" — própria de outras ciências, como a Sociologia. Em algum momento, esse "todos" passa a ser ninguém e gera uma ausência de tutela, o que esvazia o campo de aplicação da proteção desses direitos. Essa doutrina também critica a falta de delimitação da titularidade do direito difuso, se é aplicada apenas aos brasileiros ou a todas as pessoas do planeta Terra.(311)

Os direitos transindividuais, nessa perspectiva, trazem uma conflituosidade interna entre seus titulares, que mitiga a indivisibilidade do direito. Isso ocorre porque a tutela judicial não abrangerá cada direito individual em si, conforme a vontade de seu titular. A decisão judicial pode atender ou desatender a essas vontades individuais.(312) A categoria dos individuais homogêneos cede lugar à divisão tradicional para agregar-se à categoria dos direitos transindividuais (coletivos). Vittorelli não chega a filiar-se às justificativas da doutrina minoritária, apenas concorda com a ausência de divisão e a dificuldade de verificação das tutelas do art. 81 do CDC no caso concreto, pois nem mesmo a jurisprudência conseguiu fixar um conceito seguro. Esse fato decorre da constatação de que os conflitos são os mesmos, independentemente da classificação realizada. Há pessoas com direitos lesados, em um âmbito coletivo, pretendendo uma tutela judicial eficaz.(313)

---

(309) SILVA, Sandoval Alves da. *O Ministério Público e a concretização dos direitos humanos*. Salvador: Juspodivm, 2016. p. 90-92.

(310) NERY JR., Nelson. O processo civil no Código de Defesa do Consumidor. *Revista de Processo*, São Paulo, v. 16, n. 61, p. 24-35, jan./mar.1991.

(311) VITORELI, Edilson. *O devido processo legal coletivo*: dos direitos aos litígios coletivos. 2. everrev., atual. e ampl. Salvador: Juspodivm, 2020. p. 62-66.

(312) *Ibidem*, p. 69-70.

(313) *Ibidem*, p. 100-106.

A corrente majoritária defende que os direitos homogêneos não são espécie de direitos coletivos. São, ao contrário, direitos subjetivos individuais. Apenas são tutelados no acesso coletivo em razão da homogeneidade que apresentam. Nessa corrente, sustenta-se que, se faltar a homogeneidade, a tutela coletiva torna-se impossível.[314] Pela mesma razão, há a defesa de que o Ministério Público do Trabalho não poderia tutelar esse direito, embora haja previsão expressa em sua lei orgânica, porque esse seria um campo de atuação dos sindicatos.[315]

A ausência da homogeneidade gera a pluralidade de direitos em litisconsórcio. É justamente a homogeneidade que transforma esses direitos individuais em coletivos. O dano ou a ameaça irradiada para muitos indivíduos deixa de os afetar individualmente para afetar todo o sistema de Justiça, toda a política judiciária, toda a harmonia estatal, tal qual ocorre com as demais categorias do art. 81 do CDC, incisos I e II.

O anteprojeto apresentado pelo CNJ para alteração do art. 2º da Lei da Ação Civil Pública mantém a classificação tripartite dos direitos metaindividuais[316], sob forte crítica de Gidi: "Não se trata propriamente de um retrocesso, mas da solidificação de um erro"[317], embora o autor defenda a classificação bipartite, também retirando os individuais homogêneos da categoria dos coletivos propriamente ditos.

Enoque Ribeiro dos Santos defende a materialidade dos direitos individuais homogêneos como coletivos e a divisibilidade desses direitos na liquidação e na execução.[318] Cabral e Zaneti, visando a solução do problema da atomização processual, que acontece na liquidação e na execução dos direitos metaindividuais, defendem a desjudicialização da execução e apontam o precedente como um

---

(314) MALLET, Estêvão. Considerações sobre a homogeneidade como pressuposto para a tutela coletiva de direitos individuais. *Revista da Faculdade de Direito, Universidade de São Paulo*, São Paulo, v. 105, p. 111-142, jan./dez. 2010. Disponível em: <http://www.revistas.usp.br/rfdusp/article/view/67894>. Acesso em: 20 dez. 2020.

(315) Cf. MARTINS, Sérgio Pinto. Ação coletiva para discutir direito do empregado. *Justiça do trabalho*, Porto Alegre, a. 30, n. 353, p. 7-22, maio 2013.

(316) GIDI, Antonio. O Projeto CNJ de Lei de Ação Civil Pública. Avanços, inutilidades, imprecisões e retrocessos: a decadência das ações coletivas no Brasil. *Civil Procedure Review*, Salvador, v. 12, n. 1, p. 25-75, jan./abr. 2021. Disponível em: <https://ssrn.com/abstract=3724081>. Acesso em: 20 jul. 2021. A mesma crítica à bipartição já estava presente na obra do mesmo autor *Rumo a um Código de Processo Civil Coletivo* no subcapítulo 3.6 (GIDI, Antonio. *Rumo a um Código de Processo Civil Coletivo*: a codificação das ações coletivas no Brasil. Rio de Janeiro: GZ Editora, 2008. p. 200-223).

(317) GIDI, Antonio. O Projeto CNJ de Lei de Ação Civil Pública. Avanços, inutilidades, imprecisões e retrocessos: a decadência das ações coletivas no Brasil. *Civil Procedure Review*, Salvador, v. 12, n. 1, p. 25-75, jan./abr. 2021. Disponível em: <https://ssrn.com/abstract=3724081>. Acesso em: 20 jul. 2021.

(318) Por todos, ver SANTOS, Enoque Ribeiro dos. A polêmica sobre os direitos individuais homogêneos: essencialmente individuais e acidentalmente coletivos ou autênticos direitos coletivos, na seara trabalhista. *In*: SANTOS, Enoque Ribeiro dos (coord.); BARBOSA, Felipe de Melo (org.). *Fundamentos do processo coletivo do trabalho*. Rio de Janeiro: Lumen Juris, 2021. p. 8-9.

caso de sucesso a partir do arbitramento de valores condenatórios. A opção pelo recebimento coletivo desjudicializado ou pelo ajuizamento da ação de cumprimento, com todo o ônus processual do tempo despendido, fica a cargo do titular do direito. Essa desjudicialização facilita a efetivação do pagamento das indenizações e das reparações dos direitos maciçamente lesionados.(319)

A despeito da divergência doutrinária sobre os direitos individuais homogêneos, adotar-se-á a classificação que os insere na mesma categoria hierárquica dos difusos e coletivos, como um grupo indiviso, propiciando a sua igualdade de tratamento, a legitimação extraordinária em sua tutela, tanto no âmbito do processo de conhecimento, como no tratamento da coisa julgada, devolvendo a esses direitos o reequilíbrio necessário dentro de um sistema de acesso à Justiça. Há um interesse estatal na coletivização desse direito e na sua tutela processual diferenciada.

A coletivização baseada na origem da lesão ou no descumprimento do direito e do tratamento adequado para retirar esse direito do mundo fenomênico individual, fixando a importância do amálgama dos indivíduos atomizados para formar um todo que merece ser tutelado como comunidade, não retira do indivíduo o seu direito subjetivo. Para isso, há a opção de suspensão do processo individual até a decisão final do coletivo (art. 104 do CDC).

A ciência decorre de um edital ou do dever do réu, sujeito passivo dos processos coletivos e dos individuais, que, por dever de cooperação (art. 6º do Código de Processo Civil), deve comunicar nas demandas individuais a existência do processo coletivo em trâmite, sob pena de não poder invocar o benefício de eventual coisa julgada individual colidente, em caso de futuro conflito, porque a lei não aproveita àquele que se omite de má-fé (*venire contra factum proprium*, extraído do art. 422 do Código Civil com reflexos nos atos processuais, subespécie dos atos jurídicos).

Intrínseco ao núcleo da agregação de indivíduos, pela homogeneidade, há um interesse coletivo de eliminação da lesão do ordenamento jurídico e de harmonia do sistema de Justiça. O nascimento da pretensão coletiva e da individual é concomitante. Do contrário, não se poderia extrair de uma lesão individual homogênea uma indenização por dano moral para a coletividade, essa indenização não comporta a tutela pelo indivíduo, sendo inerente ao legitimado extraordinário.

As lesões ou os descumprimentos atomizados, em análise macro, constituem uma lesão ou um descumprimento maciço, nem sempre economicamente viáveis em termos de acessibilidade à Justiça, se individualmente considerada, mas o será

---

(319) Cf. CABRAL, Antonio do Passo; ZANETI JR., Hermes. Entidades de infraestructura específica para la resolución de conflictos colectivos: las claims resolution facilities y su aplicabilidad en Brasil. *Revista Italo-Española de Derecho Procesal*, Madrid, v. 1, p. 5-37, 2019.

sob o aspecto coletivo. *A contrario sensu*, quando há uma lesão difusa, há também microlesões individuais, que também podem ser objeto de ações não coletivas, assim como em qualquer uma das três categorias indicadas.

Extrai-se do ordenamento pátrio, na falta de um critério melhor, o marco de três pessoas para dar ensejo a um direito individual homogêneo. O direito penal pode servir de base, se houver dúvida contundente quanto ao critério de classificação, agregado à homogeneidade do direito. Na seara criminalística do direito penal, o antigo crime de quadrilha (art. 288 do CP), alterado pela Lei n. 12.850/2013, para denominar-se associação criminosa, utiliza o critério de três ou mais pessoas para a associação. Em outros tipos penais que não utilizam em sua normatividade esse número de pessoas, o critério é fixado como causa de aumento de pena (art. 146, § 1º, do CP). Caso haja dúvida no caso concreto, o critério numérico positivado na lei penal pode ser agregado aos outros elementos, como a homogeneidade e a origem comum, para solucionar a categorização.

2.4.4. Direitos coletivos, moleculares e transindividuais

Em conclusão, a posição adotada neste trabalho é a de que todos os incisos do art. 81 do CDC tratam de direitos transindividuais, coletivos, superindividuais ou moleculares (sinônimos). Todos eles têm uma dimensão coletiva, assim considerada porque a lesão ou a ameaça a eles imposta não afeta apenas um indivíduo, mas vários. E, nesse contexto, não interessa à sociedade ou ao sistema de Justiça que se valha o causador do dano do baixo valor econômico, eventualmente considerado para microlesões de massa, ou do custo do acesso à Justiça, ou ainda da desarmonia do sistema de Justiça e da própria sociedade.

Esses direitos, assim considerados, difusos, coletivos e individuais homogêneos, têm uma alta carga coletiva que se aproxima do chamado direito público, afastando-se ao mesmo tempo porque se trata de patrimônio material ou imaterial dos indivíduos.

O primeiro diagnóstico do CNJ quanto aos litigantes repetitivos no sistema de Justiça[320] demonstrou o impacto negativo que eles causam em todo o sistema judiciário, congestionando a tramitação dos processos e causando, pela atomização, uma morosidade não desejável. A classificação desses direitos — que vistos sob um prisma macro se amalgamam em uma indivisibilidade natural ou construída artificialmente, mas que demonstra a necessidade de uma mesma tutela judicial,

---

(320) A litigiosidade começou a ser pesquisada em 2004, havendo um relatório por ano, que chegou a mapear os maiores litigantes por região e por ramo especializado, para melhorar as políticas públicas empregadas no sistema judicial (BRASIL. Conselho Nacional de Justiça. Justiça em números. *Pesquisas Judiciárias*. Disponível em: <https://www.cnj.jus.br/pesquisas-judiciarias/justica-em-numeros/>. Acesso em: 6 set. 2021.)

evitando-se decisões contraditórias e a perpetuação do conflito — fez o legislador criar as categorias de direitos.

Essas categorias decorrem da cultura jurídica brasileira que necessita de conceitos delimitados para produzir tutelas específicas, em caso de ameaça e de lesão. Outros sistemas optam por uma análise pragmática do direito, como normalmente os de predominância do *common law*. Nesse contexto, cada cultura, cada sociedade criará mecanismos jurídicos para combater o lesionante de massa, que se tornará um litigante repetitivo.

Em nenhuma das categorias, há a exclusão da faculdade individual de buscar a reparação ou a cessação da ameaça ao direito, em seu espectro individual. E, em nenhuma dessas hipóteses, o indivíduo poderá por meio da ação civil pública ou coletiva pleitear de *per se* o direito de todos, apenas o seu.

Há mecanismos legais que permitem a escolha entre o cumprimento da decisão coletiva ou a litigância atomizada (art. 104 do CDC). Todavia, a opção pelo cumprimento coletivo tem vantagens expressas no custo econômico do processo e na força da decisão para os ameaçados ou lesionados, independentemente da categoria de opção. O nó górdio desses processos não está na fase de conhecimento, mas na execução. Para que esses processos não voltem a se atomizar, há alternativas já aplicadas de desjudicialização do cumprimento de sentença[(321)] ou mesmo a reunião de execuções em um órgão especializado ou de inteligência nos Tribunais.[(322)] Há ainda uma medida recomendada pelo CNJ para facilitar o acesso coletivo à Justiça, referente à delimitação da classe, do grupo ou da categoria de pessoas, incluindo a parte nuclear da homogeneidade, permitindo a identificação dos indivíduos ainda em decisão saneadora, por meio de listagens, físicas ou eletrônicas (arts. 4º, I, 6º e 7º da Resolução n. 76/2020 CNJ).[(323)] Também se defende o arbitramento de valores decorrentes de indenizações em valores fixos ou escalonados, conforme algumas características identificadas entre os trabalhadores atingidos e beneficiados, por exemplo, levando-se em consideração critérios como a faixa salarial ou o tempo de serviço, para facilitar o cumprimento da sentença. O art. 7º da Resolução n. 76/2020 do CNJ tem redação que indica a preferência pela sentença líquida nas ações coletivas, especialmente nas que se referem aos direitos individuais homogêneos, embora mantenha as ações de cumprimento de responsabilidade de cada indivíduo beneficiado. Essa última parte do art. 7º merece uma

---

(321) Cf. CABRAL, Antonio do Passo; ZANETI JR., Hermes. Entidades de infraestrutura específica para solução de conflitos coletivos: *claims resolution facilities* e sua aplicabilidade no Brasil. *Revista de Processo*, São Paulo, v. 44, n. 287, p. 445-483, jan. 2019.

(322) MARTINS, Sérgio Pinto. Concentração das execuções. *Revista LTr*, São Paulo, a. 85, n. 10, p. 1236-1244, out. 2021.

(323) BRASIL. Conselho Nacional de Justiça. Recomendação n. 76, de 8 de setembro de 2020. Dispõe sobre recomendações a serem seguidas na gestão dos processos, em termos de ações coletivas, no âmbito do Poder Judiciário. *Legislação*. Disponível em:

crítica, pois, se a sentença for líquida, em interpretação sistemática com o art. 6º da mesma recomendação, o cumprimento de sentença pode ser realizado de modo coletivo, com identificação dos indivíduos por meios físicos ou eletrônicos.

O interesse coletivo sobreleva-se ao individual, por isso é necessária a tutela coletiva. Caso o interesse individual dos titulares do direito fosse prevalente, não seria o caso de tutela coletiva, mas de tutelas atomizadas individuais[(324)], no máximo, por meio de ações plúrimas. A possibilidade de destinação dos valores arrecadados para a reparação do dano coletivo, quando houver ausência de habilitados no cumprimento da sentença, as tutelas cautelares e inibitórias para que essas microlesões cessem são outros fatores legais que demonstram a existência da coletividade desses direitos. O amálgama que os une é o que os torna coletivos e destinatários de reparações coletivas, a indenização por danos morais também é uma delas. Por todos esses fatores informados, agregados à aproximação jurídica da cultura italiana de categorização de direitos, fixa-se a posição doutrinária de que todos os direitos previstos no art. 81 do CDC são coletivos.

Por fim, a indivisibilidade do objeto não é uma realidade apenas para os direitos coletivos e difusos; no caso da lesão moral pleiteada em direitos individuais homogêneos, também haverá indivisibilidade. E, no caso de ações civis coletivas decorrentes de descumprimento de uma convenção coletiva de uma categoria, os direitos também poderão ser identificados e perderão a característica da indivisibilidade, pois serão divisíveis como os individuais homogêneos, sem que se perca a característica de coletivo em sentido estrito — a tutela será realizada para cada membro do grupo que tiver em seu contrato de trabalho a norma coletiva descumprida.

---

(324) VIGLIAR, José Marcelo Menezes. *Interesses individuais homogêneos e seus aspectos polêmicos*. 2. ed. rev. e atual. São Paulo: Saraiva, 2008. p. 23.

3. LEGISLAÇÃO E DOUTRINA ESTRANGEIRAS EM MATÉRIA DE PRESCRIÇÃO E AÇÕES COLETIVAS

O terceiro capítulo é composto de duas partes. A primeira examina a prescrição trabalhista em alguns países estrangeiros, como forma de entender se há uma unidade no tratamento da prescrição ou se ela é um fenômeno inerente a cada sociedade e a cada organização estatal. A segunda parte aborda a legislação de acesso coletivo à Justiça com as doutrinas desenvolvidas, observando como o Brasil é influenciado e influencia outros países, mas também se há neles alguma norma jurídica referente à prescrição.

3.1. A PRESCRIÇÃO DAS PRETENSÕES INDIVIDUAIS TRABALHISTAS NO DIREITO ESTRANGEIRO

O capítulo tem por escopo o estudo do tratamento da prescrição em matéria trabalhista em outros países. Como o início dos estudos do instituto da prescrição deu-se a partir do direito romano, a Itália foi o primeiro país pesquisado, seguido da França, pois, como se pode observar, o Brasil, como outros países da Europa e da América Latina, foi influenciado pela doutrina ítalo-francesa, agregando posteriormente os conceitos do direito alemão. Por isso, a Alemanha foi escolhida como terceiro país a ser analisado, com todas as dificuldades que o idioma impõe.

A União Europeia (EU), como matriz de uniformidade do direito europeu, será abordada nos próximos capítulos, quando se analisarão as pretensões coletivas. No momento do surgimento e da sedimentação do instituto da prescrição, os países ainda não faziam parte da comunidade europeia como um órgão transnacional com a importância atual, inclusive de uniformização mínima de legislações, por isso, neste capítulo, os países europeus serão tratados de modo independente.

Em quarto lugar, foi escolhida a Colômbia por espelhamento, em razão de contar com normatização referente ao processo coletivo. Por fim, os Estados Unidos da América foram integrados a esse estudo em razão da conexão, em termos de influência processual que exerceu na criação das ações coletivas brasileiras. É importante entender o *statute of limitations*, termo que designa a prescrição, para direitos individuais trabalhistas estadunidenses.

Como países influentes do pensamento brasileiro, a Argentina e o Uruguai também estão presentes no estudo legislativo, considerada a importância histórica, mas também o forte intercâmbio de juslaboralistas com o Brasil e a forte influência do pensamento deles em nossa legislação.

A Organização Internacional do Trabalho (OIT) não tratou em nenhuma de suas convenções internacionais sobre o tema da prescrição, salvo a menção contida na Convenção n. 95, relativa à Proteção dos Salários, que prevê no art. 12, n. 2:

> Quando o contrato de trabalho terminar, a fixação final da totalidade do salário devido será feita de conformidade com a legislação nacional, com alguma convenção coletiva ou uma sentença arbitral, ou, na falta de tal legislação, convenção ou sentença, dentro de um prazo razoável, tendo-se em vista as disposições do contrato.[325]

Assim, cada país ficou livre para adotar legislativamente ou contratualmente a regra que melhor lhe aprouvesse. Por fim, será enfrentado o tema sob a perspectiva do direito individual do trabalho com a notícia da evolução do instituto e seu tratamento normativo em cada um dos países pesquisados.

3.1.1. Itália

As normas do contrato de trabalho italiano encontram-se no Código Civil italiano, Livro Quinto, e não em uma codificação ou consolidação apartada como ocorre no ordenamento jurídico brasileiro.[326] Assim, nessa codificação geral para a área privada, há no Livro Sexto (tutela do direito) o regramento da prescrição com as regras gerais a partir do Livro Quinto: "*Art. 2934. (Estinzione dei diritti). Ogni diritto si estingue per prescrizione, quando il titolare non lo esercita per il tempo determinato dalla legge. Non sono soggetti alla prescrizione i diritti indisponibili e gli altri diritti indicati dalla legge*".[327]

O Direito do Trabalho na Itália não é um ramo especializado e autônomo, embora as questões trabalhistas sejam tratadas em uma Justiça do Trabalho, que integra a Justiça Civil, como seção especializada. O mesmo acontece no âmbito

---

(325) A Convenção n. 95 da OIT, adotada pela Conferência em sua Trigésima Segunda Sessão, realizada em Genebra, no 1º de junho de 1940, aprovada pelo Decreto Legislativo n. 24, de 29 de maio de 1956, e promulgada em 25 de junho de 1957, encontra-se atualmente no Anexo XVIII do Decreto n. 10.088, de 5 de novembro de 2019, que unificou os anexos das Convenções Internacionais da OIT ratificadas pelo Brasil (BRASIL. Presidência da República. *Decreto n. 10.088, de 5 de novembro de 2019.* Disponível em: <http://www.planalto.gov.br/ccivil_03/_Ato2019-2022/2019/Decreto/D10088.htm#art5>. Acesso em: 30 ago. 2020).

(326) GAZZETTA UFFICIALE. *Regio Decreto 16 marzo 1942, n. 262*. Disponível em: <https://www.gazzettaufficiale.it/atto/serie_generale/caricaDettaglioAtto/originario?atto.dataPubblicazioneGazzetta=1942-04-04&atto.codiceRedazionale=042U0262&elenco30giorni=false>. Acesso em: 2 abr. 2020.

(327) "Art. 2934. (Extinção de direitos). Todo direito expira por prescrição, quando o titular não o exerce pelo tempo determinado pela lei. Os direitos indisponíveis e outros direitos indicados por lei não estão sujeitos ao período de limitação" (*Ibidem*, tradução nossa).

da Corte de Apelação, o segundo grau, e no Tribunal Constitucional, que tem câmaras especializadas em matérias trabalhistas.(328)

Da leitura inicial do artigo n. 2934 do *Codice Civile* de 1942, infere-se que o conceito de prescrição como um instituto que extingue o direito perpetuou-se no tempo, remontando à doutrina ítalo-francesa da qual se afastou o ordenamento pátrio.

A doutrina trabalhista italiana, nesse contexto, atualmente, ainda conceitua a prescrição como uma forma de extinção do direito aliada à inatividade do seu titular,(329) embora se extraia de alguns trechos a ideia de fim do exercício do direito ao lado da afirmação "*l'estinzione de esso per prescrizione*".(330) Ainda em 2017, Maria Vittória e Gisella afirmam que a prescrição é uma modalidade geral de extinção do direito, dele excluídos o direito indisponível e os direitos que a lei gravou de imprescritibilidade(331), conforme o art. 2934, primeira parte, do Código Civil italiano: "*Ogni diritto si estingue per prescrizione, quando il titolare non lo esercita per il tempo determinato dalla legge* [...]".(332)

Na seara trabalhista, há no art. 2948, n. 5, do Código Civil italiano a fixação do prazo quinquenal para os créditos trabalhistas a contar do fim da relação de trabalho, situado no capítulo das chamadas prescrições curtas. Embora o prazo de 5 (cinco) anos encontre-se no capítulo das prescrições *brevi*, há prazos menores previstos no ordenamento italiano, porém nas chamadas prescrições presuntivas. O fato de o art. 2943 do Código Civil italiano afirmar que não são sujeitos à prescrição os direitos indisponíveis, na visão da doutrina, os direitos trabalhistas não estão no rol dos direitos indisponíveis — objetiva e subjetivamente são indisponíveis apenas os assuntos relacionados ao Direito de Família.(333)

As prescrições presuntivas são as que, após o término do prazo da obrigação, presumem a adimplência(334), considerando o fato de que normalmente essas obrigações são cumpridas imediatamente e sem quitação expressa.(335) A inércia

(328) MUNERATI, Ligia Ramia. A evolução do direito do trabalho na Itália: da Lei n. 604/1966 até o Jobs act. *Revista de Direito do Trabalho*, São Paulo, v. 41, n. 164, jul./ago. 2015, p. 301.
(329) GALANTINO, Luisa. *Diritto del lavoro*: editio minor. Torino: G. Giappichelli Editore, 2015. p. 378.
(330) MAZZONI, Giuliano. *Manuale di diritto del lavoro.* 6. ed. Milano: Giuffrè Editore, 1988. v. 1, p. 1019.
(331) BALLESTRERO, Maria Vittoria; SIMONE, Gisella de. *Diritto del lavoro.* 3. ed. rev. e atual. Collaborazione di Marco Novella. Torino: G. Giappichelli Editore, 2017. p. 650.
(332) "Todo direito expira por prescrição, quando o titular não o exerce pelo tempo determinado pela lei" (GAZZETTA UFFICIALE. *Regio Decreto 16 marzo 1942, n. 262.* Disponível em: <https://www.gazzettaufficiale.it/atto/serie_generale/caricaDettaglioAtto/originario?atto.dataPubblicazioneGazzetta=1942-04-04&atto.codiceRedazionale=042U0262&elenco30giorni=false>. Acesso em: 2 abr. 2020).
(333) MAZZONI, *op. cit.*, p. 1019.
(334) *Ibidem*, p. 1021.
(335) GALANTINO, *op.cit.*, p. 379.

do trabalhador que persiste por esses períodos gera a presunção de satisfação de seu crédito. O principal efeito processual é a reversão do ônus da prova de pagamento, pois, antes do término do prazo presumível de prescrição, o devedor que afirma ter adimplido a obrigação deve provar o fato; embora esse prazo tenha decorrido, presume-se que a dívida esteja extinta, cabendo, portanto, ao credor provar o contrário.[(336)]

Essa presunção é relativa para o direito italiano, admitindo-se algumas provas em contrário, uma delas, a confissão judicial do trabalhador. Para salários e ordenados, o prazo prescricional é de 1 (um) ano para os salários pagos em prazo inferior a um mês (salários normais, salários por horas extras ou trabalho noturno ou festivo); 3 (três) anos para salários pagos em períodos superiores a um mês (comissões, participação no lucro do décimo terceiro mês, participação em lucros ou produtos) (art. 2957 do Código Civil italiano). A contagem da prescrição presuntiva inicia-se ao mesmo tempo que a da extintiva; uma vez ocorrida a segunda, a presuntiva pode ser aplicada. Dessa forma, a prescrição começa a partir do dia em que o direito pode ser reivindicado (art. 2935 do Código Civil italiano). Contudo, a jurisprudência do Tribunal Constitucional fixou uma pausa, acreditando que a inércia do trabalhador em reivindicar os pedidos de remuneração pode ser determinada pelo medo de demissão, passando a contar o prazo prescricional a partir do fim da relação jurídica, salvo se essa relação não for dotada de estabilidade real (prescrição diferida).[(337)]

Os créditos trabalhistas decorrentes da extinção contratual prescrevem em 5 (cinco) anos, conforme o art. 2948, n. 5, do Código Civil italiano. Por outro lado, a prescrição decenal do art. 2946 do mesmo diploma é residual[(338)] — tal como ocorre no CC brasileiro, no seu art. 205, de redação idêntica à do artigo italiano.

A prescrição quinquenal italiana abrange todos os créditos trabalhistas que constituem o cumprimento de obrigações pecuniárias impostas ao empregador por leis ou outras fontes durante a relação de trabalho, decorrentes do contrato de trabalho. São excluídos da prescrição quinquenal, sujeitando-se à decenal, os pagamentos originários de títulos autônomos (por exemplo, o prêmio da invenção) ou de responsabilidade do empregador; em particular, o direito à indenização pelos danos sofridos pelo trabalhador como resultado de um descumprimento contratual pelo empregador (por exemplo, o direito à indenização). No chamado

---

(336) CIUCCIOVINO, Silvia. La prescrizione dei diritti nel rapporto di lavoro. *In*: SANTORO PASSARELLI, Giuseppe (a cura). *Diritto e processo del lavoro e della previdenza sociale*. 8. ed. Milano: Wolters Kluwer, 2020. capitolo XL, p. 1722.

(337) GALANTINO, Luisa. *Diritto del lavoro*: editio minor. Torino: G. Giappichelli Editore, 2015. p. 379.

(338) CIUCCIOVINO, Silvia. La prescrizione dei diritti nel rapporto di lavoro. *In*: SANTORO PASSARELLI, Giuseppe (a cura). *Diritto e processo del lavoro e della previdenza sociale*. 8. ed. Milano: Wolters Kluwer, 2020. capitolo XL, p. 1721.

direito à indenização, incluem-se: a) indenização por não fruição das férias ou do descanso semanal; b) indenização por danos morais ou psicológicos; c) indenização decorrente de violações físicas aos trabalhadores, por exemplo, as decorrentes de acidente de trabalho (art. 2087 do Código Civil italiano).(339)

A contagem tem início no dia em que o direito pode ser exigido (art. 2935 do Código Civil italiano, em tradução livre).(340) É interessante destacar que o Tribunal Constitucional, em um julgamento histórico no dia 10 de junho de 1966, n. 63, declarou a inconstitucionalidade de parte dos arts. 2948, n. 4, 2955, n. 2, e 2956, n. 1, do Código Civil italiano, considerando que o temor da demissão pode levar o trabalhador a renunciar ao direito de cobrar seus créditos ao longo do contrato de trabalho; por isso, com base no art. 36 da Constituição italiana, entendeu que o prazo prescricional das verbas ao longo do contrato de trabalho tem seu termo inicial contado a partir da extinção contratual.(341)

Não são sujeitas à prescrição as ações que pretendem a qualificação legal de um fato ou de uma situação, dos quais podem surgir direitos, como, por exemplo, a ação que busca a verificação judicial do tempo de serviço. O mesmo ocorre com as ações destinadas a determinar a natureza subordinada da relação jurídica.(342)

3.1.2. França

O instituto da prescrição trabalhista na França está atualmente regulamentado no artigo L. 177-1 do Código do Trabalho francês prevendo o prazo de dois anos após o fim do contrato, havendo exceções legais.(343) O tema ainda hoje é objeto de debate entre os franceses, pois há mais de dez prazos distintos para a prescrição de pretensões trabalhistas. Embora os debates sobre o objeto da prescrição tenham sido abandonados, tendo havido pouca alteração de 1804 até a década de 90, a prescrição extintiva representa a discrepância entre o tempo e o direito como modo de corrigir as falhas decorrentes da negligência do sujeito de

---

(339) CIUCCIOVINO, Silvia. La prescrizione dei diritti nel rapporto di lavoro. *In*: SANTORO PASSARELLI, Giuseppe (a cura). *Diritto e processo del lavoro e della previdenza sociale*. 8. ed. Milano: Wolters Kluwer, 2020. capitolo XL, p. 1721-1722.

(340) GAZZETTA UFFICIALE. *Regio Decreto 16 marzo 1942, n. 262*. Disponível em: <https://www.gazzettaufficiale.it/atto/serie_generale/caricaDettaglioAtto/originario?atto.dataPubblicazioneGazzetta=1942-04-04&atto.codiceRedazionale=042U0262&elenco30giorni=false>. Acesso em: 2 abr. 2020.

(341) CIUCCIOVINO, Silvia. La prescrizione dei diritti nel rapporto di lavoro. *In*: SANTORO PASSARELLI, Giuseppe (a cura). *Diritto e processo del lavoro e della previdenza sociale*. 8. ed. Milano: Wolters Kluwer, 2020, capitolo XL, p. 1723.

(342) BALLESTRERO, Maria Vittoria; SIMONE, Gisella de. *Diritto del lavoro*. 3. ed. rev. e atual. Collaborazione di Marco Novella. Torino: G. Giappichelli Editore, 2017. p. 650.

(343) LÉGIFRANCE. *Code du travail*. Disponível em: <www.legifrance.gouv.fr>. Acesso em: 13 abr. 2020.

direito.[344] Observa-se ainda hoje que o instituto da prescrição para os franceses atinge a ação, e não a pretensão, como para os alemães.

Além de manter a matriz romana, os franceses não têm o mesmo cuidado da Alemanha para definir a prescrição, ou mesmo para distingui-la da decadência, a qual é entendida como uma sanção mais grave para o sujeito que deixa passar o tempo da ação, havendo no Código Civil da França poucas referências à decadência.[345]

O Código do Trabalho francês previu os prazos prescricionais. Em primeiro lugar, dois anos para o fim do contrato, contados do dia em que o empregador conheceu os fatos que ensejaram a ação, mas também para a apresentação dos documentos referentes ao contrato a partir do fim do contrato de emprego (art. L. 1471-1). Também é de dois anos o prazo para o empregador reconhecer a existência de um acidente de trabalho, contado do dia do acidente (art. L. 431-2 do Código de Seguridade Social) — o empregador é obrigado a relatar os acidentes, mas, se não o fizer, o empregado pode declará-los. Esse prazo também é aplicado para a chamada falha indesculpável que causa um acidente do trabalho, quando o empregador estava ou deveria estar ciente do perigo a que o trabalhador estava exposto, mas não tomou as medidas necessárias para protegê-lo (art. L. 431-2 do Código de Seguridade Social).[346]

Há o prazo de três anos para o salário não pago ou pago com erro (art. L. 3245-1); há ainda o prazo de cinco anos para discriminações em geral, a contar do descobrimento da discriminação (art. L. 1134-5 do Código do Trabalho), mas também para indenização decorrente de danos morais e assédios sexuais, prazo contado do dia em que o último ato de assédio foi praticado (art. 8º do Código de Processo Penal).[347]

Quanto às lesões pessoais sofridas no trabalho, as ações de responsabilidade prescrevem no prazo de dez anos a contar da data de consolidação do dano inicial ou agravado, mas, se o dano for causado por tortura ou atos bárbaros, por violência ou agressão sexual cometida contra um menor, a responsabilidade civil tem prazo prescricional de 20 anos (art. L. 2226 do Código Civil, modificado pela Lei n. 2008-561, de 17 junho de 2008, art. 1).[348]

---

(344) BANDRAC, Monique. Les tendances récentes de la prescription extinctive en droit français. *Revue Internationale de Droit Comparé*, Lyon, v. 46, n. 2, avril/juin 1994, p. 359-360.

(345) CHAMONE, Marcelo Azevedo. *Prescrição e decadência*: proposta de definição e identificação dos institutos a partir de uma perspectiva histórica comparada. 2019. Tese (Doutorado em Direito) — Pontifícia Universidade Católica de São Paulo, São Paulo, 2019. p. 114.

(346) SAISIRPRUDHOMMES. *Les délais de prescription en droit du travail*. Disponível em: <https://www.saisirprudhommes.com/fiches-prudhommes/procedure-saisine-prudhommes/les-delais-de-prescription>. Acesso em: 10 jul. 2020.

(347) *Idem*.

(348) LÉGIFRANCE. *Code Civil*. Disponível em: <https://www.legifrance.gouv.fr>. Acesso em: 10 jul. 2020.

Além dos apresentados, considerados prazos longos, há ainda prazos curtos. O acordo para a ruptura contratual ou sua aprovação tem prazo de doze meses a partir do acordo para ser contestado (art. L. 1237-14 do Código do Trabalho). As ações que contestam contratos de seguro profissional também observam o mesmo prazo prescricional (art. L. 1233-67 do Código do Trabalho), contado do dia da adesão. Esse prazo é novo e aplica-se às prescrições em andamento a partir de 17 de junho de 2013, sem que a duração total da prescrição possa exceder a duração prevista na lei anterior. Há ainda o prazo de dois meses para as sanções aplicadas aos empregados. Assim que o empregador toma conhecimento de uma falta cometida pelo empregado, ele tem um prazo de dois meses para iniciar um processo disciplinar, ou seja, convocar o funcionário para uma entrevista anterior ou enviar um aviso. (art. L. 1332-4 do Código do Trabalho).[(349)]

Nesse último caso, se o Brasil tivesse uma regra correspondente, o prazo seria decadencial e não prescricional, porque a aplicação de penalidade faz parte do direito potestativo do empregador, não sendo um direito obrigacional — distinção clássica brasileira entre a prescrição e a decadência realizada por Agnelo Amorim Filho.[(350)]

Esses são os prazos atuais, pois, de junho de 2008 a junho de 2013, a prescrição da ação para contestar a extinção do contrato de trabalho foi gradualmente passando de 30 para 2 anos, e a ação para pagamento de salários foi brutalmente reduzida de 5 para 3 anos. As razões para essa mudança são encontradas em uma demanda recorrente dos empregadores por redução dos prazos de prescrição[(351)], em razão da necessidade de segurança jurídica para o devedor, necessária à organização do trabalho. Mas há outro fundamento: o instituto da prescrição tem por foco a capacidade de esquecer, que também deve estar inserida na lei. Embora essas razões sejam mencionadas para a existência da prescrição e a redução de seus prazos, o fato foi duramente criticado por violar o art. 6º, § 1º, da Convenção Europeia de Proteção aos Direitos dos Homens.[(352)] Em 2017, as chamadas ordenanças de Macron reduziram ainda mais esses prazos. O prazo para reivindicar direitos referentes à execução do contrato do trabalho passou para dois anos, contados da data em que o empregado tem ciência da infração, e o prazo para

---

(349) SAISIRPRUDHOMMES. *Les délais de prescription en droit du travail*. Disponível em: <https://www.saisirprudhommes.com/fiches-prudhommes/procedure-saisine-prudhommes/les-delais-de-prescription>. Acesso em: 10 jul. 2020.

(350) Cf. AMORIM FILHO, Agnelo. Critério científico para distinguir a prescrição da decadência e para identificar as ações imprescritíveis. *Revista de Direito Processual Civil*, São Paulo, v. 2, n. 3, p. 95-132, jan./jun. 1961.

(351) POIRIER, Mireille. Éviter le couperet de la prescription, après la loi du 14 juin 2013 relative à la sécurisation de l'emploi. *Le Droit Ouvrier*, Bordeaux, n. 788, mars 2014, p. 182. Disponível em: <file:///C:/Users/I170500/AppData/Local/Temp/201403_doctrine_poirier.pdf>. Acesso em: 11 jul. 2020.

(352) *Ibidem*, p. 183.

questionar o fim do contrato passou a ser de doze meses a contar da notificação da extinção contratual (L. 1471-1 do Código do Trabalho, a partir de 23 de setembro de 2017).[353] A reivindicação decorrente de discriminação tem prazo de cinco anos, e a do dano praticado ou agravado contra a saúde do trabalhador tem prazo decenal.[354]

Embora as normas jurídicas francesas mencionem sempre a prescrição da ação, a doutrina trabalhista usa o termo "extinção da ação" (Jean Pelissier, Alain Supiot, Antoine Jeammaud)[355], do direito (Josserand, Marnière, Janke & Likari)[356] ou de ambos (Poirier Mireille)[357], mas não mencionam a pretensão. Isso demonstra como o instituto é complexo também no direito estrangeiro.

A matéria da prescrição emancipou-se do Direito Civil e obteve regulamentação própria no Código do Trabalho. O regramento do sistema prescricional trabalhista francês foi construído segundo uma lógica constante de encurtamento de prazos desde a Lei de Segurança do Trabalho (Lei n. 504, de 14 de junho de 2013). Na prática, o prazo de prescrição é uma questão importante para o trabalhador, quer se trate de determinar o regime aplicável à ação ajuizada, quer se trate de encontrar o início do prazo. À luz de diversas decisões proferidas em 30 de junho de 2021, o Tribunal de Cassação fornece respostas valiosas sobre o prazo de prescrição da ação movida pelo empregado, dependendo da natureza do pedido invocado (Soc. 30 juin 2021, FS-B, n. 18-23.932; Soc. 30 juin 2021, FS-B, n. 19-10.161; Soc. 30 juin 2021, FS-B, n. 19-14.543; Soc. 30 juin 2021, FS-B, n. 19-16.655; Soc. 30 juin 2021, FS-B, n. 20-12.960).[358]

É raro o Tribunal de Cassação decidir sobre o prazo de prescrição aplicável à discriminação. As poucas decisões mencionadas no Código do Trabalho são

---

(353) LÉGIFRANCE. *Code du travail*. Disponível em: <www.legifrance.gouv.fr>. Acesso em: 18 nov. 2021.

(354) SOCIÉTÉ D'AVOCATS. *Actance*. Ordonnance Macron: Impact sur les délais de prescription des actions portant sur l'exécution et la rupture du contrat de travail. Actualité législative ou réglementaire. 28 set. 2017. Disponível em: <https://www.actanceavocats.com/actualites/actualite-legislative-ou-reglementaire/ordonnance-macron-:-impact-sur-les-delais-de-prescription-des-actions-portant-sur-lexecution-et-la-rupture-du-contrat-de-travail-35>. Acesso em : 18 nov. 2021.

(355) PÉLISSIER, Jean ; SUPIOT, Alain ; JEAMMAUD, Antoine. *Droit du travail*. 21. Ed. Paris: Dalloz, 2002. P. 1139.

(356) CHAMONE, Marcelo Azevedo. *Prescrição e decadência*: proposta de definição e identificação dos institutos a partir de uma perspectiva histórica comparada. 2019. Tese de Doutorado em Direito. Pontifícia Universidade Católica de São Paulo, São Paulo, p. 114-116.

(357) POIRIER, Mireille. Éviter le couperet de la prescription, après la loi du 14 juin 2013 relative à la sécurisation de l'emploi. *Le Droit Ouvrier*, Bordeaux, n. 788, mars 2014, p. 187. Disponível em : <file:///C:/Users/I170500/AppData/Local/Temp/201403_doctrine_poirier.pdf>. Acesso em: 11 jul. 2020.

(358) COUËDEL, Clément. Régime de la prescription selon la nature de la créance invoquée: précisions. *DAlloz*: Actualité le quotidien du travail, éd. 20 juil. 2021. Disponível em: <https://www.dalloz-actualite.fr/flash/regime-de-prescription-selon-nature-de-creance-invoquee-precisions#.YP6PZKFv_cc>. Acesso em: 26 jul 2021.

anteriores à reforma dos prazos de prescrição decorrente da lei de 17 de junho de 2008. Na época, atos de discriminação beneficiavam-se do prazo de prescrição de trinta anos de acordo com o direito comum (Soc. 15 de março de 2005, n. 02-43.560, D. 2005.1053). Esse formato permitiu avaliar a discriminação ao longo do tempo, o que se revelou muito útil no estabelecimento de discriminações relacionadas com a progressão na carreira. A Câmara Social tinha permitido que um juiz pudesse avaliar a realidade da discriminação sofrida durante o período não prescrito, fazendo comparações com outros trabalhadores contratados em condições idênticas e com qualificação idêntica às do interessado, mas a reforma de 2008 reduziu esse prazo para cinco anos. Às vezes, a não promoção em ato único dificulta a configuração da discriminação, mas a ausência de promoção em vários atos seguidos, deixando o trabalhador estagnado, é mais fácil de ser identificada. Ocorre que o início do prazo prescricional será fixado conforme a chamada data em que se revela a discriminação. Uma decisão inédita da Câmara Social de 22 de março de 2007 (*arrêt* n. 05-45.163 NP) esclareceu o significado do termo "revelação": não é apenas a data em que o trabalhador tomou conhecimento dos fatos discriminatórios, mas é a data em que ele "soube exatamente" o dano relacionado à discriminação sofrida — ciência inequívoca do dano.[359]

A Câmara Social previu que o empregado pode pedir horas extras decorrentes da invalidade dos contratos a preço fixo no prazo de três anos (*arrêt* n. 18-23.932). O mesmo prazo trienal é aplicável ao pleito da reclassificação do contrato como tempo integral porque se trata de uma ação que visa ao pagamento de salários — nesse caso, não se aplica o prazo de dois anos para a execução do contrato (art. L. 3245-1 do Código do Trabalho, *arrêt* n. 19-10.161). É também de três anos, e não de dois, o prazo para discutir os direitos inerentes a uma "caderneta de poupança de tempo" adquirida em razão do trabalho, e ela tem natureza salarial (*arrêt* n. 19-14.543).[360]

O caso dos contratos de cessão, e as sucessões desses contratos, é outro exemplo em que o Tribunal de Cassação utiliza o prazo do fim do último contrato irregular, mas seus efeitos contam-se desde o primeiro dia de trabalho (art. L. 1251-40 do Código do Trabalho). Sob a influência do direito comum, que tem prazo quinquenal, a Câmara Social consolidou a jurisprudência para fixar que, se a empresa utiliza múltiplos contratos a prazo para o preenchimento de um posto de trabalho vinculado à atividade permanente da empresa, a prescrição quinquenal

---

(359) PEYRONNET, Marie. Absence de prescription des discriminations continuant à produire leurs effets. *Dalloz*: Actualité le quotidien du travail, 28 avr. 2021. Disponível em: <https://www.dalloz-actualite.fr/flash/absence-de-prescription-des-discriminations-continuant-produire-leurs-effets#.YP6PZ6Fv_cc>. Acesso em: 26 jul. 2021.

(360) COUËDEL, Clément. Régime de la prescription selon la nature de la créance invoquée: précisions. *Dalloz*: Actualité le quotidien du travail, éd. 20 juil. 2021. Disponível em: <https://www.dalloz-actualite.fr/flash/regime-de-prescription-selon-nature-de-creance-invoquee-precisions#.YP6PZKFv_cc>. Acesso em: 26 jul. 2021.

será contada da notificação do fim do último contrato (*arrêt* n. 19-16.655). O prêmio ou bônus por antiguidade tem prescrição fixada de cinco anos, porque nesse caso resultou em uma discriminação por idade em razão do descumprimento do acordo coletivo (*arrêt* n. 17-16.642). Já a discriminação salarial com base na igualdade de tratamento, equiparação salarial, tem prazo prescricional de três anos (art. L. 3245-1 do Código do Trabalho, *arrêt* n. 17-31.295).[361]

Como se pode observar, a França tem uma extensa regulamentação dos prazos prescricionais. A aplicação da legislação gera muitas dúvidas. Tal qual no Brasil, essas dúvidas são debatidas pelos Tribunais, complementando-se a legislação com a jurisprudência a partir dos casos paradigmáticos que se apresentam nas demandas trabalhistas.

3.1.3. Alemanha

Este texto é fruto do esforço feito para entender o conceito de prescrição no direito alemão, tão importante ante o afastamento do direito pátrio da doutrina ítalo-francesa, que marcou a história do instituto no Brasil. Embora haja uma aproximação de ideias, verifica-se que se trata, na verdade, do resultado do desenvolvimento da ciência processual, com a separação dos conceitos de ação e de pretensão, e não propriamente da utilização do instituto da prescrição na Alemanha.

Como instituto do direito civil, a prescrição alemã passou por uma mudança legislativa em 2002, decorrente da chamada reforma mais abrangente que o Código Civil de 1900 já sofreu. A reforma do Código Civil alemão de 2002 teve por fundamento a internalização de diretivas da UE quanto ao direito do consumidor. Essa era a ideia inicial, mas foi ampliada. O Ministério da Justiça alemão aproveitou-se dessa força motriz para realizar uma reforma legislativa mais ampla e inovadora, abrangendo não só o direito do consumidor, mas também o instituto da prescrição, das obrigações circunscritas à execução e à inexecução dos contratos, à venda de bens e de serviços, bem como ao contrato de prestação de serviços.[362]

É importante examinar um pouco o Código Civil alemão de 1900. Essa codificação foi influenciada pelos pandectistas e passou pelo lapso de 22 (vinte e dois) anos de debates antes de ser promulgada (de 1874 a 1896). O BGB de 1900 teve um alto nível de abstração, sobrevivendo ao império alemão, ao regime nazista, até chegar à República Federal da Alemanha, sendo alterado apenas em 2002.[363]

---

(361) COUËDEL, Clément. Régime de la prescription selon la nature de la créance invoquée: précisions. *Dalloz*: Actualité le quotidien du travail, éd. 20 juil. 2021. Disponível em: <https://www.dalloz-actualite.fr/flash/regime-de-prescription-selon-nature-de-creance-invoquee-precisions#.YP6PZKFv_cc>. Acesso em: 26 jul. 2021.

(362) CANARIS, Claus-Wilhelm. O novo direito das obrigações na Alemanha. *Revista da EMERJ*, Rio de Janeiro, v. 7, n. 27, 2004, p. 108.

(363) NORDMEIER, Carl Friedrich. O novo direito das obrigações no Código Civil alemão: a reforma de 2002. *Revista Cadernos do Programa de Pós-Graduação em Direito PPGDir/UFRGS*, Porto Alegre, n. 1,

Antes de 1900, o direito privado alemão era construído muito mais sobre os costumes, com predomínio da tradição oral e a utilização de juízes leigos escolhidos entre as pessoas mais experientes da localidade. No final do século XIII, estudantes alemães foram estudar nas universidades italianas, em busca do título de *doctor iuris*; ao retornarem à Alemanha, iniciaram um processo de internalização do direito romano, com a fundação de várias escolas. Essa disseminação foi mais intensa no século XV, por ser a Alemanha dividida em vários principados sob uma monarquia centralizada. Nessa época, houve uma modificação da composição da Corte de Julgamento: a metade dos juízes deveria ser formada em Direito e a outra metade, oriunda da classe dos cavaleiros, se possível, deveria ter conhecimento do direito. Do século XVI ao XIX, havia uma regra segundo a qual a dúvida dos juízes sobre os conflitos contidos nos autos importaria na remessa dos autos às Cortes Superiores próximas ou a uma pessoa com conhecimento técnico do direito. Isso possibilitou a continuação de um modelo de análise jurídica fundada em textos romanos, que só foi alterada com o BGB de 1900. Como o direito romano era escrito e o alemão era predominantemente oral, as decisões proferidas pelos juízes da época foram influenciadas pelo estudo do direito romano nas escolas jurídicas.(364)

O BGB de 1900, que tanto marcou o direito alemão, recebeu a denominação de "Era da Codificação", pois estimava-se que o direito alemão seria um farol para o direito europeu.(365) Porém, a reforma de 2002 revelou alterações substanciais no direito civil alemão, em especial quanto ao direito das obrigações, com o abandono do ideário pandectista decorrente dos estudos do direito romano.(366) A comissão composta para a reforma teve por inspiração a *United Nations Convention on Contracts for the International Sale of Goods* (CISG) — convenção sobre contratos de compra e venda internacional de mercadorias —, mas também as diretivas europeias sobre contratos de compra e venda, comércio eletrônico no mercado interno, abuso de pagamento nas transações comerciais, vendas de bens de consumo e as garantias referentes a essa venda e, por fim, a jurisprudência, numa tentativa de aproximar a lei da realidade.(367)

2004, p. 203-204. Disponível em: <http://seer.ufrgs.br/index.php/ppgdir/article/view/43502/27380>. Acesso em: 7 abr. 2020.

(364) FACCHINI NETO, Eugênio; HAEBERLIN, Mártin P. O estilo jurídico alemão. *Revista Ajuris*, Porto Alegre, v. 41, n. 133, mar. 2014, p. 251-260.

(365) COSTA FILHO, Venceslau Tavares. Sobre a prescrição e a boa-fé no exercício da pretensão executiva: breves reflexões a partir da reforma do direito obrigacional alemão. *In*: BASTOS, Antonio Adonias de Aguiar; DIDIER JR., Fredie; CUNHA, Leonardo Carneiro da (org.). *Execução e cautelar*: estudos em homenagem a José de Moura Rocha. Salvador: Juspodivm, 2012. cap. XXXII, p. 603.

(366) NORDMEIER, Carl Friedrich. O novo direito das obrigações no Código Civil alemão: a reforma de 2002. *Revista Cadernos do Programa de Pós-Graduação em Direito PPGDir/UFRGS*, Porto Alegre, n. 1, 2004, p. 204-205. Disponível em: <http://seer.ufrgs.br/index.php/ppgdir/article/view/43502/27380>. Acesso em: 7 abr. 2020.

(367) NORDMEIER, Carl Friedrich. O novo direito das obrigações no Código Civil alemão: a reforma de 2002. *Revista Cadernos do Programa de Pós-Graduação em Direito PPGDir/UFRGS*, Porto Alegre, n. 1,

Retomando o instituto da prescrição, o BGB de 1900 previa prazos distintos para cada situação jurídica — entre 6 (seis) semanas e 30 (trinta) anos —, o que gerou a necessidade de harmonização e de simplificação do texto, o que foi realizado pela reforma de 2002.(368)

A prescrição (*Verjährung*), ou o estatuto da limitação, tem previsão normativa atual a partir da seção 194 do BGB, que prevê um prazo para o direito de exigir que alguém faça ou se abstenha de fazer algo, mas excetua do instituto as relações familiares, na medida em que visem estabelecer a condição correspondente ao relacionamento para o futuro ou consentir em um exame genético para esclarecer a ancestralidade biológica.

Atualmente há três prazos prescricionais em vigor no Código Civil alemão — *Bürgerliches Gesetzbuch* (BGB)(369): o prazo genérico de 3 (três) anos da seção 195 do BGB para as reivindicações decorrentes de relações contratuais; o prazo específico de 10 (dez) anos da seção 196 do BGB para as reivindicações por transferência de propriedade ou estabelecimento, e cancelamento de direitos inerentes; o prazo de 30 (trinta) anos para as reivindicações decorrentes de danos praticados com dolo contra a vida, os membros do corpo humano, a saúde, a liberdade ou a autodeterminação sexual, e de devolução de propriedade, de outros direitos reais, de processos de insolvência e das custas, entre outros — seção 197 do BGB.

É interessante observar que o início do prazo prescricional é regulamentado pela seção 199 (parágrafo 1º) do BGB, fixando o final do ano em que a reivindicação surgiu ou do ano em que o beneficiário obtém conhecimento das circunstâncias que deram origem à reivindicação e da identidade do devedor, ou teria obtido esse conhecimento se não tivesse demonstrado negligência grave. Quanto aos danos à vida, à saúde, à liberdade, aos membros ou à autodeterminação sexual, a contagem do prazo inicia-se na data em que o ato foi praticado ou o direito foi violado, ou do evento gerador do dano, não dependendo de negligência por erro grosseiro no conhecimento do nascimento da lesão. Se a reivindicação for de tolerância, a data da violação de tal obrigação substitui a data em que a reivindicação surgiu. São esses os prazos das reivindicações mais importantes para o direito do trabalho, fixados pelo Código Civil alemão (BGB).

O sistema alemão mescla o chamado sistema subjetivo com o objetivo de fixação de prazos. No sistema adotado, o objetivo é a contagem de prazo a partir da lesão, para as lesões ou danos praticados contra a vida e a saúde,

2004, p. 204-205. Disponível em: <http://seer.ufrgs.br/index.php/ppgdir/article/view/43502/27380>. Acesso em: 7 abr. 2020. p. 206-208.

(368) *Ibidem*, p. 218.

(369) BUNDESMINISTERIUM DER JUSTIZ UND FÜR VERBRAUCHERSCHUTZ. Bundesamt für Justiz. *Bürgerliches Gesetzbuch (BGB)*. Disponível em: <https://www.gesetze-im-internet.de>. Acesso em: 5 abr. 2020.

e dos prazos decorrentes de reivindicação ligada a problemas contratuais, entre os quais os relativos ao contrato de trabalho. O sistema subjetivo pressupõe o conhecimento do sujeito no nascimento do seu direito de reivindicação. No caso do sistema alemão, essa contagem ocorre um ano após esse nascimento, que é o caso das violações decorrentes dos contratos. Para conter o elastecimento do lapso, o Código Civil alemão fixou como regra de contenção a impossibilidade de erro grosseiro ou de dúvida grosseira quanto à suposição do dia de nascimento do direito, porque já confere ao sujeito um ano para o início dessa contagem, evitando problemas decorrentes desse tipo de alegação.[370]

O Direito do Trabalho alemão é uma área jurídica autônoma, como o brasileiro, com princípios e fontes, tendo a Lei Fundamental (*Grundgesetz*) como base do sistema. As principais fontes são as leis federais, as convenções coletivas, os acordos de empresas, os contratos individuais de trabalho e a jurisprudência. Diferentemente do direito pátrio, as normas trabalhistas alemãs não se encontram reunidas em uma codificação ou consolidação, o que dificulta o estudo do direito comparado.[371] Em 1º de abril de 2017, a seção 611-A foi incluída no BGB: prevendo pela primeira vez o contrato de trabalho como um contrato típico, o legislador positivou os precedentes das cortes nesse artigo.[372] Como se pode observar, além das diversas leis esparsas, o Direito do Trabalho alemão tem no Código Civil também parte de sua fonte básica, que vai sendo especificada pelas leis esparsas. A disciplina geral dos contratos civis na Alemanha também é fonte de validade do contrato de trabalho como contrato típico civil, além das negociações individuais contratuais.

As pretensões decorrentes das obrigações do contrato de trabalho seguem o prazo de três anos da seção 195 do BGB, aplica-se esse prazo às reivindicações contratuais e extracontratuais do empregado e do empregador.

As reivindicações por danos à vida, aos membros, à saúde ou à liberdade, independentemente de sua origem e de seu conhecimento, ou da ignorância grosseiramente negligente, estão sujeitas ao prazo de 30 anos da prática do ato, da quebra de dever ou de outro evento que desencadeou o dano (seção 199, § 2º,

---

(370) NORDMEIER, Carl Friedrich. O novo direito das obrigações no Código Civil alemão: a reforma de 2002. *In*: *Revista Cadernos do Programa de Pós-Graduação em Direito PPGDir/UFRGS*, Porto Alegre, n. 1, 2004, p. 217-219. Disponível em: <http://seer.ufrgs.br/index.php/ppgdir/article/view/43502/27380>. Acesso em: 7 abr. 2020.

(371) PALO NETO, Vito; KERNER, Christian. A influência do processo civil alemão em relação ao processo judicial do trabalho. *In*: TOLEDO FILHO, Manoel Carlos (coord.); GIORDANI, Francisco Alberto da Mota (org.). *Estudos jurídicos 2017*: os impactos do novo CPC no processo do trabalho na perspectiva do direito comparado. Campinas: Escola Judicial do TRT15, 2017. p. 13-14.

(372) CUNHA, Leonardo Stocker Pereira. Breve introdução ao direito do trabalho alemão: art. 611a do BGB e direitos do empregado. *LABUTA*: Laboratório UERJ de trabalho e previdência, 4 mar. 2020. Disponível em: <https://uerjlabuta.com/2020/03/04/breve-introducao-ao-direito-do-trabalho-alemao-artigo-611a-do-bgb-e-direitos-do-empregado/>. Acesso em: 4 jul. 2020.

do BGB). Para reivindicações por danos que não se baseiam em danos à vida, aos membros, à saúde ou à liberdade, também há um período de limitação absoluto de 10 anos, independentemente do conhecimento ou da ignorância grosseira e negligente de sua ocorrência.[373]

O prazo de prescrição começa a correr no final do ano em que a reclamação surgiu e em que o credor tomou conhecimento das circunstâncias subjacentes à reclamação ou à pessoa do devedor, ou deveria tê-lo obtido sem negligência grave. De acordo com a seção 199, §§ 2º e 3º do BGB, o prazo para reclamações por danos começa com o início do ato, considerado como a quebra de dever ou outro evento que desencadeie o dano. Já o prazo de dez anos para indenizações que não envolvam a vida, os membros, a saúde ou a liberdade começa com o surgimento da reclamação, independentemente de conhecimento ou de ignorância grosseira. Por fim, os prazos mais longos (30 anos), de acordo com a seção 200, parágrafo 1º, do BGB, começam quando a reclamação surgir, a menos que outro período de limitação seja determinado. Uma interrupção do prazo de prescrição (novo começo) ocorre apenas no caso de atos de reconhecimento ou de execução; todos os outros atos do credor ou do devedor apenas levam à limitação dos prazos de prescrição.[374]

Há decisões dos tribunais alemães impedindo que as partes negociem cláusulas que fixem uma abstenção de reivindicação — *anspruch* (renúncia prévia à pretensão) — ou fixem um prazo de reivindicação menor que a lei (ZIP 2017, 2375, julgado pelo Tribunal de Segunda Instância de Nuremberg)[375], embora a

---

(373) HUEP, Tobias. *Verjährung/Arbeitsrecht.* Disponível em: https://www.haufe.de/personal/haufe-personal-office-platin/verjaehrung-arbeitsrecht_idesk_PI42323_HI727425.html. Acesso em: 29 jun. 2020.

(374) *Idem.*

(375) "ZIP 2017, 2375 (Lei do Salário Mínimo, Seção 2, Parágrafo 2, Seção 3; BGB, §§ 203, 307, 309). Efetividade de uma cláusula de exclusão que não isenta expressamente reivindicações de salário mínimo ao declarar compensação de horas extras e férias — Tribunal Regional do Trabalho de Nuremberg, sentença V. 9 de maio de 2017 — 09.05.2017. Princípios orientadores: 1. Uma cláusula geral de termos e condições que não reflete uma proibição legal é apenas ineficaz nessa extensão e não é transparente. Como as proibições legais podem ser geralmente reconhecidas, a cláusula contratual excessiva não pode ser causal para a decisão de abster-se de reivindicar uma reivindicação. 2. Se uma cláusula de termos e condições gerais violar uma proibição legal, uma verificação de adequação (§ 307, parágrafo 1º, cláusula 1ª, e parágrafo 2º, BGB) não deve ser realizada. A seção 307 do Código Civil alemão (BGB) exige uma verificação caso a caso em busca de 'desvantagem inadequada', enquanto essa verificação não é uma opção se a lei o proibir. 3. O pedido de compensação de férias não está sujeito ao regulamento do § 3 da lei do salário mínimo" (tradução livre). No original: *ZIP 2017, 2375. MiLoG § 2 Abs. 2, § 3; BGB, §§ 203, 307, 309 Wirksamkeit einer Mindestlohnansprüche nicht ausdrücklich ausnehmenden Ausschlussklausel bei Geltendmachung von Überstunden- und Urlaubsabgeltung LAG Nürnberg, Urt. v. 09.05.2017 — 7 Sa 560/16 (nicht rechtskräftig; ArbG Nürnberg) Leitsätze der Redaktion:1. Eine AGB-Klausel, die ein gesetzliches Verbot nicht wiedergibt, ist lediglich insoweit unwirksam und nicht intransparent. Da gesetzliche Verbote allgemein erkannt werden können, kann die überschießende vertragliche Klausel nicht kausal für die Entscheidung sein, von der Geltendmachung eines Anspruchs abzusehen.2. Verstößt*

seção 225, 2ª parte, do BGB permita a redução dos prazos prescricionais, salvo em matéria trabalhista.(376) É importante observar que nessas decisões, ao tratarem sobre períodos de exclusão ou corte (*Ausschlussfristen*), usam outro termo diferente do utilizado para a prescrição (*Verjährung*); por esse motivo, parece que os fenômenos regulados pelas leis alemãs são distintos.

Antes de examinar essa distinção, é importante explicar um pouco sobre a estrutura da Justiça do Trabalho alemã. A Justiça do Trabalho da Alemanha é concebida em três instâncias: no primeiro grau, estão os *Arbeitsgericht* (ArbG); no segundo grau de instância, encontram-se os *Landesararbeitsgericht* (LAG); no terceito grau, o chamado Tribunal Federal do Trabalho — *Bundesarbeitsgericht* (BAG). Em geral, as leis alemães utilizam um procedimento de conciliação prévio, sendo os conflitos coletivos resolvidos pela conciliação ou arbitragem.(377) Essas negociações prévias marcam a base do direito alemão, como se pode observar nos julgamentos, sendo modulados os excessos pelos juízes.

O Tribunal Federal alemão (BAG) decidiu (*Az 5 AZR, Urteil vom 24.08.2016*) que todas as reivindicações mútuas decorrentes da relação de emprego e aquelas conexas com a relação de emprego serão extintas se não forem feitas por escrito à outra parte contratante dentro de três meses após a data de vencimento. Isso também se aplica a reivindicações que surgem durante a relação de emprego. Se a outra parte rejeitar a reivindicação ou não a declarar dentro de duas semanas após a afirmação, ela expirará; o mesmo acontece se não for declarada em tribunal dentro de três meses após a rejeição ou o prazo expirado. Reivindicações com o salário mínimo expiram se não forem declaradas por escrito dentro de doze meses a partir da data de vencimento.(378)

---

eine AGB-Klausel gegen ein gesetzliches Verbot, ist eine Angemessenheitsprüfung (§ 307 Abs. 1 Satz 1 und Abs. 2 BGB) nicht durchzuführen. § 307 BGB erfordert eine Einzelfallprüfung auf eine „unangemessene Benachteiligung", während eine solche Prüfung bei einem gesetzlichen Verbot nicht in Betracht kommt.3. Der Anspruch auf Urlaubsabgeltung unterliegt nicht der Regelung des § 3 MiLoG. (ZIPONLINE. ZIP 2017, 2375. Zeitschrift fur *Wirtschaftsrecht*. Disponível em: <https://www.zip-online.de/heft-49-2017/zip-2017-2375-wirksamkeit-einer-mindestlohnansprueche-nicht-ausdruecklich-ausnehmenden-ausschlussklausel-bei-geltendmachung/>. Acesso em: 4 jul. 2020).

(376) ALVES, Vilson Rodrigues. *Da prescrição e da decadência no novo Código Civil*. Campinas: Bookseller, 2003. p. 502.

(377) SANTOS, Enoque Ribeiro dos; HAJEL FILHO, Ricardo Antonio Bittar. *Curso de direito processual do trabalho*. 3. ed. rev., ampl. e atual. São Paulo: Atlas, 2019. p. 20.

(378) No original: "*(1) Alle beiderseitigen Ansprüche aus dem Arbeitsverhältnis und solche, die mit dem Arbeitsverhältnis in Verbindung stehen, verfallen, wenn sie nicht innerhalb von drei Monaten nach der Fälligkeit gegenüber der anderen Vertragspartei schriftlich erhoben werden. Dies gilt auch für Ansprüche, die während des bestehenden Arbeitsverhältnisses entstehen. (2) Lehnt die Gegenpartei den Anspruch ab oder erklärt sie sich nicht innerhalb von zwei Wochen nach der Geltendmachung des Anspruches, so verfällt dieser, wenn er nicht innerhalb von drei Monaten nach der Ablehnung oder dem Fristablauf gerichtlich geltend gemacht wird.*" (KANZLEIK§TZ. *Mindestentgelt — Ausschlussfristen*. BAG, Az.: 5 AZR, Urteil vom 24.08.2016. Disponível em: <https://www.arbeitsrechtsiegen.de/artikel/mindestentgelt-ausschlussfristen/>. Acesso em: 4 jul. 2020).

Aparentemente, trata-se de uma tentativa de fixação prévia ou de transparência contratual entre as partes a fim de tentar resolver o conflito antes mesmo de se procurar o Poder Judiciário, porque há uma cultura segundo a qual se tenta resolver inicialmente os problemas no âmbito privado, por meio de uma troca de cartas entre os advogados. Nesse caso, esses períodos de corte ou de exclusão fazem sentido, se entregues à deliberação da autonomia da vontade das partes, sendo modulados pelo Poder Judiciário para controlar apenas os excessos. Não se consegue afirmar com uma certeza translúcida que esta pesquisa impõe, mas essa regulamentação aparenta ser própria do instituto da decadência, mas também pode ser um efeito da cultura jurídica alemã, que enxerga o instituto da prescrição na área trabalhista como objeto de negociação entre as partes, dentro de uma margem de tempo razoável.

Quando se afirma que essa forma de agir assemelha-se à decadência, enxerga-se o direito alemão à luz do direito pátrio, em que a distinção dos institutos tem relação com o direito potestativo e obrigacional.(379) Os prazos de corte ou de exclusão são inseridos em direitos obrigacionais, mas, nesse caso, não se consegue transladar a inovação alemã para a realidade brasileira. Como os estudos de direito comparado sugerem cautela e um olhar aberto para as novidades e os modos distintos de se regulamentar um instituto, a despeito de duas possíveis interpretações, verifica-se que o período de corte — tradução literal — pode ser modulado pelas partes, segundo critérios mínimos fixados pela jurisprudência alemã.

Outra decisão do BAG, de 28 de setembro de 2017 (BAG 28.9.2017 NZA 2018, 589 marginal n. 70),(380) também modulou o período de corte, controlando o conteúdo de termos contratuais pré-formulados quanto a termos e condições para limitação de responsabilidade para pagamento de comissões pactuadas oralmente entre empregado e empregador e um empréstimo chamado autônomo, relacionado com o contrato de trabalho.

Analisando a tradução da cláusula contratual debatida no Judiciário alemão e contida na íntegra do julgamento, verifica-se que esse período, chamado período de corte, na realidade, não é nem de prescrição, nem de decadência; é antes de previsão de um lapso pactuado para as partes resolverem entre si, por meio de negociação, o conflito que surge de um contrato fixando um prazo interruptivo da prescrição; por isso, há uma certa liberdade para a elaboração da cláusula contratual e uma modulação do prazo razoável pelo Poder Judiciário (os três meses) ou uma decisão de não aplicação desse prazo. Essa tradução aproxima o instituto de

---

(379) AMORIM FILHO, Agnelo. Critério científico para distinguir a prescrição da decadência e para identificar as ações imprescritíveis. *Revista de Direito Processual Civil*, São Paulo, v. 2, n. 3, p. 95-132, jan./jun. 1961.

(380) DEJURE.ORG. *BAG 28.9.2017*. Disponível em: <https://dejure.org/dienste/vernetzung/rechtsprechung?Gericht=BAG&Datum=28.09.2017&Aktenzeichen=8%20AZR%2067%2F15>. Acesso em: 25 jul. 2020.

sua essência, quando as regras são previstas eminentemente pelo Estado e no interesse público. Mas o termo *Verjährung* é traduzido como período de exclusão, e o termo *Ausschlussfrist*, como período de corte. Essas traduções literais não são exatamente as traduções jurídicas, porém o inteiro teor dos julgamentos indica que as partes podem propor um período para a negociação ou para a reivindicação do direito. Esse período será um corte dentro do prazo prescricional, uma interrupção; a partir de seu fim, o prazo prescricional tem seu início. Daí toda a preocupação do Poder Judiciário alemão para manter esse "corte", essa interrupção, dentro do prazo razoável de três meses.(381)

3.1.4. Colômbia

A doutrina colombiana, por meio de Hinestrosa, entendeu a prescrição como um fenômeno de índole notadamente processual, como mera preclusão de oportunidade, cuja declaração gera efeitos extintivos da ação.(382) A Colômbia, importante país da América Latina, também adotou a doutrina ítalo-francesa. Os textos encontrados referem-se à extinção do direito subjetivo, sendo a ação judicial um meio válido para fazer valer esse direito. A prescrição extingue o direito do credor que "*obra en juicio*" e o ato de dever, para o sujeito passivo da obrigação (devedor), por meio da exceção suscitada no processo, ainda que sem utilizar "*palavras sacramentales*" (Casación, 30 de agosto de 1920, XXVIII, I 59).(383)

---

(381) No original: "*§ 13 Ausschlussfristen: (1) Alle beiderseitigen Ansprüche aus dem Arbeitsverhältnis und solche, die mit dem Arbeitsverhältnis in Verbindung stehen, verfallen, wenn sie nicht innerhalb von drei Monaten nach der Fälligkeit gegenüber der anderen Vertragspartei schriftlich erhoben werden. Die Nichteinhaltung dieser Ausschlussfrist führt zum Verlust des Anspruchs. (2) Lehnt die Gegenpartei den Anspruch ab oder erklärt sie sich nicht innerhalb von zwei Wochen nach der Geltendmachung des Anspruchs, so verfällt dieser, wenn er nicht innerhalb von drei Monaten nach der Ablehnung oder dem Fristablauf gerichtlich geltend gemacht wird. Die Nichteinhaltung dieser Ausschlussfrist führt zum Verlust des Anspruchs. (3) Die Ausschlussfristen der Absätze 1 und 2 gelten nicht für Ansprüche wegen Verletzung des Lebens, des Körpers oder der Gesundheit und ebenfalls nicht bei vorsätzlichen Pflichtverletzungen*". Tradução livre: "§ 13 períodos limite: (1) Todas as reivindicações mútuas decorrentes da relação de trabalho e aquelas relacionadas à relação de trabalho caducarão se não forem feitas por escrito à outra parte contratante dentro de três meses após a data de vencimento. O não cumprimento desse período de interrupção resultará na perda do direito. (2) Se a contraparte rejeitar a reivindicação ou não a declarar dentro de duas semanas após a reivindicação ter sido feita, ela expirará se não for declarada em juízo dentro de três meses após a rejeição ou a expiração do prazo. O não cumprimento desse período de interrupção resultará na perda do direito. (3) Os períodos de exclusão dos parágrafos 1 e 2 não se aplicam a reivindicações por danos à vida, a membros ou à saúde e também não no caso de violação voluntária do dever" (IWW-Institute. *Bundesarbeitsgericht: Urteil vom 28.09.2017 — 8 AZR 67/15*. 07.03.2018. IWW-Abrufnummer 200006. Disponível em: <https://www.iww.de/quellenmaterial/id/200006>. Acesso em: 25 jul. 2020).

(382) HINESTROSA, Fernando. *La prescripción extintiva*. Bogotá: Universidad Externado de Colombia, 2001. p. 61-62.

(383) *Ibidem*, p. 99-103.

O ordenamento jurídico colombiano utilizou por trinta anos a Lei n. 105/1931 — denominada Código Judicial —, prevendo que a parte teria que alegar a prescrição (art. 343) até a intimação da sentença (art. 341), peça específica em que a prescrição seria reconhecida pelo juiz. A jurisprudência colombiana também fixou um prazo peremptório para a alegação da exceção de prescrição, que seria até a citação da sentença de arrematação ou do pregão para a venda dos bens (art. 1025).[384] A codificação que substituiu a lei de 1930, Decreto n. 1400/1970, com vigência em 1971, data da mesma época em que a codificação processual civil brasileira foi alterada. Observa-se que as datas do processo civil na Colômbia estão bem próximas das codificações brasileiras de 1939 e 1973, talvez em razão da evolução da ciência processual.

Na nova legislação colombiana, a alegação de prescrição foi deslocada para o momento da defesa (art. 92). Em 1989, o Decreto n. 2.282, no seu art. 1, número 46, retirou-a do elenco das exceções optativamente decididas previamente, julgando-a na sentença (art. 97). Porém, na execução, o prazo para suscitar a exceção de prescrição, como chamada na Colômbia, passou a ser de dez dias contados da notificação do mandado executivo de pagamento (art. 302). Quando o título executivo versar sobre uma condenação ou outra providência que implique a execução, a exceção de prescrição só poderá ser alegada se estiver baseada em fatos posteriores (art. 509).

O deslocamento da alegação da prescrição para a defesa foi criticada pela doutrina.[385] Não se permite a prescrição de ofício pelo juiz, embora ele possa extraí-la da defesa, sem a utilização expressa dessa expressão.[386] No entanto, no contencioso administrativo, realizado pelo Conselho do Estado da Colômbia, os juízes tendem a reconhecer a prescrição de ofício para os servidores públicos com fundamento no art. 164 do Código de Procedimento Administrativo (atualmente art. 187 da Lei n. 1.437/2011). A consolidação desse entendimento veio por meio da Sentença de 22 de janeiro de 2015 (*Sección Segunda, Subsección B del Consejo de Estado*, Exp: 08001233100020120038801). A Corte Suprema de Justiça, no entanto, decidiu que a prescrição de ofício inserida nos arts. 180 e 187 da Lei n. 1.437/2011 ofende o princípio da igualdade, implicando o reconhecimento pelo juiz de um direito não alegado pelos litigantes, ferindo a imparcialidade. Por isso, a prescrição de ofício não se aplica a direitos trabalhistas. Como há previsão no art. 282 do CPC colombiano, essa norma traz uma faculdade e não um dever para o juiz, sendo aplicável em outras áreas do direito. Por equivalência, essa doutrina entende que o Conselho de Estado deveria adequar-se à jurisprudência da Corte Suprema de Justiça.[387]

---

(384) HINESTROSA, Fernando. *La prescripción extintiva*. Bogotá: Universidad Externado de Colombia, 2001. p. 90.

(385) *Ibidem*, p. 91.

(386) *Ibidem*, p. 99.

(387) MARTÍNEZ PEREIRA, Joseph; MARTÍNEZ VÁSQUEZ, Juan Camilo; VANEGAS ARANGO, Juan Davi. *Prescrición oficiosa de los derechos laborales en la jurisdicción contencioso-administrativa*

Na área trabalhista, o Código Processual do Trabalho e da Seguridade Social (Decreto Legislativo n. 2.158/1948) previu, no seu art. 151, que as ações decorrentes das leis sociais prescrevem em três anos, contados da obrigação exigível; por meio de uma simples reclamação por escrito do trabalhador, recebida pelo patrão, a interrupção terá o mesmo prazo. O art. 118-A, adicionado pela Lei n. 712/2001, estabeleceu o prazo de dois meses para obrigações decorrentes do *fuero sindical*. O Código Substantivo do Trabalho (Lei n. 141/1961) também contém uma norma expressa (art. 488) com o prazo de três anos das obrigações exigíveis, trabalhistas, salvo as exceções especiais previstas no Código Processual do Trabalho e da Seguridade Social. A Sala de Cassação Laboral da Corte Suprema de Justiça decidiu que o prazo de três anos é contado a partir da sentença que declarou a relação de emprego, se ela é simulada ou foi declarada por sentença. Bonett Ortiz explica que, mesmo que a relação jurídica tenha começado 10 anos antes, não haverá prescrição das obrigações do empregador e correlativamente dos direitos do trabalhador.[(388)] O art. 489 do Código Substantivo do Trabalho repete a regra de interrupção prevista no Código Processual do Trabalho e da Seguridade Social.[(389)]

3.1.5. Estados Unidos da América

A título de uma breve contextualização do sistema trabalhista americano, que segue o *common law*, com exceção do Estado da Louisiana, em razão da influência francesa e do *civil law*,[(390)] cabe esclarecer que os EUA não têm um código unificado como a Consolidação das Leis do Trabalho, mas desde antes de sua independência possui leis trabalhistas em razão do pertencimento à Grã-Bretanha.[(391)]

Para se entender o sistema jurídico dos EUA, é necessário considerar seu federalismo. Todos os Estados passaram a ser soberanos após a independência e cederam apenas parte dessa soberania à União, permanecendo com leis e procedimentos distintos entre si, mesmo após o *New Deal*, que ampliou a competência legislativa da União. Há 51 sistemas jurídicos distintos, o nacional

---

colombiana: efectos a la luz del derecho a la igualdad, el principio de favorabilidad y el debido proceso. 2016. Maestría en Derecho Procesal — Faculdad de Derecho, Universidad de Medellín, Rio Negro, 2016. p. 152-156.

(388) BONETT ORTIZ, Samir Alberto. La prescrición en derecho laboral y seguridad social. *Revista del Instituto Colombiano de Derecho Procesal*, [*s.l.*], v. 36, n. 36, 2010. Disponível em: <http://dx.doi.org/10.32853/01232479.v36.n36.2010.68>. Acesso em: 3 nov. 2020, p. 2-3.

(389) COLÔMBIA. Senado. *Código Substantivo del Trabajo.* Disponível em: <http://www.secretariasenado.gov.co/senado/basedoc/codigo_sustantivo_trabajo.html>. Acesso em: 4 ago. 2021.

(390) FERNANDES, João Renda Leal. *O "mito EUA"*: um país sem direitos trabalhistas? Salvador: Juspodivm, 2021. p. 45.

(391) SANTOS, Enoque Ribeiro dos. *Fundamentos do direito coletivo do trabalho*: nos Estados Unidos da América, no Mercosul e a experiência brasileira. Rio de Janeiro: Lumen Juris, 2005. p. 1.

e cinquenta sistemas estaduais, todos de *common law*, interagindo de maneira complexa e hierarquicamente coordenada, salvo a Louisiana (Estado de *civil law*) — o que apenas ocorre por causa da autonomia legislativa estadual.(392)

As generalizações abrangentes sobre o sistema desse país correm o risco de ignorar a diversidade e o dinamismo histórico do pensamento americano. O pensamento político liberal foi influenciado por pensadores ingleses do século XVII, como Thomas Hobbes e John Locke, tendo por base o contrato social e um governo forte para mantê-lo. Os direitos são os limites para o governo e não garantias de proteção de liberdades ou de igualdade contra atores privados que operam na esfera socioeconômica. Além disso, os direitos são geralmente concebidos em termos negativos e não positivos. A maioria dos direitos constitucionais americanos protege "liberdade de" em vez de "liberdade para", vistos como aderentes a indivíduos, não a grupos. Geralmente, os direitos representam reivindicações feitas individualmente de um direito devido a alguém como indivíduo. Grupos, a menos que tenham personalidade jurídica ou *status* de classe, não são vistos como detentores de direitos.(393)

Os direitos são quase exclusivamente considerados como civis ou políticos. A Constituição dos EUA não contém os tipos de direitos sociais e econômicos que podem ser encontrados em muitas constituições. Os indivíduos como cidadãos são protegidos em suas capacidades civis, mas as pessoas não têm direitos sociais ou econômicos garantidos, nem a Constituição compromete o governo com políticas sociais ou econômicas para alcançar o tipo de sociedade em que os cidadãos podem florescer realisticamente.

Outro aspecto da política americana que afeta fortemente o funcionamento de seu sistema jurídico é o nacionalismo do país. Os direitos e as leis são baseados na tradição e na ordem política americanas únicas ou "excepcionais" e não nos direitos humanos universais ou no direito internacional. A Declaração Americana de Independência afirmou a existência de direitos inalienáveis, entre os quais a vida, a liberdade e a busca da felicidade. Essa afirmação tem grande influência retórica sobre a opinião popular americana, a autoimagem do país e os objetivos declarados do país em política externa. No entanto, a Declaração permanece limitada a um documento político sem força legal. Portanto, os direitos executórios em juízo nos EUA são direitos estabelecidos na Constituição ou em outras fontes da lei americana.(394)

O direito internacional tem influência na medida em que os EUA concordaram em ser limitados por ele. Apesar do papel ativo e poderoso desempenhado pelos

---

(392) COCHRAN III, Augustus Bonner. A brief and practical primer on the legal system of the United States of America. *Revista LTr*, São Paulo, v. 84, n. 7, jul. 2020, p. 783.
(393) COCHRAN III, Augustus Bonner. A brief and practical primer on the legal system of the United States of America. *Revista LTr*, São Paulo, v. 84, n. 7, jul. 2020, p. 784.
(394) *Ibidem*, p. 785.

EUA nos assuntos internacionais desde a Segunda Guerra Mundial, o país tem uma longa tradição de isolacionismo; mesmo comprometido com um papel internacional de destaque, a tendência de "evitar alianças enredadas" apoiou um certo ceticismo em relação à união com outras nações em tratados vinculativos. Os EUA ratificaram apenas quatorze das mais de cento e oitenta convenções da OIT e apenas duas de suas oito convenções fundamentais. Em 1988, o Senado adotou uma resolução para não ratificar nenhum tratado que exigisse uma mudança na lei doméstica dos EUA. Além disso, os EUA afirmam que não estão vinculados a convenções não ratificadas, embora a OIT sustente que os membros estão vinculados aos padrões da convenção em virtude de sua própria participação nessa organização. Mesmo que o direito internacional não vinculativo ou as leis de outras nações possam servir como precedentes persuasivos nos tribunais dos EUA, os juízes da Suprema Corte variam quanto à receptividade às normas legais de outros países. Os fundadores dos EUA dividiram os poderes políticos verticalmente, entre os governos nacional e regionais (estaduais), e horizontalmente, dentro do governo nacional: Congresso, Presidente e Suprema Corte são separados (sem sobreposição de pessoal), independentes (caminhos diferentes de recrutamento) e iguais (sem responsabilidade regular entre si, todos tirando sua autoridade da Constituição). Assim, é necessário um consenso entre todos os ramos para fazer políticas governamentais.(395)

É necessário um acordo porque, embora as ramificações sejam estruturalmente separadas, os freios e contrapesos resultam em sobreposição funcional. Os freios e contrapesos são poderes dados aos ramos para atuarem em várias esferas funcionais predominantemente ocupadas por outros ramos. O presidente tem o poder de vetar projetos de lei aprovados pelo Congresso e de emitir perdão às condenações realizadas pelos tribunais. A revisão judicial dá aos tribunais uma voz negativa na legislação e na administração, interferindo em ambas. Portanto, a autonomia estrutural que a separação de poderes parece criar redunda em interferência mútua devido à sobreposição funcional exigida pelos freios e contrapesos.(396)

A hierarquia das leis e a separação de poderes dão origem a diferentes tipos de regras legais, com diferentes processos de adoção. No topo da hierarquia, estão as emendas constitucionais.(397) Os estatutos, regras adotadas pelo Congresso ou pelas legislaturas estaduais, constituem a maior parte da lei legislativa comum. As Constituições especificam os procedimentos exigidos para a adoção dos estatutos, mas geralmente esse processo requer o voto afirmativo da maioria dos

---

(395) COCHRAN III, Augustus Bonner. A brief and practical primer on the legal system of the United States of America. *Revista LTr*, São Paulo, v. 84, n. 7, jul. 2020, p. 786-788.
(396) *Ibidem*, p. 789.
(397) COCHRAN III, Augustus Bonner. A brief and practical primer on the legal system of the United States of America. *Revista LTr*, São Paulo, v. 84, n. 7, jul. 2020, p. 789.

legisladores em ambas as casas da legislatura sob os procedimentos do devido processo e a assinatura (ou pelo menos a tolerância de um veto) pelo chefe executivo. As regras adotadas pelos órgãos legislativos dos governos locais são chamadas ordenanças.[398]

A Constituição americana tem apenas 27 emendas, e seu texto variou pouco, mas a interpretação dele ao longo dos anos mudou radicalmente. Os tribunais federais nos EUA têm o poder de revisão judicial de todas as leis, mas esse controle de constitucionalidade não está explicitamente autorizado na Constituição, resulta de uma decisão da própria Suprema Corte.[399]

Os tribunais são organizados por território e com hierarquia. Os cinquenta sistemas de tribunais estaduais assemelham-se aos tribunais nacionais, com pelo menos três níveis, complementados com vários tribunais locais e especializados. A principal diferença é que muitos juízes estaduais são eleitos ou selecionados por meio de processos que envolvem eleições populares, mas também são escolhidos por nomeações. Todos os juízes federais, por outro lado, são nomeados pelo Presidente e aprovados pelo voto da maioria do Senado por toda a vida.[400]

Existem alguns serviços especializados no sistema judicial federal (tribunais fiscais, militares, por exemplo), mas os tribunais primários são tribunais de jurisdição civil e criminal (organizados em três níveis). Os tribunais de jurisdição original, para a maioria das questões, são os tribunais distritais. Existem 94 tribunais distritais federais. Cada Estado tem ao menos um tribunal, mas os maiores podem ter mais. Por exemplo, a Geórgia, entre os estados maiores, possui três tribunais distritais para o norte, o sul e o centro da Geórgia[401] — nesse ponto, na área trabalhista brasileira, o Estado de São Paulo também tem dois Tribunais (Tribunal Regional do Trabalho da 2ª e da 15ª Região).

Os tribunais são compostos por um juiz técnico e um júri, composto geralmente por doze cidadãos comuns. Inicialmente é designado um magistrado para resolver as questões em audiências preliminares antes do julgamento ou para esclarecê-las. O papel dos julgamentos é determinar os fatos de uma disputa e aplicar a lei apropriada para resolver os problemas legais. O papel do juiz é garantir o procedimento próprio e aplicar a lei apropriada aos fatos. Em alguns casos, chamados julgamentos de banco, o juiz pode atuar como investigador de fatos, dispensando a necessidade e o custo de um júri.[402]

Há muito conflito entre tribunais envolvendo a competência para o julgamento, porque a fixação de um tribunal ou de outro pode modular o tipo de

---

(398) COCHRAN III, Augustus Bonner. A brief and practical primer on the legal system of the United States of America. *Revista LTr*, São Paulo, v. 84, n. 7, jul. 2020, p. 789.
(399) *Ibidem*, p. 789-790.
(400) *Ibidem*, p. 790.
(401) *Idem.*
(402) COCHRAN III, Augustus Bonner. A brief and practical primer on the legal system of the United States of America. *Revista LTr*, São Paulo, v. 84, n. 7, jul. 2020, p. 790.

justiça que se busca, pois há tribunais mais rígidos quanto aos procedimentos, mais inclinados a uma ou outra causa, há juízes mais imparciais que outros. Todos esses fatos confluem para uma forte disputa entre as partes. Ademais, a escolha do tribunal que julgará o caso também marca a norma aplicável, se haverá ou não intervenção de terceiros, afetando a natureza própria da disputa, ante a autonomia legislativa dos Estados americanos e as diversas formas de organização dos tribunais estaduais.[403] O Brasil passou por esse fenômeno antes do CPC de 1939, que unificou o processo para toda a federação brasileira, pois cada Estado tinha autonomia para legislar em processo civil, embora todos seguissem em grande parte o Regulamento 737/1850[404].

A prescrição denominada de *statute of limitation* nos EUA tem origem nas leis inglesas, remetendo ao *English Limitation Act* de 1623.[405] Os estatutos foram aprovados para limitar o tempo em que as ações devem ser apresentadas, objetivando a paz no reino e evitando problemas decorrentes de conflitos indeterminados no tempo de injúrias.[406] Para a doutrina estadunidense, o instituto da prescrição é procedimental, um tempo determinado para que uma pessoa busque a reparação de seu direito. Deixar de ajuizar a ação dentro do tempo legislativamente determinado faz com que a pessoa perca o direito de propor a reparação legal (*losing the ability to pursue legal redress of grievances*). Os estatutos servem para proteger o litigante e o sistema judicial de reivindicações obsoletas, pois o passar o tempo cria problemas quanto à obtenção da prova — memória defeituosa e morte de testemunhas, destruição e desaparecimento de documentos. Incorporam a lógica de que é injusto não avisar um adversário sobre uma reivindicação. Servem, assim, para proteger o réu e os tribunais, para que não lidem com casos em que a busca da verdade esteja seriamente prejudicada.[407]

Cada Estado tem sua norma, como explicitado, e seus prazos, não há um código ou consolidação das leis do trabalho como no Brasil, nem um único prazo para toda e qualquer matéria trabalhista. Além das leis esparsas federais, há leis

---

(403) SARAT, Austin; GROSSMAN, Joel B. Courts and conflict resolution: problems in the mobilization of adjudication. *The American Political Science Review*, [*s.l.*], v. 69, n. 4, dec. 1975, p. 1201-1202.

(404) GOMES, Camila de Magalhães. História do processo: perspectiva histórico-cultural do direito processual. *In*: ZAGANELLI, Margareth Vetis (coord.). *Estudos de história do processo.* Rio de Janeiro: Lumen Juris, 2009. p. 56-57.

(405) MULLENIX, Linda S. Suing on Borrowed Time: The Appropriate Statute of Limitations in Federal Civil Rights Cases: 3 Preview of Supreme Court Cases 75 (October 1988). *Public Law Research Paper*, Texas, n. 385, Oct. 1988, p. 75. Disponível em: <https://ssrn.com/abstract=2222794>. Acesso em: 26 jul. 2021, p. 75.

(406) SPENCE, George. Limitation of actions and prescriptions. *In*: SPENCE, George. *The equitable jurisdiction of the Court of Chancery.* London: V. and B. Stevens and G. S. Norton, 1846. Book second, cap. X, p. 255-257.

(407) MULLENIX, Linda S. Suing on Borrowed Time: The Appropriate Statute of Limitations in Federal Civil Rights Cases: 3 Preview of Supreme Court Cases 75 (October 1988). *Public Law Research Paper*, Texas, n. 385, Oct. 1988, p. 75. Disponível em: <https://ssrn.com/abstract=2222794>. Acesso em: 26 jul. 2021, p. 75.

estaduais prevendo a prescrição, que se conta do fato e não da extinção contratual. Em Cornell, após 14 de maio de 1947, o prazo para reivindicar salário mínimo não pago, iniciado na data do não pagamento, é de dois anos, conforme a *Fair Labor Standards Act* de 1938, alterada pelo 29 U.S.C., art. 201, pela Lei Walsh-Healey e pela Lei Davis-Bacon.(408) Já na Califórnia, a menos que haja um estatuto que prorrogue ou encurte um prazo, o tempo para que um empregado exija algo de seu empregador é de três anos (CCP § 338, alínea a(409)).(410) Os conflitos que envolvem tribunais, como relatado, para fixar a competência, também são comuns para o caso da prescrição, quando há mais de um Estado prevendo a prescrição de modo distinto sobre uma mesma reivindicação, especialmente se ela se baseia no ilícito intencional e não intencional(411), como ocorreu em um caso julgado pela Suprema Corte. Com efeito, no caso *Wilson v. Garcia* (471 U.S. 261 (1985); 1984-85 Preview 406), o tribunal fundamentou sua decisão na preservação de interesses federais e na prudência de escolha do prazo maior, ante a necessidade de uniformidade e de certeza quanto à lei aplicável àquela demanda, após analisar as leis federais, estaduais e o direito consuetudinário.(412) Esse é um importante caso de Direito Civil, que ilustra o problema, também relacionado ao Direito do Trabalho.

Outro caso paradigmático com impacto no tema da prescrição foi o *Ledbetter v. Goodyear Tire & Rubber Co.* (550 U.S. 618 de 2007). A demanda envolvia a discriminação salarial por motivo de gênero em razão de avaliações e de promoções diferenciadas para o sexo feminino, a *actio nata* e a renovação do prazo prescricional. A discriminação salarial não chegou a ser analisada, mas houve o pronunciamento do prazo prescricional porque a reivindicação foi realizada em prazo superior aos 180 dias previstos no *Civil Rights Act* de 1964. O voto divergente lido (julgamento por maioria de cinco votos contra quatro) foi da juíza Ruth Bader Ginsburg, que acolheu a tese autoral de que o prazo prescricional seria renovado a cada recibo salarial com valor desigual.(413)

O marco da contagem da prescrição prevista nessas leis é o fato que ensejou a violação e não a extinção contratual, como previsto no Brasil pelo art. 7, XXIX, da CF/1988.

---

(408) CORNELL LAW SCHOOL. 29 U.S. Code § 255. Statute of limitations. *Legal Information Institute*: open access to law since 1992. Disponível em: <https://www.law.cornell.edu/uscode/text/29/255>. Acesso em: 26 jul. 2020.
(409) CALIFORNIA LEGISLATIVE INFORMATION. *Code of Civil Procedure*, § 338. Disponível em: <https://leginfo.legislature.ca.gov/faces/codes_displaySection.xhtml?lawCode=CCP&sectionNum=338>. Acesso em: 26 jul. 2020.
(410) CUNNIGHAM LAW. *Statute of limitations for labor violations*. Disponível em: <https://laborattorney.com/statute-of-limitations-how-much-time-do-i-have-to-bring-a-lawsuit/>. Acesso em: 26 jul. 2020.
(411) O aprofundamento desses conceitos não será objeto desta pesquisa.
(412) MULLENIX, *loc. cit.*
(413) FERNANDES, João Renda Leal. *O "mito EUA"*: um país sem direitos trabalhistas? Salvador: Juspodivm, 2021. p. 224-225.

3.1.6. Uruguai

No Uruguai, a prescrição foi entendida como a perda de efetividade de um direito como consequência da não utilização por um tempo, porque ainda que o sujeito seja livre para decidir sobre o exercício desse direito, a sua inércia em exercê-lo não é ilimitada, fixando o instituto como a perda da ação pelo decurso do tempo.(414) Depreende-se da obra de Plá Rodrigues o intercâmbio de estudos com a doutrina brasileira(415) e a fixação do conceito do instituto como perda do direito de ação, por influência da doutrina ítalo-francesa que vigorava no fim do século XIX e início do século XX em diversos países da Europa e também da latino América.

As primeiras normas de prescrição na área trabalhista são extraídas do Código do Comércio com prazo de um ano (art. 1022), as ações de serventes, artesãos e jornaleiros que ajustem trabalho por ano, sendo fixado como o fim da viagem o início do prazo para as tripulações receberem seu soldos e salários; e de seis meses as ações de serventes, artesãos e jornaleiros que ajustaram serviços mensais. Havia ainda a presunção de pagamento (art. 1025 do Código do Comércio).

A regulação no Código Civil previu o prazo de dois anos para obrigações de pagar para mestres de ciências e artes com recebimento mensal (art. 1223); o prazo de um ano para serventes, jornaleiro e oficiais mecânicos quando ajustam serviços por ano (art. 1224); mas se ajustarem por mês o prazo é reduzido para seis meses (art. 1225). A primeira norma tipicamente trabalhista sobre prescrição foi inserida pelo art. 13 da Lei n. 9.910/1941 adotando o prazo de um ano com remissão ao art. 1224 do Código Civil Uruguaio. Mas, a grande norma que marcou a área trabalhista uruguaia foi a Lei n. 10.449/1943, que no art. 4 definiu o início do prazo prescricional como o fim da relação trabalhista e não o momento da origem do direito.(416)

A doutrina uruguaia capitaneada por Hector Hugo Barbagelata defendeu que o art. 4º ampliava para todas as relações de trabalho a contagem do prazo prescricional, sendo seguido pela jurisprudência. Porém, havia a posição diferente defendida por Plá Rodrigues considerando a existência de três prazos: seis meses a um ano conforme o Código Civil e de Comércio, baseados na presunção de pagamento; se desaparecesse a presunção, aplicar-se-ia a prescrição de vinte anos para toda ação pessoal; e, a prescrição de quatro anos para a ação executiva conforme o art. 4 da Lei n. 10.449/1943. Posteriormente, novas leis foram sendo

---

(414) PLÁ RODRÍGUEZ, Americo. *Los princípios del derecho del trabajo.* Ediciòn al cuidado de Hugo Barretto Ghione. 4. ed. Montevidéo: Fundación de Cultura Universitaria, 2015. p. 167-169.

(415) Em notas de rodapé há menção a Câmara Leal (PLÁ RODRÍGUEZ, Americo. *Los princípios del derecho del trabajo.* Edicion al cuidado de Hugo Barretto Ghione. 4. ed. Montevidéo: Fundación de Cultura Universitaria, 2015. p. 169, nota 324)

(416) RASO DELGUE, Juan; GARMENDIA ARIGÓN, Mario; RODRÌGUES AZCÚE, Alvaro. *Prescripción laboral.* Reimpresión inalterada. Montevideo: Fundación de Cultura Universitaria, 2012. p. 39-40.

editadas para cada viajantes e vendedores, com prazo de quatro anos para ações emergentes, além da pluralidade de normas sobre créditos trabalhistas e dispensa do empregado.(417)

Em 1986, a Lei n. 15.837 unificou os prazos prescricionais da área trabalhista para fixar o prazo de 2 anos tendo por marco o fim do contrato de trabalho com o fundamento de que apenas após o fim do contrato o empregado tem a liberdade de reclamar seus eventuais créditos. Essa norma também inseriu que a simples presença do trabalhador no Ministério do Trabalho e Seguridade Social do Uruguai solicitando uma audiência de conciliação interrompia a prescrição. Além do prazo de dois anos para o ajuizamento da ação, havia a prescrição quanto aos créditos de dez anos contados do ajuizamento da demanda.(418)

Em 1998 houve nova alteração do prazo prescricional trabalhista pela Lei n. 16.906, que voltou a ser reduzido para um ano do fim das relações de emprego, sob bastante protesto da população, pois o prazo foi inserido em uma lei que visava a flexibilização de direitos.(419) A nova lei reduziu o prazo retroativo de dez anos para dois anos contados do ajuizamento da ação *(Artículo 29. Prescripción y aplicabilidad de la misma ... En ningún caso podrán reclamarse créditos o prestaciones laborales que se hubieran hecho exigibles con más de dos años de anticipación a la fecha en que se presente la demanda judicial correspondiente.*).(420)

Em 2007 houve nova alteração legislativa que permanece em vigor até a atualidade e continua sendo de um ano, porém, com a fixação da prescrição da ação que nasce com o fim da relação de trabalho (art. 1º da Lei n. 18.091), sendo importante mencionar do debate doutrinário sobre a fixação da prescrição da ação e não do direito, pois a obrigação, que passa a ser uma obrigação natural (art. 1442 do Código Civil Uruguaio), não desapareceria. Também foi considerada como o prazo fixado para toda relação de trabalho, amplamente, e não apenas para a relação de emprego. Outro ponto destacado pela doutrina uruguaia é que a nova lei de 2006 ampliou a prescrição para abranger não só as ações condenatórias, mas também as declaratórias da relação de emprego, ainda que não haja nenhum pedido de pagamento de valores, abrangendo ainda a ação de reintegração (*acciones de reinstalación*).(421) Mas a doutrina uruguaia entende que a nova lei não derrogou os prazos distintos das leis especiais sobre matéria

---

(417) RASO DELGUE, Juan; GARMENDIA ARIGÓN, Mario; RODRÌGUES AZCÚE, Alvaro. *Prescripción laboral.* Reimpresión inalterada. Montevideo: Fundación de Cultura Universitaria, 2012. p. 40.

(418) RASO DELGUE, *et. al*, *op. cit.*, 2012, p. 50.

(419) RASO DELGUE, *et. al*, *op. cit.*, 2012, p. 54.

(420) URUGUAY. Poder Legislativo. *Ley n. 16.906.* Interes nacional, promoción y proteccion dictanse normas referidas a la declarion de las inversiones realizadas por intversores nacionales y extranjeros em el territorio nacional. Disponível em: <https://legislativo.parlamento.gub.uy/temporales/leytemp1676.htm>. Acesso em: 8 jul. 2020.

(421) RASO DELGUE, Juan; GARMENDIA ARIGÓN, Mario; RODRÌGUES AZCÚE, Alvaro. *Prescripción laboral.* Reimpresión inalterada. Montevideo: Fundación de Cultura Universitaria, 2012. p. 73-75.

trabalhista genérica, como a de quatro anos para ativos da atividade pública (Lei n. 16.266) e do prêmio decorrente dos seguros de acidente de trabalho (art. 66 da Lei n. 16.074).(422) O art. 2º da mesma lei também fixou um prazo intermediário de cinco anos para os créditos trabalhistas a partir da data final em que poderiam ser exigidos: "*Sin perjuicio de lo previsto en la disposición anterior, los créditos o prestaciones laborales prescriben a los cinco años, contados desde la fecha em que pudieron ser exigibles*".(423)

O ordenamento uruguaio previa duas espécies de prescrição, uma curta e fixada na presunção de pagamento do crédito, e outra extintiva, que pressupõe a extinção do direito, mas a jurisprudência definiu não se tratar de prescrição presuntiva ou curta.(424)

É importante destacar que, diferente do Brasil, onde as declarações são imprescritíveis, como se observará adiante, no Uruguai o legislador inseriu no prazo prescricional essa possibilidade. O direito uruguaio também não trabalhou com a pretensão como o direito brasileiro e o alemão, conceituando o instituto da prescrição como a ação do tempo que afeta o exercício das ações(425).

3.1.7. Argentina

Na Argentina há norma específica de prescrição para a área trabalhista, art. 256 a 260 do LCT (*Ley de Contrato de Trabajo*), que prevê como regra geral o prazo de 2 anos para o ajuizamento das ações decorrentes no crédito do trabalho, de convênios coletivos (equivalentes aos acordos e contratos coletivos brasileiros), art. 256, ou, nos acidentes de trabalho, desde o dia da incapacidade ou do falecimento da vítima, art. 258. Essa legislação também trata da previsão de interrupção por atuações administrativas e fixa o prazo para a reivindicação de diferenças no pagamento das verbas trabalhistas, alocando-as na regra geral de dois anos, sendo a legislação mais nova.(426) Nos termos do art. 257 da LCT, a reclamação administrativa pode ser realizada perante o Ministério do Trabalho

---

(422) RASO DELGUE, *et. al*, *op. cit.*, 2012, p. 77-78.

(423) URUGUAY. Poder Legislativo. *Ley n. 18.091*. Creditos o prestaciones laborales originados em la relación de trabajo: se determinan los plazos de prescripción. Disponível em: <https://legislativo.parlamento.gub.uy/temporales/leytemp5607891.htm>. Acesso em: 8 jul. 2020.

(424) RASO DELGUE, Juan; GARMENDIA ARIGÓN, Mario; RODRÌGUES AZCÚE, Alvaro. *Prescripción laboral*. Reimpresión inalterada. Montevideo: Fundación de Cultura Universitaria, 2012. p. 80-82.

(425) Cf. PLÁ RODRÍGUEZ, Americo. *Los princípios del derecho del trabajo*. Edicion al cuidado de Hugo Barretto Ghione. 4. Ed. Montevidéo: Fundación de Cultura Universitaria, 2015. p. 167-169; e, RASO DELGUE, Juan; GARMENDIA ARIGÓN, Mario; RODRÌGUES AZCÚE, Alvaro. *Prescripción laboral*. Reimpresión inalterada. Montevideo: Fundación de Cultura Universitaria, 2012. p. 88.

(426) ARGENTINA. Ministerio de Justicia y Derechos Humanos. Presidencia de la Nación. *Infoleg — Información Legislativa*. Regimen de contrato de trabajo. Ley n. 20.744. Bs. As., 13.5.1976. Disponível em: <http://servicios.infoleg.gob.ar/infolegInternet/anexos/25000-29999/25552/texact.htm#1>. Acesso em: 6 jun. 2020.

argentino ou nas delegações regionais a ele vinculadas[427], sendo essa a autoridade administrativa mencionada no artigo. Essa reclamação pode ocorrer em sede de delegações regionais vinculadas ao Ministério do Trabalho.

Na Província de Buenos Ayres, por exemplo, a conciliação com caráter prévio às ações judiciais pode acontecer em uma das 47 Delegações do Ministério do Trabalho (Lei n. 10.149/1984 com alterações realizadas pelas Leis ns. 11.201, 12.397 e 12.576), que tem o poder de intervir nas controvérsias individuais por meio da conciliação ou da arbitragem, mas também de forma voluntária nas coletivas, salvo se houver avocação do Ministério da Província em razão do interesse público.[428]

Quando a reclamação é feita perante o Serviço de Conciliação Laboral Obrigatório, outra autoridade administrativa criada para tentativa de composição do conflito obrigatória e prévia às ações trabalhistas, ligada ao governo argentino e não às entidades sindicais, como ocorreu no Brasil com a Comissão de Conciliação Prévia[429], haverá suspensão por seis meses nos termos da Lei n. 24.635 em seu art. 7º[430] combinado com o art. 257 da LCT[431], após esse período o prazo reinicia-se pelos dois anos.[432]

---

(427) ACKERMAN, Mario E. (dir.). SFORCINI, Maria Isabel (coord.). *Ley de contrato de trabalho comentada*. Santa Fé: Rubinzal-Culzoni Editores, 2016. Tomo III, p. 303.

(428) ARMANDO GRISOLIA, Julio Armando. *Manual de derecho laboral*. 9. ed. rev., ampl. e atual. Ciudad Autónoma de Buenos Ayres: Abeledo Perrot, 2013. p. 910-911.

(429) Art. 625-A. As empresas e os sindicatos podem instituir Comissões de Conciliação Prévia, de composição paritária, com representante dos empregados e dos empregadores, com a atribuição de tentar conciliar os conflitos individuais do trabalho. Parágrafo único. As Comissões referidas no *caput* deste artigo poderão ser constituídas por grupos de empresas ou ter caráter intersindical. (Incluído pela Lei n. 9.958, de 12.01.2000). BRASIL. Presidência da República. *Decreto-lei n. 5.452, de 1º de maio de 1943*: Consolidação das Leis do Trabalho. Disponível em: <http://www.planalto.gov.br/ccivil_03/decreto-lei/del5452.htm>. Acesso em: 7 jun. 2020.

(430) Art. 7º El reclamante por sí, o a través de apoderado o representante sindical, formalizará el reclamo ante el Servicio de Conciliación Laboral Obligatoria, consignando sintéticamente su petición en el formulario que reglamentariamente se apruebe.
Esta presentación suspenderá el curso de la prescripción por el término que establece el art. 257 de la ley de contrato de trabajo. (ARGENTINA. Ministerio de Justicia y Derechos Humanos. Presidencia de la Nación. *Infoleg — Información Legislativa*. Regimen de contrato de trabajo. Ley n. 20.744. Bs. As., 13.05.1976. Disponível em: Bs. As., 13.05.1976. Acesso em: 6 jun. 2020 ARGENTINA. Ministerio de Justicia y Derechos Humanos. Presidencia de la Nación. Infoleg — Información Legislativa. Procedimiento laboral. Conciliación obligatoria previa. Modificación de la Ley n. 18.345. Ley n. 24.365. B.O 03.05.1996. Disponível em: <http://servicios.infoleg.gob.ar/infolegInternet/anexos/35000-39999/36739/norma.htm>. Acesso em: 6 jun. 2020).

(431) GOLDIN, Adrián (dir.); ALIMENTI, Jorgelina F. (cood.). *Curso de derecho del trabajo y la seguridad social*. 2. ed. actual. Buenos Ayres: La Ley, 2015. p. 396.

(432) *En una obligación. por ejemplo el pago de un mes de salario, de diciembre el año pasado, se reclama, en junio 2020, ante el MT o Seclo. Se interrumpe la prescripción, se comienza a tramitar el reclamo. Este trámite que implica prescripciópren es por seis meses como máximo. Por lo tanto, dentro de seis meses, en noviembre, comienza computarse nuevamente el plazo de prescripción. Em general, es de dos años. Por lo tanto, tendría que presentar su demanda antes de noviembre de*

A doutrina argentina conceitua a prescrição extintiva ou liberatória como a forma de extinção de um direito ou da ação emergente pelo decurso do tempo; a perda do direito pelo seu abandono.[433] A Argentina é um dos países da latino América que também seguiu a doutrina ítalo-francesa fixando o conceito de prescrição com a perda da ação e não da pretensão.

O instituto da prescrição é considerado de ordem pública e por isso seus prazos não podem ser reduzidos ou ampliados por vontade das partes ou dos convênios coletivos, gerando um debate doutrinário que confluiu para a ideia de que a ordem jurídica legal é superior à ordem jurídica laboral, no sentido de não permitir que nem por vontade coletiva se altere a disposição legal, justificando a inderrogabilidade das regras trabalhistas.[434] Essa norma está contida expressamente no art. 256 do LCT.

Há um debate se a prescrição pode ser suscitada de ofício ou não pelos juízes argentinos. Observa-se que há regramentos distintos para cada Província, destacando-se a Província de Córdoba e Buenos Ayres por um procedimento mais oral que o de outras Províncias como Santa Fé e Tucuman. Embora as províncias adotem, quase sem exceção, o Código de Processo Nacional em matéria civil e comercial, o mesmo não aconteceu na área do trabalho. A partir de 1946 com o Decreto n. 6717, o governo nacional impulsionou as províncias a subscrever tratados para a criação de Tribunais do Trabalho, mas cada uma organizou seu tribunal em função de sua particularidade. Embora não haja processo puramente escrito ou oral, a diferença entre eles é a concentração ou não da prova oral em um único ato processual[435]. O processo do trabalho na Argentina também utiliza o Código de Processo Civil e outras leis supletivas como acontece no Brasil.[436]

Por aplicar subsidiariamente o Código Civil argentino, a parte afetada deve suscitar a prescrição na contestação ou na primeira apresentação ao juízo de quem

---

2022. (Informação verbal do professor doutor argentino da Universidade de Córdoba e magistrado aposentado Cesar Arese). Conferir também GAMBACORTA, Mario Luis. La prescripción em el ámbito laboral y de la seguridade social. *In*: GHERSI. Carlos A. (dir.). *Prescripción liberatória*: caducidade de derecho y de instancia. Buenos Aires: La Ley, 2013. p. 807-808.

(433) MONSALVO, Manuel. Extinción de los créditos laborales. *In*: ACKERMAN, Mario E. (dir.). TOSCA, Diego M. (cood). *Tratado de derecho del trabajo*: la relación individual de trabajo III. Santa Fé: Rubinzal-Culzoni Editores, 2005. p. 598-599.

(434) MADDALONI, Osvaldo A.; JAVIER TULA, Diego. *Prescripción y caducidade em el derecho del trabajo.* 2. ed. Buenos Ayres: Albeledo Perrot, 2008. p. 12-13.

(435) Na Província de Buenos Ayres, por exemplo, os atos de colheita de prova testemunhal ou de explicações do perito, e também as alegações das partes, são colhidos oralmente na presença de três juízes. Esses três juízes estão presentes tanto na chamada audiência de vista da causa (primeira audiência) como na de julgamento, *veredicto o sentencia.* GRISOLIA, Julio Armando. *Manual de derecho laboral.* 9. ed. rev., ampl. e atual. Ciudad Autónoma de Buenos Ayres: Abeledo Perrot, 2013. p. 912.

(436) ARMANDO GRISOLIA, Julio. *Manual de derecho laboral.* 9. ed. rev., ampl. e atual. Ciudad Autónoma de Buenos Ayres: Abeledo Perrot, 2013. p. 917.

queira opô-la (art. 3962 do Código Civil), sendo proibida a aplicação de ofício por força do art. 3964 do Código Civil argentino. Há, entretanto, um precedente da Suprema Corte de Justiça da Província de Mendoza, Sala II de 03.08.2006, que declarou a prescrição no curso do processo, sob a justificativa de que, embora interrompida a prescrição pelo ajuizamento da ação, o demandante deixou de impulsioná-la por mais de dois anos. A doutrina argentina criticou o fato sob a perspectiva de que vigia na Província de Mendoza a norma do impulso oficial judicial, mas não a de *caducidad de instancia*, e, por isso, caberia antes da aplicação da prescrição, a intimação do demandado.[437] A caducidade de instância é entendida como a presunção legal de que os litigantes querem abandonar a instância quando por algum prazo deixam de gestionar, impulsionar, praticar atos processuais. A doutrina argentina prefere o termo caducidade de instância e não perempção (*perención*) por razões linguísticas porque o primeiro termo é *castellano*.[438]

Observa-se que os debates quanto ao instituto da prescrição na esfera judicial são bem próximos aos que ocorrem no Brasil, onde o sistema é unificado, mas que também utiliza a aplicação subsidiária do Código Civil e de Processo Civil.

3.2. O PROCESSO COLETIVO NO DIREITO ESTRANGEIRO E OS PRAZOS DE PRESCRIÇÃO PARA PRETENSÕES COLETIVAS

Quando se analisa o acesso coletivo à Justiça nos países estrangeiros e se faz uma comparação com o Brasil, constata-se que o Direito brasileiro tem um ordenamento diferente. No que diz respeito ao tratamento da prescrição em pretensões individuais, verifica-se uma maior aproximação primeiramente da União Europeia, mesmo antes da CF/1988. No que concerne às normas de acesso coletivo à Justiça, especialmente à legislação civil, o primeiro país em importância passa a ser os EUA, seguido da Itália, mais em razão da doutrina processual italiana. A UE surge como um fator agregador e legislativo de matriz para as mudanças programáticas nos países que a compõem. Na América Latina, a Colômbia surge como um país equivalente ao Brasil em termos de legislação processual coletiva própria. A Colômbia foi influenciada pelos juristas pátrios, com normas sobre a prescrição para pretensões coletivas em sua legislação. Não se pode descuidar de outros dois países muito importantes para o pensamento jurídico pátrio, Argentina e Uruguai. Todas as notícias legislativas estrangeiras enriquecem o estudo e ampliam a visão do tema.

---

(437) GAMBACORTA, Mario Luis. La prescripción em el ámbito laboral y de la seguridade social. *In*: GHERSI, Carlos A. (dir.). *Prescripción liberatória*: caducidade de derecho y de instancia. Buenos Aires: La Ley, 2013. p. 799-800.
(438) MADDALONI, Osvaldo A.; JAVIER TULA, Diego. *Prescripción y caducidade em el derecho del trabajo*. 2. ed. Buenos Ayres: Albeledo Perrot, 2008. p. 171-173.

3.2.1. Estados Unidos da América

A origem das *class actions* norte-americanas remonta ao *Bill of Peace* da Inglaterra do século XVII — um procedimento que permitia ajuizar uma ação ou ser réu dela, por meio de uma parte representativa.[439] Neste capítulo, será aprofundado o exame das *class actions* estadunidenses.

Os primeiros registros de ações coletivas nos Estados Unidos foram encontrados ainda no início do século XIX, quando o direito inglês tinha forte influência sobre o direito americano. Os primeiros textos foram elaborados por um juiz da Suprema Corte, Joseph Story, falecido em 1845. O primeiro caso, *West v. Randall* (1820), envolveu um morador de Massachusetts que ajuizou uma ação alegando que o réu, enquanto truste, havia dilapidado seu patrimônio herdado. Embora o caso fosse extinto, é nesse voto que estão as primeiras considerações sobre as ações coletivas naquele país, quando o juiz Joseph Story escreveu que, se o autor tivesse falecido sem herdeiros, os moradores e todos os cidadãos de Rhode Island poderiam integrar o polo ativo da ação ou mesmo constituir uma associação para a representação deles. Esse e outros casos foram comentados na obra *Commentaries of Equity Jurisprudence*, de 1836, que, na segunda edição, destacou o caso dos autores ausentes nas ações coletivas (1840).[440]

Joseph Story defendeu ser dispensável a formação do litisconsórcio necessário das pessoas interessadas na demanda em três hipóteses: a) questão de interesse comum ou geral, se uma ou mais partes demandassem ou se defendessem em benefício dos demais; b) partes formando uma associação voluntária, se essa fosse a representante em juízo de todos; c) partes numerosas com interesses distintos, por ser impraticável a participação de todos os interessados.[441]

Em 1848, o Estado de Nova Iorque previu um instrumento coletivo em sua legislação, como parte de uma codificação do processo civil, conhecida pelo nome de seu criador, Davis S. Field (ação do *Field Code*). A interpretação dada a essa ação era muito restritiva e ela era utilizada para resolver problemas gerados pelo setor financeiro. O Tribunal procurava sempre uma ligação preexistente ou um vínculo contratual que unisse todos os integrantes do grupo, mas essa ação foi utilizada em apenas três casos: 1) membros com direito único (caso que envolvia o retorno de valores para um sindicato sem personalidade jurídica); 2) membros com direitos individuais separados sobre um bem específico ou fundo limitado (direito de acionistas na propriedade de uma empresa; direito dos credores à propriedade

---

(439) BUENO, Cássio Scarpinella. As *class actions* norte-americanas e as ações coletivas brasileiras: pontos para uma reflexão conjunta. *Revista de Processo*, São Paulo, v. 21, n. 82, abr./jun. 1996, p. 93.
(440) ROQUE, Andre Vasconcelos. Origens históricas da tutela coletiva: da *actio popularis* romana às *class actions* norte-americanas. *Revista de Processo*, São Paulo, v. 35, n. 188, out. 2010, p. 108-109.
(441) *Ibidem*, p. 109-110.

de devedor falido); 3) membros com direito individual distinto, mas, no caso, a decisão para um afeta todos.[442]

O Tribunal permitiu a ação coletiva para fazer cessar uma lesão a várias pessoas no caso *Greer v. Smith* (155 App. Div. 420, N.Y., 1913), mas negou sua aplicação quando a ação foi usada para reclamar o reembolso de uma quantia uniforme, recebida ilegalmente por uma empresa de gás, para todos os seus clientes no caso *Kovarsky v. Brooklyn Union Gas Co.* (279, N.Y. 304, 1938). Estava fora de questão utilizar a ação coletiva para que o tribunal se pronunciasse sobre contratos separados. Os juristas da época escreviam que era necessário separar os erros para as diferentes pessoas, embora eles fossem cometidos de modo semelhante por um único plano. Isso não cria por si só um interesse comum ou geral entre os injustiçados.[443] As decisões restritivas do Tribunal de Nova Iorque fizeram desaparecer essa ação ao longo dos cinco anos seguintes. Não era permitida a utilização da ação coletiva para relacionamentos baseados na confiança, em parceria ou propriedade em ações corporativas (*joint venture*). Essa interpretação restritiva foi duramente criticada.[444]

Entre os séculos XIX e XX, as cortes americanas tentaram fixar parâmetros para a organização voluntária dos grupos envolvidos em ações coletivas, que justificassem a vinculação dos membros ausentes.[445] Em âmbito federal, como cada Estado tinha uma regra semelhante ao *Field Code*, paulatinamente, os tribunais foram preocupando-se com as questões comuns de fato e de direito, e não mais com o interesse da classe, o que levou a uma interpretação menos restritiva. Paradoxalmente, não havia qualquer resistência se o caso demandado envolvesse acidentes e reparações civis, como aconteceu com o caso de Louisiana – permissão do uso de uma ação coletiva sobre a intoxicação alimentar de todos os residentes de uma prisão.[446]

Em termos legislativos, a *class action* como hoje é conhecida foi prevista pela primeira vez em 1833 no *Equity Rule* 48; foi revogada em 1938 pela *Federal Rules of Civil Procedure*, em razão da Regra 23 (*Rule 23*), que previu inicialmente três

---

(442) BOUCHARD, Mario. L'autorisation d'exercer le recours collectif. *Les Cahiers de Droit*, Laval, v. 21, n. 3-4, 1980, p. 903. Disponível em: <https://doi.org/10.7202/042413ar>. Acesso em: 18 out. 2020.

(443) "*Separate wrongs to separate persons, though committed by similar means and even pursuant to a single plan, do not alone create a common or general interest in those who are wronged*". *Society-Milion Athena v. National Bank of Greece, 281 N.Y. 282, 292 (1939*) (*Ibidem*, p. 904).

(444) BOUCHARD, Mario. L'autorisation d'exercer le recours collectif. *Les Cahiers de Droit*, Laval, v. 21, n. 3-4, 1980, p. 904. Disponível em: <https://doi.org/10.7202/042413ar>. Acesso em: 18 out. 2020.

(445) YEAZELL, Stephen C. From medieval group litigation to the modern class action. *New Haven and London*: Yale University Press, 1987, p. 222-223. Disponível em: <https://www.jstor.org/stable/4285766?seq=1#page_scan_tab_contents>. Acesso em: 10 maio 2019, p. 222-223.

(446) BOUCHARD, *op. cit.*, p. 905-906.

categorias de *class actions*: a verdadeira (*true*), a híbrida e a pseudoação coletiva. A preocupação do legislador naquela época era fixar as hipóteses de cabimento; por isso, optou pelo critério da natureza do direito (*character of the right*).(447)

Arenhart afirma que a primeira categoria é a que reúne os chamados direitos primários ou secundários.(448) Para Gidi, a *true class action* é a que envolve demandas com direitos articulados (*joint*), comuns (*common*) ou secundários (*secondary*). Nessa ação, o litisconsórcio do grupo seria essencial para a solução da controvérsia, e a coisa julgada vincularia as pessoas ausentes.(449) A autorização quanto à legitimidade ativa ou passiva da ação permite que, entre os titulares do direito primário, sejam escolhidos os que vão atuar, não sendo necessário o ingresso de todos.

O caso *Smith v. Swormstedt* (57 U.S., 16 How, 288, 14 L. Ed. 942, 1853) é um exemplo de *true class action* referenciado pela doutrina. O objeto litigioso era a divisão dos bens da Igreja Metodista realizada por 1500 padres da congregação Sul contra três ministros da congregação Norte. Alguns foram coautores, mas o bem litigioso era da fruição de todos.(450)

A doutrina americana da época era casuística; por isso, alguns autores mencionavam a divisão com base na relação jurídica, e outros apresentavam essa distinção com base no tipo de direito veiculado na ação. Para entender melhor o tema, seria necessário aprofundar o estudo do direito material da época. O projeto original da Regra 23 continha uma distinção quanto à coisa julgada, não utilizado na redação final, para cada um dos três tipos de ação.(451)

A ação coletiva híbrida (*hybrid class action*) envolve direitos variados sobre um mesmo objeto, e a pseudoação coletiva (*spurious class action*) é a utilizada para casos com pluralidade de direitos a serem reunidos em razão de uma questão comum de direito ou de fato, exigindo solução única.(452)

A partir dessa perspectiva, observa-se que uma ação trabalhista com trabalhadores de uma mesma empresa, pleiteando horas extras contra o mesmo empregador, poderia ser enquadrada na terceira hipótese, a pseudoação coletiva ou ação coletiva hipotética. Para o sistema, seria muito melhor que houvesse uma única decisão sobre a questão comum fática, o ato do empregador de não pagar

---

(447) BUENO, Cássio Scarpinella. As *class actions* norte-americanas e as ações coletivas brasileiras: pontos para uma reflexão conjunta. *Revista de Processo*, São Paulo, v. 21, n. 82, abr./jun. 1996, p. 94.

(448) ARENHART, Sérgio Cruz. *Perfis da tutela inibitória coletiva*. São Paulo: Revista dos Tribunais, 2003. p. 144-145.

(449) GIDI, Antonio. *A* class action *como instrumento de tutela coletiva dos direitos*: ações coletivas em uma perspectiva comparada. São Paulo: Revista dos Tribunais, 2007. p. 48-49.

(450) ARENHART, Sérgio Cruz. *Perfis da tutela inibitória coletiva*. São Paulo: Revista dos Tribunais, 2003. p. 144-145.

(451) GIDI, Antonio. *A* class action *como instrumento de tutela coletiva dos direitos*: ações coletivas em uma perspectiva comparada. São Paulo: Revista dos Tribunais, 2007. p. 48.

(452) ARENHART, *loc. cit.*

corretamente as horas extras; embora os direitos sejam distintos, os contratos sejam distintos, há um fator comum que os une.

Nesse exemplo, transportado para a *spurious class action*, apenas os membros originários do grupo e aqueles que optassem por intervir na ação estariam vinculados à coisa julgada (é a chamada coisa julgada *opt in*).[453] A ação coletiva híbrida, por outro lado, contém aspectos da primeira e da terceira *class action*, as partes e apenas algumas pessoas ausentes poderiam ser vinculadas, embora com direito variado, porque estariam atreladas ao objeto do processo. Essa divisão perdeu importância com a alteração da *Rule 23* em 1966. A *class action* passou a permitir a vinculação de todos em razão da opção do legislador pela representação adequada.[454]

Atualmente, a Regra 23 prevê quatro requisitos gerais para as ações coletivas: 1) pluralidade de pessoas (*numerosity*); 2) questões de fato ou de direito comuns à classe (*commonality*); 3) tipicidade (*typicality*); 4) representatividade adequada (*adequacy of representation*). A pluralidade de pessoas está atrelada ao litisconsórcio possível, mas impraticável, sem fixar número mínimo de pessoas. Nesse requisito, é avaliada a dispersão geográfica dos interessados, o valor das pretensões individuais, a natureza e a complexidade das causas, e também se os integrantes do grupo são mutáveis. Quanto ao segundo requisito de admissibilidade, não há a exigência da identidade absoluta de pretensões, a questão comum é entendida como um ponto relevante para a *class action*. A tipicidade significa ter pretensões individuais que, unidas, representam interesses típicos ou comuns a toda classe. Esse é um conceito aberto e não muito claro.[455]

A representatividade adequada é um dos conceitos mais importantes porque é por meio dela que se vinculam os interessados à coisa julgada. Esse conceito não se confunde com a legitimidade (*standing*), sendo mais amplo. Toda pessoa lesada ou com interesse direto no ato objeto da impugnação (*case or controversy*) tem legitimidade. As Cortes Judiciais analisam se o autor sofreu ou foi ameaçado de sofrer uma lesão, se o réu é supostamente a pessoa que agrediu ou ameaçou e se a situação é passível de ser remediada nos termos da lei. Suzana Costa entende que a legitimidade engloba os casos brasileiros das condições da ação e também o interesse de agir.[456] É interessante pontuar que em alguns

---

(453) GIDI, Antonio. *A* class action *como instrumento de tutela coletiva dos direitos*: ações coletivas em uma perspectiva comparada. São Paulo: Revista dos Tribunais, 2007. p. 49.

(454) ARENHART, Sérgio Cruz. *Perfis da tutela inibitória coletiva*. São Paulo: Revista dos Tribunais, 2003. p. 144-145.

(455) ROQUE, Andre Vasconcelos. *Class actions* e reformas processuais: um ponto de reflexão para as ações coletivas no Brasil. *Revista Eletrônica de Direito Processual*, Rio de Janeiro, v. 1, n. 1, 2007, p. 92-96.

(456) COSTA, Suzana Henriques da. O controle judicial da representatividade adequada: uma análise dos sistemas norte-americano e brasileiro. *In*: SALLES, Carlos Alberto de. *As grandes transformações do processo civil brasileiro*: homenagem ao Professor Kazuo Watanabe. São Paulo: Quartier Latin, 2009. p. 958-959.

casos as Cortes Judiciais, para reconhecer a legitimidade das associações, olham para a legitimidade dos membros.[457]

A doutrina norte-americana reúne requisitos mais amplos para a verificação da representatividade adequada. Assim, a vigorosa representação do legitimado é um critério qualitativo, mas, na prática das Cortes Judiciais, é substituído por uma análise pragmática sobre o advogado da parte coletiva. Esse critério não é absoluto e é avaliado na perspectiva da negativa: se o representante atuará a favor de alguns, mas de modo inadequado para outros membros ausentes. Tenta-se evitar que o processo seja usado de fato para prejudicar o grupo (*collusive suit*), mas esse é um requisito anterior e constitucional para se aferir se há, de fato, uma controvérsia. Na representatividade adequada, verifica-se se há conflito de interesse entre o autor da ação e os membros do grupo, se o advogado do autor defenderá vigorosamente os interesses dos membros ausentes e se há conflito de interesse entre o advogado eleito pelo autor e o grupo. Há uma preocupação com as condições físicas do autor da ação: se não é muito idoso ou se tem saúde suficiente para acompanhar toda a ação, porque suas responsabilidades são grandes. Uma alteração de 2003 impõe ao juiz a pesquisa dos casos em que o advogado escolhido atuou anteriormente, para assegurar-se de que ele seja competente e ético, já que lidará com uma demanda complexa, envolvendo muitos interesses.[458]

A Regra 23, alterada em 1966, substituiu a classificação em *true*, *hybrid* e *spurious class actions* por outra constante no item b, subitens 1, 2 e 3. O modo de explicar quando as ações coletivas podem ser ajuizadas e certificadas é mais pragmático e menos conceitual, diferente dos países de matriz latina, que em regra preferem a conceituação dos institutos à descrição pragmática de seu uso. Esse modo de raciocinar é muito diferente do brasileiro. Por isso, a transposição para o português nem sempre se torna tão fácil:

> Tipos de ações coletivas. Uma ação coletiva pode ser aceita ou certificada quando a Regra 23 (a) for cumprida e quando: (1) processar ações separadas por membros ou contra eles, individualmente, criando um risco de: (A) adjudicações inconsistentes ou variáveis em relação aos membros individuais da classe, estabelecendo padrões de conduta incompatíveis para a parte contrária; ou de (B) adjudicações com relação a membros individuais da classe que, na prática, seriam determinantes dos interesses dos outros membros ausentes nas adjudicações indivi-

---

(457) MULLENIX, Linda S. New trends in standing and res judicata for collective suits. *Report for Common Law Countries* (March 1, 2007). Proceedings of the XIII World Congress of Procedural Law, New Trends in Procedural Law. Texas: Universidade do Texas, n. 319, 2007, p. 519. Disponível em: <https://ssrn.com/abstract=2210894>. Acesso em: 28 jul. 2021.

(458) GIDI, Antonio. *A* class action *como instrumento de tutela coletiva dos direitos*: ações coletivas em uma perspectiva comparada. São Paulo: Revista dos Tribunais, 2007. p. 105-124.

duais, ou prejudicariam, ou impediriam substancialmente sua capacidade de proteger seus interesses; (2) a parte que se opõe à classe agiu ou se recusou a agir com base em motivos que se aplicam geralmente à classe, de modo que a medida cautelar final ou a tutela declaratória correspondente é apropriada em relação ao grupo como um todo; ou (3) o tribunal decidir que as questões de direito ou de fato comuns aos membros da classe predominam sobre quaisquer questões que afetem apenas os membros individuais e que uma ação coletiva é superior a outros métodos disponíveis para julgar a controvérsia de forma justa e eficiente. As questões pertinentes a essas conclusões incluem: (A) os interesses dos membros da classe em controlar individualmente a acusação ou a defesa de ações separadas; (B) a extensão e a natureza de qualquer litígio relativo à controvérsia já iniciada por ou contra os membros da classe; (C) a conveniência ou indesejabilidade de concentrar o litígio em um foro específico; (D) as prováveis dificuldades em administrar uma ação coletiva.[(459)]

A doutrina estadunidense não classifica de modo uníssono as ações coletivas. Por exemplo, a do tipo "b3" pode ser chamada de ação coletiva com uma questão comum (*common question class action*) ou de ação coletiva por danos (*class action for damages*); as do tipo "b1A", de ação coletiva de padrão incompatível (*incompatible standards class action*), já a "b1B", de ação coletiva de prejuízo (*prejudice class action*). Embora a doutrina e a jurisprudência indiquem essa classificação, qualquer uma delas pode conter pretensões indenizatórias. A cumulação de pedidos também pode gerar a classificação pelo Tribunal de uma ação coletiva mista, mas os juízes preferem certificar as ações coletivas como de um único tipo, em análise global dos pedidos.[(460)]

---

(459) No original: "*Types of Class Actions. A class action may be maintained if Rule 23(a) is satisfied and if: (1) prosecuting separate actions by or against individual class members would create a risk of: (A) inconsistent or varying adjudications with respect to individual class members that would establish incompatible standards of conduct for the party opposing the class; or (B) adjudications with respect to individual class members that, as a practical matter, would be dispositive of the interests of the other members not parties to the individual adjudications or would substantially impair or impede their ability to protect their interests; (2) the party opposing the class has acted or refused to act on grounds that apply generally to the class, so that final injunctive relief or corresponding declaratory relief is appropriate respecting the class as a whole; or (3) the court finds that the questions of law or fact common to class members predominate over any questions affecting only individual members, and that a class action is superior to other available methods for fairly and efficiently adjudicating the controversy. The matters pertinent to these findings include: (A) the class members' interests in individually controlling the prosecution or defense of separate actions; (B) the extent and nature of any litigation concerning the controversy already begun by or against class members; (C) the desirability or undesirability of concentrating the litigation of the claims in the particular forum; and (D) the likely difficulties in managing a class action*" (CORNELL LAW SCHOOL. Legal Information Institute. Rule 23. Class Actions. *Federal Rules of Civil Procedure*. Disponível em: <https://www.law.cornell.edu/rules/frcp/rule_23>. Acesso em: 2 jul. 2021).

(460) GIDI, Antonio. *A* class action *como instrumento de tutela coletiva dos direitos*: ações coletivas em uma perspectiva comparada. São Paulo: Revista dos Tribunais, 2007. P. 141-145.

A certificação é fundamental para o processamento da lide como uma ação coletiva, porque, diferentemente do sistema brasileiro, que tem legitimidade conferida a apenas alguns sujeitos, nas *class actions*, um indivíduo pode ajuizar uma ação em nome de todos, mas, se a certificação ou admissibilidade da ação não ocorrer, a lide será processada como um processo individual. O juiz poderá designar uma audiência para dirimir as dúvidas sobre a presença dos requisitos da ação coletiva. Ter certificação como coletiva para uma ação é um dos momentos mais delicados do processo da *class action*.(461)

Na área trabalhista, há a preferência pelo ajuizamento de ações coletivas em detrimento das individuais, diferentemente do que acontece no Brasil. O sistema individual implica um custo alto para que o trabalhador recupere quantias de pequena monta, por isso há a preferência pelo acesso coletivo.(462)

A regra geral das ações coletivas da Regra 23 prevê o sistema *opt out*, ou seja, as pessoas que não quiserem beneficiar-se com a decisão da ação coletiva, a partir de uma notificação anterior à certificação (admissibilidade da ação coletiva), solicitam sua exclusão da demanda. A regra 23c2B determina que o aviso seja "em linguagem simples e de fácil compreensão" para que as pessoas tenham maior transparência na informação e possam optar pela saída com consciência.(463) Estrategicamente, os réus exigem a notificação individual dos membros ausentes, na tentativa de financeiramente criar um obstáculo aos advogados do polo ativo da ação coletiva, enquanto os autores tentam os meios mais céleres e econômicos.(464)

No início de 2005, foi aprovada outra reforma, mas não propriamente na Regra 23. Foi criado o *Class Action Fairness Act* (CAFA) com o objetivo de coibir a certificação indevida de ações coletivas nas Justiças dos estados-membros, julgamentos parciais em determinadas cortes estaduais, fixação abusiva de honorários advocatícios e aprovação de acordos sem a tutela adequada dos interesses do grupo, especialmente dos ausentes.(465)

O texto legal da *Fair Labor Standards Act* (FLSA) prevê, na seção 216, item b, ações coletivas para jornada de trabalho, trabalho infantil e salário, mas distingue-se do sistema da Regra 23, porque adota o sistema do *opt in* — cada trabalhador

---

(461) HIGA, Flávio da Costa. *Class actions for damages*: breves apontamentos. *Revista do Direito Trabalhista*, Brasília, v. 17, n. 7, jul. 2011, p. 27.

(462) FERNANDES, João Renda Leal. *O "mito EUA"*: um país sem direitos trabalhistas? Salvador: Juspodivm, 2021. P. 272.

(463) CORNELL LAW SCHOOL. Legal Information Institute. Rule 23. Class Actions. *Federal Rules of Civil Procedure*. Disponível em: <https://www.law.cornell.edu/rules/frcp/rule_23>. Acesso em: 2 jul. 2021.

(464) HIGA, *op. cit.*, p. 28.

(465) ROQUE, Andre Vasconcelos. *Class actions* e reformas processuais: um ponto de reflexão para as ações coletivas no Brasil. *Revista Eletrônica de Direito Processual*, Rio de Janeiro, v. 1, n. 1, 2007, p. 89-90.

ou trabalhadora que pretenda ingressar na ação coletiva deverá manifestar-se por escrito. Já na lei federal sobre licenças não remuneradas (*Family and Medical Leave Act*), de 1993, também há previsão de uma ação coletiva nas cortes federais e estaduais pelos trabalhadores, mas sem exceção do sistema do *opt out*.[466]

Em uma consulta a alguns dos relatórios anuais em ações coletivas trabalhistas realizados por um escritório trabalhista de empregadores chamado Seyfarth Shaw LLP, foram encontradas as matérias que mais aparecem nos litígios. Essas matérias podem ser comparadas em parte aos litígios brasileiros envolvendo ações trabalhistas individuais. Jornada de trabalho e salário são sempre mencionadas entres os conflitos encontrados. Mas as discriminações, que aparecem em menor número no Brasil, estão em maior número na Justiça norte-americana, salvo com a redução de ações coletivas procedentes no ano de 2018. O sistema de acesso coletivo trabalhista funciona, tanto que há escritórios, como o Seyfarth Shaw LLP, que mapeiam anualmente as ações coletivas no que diz respeito ao custo empresarial (valores efetivamente pagos em execução ou acordos), às teses de defesa dos trabalhadores com resultado positivo, aos principais temas tratados nessas ações, entre outros, para melhor atender aos empresários.

No Relatório anual de 2014, há menção a ações coletivas envolvendo discriminação por cor e raça (proibida no título VII do *Civil Rights Act* 1964), discriminação por causa da idade (*Age Discrimination in Employment Act* (ADEA)), legislação sobre os padrões justos da lei do trabalho (FLSA), lei de segurança quanto à renda do trabalhador aposentado (ERISA), entre outras questões trabalhistas, seguindo o padrão do relatório de 2013.[467]

Em 2016, foi constatado um aumento maior de litígios envolvendo questões sobre classificação errônea do contratante e casos de responsabilidade conjunta do empregador, horas extras não pagas e redução ou eliminação dos intervalos de descanso.[468] Em 2018, o relatório anual indicou que a Suprema Corte aceitou mais casos para revisão do que novos casos em matéria de ação coletiva trabalhista, mas também seguiu a média de decisões de casos complexos, sendo um deles o caso da validação de um acordo em que se optava pela arbitragem ao invés do ajuizamento de uma ação coletiva (*Epic Systems Corp. v. Lewis*, 138S. Ct 1612 de 2018). Os autores de classe tiveram monções de certificação com taxas mais altas da série em comparação com os anos anteriores nas áreas da ERISA e em litígios

---

(466) FERNANDES, João Renda Leal. *O "mito EUA"*: um país sem direitos trabalhistas? Salvador: Juspodivm, 2021. p. 273.
(467) MAATMAN JR., Gerald L. Annual workplace class section litigation report: an overview of the year in workplace class action litigation. *Labor Law Journal*: Seyfarth Shaw LLP, Spring 2015, p. 6.
(468) MAATMAN JR., Gerald L. Annual workplace class section litigation report: an overview of the year in workplace class action litigation. *SEYFARTH SHAW LLP*, 2016, p. 21. Disponível em: <https://www.workplaceclassaction.com/2014/01/its-here-the-2014-workplace-class-action-litigation-report/>. Acesso em: 20 jun. 2021.

envolvendo jornada de trabalho e salários, mas sofreram derrotas significativas na área da discriminação.(469)

O relatório de 2018 é importante porque foi a partir do reconhecimento do acordo de arbitragem pela Suprema Corte que o número de ações coletivas sofreu uma forte redução, pois os litígios passaram a ser resolvidos, coletivamente e em larga escala, pela arbitragem. Isso não só afasta do debate judicial vários conflitos, como também impede a formação de precedentes, tão importantes para o sistema da *common law*. Destaca-se que uma importante lei de combate à discriminação de gênero foi criada em 2008, fruto de uma grande ação. O reconhecimento da prescrição no caso *Ledbetter v. Goodyer Tire & rubber Co.* (550 U.S. 618 de 2007) impediu o julgamento de mérito sobre discriminação por motivo de gênero, mas fomentou a criação de uma lei para impedi-la para casos futuros em 2009(470) — o *Lilly Ledbetter Act.*

O impacto social e econômico da pandemia mundial causado pelo coronavírus também refletiu nas ações coletivas, conforme o relatório anual de 2020. Nos últimos 17 anos, o relatório de litígios de ação coletiva em matéria de trabalho da Seyfarth tem ajudado os empregadores a realizar mudanças de estratégia nas empresas. A pandemia aumentou o número de ações coletivas em todas as variantes e para todos os tipos de questões referentes ao trabalho, mudou o rumo dos litígios, criando obstáculos à disposição ordenada de reivindicações. Com a mudança na Casa Branca, haverá uma provável expansão dos direitos dos trabalhadores, uma maior regulamentação dos negócios e uma aplicação mais forte e agressiva das leis trabalhistas. Os defensores dos trabalhadores devem intensificar suas atividades no campo do contencioso. O relatório informa que, se o Partido Democrata assegurar o controle do Senado, haverá esforço para derrubar o regime Epic Systems de acordos de arbitragem com exclusão do litígio judicial em ações coletivas.(471)

Salvo o caso da prescrição em ação individual sobre discriminação, não foram encontrados debates acerca da prescrição em *class actions*. O fato pode ser atribuído ao sistema de inclusão automática dos membros ausentes e aos pedidos de exclusão para os que não pretendem participar das ações coletivas (*opt out*), com exceção da *Fair Labor Standards Act* para jornada de trabalho, trabalho infantil e salário, que adota o sistema *opt in*.

---

(469) MAATMAN JR., Gerald L. Annual workplace class action litigation report: an overview of the year in workplace class action litigation. *SEYFARTH SHAW LLP*, 2019, p. 2. Disponível em: <https://www.seyfarth.com/dir_docs/publications/2019_WCAR_Chapters_1-2.pdf>. Acesso em: 20 jun. 2021.

(470) USA. Congress. S.181 — Lilly Ledbetter Fair Pay Act of 2009. *Legislation*. Disponível em: <https://www.congress.gov/bill/111th-congress/senate-bill/181>. Acesso em: 21 jun. 2021.

(471) MAATMAN JR., Gerald L. Notícias sobre o "*annual workplace class action litigation report 2021*". *SEYFARTH SHAW LLP*. Disponível em: <https://www.workplaceclassactionreport.com/#h-get-report>. Acesso em: 20 jun. 2021.

Como há poucas ações individuais tramitando nos tribunais norte-americanos em razão do alto custo, há uma maior inclusão dos indivíduos nas ações coletivas. Em razão desses fatores, o tema não foi destacado na literatura consultada e nos casos encontrados, mas precisaria ser analisado com maior profundidade. Ademais, desde 2016, a arbitragem tem sido mais utilizada do que as ações coletivas na área trabalhista, e, como o procedimento é dotado de sigilo, não foi encontrada base de dados para a verificação de debates sobre o tema da prescrição.

Os conflitos coletivos geralmente se resolvem por meio de negociação coletiva direta, mas o Estado coloca à disposição das partes o Serviço Federal de Negociação e Mediação (FMCS). Os instrumentos normativos apenas chegam ao Judiciário se configurada fraude ou arbitrariedade.(472) Não há um instrumento equivalente à ação de dissídio coletivo, como no sistema trabalhista coletivo brasileiro.

Por fim, destaca-se que as ações coletivas estadunidenses referem-se muito mais a uma forma pragmática de afetação do tema do que propriamente a um processo especial para tutelar direitos diferenciados, como o caso é tratado nos países europeus e sul-americanos pesquisados. Não há regramento distinto de aplicação dos prazos prescricionais para pretensões individuais ou coletivas. O modo de tratar o acesso coletivo, como já explicitado, é mais pragmático, visando resolver de modo mais fácil e com uma única decisão os problemas de todas as pessoas membros de uma classe, presentes e ausentes no processo judicial.

A forma de conciliação é distinta para esses processos porque, se um acordo for prejudicial, ou potencialmente prejudicial, a um membro ausente, ele não será homologado. Pode acontecer de o autor individual, em razão da estratégia de seu advogado, ajuizar uma ação coletiva ao invés da ação individual para pressionar o réu. Nesse caso, há divergência doutrinária quanto ao acordo, se ele pode ser celebrado sem a análise judicial, como ocorreria em um processo individual. A doutrina tende a tratar o processo como coletivo até que a certificação seja negativa; por isso, o juiz pode analisar o acordo entre as partes e também notificar os membros ausentes para manifestação, evitando-se prejuízos.(473)

3.2.2. União Europeia

A União Europeia surge após a Segunda Guerra Mundial, com adesão inicial da Alemanha, da Bélgica, da França, da Itália, do Luxemburgo e dos Países Baixos, como uma tentativa de evitar novos conflitos para a região. Inaugurada pelo Tratado de Roma, celebrado em 1957, atualmente conta com a adesão de 27 países. Houve a criação de um Parlamento Europeu, composto de deputados

---

(472) LOBATO, Márcia Regina. *Dissídio coletivo*. São Paulo: LTr, 2014. p. 130.

(473) GIDI, Antonio. *A* class action *como instrumento de tutela coletiva dos direitos*: ações coletivas em uma perspectiva comparada. São Paulo: Revista dos Tribunais, 2007. p. 312-316.

eleitos de modo direto em todos os Estados-Membros, os quais representam os interesses das cidadãs e dos cidadãos e criam as leis da UE.(474) Trata-se de um direito supranacional, que tem uma característica mais genérica, pois o seu intuito é unificar o direito dos países, respeitando a margem de escolha política de cada nação, por meio de diretivas e recomendações.

A origem das diretivas europeias encontra-se no Tratado da Comunidade Europeia. A diretiva ou *richtlinie* (alemão) é ato do Parlamento Europeu que vincula o Estado-Membro destinatário quanto ao resultado a alcançar, restando ao Estado-Membro a competência quanto ao modo (forma e meio) de aplicá-la a partir do direito interno e dos interesses nacionais.(475) As ações coletivas estão previstas em algumas diretivas da UE, mormente no que se refere à tutela do consumidor. As primeiras diretivas tratando do tema são de 1998 e 2009, respectivamente n. 27 e n. 22, mas atualmente houve a revogação dessa última diretiva pela n. 2020/1828.

As Diretivas n. 1998/27 e n. 2009/22, que trataram da necessidade de unificação do direito do consumidor, focaram a tutela inibitória e foram criticadas por não preverem outras ações para a tutela coletiva, quando outros países já dispunham de instrumentos coletivos mais abrangentes e em direito ressarcitório.(476) O item 5 dos considerandos da Diretiva 2020/1828, de 25 de novembro de 2020, em substituição às anteriores, explica que a Diretiva 2009/22/CE permitiu às entidades qualificadas ajuizarem ações inibitórias para fazer cessar ou proibir infrações ao direito da União Europeia, lesivas dos interesses coletivos dos consumidores, porém não constituiu uma resposta suficiente aos desafios relativos à execução desse direito:

> Para melhorar o efeito dissuasor de práticas ilegais e reduzir os prejuízos para os consumidores num mercado cada vez mais globalizado e digitalizado, importa reforçar os meios processuais para proteção dos interesses coletivos dos consumidores por forma a abranger as medidas inibitórias, bem como as medidas de reparação.(477)

A diretiva ainda explica que os meios tecnológicos e digitais aumentaram as infrações ao direito dos consumidores e que há uma variação grande entre os meios processuais de ação coletiva, tanto para medidas inibitórias como para

---

(474) UNIÃO EUROPEIA. *Parlamento Europeu*: sobre o Parlamento. Disponível em: <https://www.europarl.europa.eu/portal/pt>. Acesso em: 5 maio 2021.

(475) FRANCA FILHO, Marcílio Toscano. As diretivas da Comunidade Europeia: elementos para uma teoria geral. *Revista de Direito Constitucional e Internacional*, São Paulo, v. 9, n. 37, out./dez. 2001, p. 8.

(476) GRINOVER, Ada Pellegrini. Parlamento Europeu e Conselho: Diretiva 2009/22 CE de 23.04.2009: as ações inibitórias de tutela do consumidor. *Revista de Processo*, São Paulo, v. 34, n. 175, set. 2009, p. 229-230.

(477) UNIÃO EUROPEIA. *Jornal Oficial da União Europeia*: L 409/1. Publicado em 4 de dezembro de 2020. Disponível em: <https://eur-lex.europa.eu/legal-content/PT/TXT/PDF/?uri=CELEX:32020L1828&from=EN>. Acesso em: 17 maio 2021.

reparatórias, com diferentes níveis de proteção aos consumidores. Além disso, há Estados-Membros que não dispõem de meios processuais de acesso coletivo à Justiça visando a reparação dos danos. Diretiva alerta: a inexistência de uniformidade reduz a confiança das empresas e o grau de proteção dos consumidores, distorcendo a concorrência e dificultando a execução do direito da UE.

Realizando-se um paralelo com a proteção do trabalhador, pode-se afirmar que os mesmos fundamentos suscitados na Diretiva n. 2020/1828 para a proteção do consumidor, parte hipossuficiente da relação jurídica de consumo, poderiam ser aplicados ao direito dos trabalhadores e a seu acesso coletivo à Justiça, por meio de ações coletivas inibitórias e reparatórias, porém isso não foi realizado. A Itália, um ano antes, publicou a Legge n. 31/2019 ampliando a tutela coletiva do consumidor para todas as matérias, ao trasladar o art. 140-bis do Código de Defesa do Consumidor para o Código de Processo Civil, art. 840-*bis*, que englobará o direito do trabalho.[478]

Em síntese, a Diretiva n. 2020/1828 estabelece que entidades classificadas pela legislação de cada Estado-Membro sejam legitimadas (arts. 4º e 5º) para ações coletivas com tutela inibitória e reparatória (arts. 7º, 8º e 9º), com a inovação de permitir que, se a lesão for transfronteiriça, haja a atuação de entidades legitimadas em conjunto, dos países afetados, dentro de uma mesma ação, ajuizada no tribunal nacional ou administrativo de um Estado-Membro[479]. Apesar de não ampliar o efeito da decisão para os demais Estados-Membros, a diretiva previu a utilização da decisão como meio de prova em outros Estados-Membros (art. 15)[480], a ser validada conforme as regras sobre a análise da prova em cada país.

---

(478) DONZELLI, Romolo. L'ambito di applicazione e la legittimazione ad agire. *In*: SASSANI, Bruno (a cura di). *Class action*: commento sistemático alla legge 12 aprile 2019, n. 31. Pisa: Pacini Editore, 2019. p. 7.

(479) Diretiva 1828/2020, art. 6º, item 2: "2. Os Estados-Membros asseguram que, se a alegada infração do direito da União a que se refere o art. 2º, n. 1 afetar ou for suscetível de afetar consumidores em diferentes Estados-Membros, a ação coletiva possa ser intentada junto do tribunal ou da autoridade administrativa de um Estado-Membro por várias entidades qualificadas de diferentes Estados-Membros a fim de proteger o interesse coletivo de consumidores em diferentes Estados-Membros". Diretiva 1828/2020, art. 7º, item 5: "Os Estados-Membros podem permitir que as entidades qualificadas requeiram as medidas a que se refere o n. 4 numa única ação coletiva, se adequado. Os Estados-Membros podem prever que essas medidas constem de uma única decisão" (UNIÃO EUROPEIA. *Jornal Oficial da União Europeia*: L 409/1. Publicado em 4 de dezembro de 2020. Disponível em: <https://eur-lex.europa.eu/legal-content/PT/TXT/PDF/?uri=CELEX:32020L1828&from=EN>. Acesso em: 17 maio 2021).

(480) Diretiva 1828/2020, art. 15: "Os Estados-Membros asseguram que a decisão definitiva de um tribunal ou autoridade administrativa de qualquer Estado-Membro quanto à existência de uma infração lesiva dos interesses coletivos dos consumidores possa ser utilizada por todas as partes como elemento de prova no contexto de quaisquer outras ações apresentadas junto dos tribunais nacionais ou autoridades administrativas para obtenção de medidas de reparação contra o mesmo profissional pela mesma prática, de acordo com o direito nacional em matéria de apreciação da prova" (*Ibidem*).

Além disso, dentro do tema específico da prescrição, há uma regulamentação expressa no art. 16:

> **Prazos de prescrição**
>
> 1. Os Estados-Membros asseguram, nos termos do direito nacional, que uma ação coletiva em curso para medidas inibitórias a que se refere o art. 8º tenha por efeito a suspensão ou a interrupção dos prazos de prescrição aplicáveis aos consumidores abrangidos por essa ação coletiva, de modo que esses consumidores não sejam impedidos de intentar posteriormente uma ação para medidas de reparação relativamente à alegada infração a que se refere o art. 2º, n. 1, devido ao facto de os prazos de prescrição aplicáveis se terem esgotado durante as ações coletivas para essas medidas inibitórias.
>
> 2. Os Estados-Membros asseguram igualmente que uma ação coletiva em curso para medidas de reparação a que se refere o art. 9º, n. 1, tenha por efeito a suspensão ou a interrupção dos prazos de prescrição aplicáveis no que se refere aos consumidores abrangidos por essa ação coletiva.[481]

O Parlamento e o Conselho Europeus não definiram expressamente o prazo para as ações coletivas, nem interferiram no conceito de interrupção ou suspensão do prazo prescricional das ações, porque cada Estado-Membro regulamenta o tema à luz do interesse nacional e também de sua cultura jurídica. Como visto anteriormente neste capítulo, especialmente nas subseções 3.1, que tratam da Itália, da França e da Alemanha, no âmbito do direito do trabalho, cada país tem um modo diferente de enxergar e de prever prazos prescricionais, regulamentando seus efeitos. Porém, tanto para as ações reparatórias como para as inibitórias, deverá ser instituída a previsão de suspensão ou interrupção para o prazo prescricional referente às pretensões individuais futuras.

Há uma clara determinação para que não só as medidas reparatórias, mas também as ações inibitórias suspendam ou interrompam o prazo prescricional das pretensões individuais. Essa é uma grande conquista para os consumidores da UE, que, a depender da regulamentação interna do direito nacional quanto às ações coletivas, também poderá refletir no tratamento da prescrição para outras disciplinas.

3.2.2.1. Itália

A ideia de tutelar um direito de uma coletividade nasceu na década de 40, quando o Código Civil italiano, por meio do art. 2601 (inserido em 1940), previu que as associações profissionais (sindicatos) poderiam tutelar direitos coletivos, rompendo com a tutela individual exclusiva do indivíduo, por meio de ações com

---

(481) UNIÃO EUROPEIA. *Jornal Oficial da União Europeia*: L 409/1. Publicado em 4 de dezembro de 2020. Disponível em: <https://eur-lex.europa.eu/legal-content/PT/TXT/PDF/?uri=CELEX:32020L1828&from=EN>. Acesso em: 17 maio 2021.

legitimação própria conferida aos sindicatos.(482) Como explicado no capítulo 2, a previsão legal encontrava-se no art. 28 do Estatuto dos Trabalhadores revogado por meio do art. 1468-*sexties*, combinado com o art. 3º da Lei n. 281/1998.

Amadei referencia o art. 1469-*sexies* do Código Civil italiano como o primeiro mecanismo de defesa judicial do consumidor e dos usuários contra o mercado, generalizado posteriormente pela Lei n. 281, de 30 de julho de 1998, art. 3º, que posteriormente foi inserido nos arts. 139 e 140 do Código de Defesa do Consumidor de 2005. Embora a tutela dos consumidores tenha sido inserida, genericamente, no ordenamento italiano com o Decreto-lei n. 206/2005, foi apenas com a reforma em 2009 pela Lei n. 99 que o Código do Consumidor recebeu o art. 140-*bis*, prevendo a tutela coletiva ou *l'azione di classe*, com vigor no ano seguinte, 1º de janeiro de 2010. Nessa primeira tentativa de inserir uma ação coletiva no ordenamento italiano, havia uma referência legal ao *diritti identici*, direitos idênticos, o que dificultou muito a sua aplicação.(483)

Em janeiro de 2012, a disciplina da ação de classe sofreu nova modificação a partir do Decreto-lei n. 1/2012 convertido na Lei n. 27/2012, para prever expressamente a tutela dos direitos individuais homogêneos e os interesses coletivos dos consumidores e usuários (*utenti*).(484) Os direitos individuais homogêneos são direitos de crédito de todas as pessoas que sofrem uma lesão imediata decorrente de uma conduta lesiva, como um fato constitutivo comum, e com enfoque na pluriofensividade. A homogeneidade é tratada como um dos requisitos de admissibilidade das ações coletivas, especialmente após a Lei n. 31/2019, que inseriu o art. 840-*bis* no CPC italiano, generalizando a tutela coletiva individual homogênea, que antes era restrita aos consumidores.(485)

O interesse coletivo também é tratado como síntese de todos os direitos e não como sua soma. Recupera-se a ideia de Rousseau sobre o contrato social: o indivíduo cede sua liberdade e insere-se em um todo; eventualmente, para buscar o que é melhor para esse todo, pode haver um conflito entre o interesse pessoal e o interesse maior da coletividade. O interesse geral, para se justificar, não precisa mais apresentar-se como a felicidade máxima para o número máximo de pessoas

---

(482) DE SANTIS, Angelo Danilo. *La tutela giurisdizionale collettiva*: contributo allo studio della legittimazione ad agire e delle tecniche inibitorie e risarcitorie. Jovene: Napoli, 2013. p. 232.

(483) AMADEI, Davide. La nuova azione inibitoria collettiva. *In*: SASSANI, Bruno (a cura di). *Class action*: commento sistemático alla legge 12 aprile 2019, n. 31. Pisa: Pacini Editore, 2019. p. 229.

(484) DONZELLI, Romolo. L'ambito di applicazioni e la legittimazione ad agire. *In*: SASSANI, Bruno (a cura di). *Class action*: commento sistemático alla legge 12 aprile 2019, n. 31. Pisa: Pacini Editore, 2019. p. 15; MALAVASSI, Manuela; RICCIARDI, Giacomo. *La nuova class action*: analisi delle principali disposizioni. Approfondimenti. Profile processual. 10 set. 2019. Disponível em: <https://www.dirittobancario.it/approfondimenti/profili-processuali/la-nuova-class-action-analisi-delle-principali-disposizioni>. Acesso em: 20 nov. 2020.

(485) AMADEI, Davide. Nuova azione di classe e procedimenti collettivi nel Codice do Procedura Civile (l 12 aprile 2019, n. 31). *Le Nuove Leggi Civili Commentate*, Milano, v. 42, n. 5, 2019, p. 1051.

— conceito proveniente da filosofia e da sociologia do direito. O interesse coletivo final pode não encontrar nenhuma correspondência, em termos de conteúdo, com interesses individuais iniciais.[(486)]

No processo de determinação dos interesses coletivos, há três fases. A primeira encerra o interesse individual originário e incompatível; a segunda engloba um momento dinâmico, ou genérico, em que se realiza a relação de prevalência entre diversos interesses — momento crucial para se extrair o interesse final coletivo; a terceira fase é aquela que desconecta completamente o interesse coletivo dos interesses individuais originários. Conforme Donzelli, essa teoria não deixa de representar perigo por sobrepor o interesse coletivo aos individuais, mas fundamenta-se na concepção de Rousseau sobre a participação igualitária dos indivíduos na extração democrática desse interesse coletivo.[(487)] O interesse coletivo *soma* remonta à noção do direito sindical corporativo anterior à Constituição democrática italiana. Nessa concepção, os interesses individuais prevalecem sobre os coletivos em grau de hierarquia, o que não seria adequado.[(488)]

O conceito legal previsto desde o Código do Consumidor de 2009 (art. 140-bis) confere uma origem comum à pluriofensividade de uma conduta lesiva agregada à homogeneidade da lesão perpetrada. E o novo art. 840-*ter*, alínea *b*, do Código de Processo Civil, incluído pela Lei n. 31, de 12 de abril de 2019, deixa a questão da admissibilidade do interesse homogêneo para o Judiciário ("*quando il tribunale non ravvisa omogeneità dei diritti individuali tutelabili ai sensi dell'articolo 840-bis*").[(489)]

O grande problema do conceito de homogeneidade é a identificação do elemento que a determina. Inicialmente, em uma avaliação jurídica, haverá a identificação objetiva da demanda em que se insere a lesividade, observando-se o pedido mediato e imediato e a causa de pedir. Assim, esse elemento dentro da causa de pedir é o único ilícito praticado pela empresa ou o ilícito do qual todas as demais lesões derivam — lesões que atingiram a todos os membros de uma determinada classe. Além disso, um membro da classe precisa sofrer pelo menos um prejuízo, e esse prejuízo deve ser tutelado pelo Judiciário de modo unitário, desprezando qualquer questão individual. O magistrado em análise preliminar, ainda que abstrata, deve divisar que esse dano será sofrido por toda a classe.[(490)]

---

(486) DONZELLI, Romolo. *La tutela giurisdizionale degli interessi collettivi*. Napoli: Jovene Editore, 2008. p. 288-289.

(487) DONZELLI, *loc. cit.*

(488) *Ibidem*, p. 103-110.

(489) ITÁLIA. *Gazzetta Ufficiale della Repubblica Italiana*: Codice di Procedura Civile. Disponível em: <https://www.gazzettaufficiale.it/dettaglio/codici/proceduraCivile/840_1_2>. Acesso em: 17 maio 2021.

(490) PETRILLO, Chiara. Situazioni soggettive implicate. *In*: SASSANI, Bruno (a cura di). *Class action*: commento sistemático alla legge 12 aprile 2019, n. 31. Pisa: Pacini Editore, 2019. p. 59-60.

A pluriofensividade é o elemento que agrega pessoas em uma mesma classe que será tutelada nas ações coletivas do art. 840-*bis* do CPC italiano.

Em síntese, o procedimento previsto no art. 840-*bis* do CPC prevê a existência de três fases: 1) admissibilidade, 2) decisão e 3) procedimento de adesão.[(491)] Na primeira fase, de admissibilidade, o autor inicialmente deve comprovar que é o representante adequado para a tutela do direito individual homogêneo. A legitimidade é aferida com base na inscrição regular da associação nos quadros do Ministério da Justiça, mas, se um indivíduo pleitear ação inibitória para todos, também será verificado se ele tem interesse de agir para receber a tutela inibitória. O fundamento da demanda e seu objeto, direito individual homogêneo, também são analisados.[(492)]

Nessa primeira fase, para que a associação ou a organização seja qualificada como legítima é importante que haja a adesão de indivíduos, que nesse momento não assumem a qualificadora de parte. A importância da adesão refere-se apenas à análise genérica da representatividade da associação. Por isso, alguns classificam a primeira fase como adesão ao processo coletivo italiano.[(493)]

Há forte crítica ao novo modelo de legitimação, mais complexo em virtude do art. 140-*bis* do CDC. Originalmente era conferida legitimação somente às associações coletivas para as ações inibitórias. O art. 840-*bis*, com a alteração de 2009, permitiu a legitimação de um indivíduo, membro da classe, por meio da criação de um comitê com procuração específica dos interessados. Com a alteração legislativa, *Legge* n. 31/2019, há previsão de atuação individual ou coletiva sem procuração específica. Além disso, a disciplina anterior era clara quanto à matéria que deveria vir explícita nos estatutos das organizações e associações (arts. 139 e 140 do Código Civil italiano) — os interesses dos consumidores. Atualmente, os entes legitimados coletivos enfrentarão dificuldade para demonstrar que são legitimados, nessa primeira fase de admissibilidade da ação coletiva.[(494)]

Quanto à legitimação do indivíduo, ela parece ser a grande novidade da legislação, pois o novo art. 840-*sexiesdecies* do CPC italiano permite a qualquer pessoa com interesse requerer um pronunciamento liminar contra o réu apontado como portador de comportamentos implementados em detrimento de uma pluralidade de indivíduos ou de entidades. A regra estabelece uma "legitimidade plural" para o requerimento liminar, sem excluir a legitimação separada do indivíduo

---

(491) PETRILLO, Chiara. Situazioni soggettive implicate. *In*: SASSANI, Bruno (a cura di). *Class action*: commento sistemático alla legge 12 aprile 2019, n. 31. Pisa: Pacini Editore, 2019. p. 45.

(492) AMADEI, Davide. Nuova azione di classe e procedimenti collettivi nel Codice do Procedura Civile (l 12 aprile 2019, n. 31). *Le Nuove Leggi Civili Commentate*, Milano, v. 42, n. 5, 2019, p. 1053.

(493) CONSOLO, Claudio. L'azione di classe, trifasica, infine inserita nel C.P.C. *Rivista di diritto processuale*, Milano, v. 2, 2020, p. 719-720.

(494) AMADEI, Davide. Nuova azione di classe e procedimenti collettivi nel Codice do Procedura Civile (l 12 aprile 2019, n. 31). *Le Nuove Leggi Civili Commentate*, Milano, v. 42, n. 5, 2019, p. 1053-1055.

para uma ação inibitória.[495] Há ainda a crítica à exclusão do profissional liberal, que presta serviços não como empresário, mas nos moldes da legislação civil italiana (art. 3, alínea c, do Código Civil), pois a nova lei pretendeu a generalidade para a proteção dos interesses homogêneos lesados.[496] Nesse ponto, há divergência doutrinária. Consolo entende que a nova lei não excluiu a aplicação dos profissionais liberais.[497]

As associações passaram a ter de inscrever-se no cadastro nacional do Ministério da Justiça, o que não acontecia antes. O art. 140 do Código do Consumidor excluía a legitimação individual para essa tutela inibitória coletiva e deixava para o magistrado analisar a legitimação da associação. Houve uma previsão híbrida de tutela coletiva com legitimados individuais, além dos coletivos. A crítica à novidade legislativa deve-se à ausência de controle, administrativo e judicial, da representatividade e da adequação desse indivíduo ou grupo de indivíduos para gestar um processo coletivo.[498]

A ação será gravada no sítio eletrônico do Ministério da Justiça para que haja publicidade para toda a comunidade. Essa publicidade também ajuda a prevenir a litispendência. Se houver uma decisão de inadmissibilidade pelo Ministério da Justiça e se houver outra ação para ser ajuizada, é importante anexar a decisão de inadmissibilidade da primeira ação para que a autoridade administrativa já saiba que a primeira foi extinta por ausência de pressuposto processual.[499] Observe-se que a fase da admissibilidade está contida não no procedimento judicial, mas no administrativo. Se houver mais de uma ação coletiva proposta com os mesmos pedidos, elas serão reunidas[500], para que o objeto da demanda seja o mais amplo possível, englobando todos os pedidos.

Diferentemente do modelo brasileiro, que tem a competência fixada para um juiz de primeiro grau, as ações coletivas italianas são da competência de uma seção especializada em matéria de empresa do Tribunal situado na sede da empresa ré. Essa disposição trará um conflito com a outra, que prevê a competência do lugar em que a obrigação contratual ou extracontratual deveria ser cumprida (art. 20 do CPC). Assim, haverá o julgamento colegiado, que também impõe a derrogação da

---

(495) BASILICO, Giorgetta. L'inibitoria collettiva. *Rivista Giusto Processo Civile*, Napoli, v. 3., jul./set. 2019, p. 125-127.
(496) AMADEI, Davide. Nuova azione di classe e procedimenti collettivi nel Codice do Procedura Civile (l 12 aprile 2019, n. 31). *Le Nuove Leggi Civili Commentate*, Milano, v. 42, n. 5, 2019, p. 1054.
(497) CONSOLO, Claudio. L'azione di classe, trifasica, infine inserita nel C.P.C. *Rivista di diritto processuale*, Milano, v. 2, 2020, p. 724.
(498) AMADEI, Davide. La nuova azione inibitoria collettiva. *In*: SASSANI, Bruno (a cura di). *Class action*: commento sistemático alla legge 12 aprile 2019, n. 31. Pisa: Pacini Editore, 2019. p. 230-232.
(499) AMADEI, Davide. Nuova azione di classe e procedimenti collettivi nel Codice do Procedura Civile (l 12 aprile 2019, n. 31). *Le Nuove Leggi Civili Commentate*, Milano, v. 42, n. 5, 2019, p. 1057-1058.
(500) CONSOLO, Claudio. L'azione di classe, trifasica, infine inserita nel C.P.C. *Rivista di diritto processuale*, Milano, v. 2, 2020, p. 737-739.

previsão de julgamento monocrático contida no art. 720-*bis* e seguintes do CPC.(501) Há crítica à escolha do rito sumário para o procedimento; em contrapartida, o fato de a competência ser absoluta quanto ao lugar e à matéria, ou seja, inderrogável, é elogiado.(502)

O art. 840-*sexiesdecies* do CPC, no penúltimo parágrafo, determina a separação entre a ação coletiva ressarcitória (*azione di classe*) e a ação coletiva inibitória. Prescreve ainda que, se a ação coletiva ressarcitória contiver pedido liminar de inibição do ato, essa tutela inibitória deverá ser separada para prosseguir como uma ação independente da *azione di classe*. Essa é uma exceção à continência e à conexão de ações no prazo de 60 dias da publicidade do ajuizamento.(503)

Iniciada a fase da decisão de mérito, haverá a citação do réu, a colheita de provas e a prolação da sentença (art. 840-*quinquies* do CPC(504)). Após a decisão de admissibilidade da ação, haverá um prazo de 60 a 150 dias para a adesão dos indivíduos com direitos homogêneos. O juiz pode nomear um perito (consultor técnico) para analisar o caso com honorários adiantados às expensas da parte que resiste ao cumprimento da obrigação.(505)

Para fins de apuração da responsabilidade do réu, o tribunal pode usar dados estatísticos e presunções, que são provas atípicas que aparecem em previsões genéricas e sem maiores explicações na nova legislação.(506) Mediante solicitação motivada do autor, o juiz pode determinar que o réu produza provas relevantes que estejam dentro de sua disponibilidade. O tribunal também poderá determinar a exibição de provas, observando também o custo dessa exibição, avaliando se a exibição poderá afetar informações de terceiros. A sentença deve fixar os parâmetros do direito tratado e os elementos necessários para que os titulares comprovem estar na condição de credores. Quem adere nessa fase (aderente precoce) deve apresentar petição nos termos da lei, depositada eletronicamente. Embora o processo seja eletrônico desde a primeira fase, não há previsão de publicidade da defesa. A publicidade da petição inicial e das decisões justifica-se pela maior acessibilidade e pela viabilização do sistema *opt in* previsto na norma.(507)

---

(501) DE SANTIS, Angelo Danilo. Il procedimento. *In*: SASSANI, Bruno (a cura di). *Class action*: commento sistemático alla legge 12 aprile 2019, n. 31. Pisa: Pacini Editore, 2019, p. 71-75.

(502) CONSOLO, Claudio. L'azione di classe, trifasica, infine inserita nel C.P.C. *Rivista di diritto processuale*, Milano, v. 2, 2020, p. 725-726.

(503) BASILICO, Giorgetta. L'inibitoria collettiva. *Rivista Giusto Processo Civile*, Napoli, v. 3, jul./set. 2019, p. 135.

(504) ITÁLIA. *Gazzetta Ufficiale della Repubblica Italiana*: Codice di Procedura Civile. Disponível em: <https://www.gazzettaufficiale.it/dettaglio/codici/proceduraCivile/840_1_2>. Acesso em: 17 maio 2021.

(505) FRATINI, Riccardo. L'adezione. *In*: SASSANI, Bruno (a cura di). *Class action*: commento sistemático alla legge legge 12 aprile 2019, n. 31. Pisa: Pacini Editore, 2019. p. 133.

(506) BASILICO, Giorgetta. L'inibitoria collettiva. *Rivista Giusto Processo Civile*, Napoli, v. 3, jul./set. 2019, p. 135.

(507) CONSOLO, Claudio. L'azione di classe, trifasica, infine inserita nel C.P.C. *Rivista di diritto processuale*, Milano, v. 2, 2020, p. 725-730.

A adesão inicial, dentro do procedimento administrativo no Ministério da Justiça, tem o efeito de interromper o prazo prescricional para o aderente. Nesse momento, o réu não pode impugnar seu ingresso porque o aderente ainda não é parte processual. Os aderentes do primeiro momento apenas poderão participar efetivamente do processo, resguardando seu direito de ressarcimento, após a prolação da sentença de procedência.(508) Esse aderente inicial transformar-se-á em parte quando for aberto o prazo que inaugura o procedimento de adesão propriamente dito na terceira fase procedimental.

Uma vez que o aderente ingresse na demanda, haverá interrupção instantânea do prazo prescricional, que retroage à data da notificação (citação) do réu ou da apresentação da demanda, conforme o penúltimo parágrafo do art. 840-*septies* do CPC, porque essa adesão equivale a um procedimento judicial. É importante lembrar que essa fase ainda é administrativa.(509) Se a ação coletiva for rejeitada, o segundo momento ou a janela de acessos não ocorrerá. A oportunidade para que o indivíduo interrompa, sem receio, a prescrição está nesse primeiro momento de adesão.(510) A interrupção do prazo prescricional para o aderente evita de fato a multiplicidade de ações dentro do sistema de acesso coletivo à Justiça.

O regramento anterior, art. 140-*bis* do Código do Consumo, alterado em 2008, previa a alegação da prescrição na fase de conhecimento, porque, diferentemente do que ocorre no Brasil, essa primeira adesão permite aos indivíduos uma participação mais efetiva no contraditório, impedindo-os de esquivar-se das consequências da decisão proferida; por isso, as exceções pessoais podem ser opostas nas ações coletivas italianas.(511)

Com a regra atual, após a sentença de procedência, haverá a fase da adesão propriamente dita por meio do sítio eletrônico do Tribunal sem a necessidade de advogado. Não haverá vantagens para quem aderiu antes; se a sentença for de rejeição da demanda, ela não tem efeitos *ultra partes*, nem mesmo a respeito de questões comuns.(512) As adesões deverão ser concluídas, em caso de sentença positiva, no prazo de 60 a 150 dias.(513) Há previsão de escolha de um representante

---

(508) FRATINI, L'adezione. *In*: SASSANI, Bruno (a cura di). *Class action*: commento sistemático alla legge legge 12 aprile 2019, n. 31. Pisa: Pacini Editore, 2019. p. 143-145.

(509) No art. 870-*septies* do CPC italiano, encontra-se a determinação expressa para que essa adesão seja acolhida como procedimento judicial, com os mesmos efeitos: "*La domanda di adesione produce gli effetti della domanda giudiziale e può essere presentata anche senza il ministero di un difensore*" (ITÁLIA. *Gazzetta Ufficiale della Repubblica Italiana*: Codice di Procedura Civile. Disponível em: <https://www.gazzettaufficiale.it/dettaglio/codici/proceduraCivile/840_1_2>. Acesso em: 17 maio 2021).

(510) CONSOLO, *op. cit.*, p. 717.

(511) ARENHART, Sérgio Cruz; OSNA, Gustavo. *Curso de processo civil coletivo*. 2. tir. São Paulo: Revista dos Tribunais, 2019. p. 179.

(512) DE SANTIS, Angelo Danilo. Il procedimento. *In*: SASSANI, Bruno (a cura di). *Class action*: commento sistemático alla legge 12 aprile 2019, n. 31. Pisa: Pacini Editore, 2019. p. 119.

(513) CONSOLO, Claudio. L'azione di classe, trifasica, infine inserita nel C.P.C. *Rivista di diritto processuale*, Milano, v. 2, 2020, p. 733-735.

da classe para apresentar um projeto de liquidação. Esse representante funciona como um oficial público. O representante comum será compensado com um valor não superior a 10% do importe arrecadado (art. 840-*novies* do CPC).[514] O juiz delegado pode revogar essa representação a qualquer tempo, após a oitiva do representante comum. Pode também determinar que a soma que será paga a cada membro aderente seja reservada em parte para um fundo de despesas. O não pagamento desses valores torna a adesão ineficaz (art. 840-*sexies* do CPC[515]).

Em síntese, o projeto será apresentado a um juiz delegado com o planejamento da divisão entre os aderentes do valor fixado na condenação (art. 840-*duodecies* do CPC). Caso não haja o pagamento espontâneo, far-se-á a execução forçada (art. 840-*terdecies* do CPC). Se o aderente não concordar com esse projeto de crédito, poderá desistir da adesão, propondo sua ação individual.[516] Trata-se de um procedimento concursal indicado pela legislação, como um processo executivo especial, mas limitado apenas ao aderente e não a todos os credores do polo passivo, como ocorreria em procedimentos falimentares. Mas o que está definido como execução coletiva não passa de execução individual, porque é realizada pelo representante dos aderentes.[517]

Antes da execução forçada, está expressamente prevista na lei a possibilidade de acordo (art. 840-*sexies* do CPC). A conciliação após a sentença procedente é criticada por parte da doutrina que a entende como uma sanção premial. Não seria uma conciliação propriamente dita. Questiona-se o critério que o juiz adota para poder controlar os requisitos para essa homologação. O aderente não tem acesso efetivo à transação porque ela é realizada entre o representante dos aderentes e o réu, prejudicando o indivíduo e seu direito subjetivo. "*Resulta um può bizzaro*" porque um título executivo não poderia ser criado sem a assinatura da parte contrária. Também é alvo de crítica o fato de a lei não prever uma solução para a necessidade de controle de eventual conflito de interesse entre o representante da classe e o indivíduo quanto à vontade de conciliar.[518]

A despeito dessa crítica, a conciliação é uma importante forma de solução de conflitos. O argumento contrário pode ser ultrapassado pela escolha voluntária

---

(514) COSSIGNANI, Fabio. Adempimento spontaneo ed esecuzione collettiva. *In*: SASSANI, Bruno (a cura di). *Class action*: commento sistemático alla legge 12 aprile 2019, n. 31. Pisa: Pacini Editore, 2019. p. 192.

(515) ITÁLIA. *Gazzetta Ufficiale della Repubblica Italiana*: Codice di Procedura Civile. Disponível em: <https://www.gazzettaufficiale.it/dettaglio/codici/proceduraCivile/840_1_2>. Acesso em: 17 maio 2021.

(516) CONSOLO, *op. cit.*, p. 733-742.

(517) COSSIGNANI, *op. cit.*, p. 180-181.

(518) GIUSSANI, Andrea. Interventi orale. *La nuova tutela collettiva*: azioni di classe e inibitorie. Convegno. Roma, 5 luglio 2019, 10:04. Durata: 6 ore 16 min. A cura di Pantheon e Delfina Steri. Organizzatori: Federconsumatori. Disponível em: <https://www.radioradicale.it/scheda/578810/la-nuova-tutela-collettiva-azioni-di-classe-e-inibitorie?i=4010783>. Acesso em: 12 set. 2020.

do representante pelos aderentes, por realização de assembleia para apresentação das propostas e efetiva votação entre os aderentes. Ademais, o procedimento de liquidação é acompanhado e fiscalizado pelo juiz delegado, um juiz de primeiro grau. Remo Caponi entende que o acordo realizado entre o ente coletivo e o réu não prejudica o aderente que expressamente não o ratificar ou expressamente não permitir os termos do acordo.(519)

Retornando à ação coletiva inibitória, segundo tipo de *class action* no ordenamento italiano, há a superação do sistema anterior, que legitimava apenas as associações e organizações. O sistema atual legitima o indivíduo ou um ente com procuração específica, que age por si, pelo seu próprio direito, mas obtém uma tutela geral. O legislador criou um sistema híbrido, porque um indivíduo, sozinho e sem procuração da classe pode pretender uma tutela que será aproveitada por toda a classe. Houve inspiração na *Rule 23* do sistema processual estadunidense, mas também no sistema alemão da *Verbandsklage*.(520)

Há também uma tendência de fortalecimento do conteúdo inibitório no parágrafo sexto do art. 840-*sexiesdecies* do CPC italiano, por meio de uma medida coercitiva geral (à semelhança do art. 614-*bis*, introduzido no CPC pela Lei n. 69/2009). O juiz, ao proferir uma sentença de cumprimento de uma obrigação, que não seja o pagamento de quantias, pode condenar o obrigado a pagar um valor, em razão do descumprimento de sua ordem ou do atraso no cumprimento da obrigação principal. Trata-se de uma sentença acessória, que tende a desestimular o não cumprimento da obrigação ou o atraso no cumprimento do que foi determinado e está no requerimento da parte.(521) Aparentemente assemelha-se às *astreintes* brasileiras, que são medidas coercitivas para reforçar o cumprimento das obrigações de fazer ou não fazer, determinadas pelo juízo, mas que atualmente podem ser aplicadas de ofício pelo juiz ou a requerimento da parte (art. 537 do CPC brasileiro).

3.2.2.2. França

O direito francês tem uma tradição coletiva sindical forte de defesa coletiva dos trabalhadores(522), mas não de ações coletivas nos moldes das *class actions*

---

(519) CAPONI, Remo. Tra class action e conciliazione. *Istituzioni del Federalismo*: Rivista di Studi Giuridici d Politici, Bologna (Emilia-Romagna), a. XXIX, n. 6, nov./dez. 2008, p. 811.

(520) AMADEI, Davide. La nuova azione inibitória collettiva. *In*: SASSANI, Bruno (a cura di). *Class action*: commento sistemático alla legge 12 aprile 2019, n. 31. Pisa: Pacini Editore, 2019. p. 229-230.

(521) BASILICO, Giorgetta. L'inibitoria collettiva. *Rivista Giusto Processo Civile*, Napoli, v. 3, jul./set. 2019, p. 140.

(522) Cf. COLNAGO, Lorena de Mello Rezende. Sindicalismo no Brasil e na França. Estudo de caso brasileiro na representatividade nas negociações coletivas: o que nos aproxima e nos afasta do sistema francês. *In*: MALLET, Estêvão; SANTOS, Enoque Ribeiro dos. *O direito do trabalho em*

norte-americanas,[523] ou mesmo de ações de dissídio coletivo trabalhista como o modelo brasileiro — nesse caso, os conflitos tendem a resolver-se por meio de conciliação, e as normas coletivas não aderem ao contrato de trabalho, são temporárias, respeitando-se o tempo de vigência inserido na norma.[524]

A tutela coletiva francesa tem origem na área sindical: a Lei n. 21, de 24 de março de 1884, legitimou os sindicatos para que defendessem os direitos coletivos dos trabalhadores. Em termos de atuação judicial, a Corte de Cassação francesa reconheceu o direito de demanda dos sindicatos para a defesa dos interesses coletivos da profissão em 1913, o que passou normativamente para a lei trabalhista em 12 de março de 1920, art. 5º. Em 1923, a mesma Corte negou legitimação para as associações civis. Essa situação modificou-se apenas nas décadas de 70 e 80 do século XX.[525]

Em 1º de julho de 1972, foi promulgada a Lei n. 542, que permitiu às associações registradas há cinco anos a defesa judicial contra práticas racistas, desde que esse tema estivesse estatutariamente previsto como um de seus objetivos. No ano seguinte, foi aprovada a Lei n. 73-1193 (*Loi Royer*), que previa a tutela coletiva contra os prejuízos coletivos causados aos consumidores pelas associações de defesa desse direito. Em 1980, o legislador estabeleceu a chamada *action civile* (art. 2º do *Code de Procédure Pénale*), como uma ação civil de reparação de danos para todas as pessoas lesadas em razão de um delito penal, permitindo posteriormente que as associações pleiteassem a indenização por danos materiais em nome dos lesados.[526]

Em 1988, foi introduzida a ação coletiva para permitir às associações dos consumidores a legitimação de agir contra as cláusulas contratuais abusivas. Com a recepção interna da Diretiva n. 98/27/CE, houve a ampliação da legitimação de agir para qualquer violação contratual. Em 1992, o legislador previu uma ação de representação conjunta quando muitos consumidores identificados sofressem prejuízo, desde que a associação individualizasse os consumidores atingidos pelo ilícito.[527]

---

evolução no Brasil e na França: aspectos atuais do direito material, processual e coletivo. São Paulo: OAB ESA, 2020. p. 3-19. *E-book*.

(523) GRINOVER, Ada Pellegrini. I. Relatório geral: *civil law*. Os processos coletivos nos países de *civil law*. *In*: GRINOVER, Ada Pellegrini; WATANABE, Kazuo; MULLENIX, Linda. *Os processos coletivos nos países de* civil law e common law. 2. ed. São Paulo: Revista dos Tribunais, 2011. p. 161.

(524) LOBATO, Márcia Regina. *Dissídio coletivo*. São Paulo: LTr, 2014. p. 130-131.

(525) MENDES, Aluisio Gonçalves de Castro. *Ações coletivas e meios de resolução coletiva de conflitos no direito comparado e nacional*. 4. ed. São Paulo: Revista dos Tribunais, 2014. Parte II: As ações coletivas no direito comparado. 9. FRANÇA. *E-book*.

(526) MENDES, Aluisio Gonçalves de Castro. *Ações coletivas no direito comparado e nacional*. São Paulo: Revista dos Tribunais, 2002. p. 152.

(527) GIUGGIOLI, Pier Filippo. *L'azione di classe*: un nuovo procedimento collettivo. Milano: Wolters Kluwer Italia, CEDAM, 2019. p. 21.

O Código do Consumidor, introduzido pela Lei n. 344, de 17 de março de 2004, ampliou a disciplina, com previsão de procedimentos para a reparação de danos, de regras de liquidação e de execução, além da previsão expressa da mediação (arts. L.423-1 a L.423-26). A legislação civil sobre ações coletivas foi limitada, em um primeiro momento, ao direito bancário, imobiliário e à telefonia móvel, sendo estendida pela Lei Elan para o aluguel de bens imóveis. A Lei n. 41, de 26 de janeiro de 2016, acrescentou a tutela coletiva do direito à saúde. No mesmo ano, o governo ampliou essa tutela para discriminações quanto ao trabalho, o meio ambiente e a proteção de dados pessoais, pela Lei n. 1.547, de 18 novembro de 2016 (modernização da Justiça no século XXI).(528) Essa lei, por meio do art. 83, alterou o Código do Trabalho para prever a ação de grupo por discriminação nos artigos L.1134-6 a L.1134-10.

É interessante observar que os anteprojetos para a Lei de 2016 eram polêmicos. Um foi apresentado perante o Senado e o outro, na Câmara, cada qual inspirado em um país diferente: EUA (*Rule* 23) e Canadá (legislação de Québec sobre ações coletivas). Havia uma forte resistência francesa a esses modelos. A jurisprudência, salvo quanto aos sindicatos, era restritiva para a atuação das associações.(529)

Havia regras diferentes para a legitimação das associações, algumas vezes era exigida autorização para o litígio, outras não — diferentemente dos sindicatos, que têm o poder de agir independentemente de autorização. Essa distinção é decorrente do Código de Defesa do Consumidor, ratificada pela jurisprudência. A justificativa é que as associações defendem grandes causas com interesses gerais, que aparentemente estariam a cargo da defesa do Ministério Público, com exclusividade. Nesse caso, a divisão realizada foi no sentido de o Ministério Público defender o que tem afetação de interesse coletivo do Estado e as associações, os interesses da sociedade civil. Essa foi uma fórmula emprestada do direito de agir dos sindicatos.(530)

As regras processuais para ajuizamento e procedimento das ações coletivas são as mesmas previstas no Código de Processo Civil francês, conforme o disposto no art. 61 da Lei n. 1.547/2016. A legislação francesa, no art. 62 da lei de modernização judicial, fixou um conceito aberto de direito coletivo ao mencionar que a tutela ressarcitória ou inibitória é destinada a tutelar várias pessoas colocadas em situação semelhante que sofrem danos causados por um

---

(528) ZAROIL, Sofian. L'action de groupe à l'épreuve du droit français. *Dumas*: MEM-UNIV-NIMES Droit. 2019. p. 6. Disponível em: <https://dumas.ccsd.cnrs.fr/dumas-02291087>. Acesso em: 20 nov. 2020.

(529) THIBAU, Tereza Cristina Sorice Baracho; GOUVEA, Alex Lamy de. A tutela coletiva na França. *Âmbito Jurídico*, 1º de novembro de 2012. Disponível em: <https://ambitojuridico.com.br/cadernos/direito-constitucional/a-tutela-coletiva-na-franca/#_ftn17>. Acesso em: 17 maio 2021.

(530) GRINOVER, Ada Pellegrini. I. Relatório geral: *civil law*. Os processos coletivos nos países de *civil law*. *In*: GRINOVER, Ada Pellegrini; WATANABE, Kazuo; MULLENIX, Linda. *Os processos coletivos nos países de* civil law e common law. 2. ed. São Paulo: Revista dos Tribunais, 2011. p. 161-162.

mesmo responsável, com descumprimento obrigacional ou contratual de mesma natureza.(531) Diferentemente do direito italiano, os franceses unem as tutelas em uma mesma ação judicial à semelhança do sistema brasileiro.

A Lei n. 1.547/2016 seguiu a tradição francesa, que prevê os cinco anos de existência das associações, que incluam em seu objeto a defesa dos direitos que foram lesados (art. 62), o que não acontece com os sindicatos, que têm regras próprias de legitimação, fundamentadas na escolha democrática e no critério da antiguidade — critérios modificados recentemente pela Lei n. 789, de 20 de agosto de 2008(532).

Em apertada síntese, as regras vigentes para a representatividade sindical estão contidas no Código do Trabalho, art. L.2141-2 e seguintes. O primeiro critério diz respeito à antiguidade: o sindicato deve ter existência mínima de dois anos, tanto na sua categoria como no local de atuação. Esse tempo é fixado a partir da data do depósito legal dos estatutos sindicais (L.2121-1 do Código do Trabalho). O segundo, mais complexo, é aferido pelas eleições democráticas. É o chamado critério da *audience*. O número de membros é medido a partir das eleições anteriores. O sindicato deve ter obtido cumulativamente 10% dos votos válidos dos trabalhadores sindicalizados na empresa em 1º turno, 8% dos votos expressos no âmbito de sucursais, 8% dos votos das eleições anteriores e 8% da soma da votação nacional e interprofissional extraída do 1º turno dos votos dos eleitos nos Comitês Sociais e Econômicos, independentemente do número de eleitores (art. L.2122-10-1) ou dos votos expressos nas empresas com menos de 11 empregados (maioria na França) (art. L. 2122-10-1). Caso os sindicatos sejam compostos por trabalhadores da agricultura, esses votos serão contados a partir dos representantes da agricultura nas Câmaras Departamentais (art. L.2122-6), em que o público é medido a cada quatro anos.(533)

Ainda conforme o segundo critério, é aferida a influência exercida na atividade de representação e a experiência com a categoria, bem como seus problemas e seus êxitos, ou não, nas negociações coletivas, além do número efetivo de membros inscritos no sindicato, do número de contribuições recebidas, da transparência quanto às contribuições e aos gastos realizados pelo sindicato. Esses requisitos não excluem outros a serem avaliados pelos juízes para atestar a representatividade.(534)

---

(531) LÉGIFRANCE. *Loi n. 2016-1547 du 18 novembre 2016 de modernisation de la justice du XXIe siècle*. Disponível em: www.legifrance.gouv.fr. Acesso em: 24 jul. 2021.

(532) NICOD, Cécile. La réforme du droit de la négociation collective par la loi du 20 août 2008. *Le Droit Ouvrier*, [*s.l.*], maio 2009, p. 219. Disponível em: <https://ledroitouvrier.cgt.fr/IMG/pdf/200905_doctrine_nicod.pdf>. Acesso em: 5 nov. 2019.

(533) SARCEDO, Cristiane Lapa Wanderlei. *Representatividade sindical e negociação coletiva*: diretrizes da OIT, experiências no modelo francês e norte-americano e contribuições ao sistema brasileiro. São Paulo: LTr, 2011. p. 97-117.

(534) TUSSEAU, Guillaume. À propos de la représentativité syndicale. *Revue du droit public et de la science politique en France et à l'étranger*, [*s.l.*], p. 1-36, 2005. Disponível em: <https://hal-sciencespo.archives-ouvertes.fr/hal-01020642/document>. Acesso em 26 jul. 2021.

O relatório das ações coletivas e dos procedimentos na Ibero-América faz referência à legitimação de uma pessoa física para agir coletivamente em processos de insolvência, com fundamento no art. L622-20 do Código Comercial francês.[535]

Há previsão expressa de legitimidade sindical para ajuizar essas ações contra atos discriminatórios envolvendo trabalhadores diretamente na Justiça Civil, antes da Lei n. 1.547/2016. O objeto da tutela — a discriminação direta ou indireta contra candidatos a emprego, estágio ou tempo de formação dentro da empresa — foi inserido no art. L.1134-7 do Código do Trabalho. O procedimento judicial é o mesmo das ações referentes ao meio ambiente ou aos dados (Lei n. 1.547/2016). Como requisito para o ajuizamento, foi fixada a tentativa de solução por meio de uma notificação prévia, emitida pelo legitimado coletivo, com quatro meses de antecedência, para a pessoa física ou jurídica causadora do dano, no caso da discriminação, para que cesse o ato. Esse requisito não exclui a atuação judicial de ofício, ao longo do processo judicial (art. 64 da Lei n. 1.547/2016).

O art. 65 da mesma lei prevê, após a constatação da violação apresentada pela parte autora, uma decisão judicial para fazer cessar o ato praticado pelo réu em prazo previamente fixado pelo juiz, com a aplicação de multa, revertida em favor da Fazenda Pública. Após notificado, o réu deverá tomar todas as medidas necessárias para cessar o efeito da infração, inclusive com a ajuda de um terceiro judicialmente designado. Quando a ação envolver pedido de indenização pelos prejuízos causados, o juiz determinará a responsabilidade do réu, o grupo de pessoas lesadas, os critérios de adesão a esse grupo e os danos a serem reparados, mas também o prazo para essa adesão (art. 66 da Lei n. 1.547/2016).

Os arts. 68 e 73 da Lei n. 1.547/2016 preveem a conciliação entre as partes (réu e legitimado coletivo) sobre o valor da indenização. A homologação é facultativa, pode ser total ou parcial. O juiz deixará de homologar o acordo se entender que as pessoas não serão reparadas de modo satisfatório. Se não houver acordo, inicia-se a liquidação e a execução coletivas, com base nos critérios fixados na decisão judicial.

É importante destacar que a lei francesa impõe ao réu a obrigação de realizar a publicidade necessária para encontrar as pessoas por ele lesadas, após o trânsito em julgado da decisão (art. 67 da Lei n. 1.547/2016). Essa obrigação é diferente do edital determinado pela lei brasileira da ação civil pública. No Brasil, essa publicidade é realizada por meio de um edital, sem previsão legal de responsabilização do réu, para que as pessoas sejam encontradas, o que também ocorre na Itália. A lei francesa ainda prevê expressamente, no art. 77 da Lei n. 1.547/2016, a suspensão das ações individuais até o trânsito em julgado da decisão, ou seja, até que a

(535) GRINOVER, Ada Pellegrini. I. Relatório geral: *civil law*. Os processos coletivos nos países de *civil law*. *In*: GRINOVER, Ada Pellegrini; WATANABE, Kazuo; MULLENIX, Linda. *Os processos coletivos nos países de* civil law e common law. 2. ed. São Paulo: Revista dos Tribunais, 2011. p. 164.

decisão não comporte mais recursos, quando o prazo volta a correr por período não inferior a seis meses.[536]

A ação coletiva por discriminação, ajuizada pelos sindicatos, não é propriamente uma *class action* nos moldes pensados pelos EUA, trata-se de uma importante ação para conter a discriminação ilícita e sistêmica.[537] A importância de seu estudo advém do fato de ser um instrumento de tutela coletiva aplicado à área trabalhista e ligado à reparação de danos ou à cessação de atos, englobando diversas pessoas, mas não propriamente concernente ao direito de greve ou à negociação coletiva.

A primeira ação coletiva envolvendo a discriminação de trabalhadores foi julgada no início de 2020 (TJ Paris, 15 dez. 2020, *arrêt* n. 18/04058). O cerne do debate sobre a aplicação da Lei de 2016 foi a ciência inequívoca do ato discriminatório. Uma trabalhadora contratada em 1976 tornou-se representante sindical em 1977. Em 1981, suspeitou de atraso em promoções devido ao seu engajamento sindical, recorreu à Inspetoria do Trabalho, que emitiu laudo de apoio à sua reclamação, e o empregador corrigiu a conduta. Essa foi a primeira peculiaridade do caso. Em 2008, ela descobriu novas evidências de discriminação em sua carreira. A primeira e a segunda instâncias entenderam que a pretensão estava prescrita desde 2011, trinta anos após a evidência. O Tribunal de Apelação considerou as novas evidências obtidas em 2008 e fixou o entendimento de que a Lei n. 1.547/2016 não poderia retroagir para punir fatos passados.[538]

Essa interpretação restritiva para as ações coletivas foi duramente criticada. O processo passou por uma fase de notificação para a cessação do ato, mas o empregador nada fez. Essa fase preliminar, prevista no artigo L. 1134-9 do Código do Trabalho, é equivalente à fase de conciliação do art. 750-1 do Código de Processo Civil. A partir dessa fase preliminar, os deveres de lealdade e de informação já estão presentes. A segunda fase, de instrução probatória (art. 780 e seguintes do Código de Processo Civil), não se limita à argumentação e à produção de prova

---

(536) "*Article 77 L'action de groupe suspend la prescription des actions individuelles en réparation des préjudices résultant des manquements constatés par le juge ou des faits retenus dans l'accord homologué en application de l'article 76. Le délai de prescription recommence à courir, pour une durée qui ne peut être inférieure à six mois, à compter de la date à laquelle le jugement n'est plus susceptible de recours ordinaire ou de pourvoi en cassation ou à compter de la date de l'homologation de l'accord.*" (LÉGIFRANCE. *Loi nº 2016-1547 du 18 novembre 2016 de modernisation de la justice du XXIe siècle*. Disponível em: <www.legifrance.gouv.fr>. Acesso em: 24 jul. 2021).

(537) BUGADA, Alexis. L'action de groupe contre les discriminations au travail : une menace judiciaire au service du dialogue social ? *Chroniques du Travail*, Provence-Alpes-Côte d'Azur, Institut régional du travail, p. 191-203, 2018. L'égalité dans l'entreprise. Disponível em: <https://hal-amu.archives-ouvertes.fr/hal-02019989>. Acesso em : 10 jan. 2020.

(538) PEYRONNET, Marie. L'action de groupe "discrimination" a déjà atteint ses limites. *Dalloz*: Actualité le quotidien du travail, 11 jan. 2021. Disponível em : <https://www.dalloz-actualite.fr/flash/l-action-de-groupe-discrimination-deja-atteint-ses-limites#.YP6OXaFv_cc>. Acesso em: 26 jul. 2021.

pelas partes, o juiz pode solicitar dados estatísticos e outros documentos (art. 10 do CPC). Poderá haver duas audiências para que o contraditório das partes seja respeitado. O ônus da prova não é interpretado apenas como do empregado, há apenas o ônus de apresentação da prova inicial. Para o caso coletivo não há a exigência da prova individual da discriminação, mas de um conjunto de evidências. O compromisso com as ações de grupo não impede o ajuizamento de ações individuais no *Conseil de Prud'hommes*. É o que ocorre com as ações indenizatórias individuais quando os danos não são reparados pelo tribunal (ou há um acordo em contrapartida). Esse é o significado do art. 79 da Lei n. 1.547/2016[(539)], não sendo obstáculo ao exercício da ação individual, além do dano reparado como parte da ação de grupo, fato mencionado na decisão do Tribunal de Paris.[(540)]

O recurso chegou à Câmara Social da Corte de Cassação, que reformou a decisão (TJ Paris, 15 dez. 2020, *arrêt* n. 18/04058) e considerou que os atos discriminatórios não cessaram seus efeitos, afastando a tese da "descoberta" da prova da discriminação como marco da contagem do prazo prescricional. Para que a lei aplicada no tempo não retroagisse a fatos anteriores a 2016, fixou-se o entendimento de que a omissão na correção de um fato discriminatório é equivalente a uma discriminação e perpetua-se no tempo. Essa discriminação equivale a uma ofensa contínua. Uma segunda tese debatida foi a de que o prazo inicial deve ser contado do fim do contrato de trabalho, porque, enquanto persistir a relação de subordinação, o trabalhador, como vítima, não se encontra em condições de brigar com o seu empregador por motivo de discriminação (Soc. 31 mars 2021, F-P, *arrêt* n. 19-22.557).[(541)]

Os debates envolvendo prescrição e ações coletivas estão presentes na primeira ação coletiva trabalhista julgada na França, demonstrando a dificuldade do tema e a especial atenção que ele merece.

3.2.2.3. Alemanha

Com base no relatório geral realizado em países de *civil law*, a Alemanha foi classificada como um dos países que possui leis setoriais sobre processo coletivo,

---

(539) "*Article 76. Tout accord négocié au nom du groupe est soumis à l'homologation du juge, qui vérifie s'il est conforme aux intérêts de ceux auxquels il a vocation à s'appliquer et lui donne force exécutoire. Cet accord précise les mesures de publicité nécessaires pour informer de son existence les personnes susceptibles d'être indemnisées sur son fondement, ainsi que les délais et modalités pour en bénéficier.*" (LÉGIFRANCE. *Loi n. 2016-1547 du 18 novembre 2016 de modernisation de la justice du XXIe siècle.* Disponível em: <www.legifrance.gouv.fr>. Acesso em: 24 jul. 2021).

(540) GUIOMARD, Frédéric. L'action de groupe-discrimination en quête de sens: À propos du jugement du tribunal judiciaire de Paris, 15 décembre 2020, FTM-CGT c/ SA Safran Aircraft Engines. *Le Droit Ouvrier*, [*s.l.*], n. 847, jun. 2021, p. 326-328. Disponível em: <https://ledroitouvrier.cgt.fr/IMG/pdf/202106_doctrine_guiomard.pdf>. Acesso em: 26 jul. 2021.

(541) PEYRONNET, Marie. Absence de prescription des discriminations continuant à produire leurs effets. *Dalloz* : Actualité le quotidien du travail, 28 avr. 2021. Disponível em : <https://www.dalloz-actualite.fr/flash/l-action-de-groupe-discrimination-deja-atteint-ses-limites#.YP6OXaFv_cc>. Acesso em: 26 jul. 2021.

porém na área da tutela do consumidor.[542] Esse país não tem dispositivos constitucionais (*Grundgesetz* (GG)) para tutelar demandas de grupo ou representativas, em termos de direitos civis.[543] Como o relatório não considerou a área trabalhista, é importante mencionar que há uma Lei Orgânica da Justiça do Trabalho (*Arbeitsgerichtsgesetz* (ArbGG)) desde a década de 50 (3 de setembro de 1953) assegurando a participação de sindicatos (*Gewerkschaften*), associações de empregadores e uniões de trabalhadores nos processos judiciais trabalhistas desde que autorizados em negociação coletiva.[544] É interessante notar que a doutrina italiana refere-se à primeira ação coletiva tedesca como a inserida no art. 13 sobre cláusula abusiva, contido na lei contra a concorrência desleal (*Gesetz Bekiimpfung-desunlauteren Wettbewerbs* (UWG)), porém limitada à tutela inibitória.[545]

O sistema jurídico alemão atribuiu autonomia a cada unidade da federação para a criação de órgãos especializados em solucionar os conflitos coletivos trabalhistas por meio de negociação coletiva. Há na lei de organização empresarial um dispositivo legal que faculta a formação de comissões permanentes de conciliação, estendendo-se aos conselhos de empresas, dispensando a interferência estatal. Aos tribunais do trabalho, é atribuída a competência de julgar os conflitos individuais entre empregados e empregadores. O conteúdo das normas coletivas não tem prazo de vigência, sendo substituído apenas quando outra norma coletiva é pactuada.[546]

---

(542) GRINOVER, Ada Pellegrini. I. Relatório geral: *civil law*. Os processos coletivos nos países de *civil law*. *In*: GRINOVER, Ada Pellegrini; WATANABE, Kazuo; MULLENIX, Linda. *Os processos coletivos nos países de* civil law e common law. 2. ed. São Paulo: Revista dos Tribunais, 2011. p. 139.

(543) KOCH, Harald. Procedimientos colectivos y representativos en el procedimiento civil alemán. *In*: GIDI, Antonio; FERRER MAC-GREGOR, Eduardo (coord.). *Procesos colectivos*: la tutela de los derechos difusos, colectivos e individuales en una perspectiva comparada. 2. ed. México: Editorial Porrúa, 2004. p. 236.

(544) "*§ 10 Parteifähig im arbeitsgerichtlichen Verfahren sind auch Gewerkschaften und Vereinigungen von Arbeitgebern sowie Zusammenschlüsse solcher Verbände; in den Fällen des § 2a Abs. 1 Nr. 1 bis 3f sind auch die nach dem Betriebsverfassungsgesetz, dem Sprecherausschussgesetz, dem Mitbestimmungsgesetz, dem Mitbestimmungsergänzungsgesetz, dem Drittelbeteiligungsgesetz, dem § 222 des Neunten Buches Sozialgesetzbuch, dem § 51 des Berufsbildungsgesetzes und den zu diesen Gesetzen ergangenen Rechtsverordnungen sowie die nach dem Gesetz über Europäische Betriebsräte, dem SE-Beteiligungsgesetz, dem SCE-Beteiligungsgesetz und dem Gesetz über die Mitbestimmung der Arbeitnehmer bei einer grenzüberschreitenden Verschmelzung beteiligten Personen und Stellen Beteiligte. Parteifähig im arbeitsgerichtlichen Verfahren sind in den Fällen des § 2a Abs. 1 Nr. 4 auch die beteiligten Vereinigungen von Arbeitnehmern und Arbeitgebern sowie die oberste Arbeitsbehörde des Bundes oder derjenigen Länder, auf deren Bereich sich die Tätigkeit der Vereinigung erstreckt. Parteifähig im arbeitsgerichtlichen Verfahren sind in den Fällen des § 2a Absatz 1 Nummer 5 auch die oberste Arbeitsbehörde des Bundes oder die oberste Arbeitsbehörde eines Landes, soweit ihr nach § 5 Absatz 6 des Tarifvertragsgesetzes Rechte übertragen sind.*" (BUNDESMINISTERIUM DER JUSTIZ UND FÜR VERBRAUCHERSCHUTZ. *Arbeitsgerichtsgesetz*. Disponível em: <https://www.gesetze-im-internet.de/arbgg/BJNR012670953.html>. Acesso em: 3 jul. 2021).

(545) GIUGGIOLI, Pier Filippo. *L'azione di classe*: un nuovo procedimento collettivo. Milano: Wolters Kluwer Italia, CEDAM, 2019. p. 18.

(546) LOBATO, Márcia Regina. *Dissídio coletivo*. São Paulo: LTr, 2014. p. 125-126.

Os debates sobre processos coletivos na Alemanha remontam à década de 70, conforme Ada Pellegrini. Em regra, os mecanismos utilizados para a *class action* estadunidense são entendidos como contrários à política pública germânica. Desde o chamado litígio do Holocausto da década de 90, há relutância contra o estilo americano de litígios coletivos. No ano de 2000, houve uma ação coletiva americana envolvendo litígios de trabalho escravo contra a WW II, que não foi reconhecido pela Corte de Apelação de Stuttgart, na Alemanha. Ficou entendido que a ação norte-americana não foi promovida por pessoas com interesses completamente isentos ou duvidosos. Em julho de 2003, a Corte Constitucional da Alemanha, por meio de uma medida cautelar, impediu o ajuizamento de uma ação americana (visando o pagamento de 17 bilhões de dólares) contra a Bertelsmann AG. A reivindicação foi baseada em supostas infrações de direitos autorais cometidos pelo Napster Inc. A Corte Constitucional Alemã baseou-se no art. 13 da Convenção de Haia para declarar que as autoridades alemãs não estão autorizadas a analisar *strike suits*(547). Por fim, a Bertelsmann desistiu da ação, e o Tribunal Constitucional não abordou a questão em processo principal.(548) Esse caso exemplifica a relutância germânica em enfrentar o tema do processo coletivo. Outro argumento de desestímulo é a prática de solução pelas agências administrativas alemãs(549) dos conflitos de massa.

Mas há no ordenamento tedesco um tipo de processo para resolução de casos repetitivos, a partir de um modelo chamado *Musterverfahren*, originado no processo administrativo(550). Trata-se da escolha de um processo padrão para demandas repetitivas. A ideia foi a solução aplicada ao caso Deutsche Telekom AG, que envolveu duas mil e duzentas ações ajuizadas contra essa empresa, com quatorze mil pessoas atingidas, entre 2001 e 2003. Afirma-se que atualmente a Alemanha tem uma legislação pontual para as demandas coletivas.(551) Com efeito, o legislador criou, em 2005, a Lei de Introdução do Procedimento-Modelo para Investidores em Mercado de Capitais (Gesetz zur Einführung von Kapitalanleger-Musterverfahren, abreviadamente conhecida como KapMuG).(552) Portanto, o tribunal

---

(547) Uma *strike suit* é uma ação intentada por uma pessoa ou um grupo que pretende obter uma vantagem ou um acordo privado antes de acionar um tribunal.

(548) GRINOVER, Ada Pellegrini. I. Relatório geral: *civil law*. Os processos coletivos nos países de *civil law*. *In*: GRINOVER, Ada Pellegrini; WATANABE, Kazuo; MULLENIX, Linda. *Os processos coletivos nos países de* civil law e common law. 2. ed. São Paulo: Revista dos Tribunais, 2011. p. 140-141.

(549) CÉSAR, João Batista Martins. *A tutela coletiva dos direitos fundamentais dos trabalhadores*. São Paulo: LTr, 2013. p. 117.

(550) REZENDE, Caroline Gaudio. Musterverfahren *como mecanismo de efetividade do acesso à justiça e a sua convivência com a tutela coletiva*. 2014. 202 f. Dissertação (Mestrado em Direito) — Universidade Estácio de Sá, Rio de Janeiro, 2014. p. 31-32.

(551) GRINOVER, Ada Pellegrini. I. Relatório geral: *civil law*. Os processos coletivos nos países de *civil law*. *In*: GRINOVER, Ada Pellegrini; WATANABE, Kazuo; MULLENIX, Linda. *Os processos coletivos nos países de* civil law e common law. 2. ed. São Paulo: Revista dos Tribunais, 2011. p. 140-141.

(552) CABRAL, Antonio do Passo. Il procedimento-modello (musterverfahren) tedesco e gli istrumenti di risoluzione di processi ripetitivi. *Revista de Processo Comparado*, São Paulo, v. 1, p. 45-67, jan./jun. 2015, p. 46.

escolheu um caso-modelo, julgou-o, e essa decisão foi aplicada, de modo adaptado às peculiaridades, aos demais casos repetitivos sobre o assunto.

O *Musterverfahren* inspirou a reforma processual civil brasileira de 2016 para o chamado incidente de resolução de demandas repetitivas (IRDR).[553] Além das diferenças entre os institutos, fixou-se nesta tese a premissa de que essa técnica de solução de demandas repetitivas não se classifica como processo coletivo propriamente dito, mas como técnica de efetivação do processo (IRDR).

Sem aprofundar o tema, uma das diferenças entre o instituto tedesco e o brasileiro é a vinculação da decisão. No procedimento alemão, o processo-modelo é aplicado apenas aos casos ajuizados no momento da escolha, sem vinculação a casos futuros, enquanto o IRDR tem força vinculante.[554] Outra diferença é a escolha de um representante para os autores e de um representante para os réus, se houver mais de um (*Musterkläger* e *Musterbeklagte*), com interlocução direta com a corte[555], enquanto o IRDR estabelece apenas um caso-modelo, com exclusão de matéria fática, para fixar uma tese jurídica a ser aplicada aos demais processos repetitivos — arts. 976 a 987 do CPC, sem escolha de representantes entre as partes.

A Alemanha é um país que inspira o ordenamento pátrio, especialmente na forma de enxergar o instituto da prescrição. Quanto ao processo-modelo, o *Musterverfahren*, pode-se afirmar que se aproxima da tutela coletiva na medida em que, reprimindo as lesões, e com os processos individuais já ajuizados, para o julgamento do caso-modelo, elege representante dos autores e dos réus, mas não há propriamente a coletivização do objeto da demanda, nem uma coisa julgada para casos futuros, restringindo-se a resolver com pragmatismo a multiplicação de processos sobre o mesmo fato.

Outra legislação existente e mais adequada ao acesso coletivo à Justiça é a *Verbandsklagen* ou ações associativas. Essas ações estão espalhadas em diversas disposições legais, sendo importante mencionar a existência de ações inibitórias na área do direito do consumidor (*Gesetz über Unterlassungsklagen*

---

(553) CABRAL, Antonio do Passo. O novo procedimento-modelo (*Musterverfahren*) alemão: uma alternativa às ações coletivas. *Revista de Processo*, São Paulo, v. 32, n. 147, maio 2007, p. 131; MENDES, Aluisio Gonçalves de Castro. *Ações coletivas e meios de soluções de conflitos coletivos no direito comparado e nacional*. 4. ed. rev., atual. e ampl. São Paulo: Revista dos Tribunais, 2012. p. 297-299.

(554) GONÇALVES, Gláucio Maciel; DUTRA, Victor Barbosa. Apontamentos sobre o novo incidente de resolução de demandas repetitivas do Código de Processo Civil de 2015. *RIL*, Brasília, a. 52, n. 208, out./dez. 2015, p. 196.

(555) LÜKE, Wolfgang. Der Musterentscheid nach dem neuen Kapitalanleger-Musterverfahrensgesetz — Entscheidungsmuster bei gleichgerichteten Interessen? *Zeitschrift für Zivilprozess*, Band 119, Heft 2, jun. 2006, p. 138-139 *apud* CABRAL, Antonio do Passo. O novo procedimento-modelo (*Musterverfahren*) alemão: uma alternativa às ações coletivas. *Revista de Processo*, São Paulo, v. 32, n. 147, maio 2007, p. 128.

bei Verbraucherrechts — und anderen Verstößen (*UklaG*)), previstas no § 4º da Lei sobre Ações Inibitórias em Matéria de Direito do Consumidor e outras Infrações. Mas a legitimação dessas ações é anterior ao *Musterverfahren*. Há legitimidade de atuação de certas associações na Lei contra a Concorrência Desleal, de 1909 (§ 13). Essa legitimação foi ampliada em 1965 e em 27 de junho de 2000, em razão das diretivas da União Europeia. Em regra, a legitimação das associações alemãs está prevista no § 8º do *Gesetz gegen den unlauteren Wettbewerb* (UGW), lei contra a concorrência desleal, no § 13 e no § 22a da *Gesetz zur Regelung der Allgemeinen Geschäftsbedingungen* (lei que regulamenta a cláusula geral dos contratos), de 1976, e ainda no § 33 da *Gesetz gegen Wettbewerbsbeschänkungen* (lei contra os cartéis), de 1998.[556]

Os instrumentos de tutela do direito alemão citados, em regra, não fazem referência expressa ao processo coletivo, as medidas são consideradas deficitárias e não agregam outras ações ou ampliam a coisa julgada para processos individuais.[557] Porém, a Diretiva Europeia n. 98/27/CE pressionou o Estado alemão a uniformizar o tratamento coletivo. No mesmo ano, internamente, foi votada a proposta de introdução de uma ação associativa com aplicação ampla, sem sucesso ante o resultado, pela rejeição. Contudo, houve a internalização discreta da Diretiva na Lei dos Contratos à Distância, que se referem ao direito do consumidor, no ano seguinte.[558] Isso indica que, após a publicação da Diretiva Europeia n. 2020/1828[559], poderá ocorrer mudança na legislação alemã para que o direito interno seja uniformizado com o direito comunitário.

Durante a pesquisa, não foi encontrada nenhuma norma específica sobre o instituto da prescrição nas técnicas procedimentais alemãs.

3.2.3. Colômbia

A tutela coletiva na Colômbia está prevista no art. 88 da Constituição Política (1991), sendo regulamentada na Lei n. 472/1998, porém as ações populares e de grupo existiam no país desde a Constituição de 1991[560] e eram previstas

---

(556) MENDES, Aluisio Gonçalves de Castro. *Ações coletivas e meios de soluções de conflitos coletivos no direito comparado e nacional*. 4. ed. rev., atual. e ampl. São Paulo: Revista dos Tribunais, 2012. p. 116.

(557) RAMOS, André Luiz Arnt. Lineamentos do processo civil coletivo na Alemanha. *Revista de Processo*, São Paulo, v. 39, n. 232, jun. 2014, p. 234-235.

(558) MENDES, Aluisio Gonçalves de Castro. *Ações coletivas e meios de soluções de conflitos coletivos no direito comparado e nacional*. 4. ed. rev., atual. e ampl. São Paulo: Revista dos Tribunais, 2012. p. 118-119.

(559) EUR-LEX. Diretiva (UE) 2020/1828 do Parlamento Europeu e do Conselho de 25 de novembro de 2020 relativa a ações coletivas para proteção dos interesses coletivos dos consumidores e que revoga a Diretiva 2009/22/CE. Disponível em: <http://data.europa.eu/eli/dir/2020/1828/oj>. Acesso em: 3 jul. 2021.

(560) GRINOVER, Ada Pellegrini. I. Relatório geral: *civil law*. Os processos coletivos nos países de *civil law*. *In*: GRINOVER, Ada Pellegrini; WATANABE, Kazuo; MULLENIX, Linda. *Os processos coletivos nos países de* civil law e common law. 2. ed. São Paulo: Revista dos Tribunais, 2011. p. 50.

nos arts. 88, 89 e 90.[561] A despeito da omissão legislativa quanto ao conceito dos direitos coletivos, a Corte Constitucional colombiana definiu-os como direitos pertencentes a todos e a cada um dos membros de uma comunidade, cuja existência é concretizada com seu exercício judicial. Nem a Constituição, nem a lei distinguiram os direitos difusos e os coletivos.[562]

Quanto aos direitos individuais homogêneos, há uma particularidade no caso colombiano. O Judiciário protege de forma especial esses direitos, pois os juízes não se limitam a declarar a responsabilidade do demandado ante o grupo ou a classe, mas também indicam o valor das indenizações de cada indivíduo que integra esse grupo ou essa classe. Por isso, o art. 88 da Constituição colombiana encarregou o legislador de regulamentar um procedimento coletivo para essas indenizações decorrentes de danos coletivos, sem prejuízo das ações individuais.[563]

A ação popular é um meio processual para a proteção de direitos e interesses coletivos com tramitação especial. Pode ser preventiva ou ressarcitória. Tem legitimação ampla e não necessita de advogado. Em regra, são legítimos para essa ação: qualquer pessoa natural ou jurídica; organizações em geral; entidades públicas que tenham função de controle, intervenção ou vigilância (se a ameaça ou dano não for originada de uma ação ou de uma omissão dessas entidades); Procurador Geral da Nação; defensor do povo; funcionários distritais e municipais, no que for referente a sua competência; prefeitos e demais funcionários públicos pelas funções de promoção e de defesa dos direitos.[564]

É importante destacar que o Brasil influenciou bastante a doutrina colombiana e as decisões da Corte Constitucional, como se extrai do texto de Herrera Tapias.[565]

---

(561) BENAVIDES BURBANO, Lilia; MURCIA GONZÁLEZ, Andrés. Acción colectiva en defensa de los derechos de consumidores y usuarios. *Derecho y Realidad*, Colômbia, a. 12, n. 23, maio 2014, p. 208. Disponível em: <https://revistas.uptc.edu.co/index.php/derecho_realidad/article/download/4566/4261>. Acesso em: 3 jul. 2021, p. 208.

(562) GUAYACÁN ORTIZ, Juan Carlos. La acción popular, la acción de grupo y las acciones colectivas: comparación de algunos tópicos entre el ordenamiento colombiano y el Anteproyecto de Código Modelo de procesos colectivos para Iberoamérica. *Revista de Derecho Privado*, Bogotá, n. 9, jul./dez. 2005, p. 36-37. Disponível em: <http://www.redalyc.org/articulo.oa?id=417537584003>. Acesso em: 3 jul. 2021.

(563) GUAYACÁN ORTIZ, Juan Carlos, Desafios do processo coletivo e conversão das ações individuais em coletivas na Ibero-américa. *Revista Iberoamericana de Derecho Procesal*, [*s.l.*], v. 4, jul./dez. 2016, p. 157.

(564) BENAVIDES BURBANO, Lilia; MURCIA GONZÁLEZ, Andrés. Acción colectiva en defensa de los derechos de consumidores y usuarios. *Derecho y Realidad*, Colômbia, a. 12, n. 23, maio 2014, p. 208. Disponível em: <https://revistas.uptc.edu.co/index.php/derecho_realidad/article/view/4566>. Acesso em: 3 jul. 2021, p.208.

(565) *"La Corte Constitucional colombiana ha fundamentado en gran parte sus Sentencias C-215 de 1999, 1062 de 2000 y 569 de 2004, con base a la posición teórica del reconocido doctrinante Antonio Gidi (2004), considera que: 'una acción colectiva es la acción promovida por un representante (legitimación colectiva), para proteger el derecho que pertenece a un grupo de personas (objeto del litigio), y cuya sentencia obligará al grupo como a un todo (cosa juzgada)'. Y concluye que 'Lo que distingue una acción colectiva de una acción individual es su aptitud de proteger el derecho de un*

O art. 88 da Constituição colombiana divide as ações em ações populares e em ações de grupo. Essas últimas são tratadas no parágrafo segundo e terceiro do art. 88 referenciado: "*También regulará las acciones originadas en los daños ocasionados a un número plural de personas, sin perjuicio de las correspondientes acciones particulares. Así mismo, definirá los casos de responsabilidad civil objetiva por el daño inferido a los derechos e intereses colectivos*".(566)

Em 1999, a Corte Constitucional colombiana decidiu, por meio da Sentença C-215, que as ações de grupo devem proteger direitos derivados de uma nova realidade ou situações socioeconômicas que afetem não mais o direito particular, mas um direito compartilhado por mais indivíduos. A tramitação dessas ações é a mesma prevista para procedimentos ordinários ou abreviados. Não se trata de direitos coletivos, mas de um elemento comum, que é a origem ou a causa do dano; os mecanismos de formação do grupo e a forma de reparação das pessoas devem ser regulados de modo especial, tendo em vista a economia processual. Herrera Tapias alerta: um tipo de dano individual, que afeta de forma particular o patrimônio de uma única pessoa, pode levar a um dano coletivo, que atinge os interesses de um conglomerado e vice-versa; mas, se o dano afetar de modo concreto e pessoal um número plural de pessoas, cada uma delas pode reivindicar sua indenização de modo individual ou por meio da ação coletiva.(567)

A ação de grupo exige pelo menos 20 membros no polo ativo (art. 46 da Lei n. 472/1998), a uniformidade do dano causado a esses membros e os elementos que configuram a responsabilidade (arts. 3º e 46 da Lei n. 472/1998). O último requisito legal foi excluído por decisão da Corte Constitucional colombiana (Sentença C-569, de 18 de junho de 2004).(568)

Os arts. 11 e 47 da Lei n. 472/1998 previram a decadência (*caducidad*) para as ações populares, estabelecendo que o ajuizamento pode acontecer enquanto subsistirem a ameaça ou o perigo para o direito ou o interesse coletivo. A Corte Constitucional (Sentença C-215-99, de 14 de abril de 1999) tornou inexequível a

---

grupo"' (HERRERA TAPIAS, Beliña. Las acciones colectivas en Colombia frente a una realidad global: el derecho de consumo. *Justicia*, Barranquilla, Colombia, n. 25, jan./jun. 2014. Disponível em: <http://www.scielo.org.co/scielo.php?script=sci_arttext&pid=S0124-74412014000100004>. Acesso em: 4 ago. 2021).

(566) COLÔMBIA. Senado. *Constituición política*. Disponível em: <http://www.secretariasenado.gov.co/senado/basedoc/constitucion_politica_1991_pr002.html>. Acesso em: 4 ago. 2021.

(567) HERRERA TAPIAS, Beliña. Las acciones colectivas en Colombia frente a una realidad global: el derecho de consumo. *Justicia*, Barranquilla, Colombia, n. 25, jan./jun. 2014. Disponível em: <http://www.scielo.org.co/scielo.php?script=sci_arttext&pid=S0124-74412014000100004>. Acesso em: 4 ago. 2021.

(568) GUAYACÁN ORTIZ, Juan Carlos. La acción popular, la acción de grupo y las acciones colectivas: comparación de algunos tópicos entre el ordenamiento colombiano y el Anteproyecto de Código Modelo de procesos colectivos para Iberoamérica. *Revista de Derecho Privado*, Bogotá, n. 9, jul./dez. 2005, p. 38. Disponível em: <http://www.redalyc.org/articulo.oa?id=417537584003>. Acesso em: 3 jul. 2021.

segunda parte do art. 11: "*Cuando dicha acción esté dirigida a volver las cosas a su estado anterior, el término para interponerla será de cinco (5) años, contados a partir de la acción u omisión que produjo la alteración*"[569]. Já o art. 47 foi considerado exequível e prevê o prazo de dois anos para o ajuizamento da ação de grupo, sem prejuízo da ação individual, contado da data de cessação do dano ou do ato vulnerável que o causou: "*Caducidad. Sin perjuicio de la acción individual que corresponda por la indemnización de perjuicios, la acción de grupo deberá promoverse dentro de los dos (2) años siguientes a la fecha en que se causó el daño o cesó la acción vulnerable causante del mismo*".[570]

Outra previsão quanto à decadência, mas também quanto à prescrição, era encontrada no art. 55 da Lei n. 472/1998 em sua redação original. As pessoas que não tivessem ações prescritas ou caducadas poderiam ingressar na ação de grupo no prazo de 20 dias da publicação da sentença. Essa parte do artigo foi, porém, retirada por decisão da Corte Constitucional (Sentenças C-241-09, de 1º de abril de 2009, e C-242-12, de 22 de março de 2012).[571]

É importante mencionar a interpretação do art. 47 da Lei n. 472/1998 dada por Javier Tamayo Jaramillo, que afirma tratar-se de prazo prescricional com o uso dos termos em inglês: *limitation periods* e *prescription*. Em tradução livre, o termo "decadência" em inglês equivaleria a *decadence*, e não a *prescription*, como utilizado pelo autor para explicar o prazo de dois anos previsto para o ajuizamento da ação coletiva colombiana.[572] Isso demonstra que, embora o termo legal seja *caducidad*, Tamayo Jaramillo segue o conceito de Fernando Hinestrosa sobre a prescrição (explicitado no capítulo sobre a prescrição em direitos individuais da Colômbia): a prescrição é a passagem do tempo que opera contra um titular que não aciona.

---

(569) COLÔMBIA. Senado. *Ley 472 de 1998*. Disponível em: <http://www.secretariasenado.gov.co/senado/basedoc/ley_0472_1998.html>. Acesso em: 4 ago. 2021.

(570) *Idem*.

(571) "*ARTICULO 55. INTEGRACION AL GRUPO. <Aparte tachado INEXEQUIBLE. Aparte subrayado CONDICIONALMENTE EXEQUIBLE> Cuando la demanda se haya originado en daños ocasionados a un número plural de personas por una misma acción u omisión, o por varias acciones u omisiones, derivadas de la vulneración de derechos o intereses colectivos, quienes hubieren sufrido un perjuicio podrán hacerse parte dentro del proceso, antes de la apertura a pruebas, mediante la presentación de un escrito en el cual se indique su nombre, el daño sufrido, el origen del mismo y el deseo de acogerse al fallo y de pertenecer al conjunto de individuos que interpuso la demanda como un mismo grupo. Quien no concurra al proceso, ~~y siempre y cuando su acción no haya prescrito y/o caducado de conformidad con las disposiciones vigentes~~, podrá acogerse posteriormente, dentro de los veinte (20) días siguientes a la publicación de la sentencia, suministrando la información anterior, pero no podrá invocar daños extraordinarios o excepcionales para obtener una indemnización mayor y tampoco se beneficiará de la condena en costas.*" (COLÔMBIA. Senado. *Ley 472 de 1998*. Disponível em: <http://www.secretariasenado.gov.co/senado/basedoc/ley_0472_1998.html>. Acesso em: 4 ago. 2021. Corte no original).

(572) TAMAYO JARAMILLO, Javier. The class action law review: Colombia. *The Law Review*. Disponível em: <https://thelawreviews.co.uk/title/the-class-actions-law-review/colombia>. Acesso em: 5 ago. 2021.

Nas palavras de Hinestrosa, decadência ou *caducidad*, sinônimas do francês *délai* e do alemão *Verwirkung*, vêm do direito administrativo e foram empregadas como "*la acción del particular frente o contra el Estado*", referindo-se à nulidade dos atos administrativos, indenizações e restabelecimento de direitos. Em contraponto com a prescrição, a decadência passou a ser diferenciada em razão das relações de crédito, a figura da decadência operando de modo mais drástico que a prescrição. Essa distinção passou pela doutrina ítalo-francesa e pela alteração da competência para o julgamento do contencioso contratual e das responsabilidades em 1964. Nessa data, a Corte Suprema deixou de julgar essas matérias, que passaram a ser afetas à competência do Conselho de Estado. Em geral, os prazos mais curtos são de decadência, mas nem sempre essa regra pode ser utilizada. A razão principal é que a prescrição implica uma vantagem patrimonial. O texto chega a mencionar que a decadência se refere a poderes, mas também usa a mesma palavra mais à frente para tratar da prescrição.[(573)]

Talvez seja por essa confusão que o jurista entenda ser prescricional o prazo de dois anos do art. 47 da Lei n. 472/1998 e a Corte Constitucional, por meio da Sentença C-215-99, de 14 de abril de 1999, mencione a *caducidad* para o art. 47 e a *prescripción* para o art. 55, sendo fixada a tese de imprescritibilidade do cumprimento de sentença.[(574)] Assim, há o prazo de dois anos para o ajuizamento da ação e de 20 dias a contar da publicação da sentença para a adesão individual, sem prazo prescricional para o cumprimento da sentença quanto ao direito reconhecido.

---

(573) HINESTROSA, Fernando. *La prescripción extintiva*. Bogotá: Universidad Externado de Colombia, 2001. p. 243-245.

(574) "*PRESCRIPCIÓN DEL DERECHO AL PAGO DE LA INDEMNIZACIÓN. La pérdida del derecho a reclamar la indemnización reconocida en una sentencia como consecuencia de la violación de derechos e intereses colectivos, por el hecho de no haberla reclamado el beneficiario dentro del plazo de un (1) año posterior al fallo, configura a juicio de la Corte, una manifiesta violación de la protección constitucional de la propiedad y de los derechos adquiridos. En este caso, en virtud del fallo, el afectado se ha convertido en titular de un derecho de dominio sobre una indemnización que ingresa a su patrimonio, como una justa compensación y reparación del daño derivado de la vulneración de un derecho colectivo. Por lo tanto, el hecho de que transcurra un año sin reclamar su pago, no legitima desde el punto de vista constitucional, la pérdida de ese derecho. A lo anterior se agrega que, en el caso particular de la indemnización decretada en virtud de una acción popular, aquella no se refiere únicamente al resarcimiento por la violación de derechos individuales, sino que se trata de la reparación de los daños causados por la vulneración a derechos e intereses colectivos, es decir en beneficio de toda una comunidad afectada. Además de que constituye una justa sanción a las entidades o personas responsables de tal vulneración. No obstante, ello no significa que no haya prescripción alguna para reclamar dicha indemnización. Sin duda, subsiste respecto del reclamo del pago de la indemnización decretada por el juez, la prescripción ordinaria de la acción ejecutiva correspondiente, que no puede sujetarse a un plazo que resulta irrazonable por su brevedad. Todo ello, sin perjuicio que el legislador establezca en un futuro otro plazo que cumpla con los requisitos de razonabilidad y proporcionalidad acordes con el ordenamiento superior.*" (COLÔMBIA. Senado. *Ley 472 de 1998*: art. 47. Jurisprudencia Vigencia. Sentencia C-215-99 de 14 de abril de 1999, Magistrada Ponente Dr. Martha Victoria Sáchica Méndez. Disponível em: <http://www.secretariasenado.gov.co/senado/basedoc/c-215_1999.html#1>. Acesso em: 9 ago. 2021).

Após esses 20 dias, os aderentes não poderão invocar danos extraordinários ou excepcionais para aumentar a indenização fixada na sentença (parte final do art. 55 da Lei n. 472/1998).

Na área trabalhista, as normas coletivas vigem por tempo indeterminado, prorrogando-se de seis em seis meses quando o instrumento coletivo não contenha previsão de vigência.[575] Os conflitos coletivos são resolvidos de maneira direta na Colômbia, enquanto os conflitos individuais são resolvidos por tribunais de arbitramento ligados ao Ministério do Trabalho.[576] Em matéria trabalhista, na Colômbia não há instrumento processual de tutela de conflitos coletivos sindicais ou envolvendo normas criadas pelas partes, acordos e convenções coletivas, equivalente aos dissídios coletivos brasileiros.

3.2.4. Argentina

A Argentina é um país de estrutura federada com vinte e três Estados locais e a cidade autônoma de Buenos Aires. O art. 5º da Constituição Nacional da Argentina reconhece a autonomia das Províncias quando elas instituem um sistema próprio de organização e de Justiça. Há um Código Processual Civil e Comercial da Nação, que rege a ordem federal e a cidade autônoma de Buenos Aires, juntamente com vinte e três codificações processuais locais.[577] Esse sistema assemelhava-se aos regulamentos processuais estatais brasileiros que vigiam antes do Código de Processo Civil de 1939.

O relatório sobre os processos coletivos produzido pelos países de *civil law* indica que as Províncias de Catamarca e Rio Negro na Argentina possuem uma organização processual coletiva.[578] O art. 43 da Constituição Nacional traz um regramento sobre o amparo coletivo que é utilizado tanto para atos ou omissões das autoridades públicas, equivalendo à tutela da ação popular brasileira, como para discriminação, meio ambiente, direitos do consumidor, passando pela previsão de inconstitucionalidade de normas e tutela da liberdade física, o que amplia o espectro de proteção para além do equivalente às ações civis públicas e coletivas brasileiras[579].

---

(575) LOBATO, Márcia Regina. *Dissídio coletivo.* São Paulo: LTr, 2014. p. 128-129.

(576) LÓPEZ MORENO, Juan Pablo; VILLAMIL GARZÓN, Edwin Mauricio. Resolución de conflictos colectivos, comportamiento sindical, y dinámica legislativa y jurisprudencial en materia laboral en el posconflicto en Colombia. *Revista cuatrimestral de las Facultades de Derecho y Ciencias Económicas y Empresariales*, Madrid, n. 103, 2018. Revista eletrônica. Disponível em: <https://revistas.comillas.edu/index.php/revistaicade/article/download/8197/8437>. Acesso em: 10 out. 2021.

(577) KRÜGER TAMAY, Renan Faria; VERBIC, Francisco. A organização judiciária no Brasil e Argentina. *In*: BERIZONCE O., Roberto; TSHEINER, José Maria; KRÜGER TAMAY, Renan Faria. *Los procesos colectivos*: Argentina e Brasil. Buenos Aires: Cathedra Jurídica, 2012. p. 40-41.

(578) GRINOVER, Ada Pellegrini. I. Relatório geral: *civil law*. Os processos coletivos nos países de *civil law*. *In*: GRINOVER, Ada Pellegrini; WATANABE, Kazuo; MULLENIX, Linda. *Os processos coletivos nos países de* civil law e common law. 2. ed. São Paulo: Revista dos Tribunais, 2011. p. 35.

(579) "*Artículo 43. Toda persona puede interponer acción expedita y rápida de amparo, siempre que no exista otro medio judicial más idóneo, contra todo acto u omisión de autoridades públicas o de particulares, que en forma actual o inminente lesione, restrinja, altere o amenace, con arbitrariedad*

A Argentina também adota legislação para a tutela dos consumidores e ambiental respectivamente, por meio da Lei n. 24.240 e Lei n. 25.675, como leis gerais nacionais que contém normas sobre o acesso coletivo à Justiça e tutela coletiva, mas cada província pode regulamentar com autonomia essas leis. Assim, há a *Ley 7.714*, Código Provincial que regulamenta a lei dos consumidores na Província de San Juan; o novo código de processo civil e comercial de Rio Negro com a previsão de tutela para direitos individuais homogêneos, art. 688 *bis* e seguintes; a regulamentação do amparo judicial na Província de Catamarca (Lei n. 5034/2001).[580] Atualmente, em termos de leis gerais, a Argentina continua a contar apenas com a lei ambiental e a lei do consumidor, de aplicação nacional para as províncias, além da tutela do amparo (prevista constitucionalmente), como instrumentos de acesso coletivo à Justiça.[581]

Na área trabalhista não há previsão de solução judicial para os conflitos coletivos, tradicionalmente, várias províncias regularam os procedimentos do trabalho por meio de Códigos de Processo do Trabalho com foco nas lides individuais e descumprimentos normativos. A tutela sindical prevista na Lei n. 23.551/1988 refere-se aos problemas relacionados à discriminação dos representantes sindicais e ao descumprimento das prerrogativas de atuação do sindicato.[582] Há um pro-

---

o ilegalidad manifiesta, derechos y garantías reconocidos por esta Constitución, un tratado o una ley. En el caso, el juez podrá declarar la inconstitucionalidad de la norma en que se funde el acto u omisión lesiva.

Podrán interponer esta acción contra cualquier forma de discriminación y en lo relativo a los derechos que protegen al ambiente, a la competencia, al usuario y al consumidor, así como a los derechos de incidencia colectiva en general, el afectado, el defensor del pueblo y las asociaciones que propendan a esos fines, registradas conforme a la ley, la que determinará los requisitos y formas de su organización.

Toda persona podrá interponer esta acción para tomar conocimiento de los datos a ella referidos y de su finalidad, que consten en registros o bancos de datos públicos, o los privados destinados a proveer informes, y en caso de falsedad o discriminación, para exigir la supresión, rectificación, confidencialidad o actualización de aquéllos. No podrá afectarse el secreto de las fuentes de información periodística.

Cuando el derecho lesionado, restringido, alterado o amenazado fuera la libertad física, o en caso de agravamiento ilegítimo en la forma o condiciones de detención, o en el de desaparición forzada de personas, la acción de hábeas corpus podrá ser interpuesta por el afectado o por cualquiera en su favor y el juez resolverá de inmediato, aun durante la vigencia del estado de sitio." (ARGENTINA. Ministerio de Justicia y Derechos Humanos. Presidencia de la Nación. *Infoleg — Información Legislativa*. Constituición de la Nacion Argentina. Ley 24.430. Disponível em: <http://servicios.infoleg.gob.ar/infolegInternet/anexos/0-4999/804/norma.htm>. Acesso em: 7 out. 2021).

(580) GRINOVER, Ada Pellegrini. I. Relatório geral: *civil law*. Os processos coletivos nos países de *civil law*. *In*: GRINOVER, Ada Pellegrini; WATANABE, Kazuo; MULLENIX, Linda. *Os processos coletivos nos países de* civil law e common law. 2. ed. São Paulo: Revista dos Tribunais, 2011. p. 108-109.

(581) VERBIC, Francisco. El derecho argentino en materia de tutela colectiva de derechos e la influencia ricibida del Codigo Modelo de Procesos Colectivos para Iberoamerica. *Revista Iberoamericana de Derecho Procesal*. São Paulo: Revista dos Tribunais, v. 8, p. 255-306, jul./dez. 2018, p. 255.

(582) Arts. 47 a 52 e art. 63: "Artículo 63. 1º — Los jueces o tribunales con competencia en lo laboral en las respectivas jurisdicciones conocerán en: a) Las cuestiones referentes a prácticas desleales;

cedimento nacional fixado para o Ministério do Trabalho e Seguridade Social, de conciliação prévia aos conflitos individuais e pluri-individuais de trabalho (Lei n. 24.635/1996).(583) Os conflitos coletivos são resolvidos por meio da arbitragem facultativa ou obrigatória conforme a disposição da norma coletiva, mas as normas coletivas vigem por tempo indefinido, art. 6º da Lei n. 25.877/2004.(584)

A história legislativa da Argentina tem na Suprema Corte de Justiça e nos tribunais uma importante contribuição. Embora as leis sejam restritivas aos direitos individuais homogêneos, houve uma grande influência do Código Modelo de Processos Coletivos para a Ibero-américa (2004).(585) O caso conhecido como Mendoza em 2006 teve importante impacto no entendimento do acesso coletivo, pois o Tribunal aceitou a intervenção de terceiro das entidades associativas, com base na finalidade contida em seus estatutos. Em 2007, a Corte Suprema entendeu que a parte autora estava regularmente representada, impedindo o ingresso de outras associações para não tornar o processo moroso e mais complexo. Em 2008 julgou o objeto do processo, recomposição e prevenção ambiental face à contaminação do Rio Matanza-Riachuelo, estabeleceu um sistema de controle quanto ao cumprimento da sentença, exercido com a participação das associações não governamentais.(586) A lei geral do consumidor foi alterada em 2008 (Lei n. 26.361) para reestabelecer mecanismos de tutela de direitos coletivos, vetados em seu nascedouro, tanto para os direitos difusos como para os individuais homogêneos.

Em 2009, outro caso paradigmático conhecido como Halabi, em que a Suprema Corte inovou quanto à sentença de primeiro grau para estender seus efeitos a todas as pessoas atingidas pelo dano (efeito *erga omnes*), distingue e conceitua os direitos de incidência coletiva como indivisíveis e pertencentes a toda comunidade dos direitos individuais homogêneos, divisíveis, relacionado a um fato único e contínuo, que causa lesão a todos esses indivíduos.(587) Há forte

---

b) Las acciones previstas en el artículo 52; c) En las acciones previstas en el artículo 47. 2º — Estas acciones se sustanciarán por el procedimiento sumario previsto en la legislación local." (ARGENTINA. Presidencia de la Nación. Ministerio de Justicia e Derechos Humanos. *Infoleg — Información Legislativa*. Ley n. 23.551, 17 de marzo de 1988. Disponível em: <http://servicios.infoleg.gob.ar/infolegInternet/anexos/20000-24999/20993/texact.htm>. Acesso em: 10 out. 2021).

(583) ARGENTINA. Presidencia de la Nación. Ministerio de Justicia e Derechos Humanos. *Infoleg — Información Legislativa*. Ley n. 24.635, 10 de abril de 1996. Disponível em: <http://servicios.infoleg.gob.ar/infolegInternet/anexos/35000-39999/36739/norma.htm>. Acesso em: 10 out. 2021.

(584) LOBATO, Márcia Regina. *Dissídio coletivo*. São Paulo: LTr, 2014. p. 127-128.

(585) FABIÁN BARUSSO, Leandro. Acciones Colectivas en la Ley de Defensa del Consumidor de Argentina. *Derecho & Sociedad*. Peru: PUC — Pontificia Universidad Católica del Perú, n. 38, p. 205-2014, 2012, p. 206.

(586) NALLAR, Florencia; DE ARRASCAETA, Arturo. *Acción de classe*: tutela de derechos de incidencia colectiva: difusos individuais homogéneos. Ciudad Autónoma de Buenos Aires: Cathedra Juridica, 2019. p. 147-149.

(587) FABIÁN BARUSSO, Leandro. Acciones Colectivas en la Ley de Defensa del Consumidor de Argentina. *Derecho & Sociedad*. Peru: PUC — Pontificia Universidad Católica del Perú, n. 38, p. 205-2014, 2012, p. 206.

crítica quanto à forma de julgamento do caso Halabi, embora seja paradoxalmente apontado pela doutrina como um caso paradigmático, fruto do ativismo judicial, possibilitando a evolução do direito argentino em razão da exclusão de entes coletivos.[588] Em razão do caso Halabi, a evolução do direito argentino fixou-se em direitos difusos e individuais homogêneos. As causas comuns, desses últimos, podem ser de fato ou de direito.[589]

A influência brasileira na doutrina argentina, extraída dos livros e artigos pesquisados com citações de diversos brasileiros e utilização de nomenclaturas próprias do modelo brasileiro, também é sentida na análise dos casos julgados pelos Tribunais. Essa influência deve-se não só aos estudos do Instituto Ibero-americano de Direito Processual, mas também ao intenso intercâmbio entre os juristas desses países, que chegaram a escrever de modo conjunto obras coletivas.[590]

O modelo argentino legitima o defensor público ao lado das associações que congregam em seus estatutos os fins coletivos que pretendem tutelar (consumidor ou ambiental), há uma tendência, tal qual defendeu o Instituto Ibero-americano de ampliação da legitimação produzida pelos casos julgados pelos tribunais.[591] O art. 52 da lei do consumidor também confere ao Ministério Público Fiscal a legitimação para agir, assim como o art. 41 da Lei Orgânica do Ministério Público (Lei n. 24.946), mas de modo mais amplo, o que influenciou a Corte Suprema no caso Mendoza a autorizar a intervenção do órgão, mesmo antes da alteração legislativa da lei do consumidor.[592]

Há uma interessante classificação doutrinária das ações coletivas em ações de caráter normativo, de conteúdo patrimonial e preventiva, segundo o objeto do pedido. As ações de classe normativas são as que veiculam pedidos de inconstitucionalidades que afetam muitas pessoas. As ações de conteúdo patrimonial são assim classificadas porque as sentenças incluem o ressarcimento de danos aos integrantes da classe mediante uma soma fixa ou por meio de parâmetros de liquidação, mas também as sentenças que fixam a responsabilidade da demanda deixando para cada membro iniciar uma ação individual de cobrança.

---

(588) Cf. EXEQUIEL VALENZUELA, Diego. Dilemas e incidencias de la cosa juzgada expansiva en clave de efectividad de los procesos colectivos en Argentina. *REDEA — Revista Derechos em Acción*. Buenos Aires: Faculdad Nacional de La Plata, a. 2, n. 3, p. 78-85, 2017.

(589) NALLAR, Florencia; DE ARRASCAETA, Arturo. *Acción de classe*: tutela de derechos de incidencia colectiva: difusos individuais homogéneos. Ciudad Autónoma de Buenos Aires: Cathedra Juridica, 2019. p. 232- 244.

(590) Por todos OMAR BERIONCE, Roberto; TEISHENER, José Maria R.; KRÜGER THAMAY, Rennan Faria (coord.). *Los procesos colectivos*: Argentina y Brasil. Buenos Aires: Cathedra Juridica, 2012.

(591) GRINOVER, Ada Pellegrini. I. Relatório geral: *civil law*. Os processos coletivos nos países de *civil law*. *In*: GRINOVER, Ada Pellegrini; WATANABE, Kazuo; MULLENIX, Linda. *Os processos coletivos nos países de* civil law e common law. 2. ed. São Paulo: Revista dos Tribunais, 2011. p. 110-113.

(592) VICTORIA MOSMANN, María. Los procesos colectivos en Argentina y los projectos de reforma: representatividade adecuada y rol del Ministerio Publico. *In*: SALGADO, José María (dir.). *Procesos colectivos y acciones de clase*. Ciudad Autónoma de Buenos Aires: Cathedra Juridica, 2014. p. 213.

Por fim, as chamadas ações de classe preventivas visam evitar a consumação de um dano a partir de uma análise objetiva e verossímil da probabilidade de sua ocorrência. Os pedidos não são exclusivos e as ações coletivas podem conter mais de um dos modelos, porém os doutrinadores entendem essas características como as mais fortes dentro de uma ação para classificá-la.[593]

Quanto à coisa julgada coletiva, os tribunais têm baseado o efeito de seus julgamentos na norma constitucional do amparo (art. 43), sendo mais fácil a extensão da coisa julgada para todos quando a tutela é de obrigação de fazer ou não fazer, do que para a tutela de ressarcimento de danos.[594] A lei ambiental argentina atual (o art. 33, parágrafo segundo) tem um mecanismo de regulamentação da coisa julgada coletiva semelhante ao art. 103 do Código de Defesa do Consumidor brasileiro, prevendo o efeito *erga omnes*, salvo se a ação for julgada improcedente, ainda que por falta de provas. Esse efeito é aplicável tanto para os direitos indivisíveis como para os individuais homogêneos. Contrariamente, a lei do consumidor argentina (art. 54, parágrafo segundo) faz coisa julgada para todos, salvo para aqueles que voluntariamente solicitem a sua exclusão da lide (*opt out*).[595]

Não há na legislação argentina um instrumento diferente dos meios clássicos para facilitar a liquidação e execução das tutelas coletivas, quando o Judiciário profere decisões complexas para recomposição do meio ambiente violado, como no caso Mendoza e no caso Verbittsky, há dificuldade de implementação dos complexos mecanismos previstos nas decisões, diferente do que ocorre no direito comparado, embora haja o mecanismo do *fluyd recovery* (art. 54 da lei do consumidor, após a reforma da Lei n. 26.361/2008).[596] A fixação da liquidação e execução dos julgados coletivos tem sido realizada pelos juízes de modo casuístico.[597] Não foram encontradas referências sobre a prescrição envolvendo as ações coletivas no processo de conhecimento ou de execução no material pesquisado.

---

(593) NALLAR, Florencia; DE ARRASCAETA, Arturo. *Acción de classe*: tutela de derechos de incidencia colectiva: difusos individuais homogéneos. Ciudad Autónoma de Buenos Aires: Cathedra Juridica, 2019. p. 219-222.

(594) CARLOS HITTERS, Juan. Alcance de la coza juzgada en los procesos colectivos *In*: OMAR BERIONCE, Roberto; TEISHENER, José Maria R.; KRÜGER THAMAY, Rennan Faria (coord.). *Los procesos colectivos*: Argentina y Brasil. Buenos Aires: Cathedra Juridica, 2012. p. 209.

(595) SILVA, Fernanda. *Coza juzgada colectiva*. *In*: SALGADO, José María (dir.). *Procesos colectivos y acciones de clase*. Ciudad Autónoma de Buenos Aires: Cathedra Juridica, 2014. p. 405-407.

(596) VERBIC, Francisco. Los procesos colectivos en Argentina: novedads y proyectos de reforma. *In*: SALGADO, José María (dir.). *Procesos colectivos y acciones de clase*. Ciudad Autónoma de Buenos Aires: Cathedra Juridica, 2014. p. 172-173.

(597) JATIP, Jimena. Liquidacíon y execución de sentencias en procesos colectivos. *In*: SALGADO, José María (dir.). *Procesos colectivos y acciones de clase*. Ciudad Autónoma de Buenos Aires: Cathedra Juridica, 2014. p. 370

Pode-se afirmar que o sistema de acesso coletivo à Justiça da Argentina é composto pela norma constitucional de amparo associada às leis do direito do consumidor e do direito ambiental, sendo que algumas províncias contêm regras mais específicas de regulamentação dessa legislação infraconstitucional e geral com aproximação ao modelo brasileiro.

3.2.5. Uruguai

A República Oriental do Uruguai previu em sua constituição apenas normas inerentes à proteção do meio ambiente como interesse geral (art. 47).[(598)] As normas referentes ao acesso coletivo à Justiça estão inseridas nos arts. 42 e 220 do Código *General del Proceso* (Lei n. 15.982/1989)[(599)]. Os artigos referem-se aos direitos difusos, legitimados e coisa julgada apenas.

A previsão normativa trata dos interesses difusos do meio ambiente, valores históricos e culturais, mas prevê uma cláusula aberta "valores em geral", inerentes a um grupo indeterminado de pessoas. Indica como legitimados ativos indivíduos, Ministério Público, instituições ou associações de interesses sociais à legitimação para o ajuizamento da ação. Quanto à coisa julgada, a decisão não terá eficácia preclusiva quando se fundamentar na ausência de provas, podendo ser reproposta por qualquer legitimado.

O relatório produzido pelo encontro da Ibero-américa informa que o Uruguai tem leis especiais, ligadas ao direito ambiental e do consumidor (Lei n. 16.466, de 19.1.94; Lei n. 17.283, de 28.11.00 e Lei n. 17.250, de 11.08.00)[(600)], com dispositivos que tratam de direitos difusos e coletivos, sem distinção quanto ao tipo de direito transindividual. Também não há previsão legislativa para legitimação

---

(598) UNESCO. *Políticas e regulamentações*: Constitución de la República Oriental del Uruguay. Disponível em: <https://siteal.iiep.unesco.org/pt/bdnp/574/constitucion-republica-oriental-uruguay>. Acesso em: 3 jun. 2021.

(599) Artículo 42. Representación en caso de intereses difusos. — En el caso de cuestiones relativas a la defensa del medio ambiente, de valores culturales o históricos y, en general, que pertenezcan a un grupo indeterminado de personas, estarán legitimados indistintamente para promover el proceso pertinente, el Ministerio Público, cualquier interesado y las instituciones o asociaciones de interés social que según la ley o a juicio del tribunal garanticen una adecuada defensa del interés comprometido. (...) Artículo 220. Efectos de la cosa juzgada en procesos promovidos en representación de intereses difusos. — La sentencia dictada en procesos promovidos en defensa de intereses difusos (artículo 42) tendrá eficacia general, salvo si fuere absolutoria por ausencia de pruebas, en cuyo caso, otro legitimado podrá volver a plantear la cuestión en otro proceso. (REPÚBLICA ORIENTAL DEL URUGUAY. *Poder legislativo*: Ley 15.982. Disponível em: <https://legislativo.parlamento.gub.uy/temporales/leytemp9293889.htm>. Acesso em: 3 de jun. 2021).

(600) PEREIRA CAMPOS, Santiago. Nuevas tendências en matéria de legitimación y cosa juzgada em los procesos colectivos: relato nacional por Uruguay. *Academia.edu*. Disponível em: <https://www.academia.edu/12386697/NUEVAS_TENDENCIAS_EN_MATERIA_DE_LEGITIMACI%C3%93N_Y_COSA_JUZGADA_EN_LOS_PROCESOS_COLECTIVOS_EN_URUGUAY>. Acesso em: 3 jun. 2021, p. 4.

passiva, litispendência, prova estatística ou mesmo condenação genérica para as ações coletivas reparatórias de danos individuais sofridos.[(601)]

A doutrina uruguaia indica que dentro do termo difusos do art. 42 do CGP são inseridos também direitos coletivos e essa posição foi reconhecida judicialmente pela sentença de primeira instância n. 76/03 de 08.10.03 do 19º turno do Julgado de Paz Departamental de Montevideo,[(602)] mas não há precedentes que incluam os direitos individuais homogêneos na mesma categoria de direitos ou previsão legislativa sobre eles[(603)].

Há um projeto de lei da Comissão Ambiental do Uruguai, de dezembro de 2020, com previsão do prazo de trinta anos contados da data em que ocorreu ou do término de seus efeitos se ele for continuado (art. 9) para os danos ambientais[(604)]. Esse prazo prescricional refere-se tanto à tutela individual como à tutela coletiva do meio ambiente referente às ações de responsabilidade[(605)].

Quanto à matéria trabalhista, no Uruguai os conflitos coletivos de trabalho são resolvidos em comissões tripartites que culminam em "*convenios colectivos*". A Justiça do Trabalho só tem competência para solucionar demandas individuais (art. 106 da Lei n. 12.803, de 30 de novembro de 1960). A doutrina uruguaia

---

(601) GRINOVER, Ada Pellegrini. I. Relatório geral: *civil law*. Os processos coletivos nos países de *civil law*. *In*: GRINOVER, Ada Pellegrini; WATANABE, Kazuo; MULLENIX, Linda. *Os processos coletivos nos países de* civil law e common law. 2. ed. São Paulo: Revista dos Tribunais, 2011. p. 89.

(602) "*Con respecto a los intereses difusos, la doctrina (Dora Szafir, Ordoqui, Torello) entendieron que el amparo del art. 220 del C.G.P, debía extenderse la cosa juzgada a todos los que están en la misma situación. Esta extensión resulta aplicable tanto en una acción de intereses colectivos como difusos, a pesar de que el art. 220 del C.G.P. habla sólo de interés difuso, es decir entonces que el art. 42 del C.G.P. se refiere tanto a los intereses colectivos como a los difusos...*" (PEREIRA CAMPOS, Santiago. Nuevas tendências em matéria de legitimación y coza juzgada em los procesos colectivos: relato nacional por Uruguay. *Academia.edu*. Disponível em: <https://www.academia.edu/12386697/NUEVAS_TENDENCIAS_EN_MATERIA_DE_LEGITIMACI%C3%93N_Y_COSA_JUZGADA_EN_LOS_PROCESOS_COLECTIVOS_EN_URUGUAY>. Acesso em: 3 jun. 2021, p. 6.)

(603) GRINOVER, *op. cit.*, 2011, p. 89.

(604) "*Artículo 9º. (Prescripción). — El plazo de prescripción de las acciones objeto de la presente ley será de 30 (treinta) años. Dicho plazo se computará desde el día en que el daño ambiental se hubiese cometido, desde su terminación si fuese continuado, o desde que pudo ser detectado el daño ambiental si sus efectos no fuesen manifiestamente perceptibles*". REPÚBLICA ORIENTAL DEL URUGUAY. *Comisión Especial de Ambiente*: regimén de responsabiliad por daño ambiental. Repartido n. 287, diciembre de 2020. Disponível em: <https://parlamento.gub.uy/documentosyleyes/documentos/repartido/representantes/49/287/0/pdf?width=800&height=600&hl=en_US1&iframe=true&rel=nofollow>. Acesso em: 3 jun. 2021.

(605) "*Sin embargo, aun contando con disposiciones específicas en lo que respecta al daño ambiental y a los intereses difusos, existen escasas disposiciones sobre cuestiones relevantes para la efectividad de las acciones judiciales tendientes a recomponer el ambiente dañado. En un proceso de varias décadas, claramente se ha deteriorado el ambiente en nuestro país, lo que sin embargo no se ha visto acompanhado de un aumento de procesos judiciales que tengan como objeto la recomposición del daño ambiental.*" (LEMA, Martín. *Exposición de motivos projecto de ley*: regimén de responsabilidad por daño ambiental. Repartido n. 287, diciembre de 2020. Disponível em: <https://parlamento.gub.uy/documentosyleyes/documentos/repartido/representantes/49/287/0/pdf?width=800&height=600&hl=en_US1&iframe=true&rel=nofollow>. Acesso em: 3 jun. 2021).

divergiu quanto à possibilidade de levar para o Poder Judiciário a resolução dos conflitos tipicamente coletivos do trabalho. Barbagelata defende a inconveniência de deixar um terceiro resolver os problemas decorrentes da negociação coletiva, enquanto Plá Rodrigues defendeu essa possibilidade, alertando que, embora a doutrina brasileira se incline para essa solução, é complicado deixar os juízes resolvendo conflitos de interesses que versam sobre critérios práticos, econômicos e sociais e não sobre critérios jurídicos.[606]

A legislação uruguaia não prevê nenhum tipo de ação semelhante ao dissídio coletivo brasileiro para solução de problemas coletivos na área trabalhista. Esses conflitos são resolvidos pelas partes. Não há a utilização de arbitragem. A única intervenção de terceiros é realizada por meio de bons ofícios do Ministério do Trabalho, em termos de mediação.[607] Atualmente, o Uruguai conta com apenas uma central sindical e o sistema de representatividade está dividido entre ramo ou setor de atividade.[608] Como se pode observar, o sistema coletivo uruguaio, mesmo na área trabalhista, não segue a tradição brasileira de solução judicial dos conflitos, deixando para as partes coletivas a solução de suas controvérsias ou a deflagração de greve (*huelga*).

Os processos coletivos são raros no Uruguai e em nenhum deles têm-se notícia de questionamentos envolvendo o instituto da prescrição. Porém, a codificação civil uruguaia passou por reformas. Antes o prazo para a prescrição de pretensões pessoais era de vinte anos, sendo reduzido para dez anos (art. 1216 do CC).[609] O prazo para a pretensão de execução decorrente dessas ações também segue o mesmo prazo decenal.[610] Esses artigos são aplicados para a prescrição referente à pretensão envolvendo responsabilidade em termos de direito civil ou do consumidor, ainda que em procedimento coletivo.

---

(606) GARMEDIA ARIGÓN, Mario. Medios de solución de conflictos colectivos. *In*: Asociación Uruguaya de Derecho del Trabajo y de la Seguridad Social. *Nuevas tendencias de la seguridad social. Medios de solución de conflictos colectivos*: homenaje al Prof. Mario Pasco Cosmópolis. Montevideo: Fundación de Cultura Universitaria, 2017, p. 155-158)

(607) "*En cambio, la solución de los conflictos colectivos está librada a la autonomía colectiva. No se practica el arbitraje, ni la conciliación obligatoria. El Ministerio de Trabajo interviene a menudo, como conciliador voluntario, en este tipo de conflictos, pero generalmente sin que su actuación vaya más allá de los buenos oficios y la mediación.*" (ERMITA URIARTE, Oscar. Breve panorama de las relaciones de trabajo en Uruguay. *Revista de Direito do Trabalho,* São Paulo: Revista dos Tribunais, v. 63, p. 25-33, out. 1986, p. 30.

(608) GARMENDIA ARIGÓN, Mario. *Panorama del modelo sindical uruguayo. Revista de Direito do Trabalho,* São Paulo: Revista dos Tribunais, v. 161, p. 13-24, jan.-fev. 2015, p. 21.

(609) URUGUAY. IMPO – Centro de información oficial. Código Civil. *Normativa y avisos legales del Uruguay*. Disponível em: <https://www.impo.com.uy/bases/codigo-civil/16603-1994/1216>. Acesso em: 6 jul. 2021.

(610) 1217. El derecho de ejecutar por acción personal se prescribe por diez años contados como expresa el artículo anterior. Transcurridos los diez años, la acción no adquiere el carácter ejecutivo por la confesión judicial del deudor ni por el reconocimiento que haga del documento privado. URUGUAY. IMPO – Centro de información oficial. Código Civil. *Normativa y avisos legales del Uruguay*. Disponível em: <https://www.impo.com.uy/bases/codigo-civil/16603-1994/1217>. Acesso em: 6 jul. 2021.

4. PRESCRIÇÃO INDIVIDUAL E COLETIVA NA JUSTIÇA DO TRABALHO

O capítulo fará uma análise da prescrição em matéria trabalhista no âmbito individual para então adentrar nas distinções, se houver, do instituto quanto ao tratamento das pretensões coletivas.

Analisar-se-ão as leis sobre ações inerentes ao microssistema de acesso coletivo à Justiça sob a perspectiva de previsão expressa de um prazo para pretensões. Feita a análise normativa, é imprescindível apresentar a tese fixada pelo Tribunal Superior do Trabalho quanto à revisão doutrinária das teses que defendem prazos quinquenais ou mesmo a imprescritibilidade das pretensões coletivas. Após, posicionar-se-á sobre a existência ou não de prazo prescricional para as ações coletivas a partir de uma interpretação sistemática e orgânica do ordenamento jurídico brasileiro, sem descurar a notícia sobre os projetos e anteprojetos de lei sobre o assunto.

4.1. A PRESCRIÇÃO DA PRETENSÃO INDIVIDUAL TRABALHISTA E SUA EVOLUÇÃO

A primeira lei tipicamente brasileira a tratar do instituto da prescrição para relações de trabalho foi o Código Comercial de 1850, prevendo no seu art. 449 o prazo de um ano a contar do fim do trabalho prestado para recebimento de salários, soldadas, jornais, ou pagamento de empreitadas contra comerciantes mencionando a contagem do "dia de saída"[(611)]. Dessa matriz histórica, retira-se que a dependência do contratante no contrato especial de trabalho é genericamente considerado, porque na época ainda não se falava em relação de emprego, originando mais tarde a fixação do prazo de início da contagem prescricional como o fim do emprego (art. 11, inciso I, da CLT incluído pela Lei n. 9.658/1998[(612)]) — diferente dos EUA em que o prazo nasce com o nascimento do direito como se pode observar no capítulo 3 deste trabalho.

---

(611) BRASIL. Presidência da República. *Lei n. 556, de 25 de junho de 1850*: Código Comercial. Disponível em: <https://www.planalto.gov.br/ccivil_03/leis/lim/lim556.htm>. Acesso em: 8 ago. 2020.

(612) BRASIL. Presidência da República. *Decreto-lei n. 5.452, de 1 de maio de 1943*: Consolidação das Leis do Trabalho. Disponível em: <http://www.planalto.gov.br/ccivil_03/decreto-lei/del5452.htm>. Acesso em: 8 jun. 2020.

O Código Comercial, vigente em parte, teve parte de sua normativa substituída pelo Código Civil de 1916, e, posteriormente, pela codificação civil de 2002. O Código Comercial previu o prazo de um ano no art. 178, § 6º, inciso VI: "a ação dos professores, mestres ou repetidores de ciência, literatura, ou arte, pelas lições que derem, pagáveis por períodos não excedentes a 1 (um) mês; contado o prazo do termo de cada período vencido"[(613)], mas se o período fosse estipulado de modo superior a um mês, o prazo seria elastecido para dois anos (art. 178, § 7º, inciso II), mantido o critério anterior do Código Comercial sobre a contagem no fim do serviço. Houve cizânia quanto às locações de serviço do comércio, aos quais se aplicava o Código Comercial, deixando para o Código Civil o prazo prescricional para pretensões decorrentes de locação de serviço da indústria.[(614)]

O Código Civil de 1916 utilizou o mesmo critério de contagem previsto no Código Comercial, qual seja: o fim do trabalho ou serviço. Assim, foi estipulado o prazo de um ano (art. 178, § 6º, inciso IX, do CC) a contar do último serviço prestado para as ações de médicos, cirurgiões ou farmacêuticos pelas visitas e operações realizadas ou quanto aos medicamentos prescritos. Em exceção a essa regra, o Código Civil previu prazo superior, de cinco anos para "a ação dos serviçais, operários e jornaleiros, pelo pagamento dos seus salários" no inciso V do § 10 do art. 178, sem fixar como início do prazo o fim do serviço, como anteriormente.

Os primeiros espaços normativamente previstos para solução da controvérsia entre empregado e empregador foram extrajudiciais e sob a organização dos sindicatos, de modo facultativo, à época de organização livre (arts. 2º e 8º do Decreto n. 1.637, de 5 de janeiro de 1907[(615)]), nada prevendo quanto à prescrição, que seguia a legislação civil. De fato, esses conselhos permanentes para conciliação nunca chegaram a ser efetivados.[(616)] O mesmo ocorreu com os primeiros tribunais para julgamento da locação de serviços agrícolas[(617)], criados pela Lei n. 1869/1922[(618)] do Estado de São Paulo, que nada dispuseram quanto à

---

(613) BRASIL. Câmara dos Deputados. *Legislação informatizada*. Lei n. 3.071, de 1º de janeiro de 1916: Publicação original. Disponível em: <https://www2.camara.leg.br/legin/fed/lei/1910-1919/lei-3071-1-janeiro-1916-397989-publicacaooriginal-1-pl.html>. Acesso em: 8 ago. 2020.

(614) SILVA, Homero Batista Mateus da. *Estudo crítico da prescrição trabalhista*. São Paulo: LTr, 2004. p. 95-96.

(615) BRASIL. Câmara dos Deputados. *Legislação informatizada*. Decreto n. 1.637, de 5 de janeiro de 1907: Crea syndicatos profissionaes e sociedades cooperativas. Disponível em: <https://www2.camara.leg.br/legin/fed/decret/1900-1909/decreto-1637-5-janeiro-1907-582195-publicacaooriginal-104950-pl.html>. Acesso em: 8 ago. 2020.

(616) ALBUQUERQUE, Francisca Rita Alencar. *A justiça do trabalho na ordem judiciária brasileira*. São Paulo: LTr, 1993. p. 81-82.

(617) Primeira tentativa de romper com a tradição, criando tribunais especializados, apontado como os primeiros ensaios para a criação da Justiça do Trabalho. BATALHA, Wilson de Souza Campos; RODRIGUES NETTO, Silvia M. L. Batalha. *Prescrição e decadência no direito do trabalho*. 2. ed. rev. e amp. São Paulo: LTr, 1998. p. 166-167.

(618) SÃO PAULO. Assembleia Legislativa. Secretaria Geral Parlamentar. *Departamento de Documentação e Informação*. Lei n. 1.869 de 10 de outubro de 1922. Disponível em: <https://www.

prescrição. A Lei n. 62, de 5 de junho de 1935, assegurou uma indenização para os empregados da indústria e comércio, fixando um ano como prazo prescricional para essa pretensão, a contar da data da despedida.(619)

Com a organização da Justiça do Trabalho pelo Decreto-lei n. 1.237, de 2 de maio de 1939, o prazo genérico de prescrição para as reclamações passou a ser de dois anos, salvo previsão especial (art. 101)(620). O art. 11, com a redação originária de 1º de maio de 1943, da CLT repetiu a previsão prescricional de dois anos para pleitear a reparação de qualquer ato infringente das disposições contidas na lei.(621) O termo reparar foi entendido como restaurar, refazer qualquer vantagem pecuniária suprimida, englobando acesso a um posto ou promoção.(622)

O fato dos artigos mencionarem a palavra reclamação no lugar de ação, ou quanto aos pleitos de reparação, não se deve à dicotomia doutrinária travada em torno do instituto da prescrição, pois nessa época a Justiça do Trabalho era um departamento do Poder Executivo criado para resolver as controvérsias decorrentes do trabalho livre, e, por isso, sua nomenclatura era inerente ao Direito Administrativo — a Justiça do Trabalho passou para o Poder Judiciário apenas em 1946, por meio do art. 94, V da Constituição Federal.(623)

A doutrina ítalo-francesa influenciou a legislação trabalhista quando se lê a redação do art. 119 da CLT que previu o prazo de dois anos para a prescrição da ação que versasse sobre a diferença de salários, contados para cada pagamento da data em que deveriam ser efetuados, demonstrando contradição à construção histórica que fixava a contagem do prazo no dia seguinte ao fim da prestação do serviço. O mesmo aconteceu com a previsão da prescrição para a reivindicação das férias não concedidas (art. 143), contados do fim da época que deveria ser fruída. Talvez possa-se afirmar que isso decorreu da influência americana, porém nenhum dos livros históricos de Direito do Trabalho consultados trouxe essa informação.

---

al.sp.gov.br/repositorio/legislacao/lei/1922/lei-1869-10.10.1922.html>. Acesso em: 8 ago. 2020.

(619) BRASIL. Câmara dos Deputados. *Legislação informatizada*. Lei n. 62, de 5 de junho de 1935. Disponível em: <https://www2.camara.leg.br/legin/fed/lei/1930-1939/lei-62-5-junho-1935-557023-normaatualizada-pl.html>. Acesso em: 8 ago. 2020

(620) BRASIL. Presidência da República. Decreto-lei n. 1.237, de 2 de maio de 1939: Organiza a Justiça do Trabalho. *Legislação*. Disponível em: <http://www.planalto.gov.br/ccivil_03/decreto-lei/1937-1946/del1237.htm>. Acesso em: 8 ago. 2020.

(621) BRASIL. Presidência da República. Decreto-lei n. 5.452, de 1º de maio de 1943: Consolidação das Leis do Trabalho. *Legislação*. Disponível em: <http://www.planalto.gov.br/ccivil_03/decreto-lei/del5452.htm>. Acesso em: 8 ago. 2020.

(622) ALMEIDA, Isis de. *Manual da prescrição trabalhista*. 3. ed. São Paulo: LTr, 1999. p. 39.

(623) Sobre a origem da Justiça do Trabalho conferir: ALBUQUERQUE, Francisca Rita Alencar. *A justiça do trabalho na ordem judiciária brasileira*. São Paulo: LTr, 1993; FERRARI, I.; NASCIMENTO, A. M.; MARTINS FILHO, I. G. S. *História do trabalho, do direito do trabalho e da Justiça do Trabalho*: homenagem a Armando Casimiro Costa. São Paulo: LTr, 1999 (capítulo III) e SANTOS, Enoque Ribeiro dos; JAHEL FILHO, Ricardo Antonio Bittar. *Curso de direito processual do trabalho*. 3. ed. rev., ampl. e atual. São Paulo: Atlas, 2019. p. 24-27.

Houve quem defendesse que o prazo bienal do art. 11 da CLT fosse decadencial, embora escrito pelo legislador erroneamente como prescricional sob a justificativa de que "ali refere-se a direito decorrente da infração"[(624)], e ainda acrescenta "exsurgem-se, do termo final de dois anos, o direito e a ação, porque aquele nasce anterior a esta, uma das características diferenciais entre prescrição e decadência"[(625)]. O fundamento do autor traz pontos de confusão entre o que se convencionou a diferenciar os institutos da prescrição e decadência, não se trata de direito potestativo, a ação é um direito constitucional que não prescreve ou decai, referindo-se ao acesso à Justiça. Por fim, a pretensão para a reivindicação das obrigações contidas na relação jurídica do trabalho, em sua maioria prestacionais, sujeitam-se à prescrição e não à decadência.

A CLT previu que não corre o prazo prescricional contra menores (art. 440). Também previu uma regra de transição (art. 916): o início do novo prazo é contado da data da vigência da nova lei, quando menor que o previsto pela legislação anterior. Esses artigos estão em vigor até a presente data, havendo alterações legislativas do art. 11 ao longo do tempo. A doutrina do Direito Civil influenciou fortemente os autores da área trabalhista, sempre citados nos estudos pesquisados sobre a prescrição. Russomano, na década de cinquenta, explicou que a prescrição "não mata o direito em si, não é o direito em si que morre pelo desuso, e sim o direito à ação que protege o direito"[(626)], referindo-se ainda à possibilidade de pagamento de dívida prescrita.

A Lei n. 4.214, de 2 de março de 1963, que regulamentou o trabalho rural, previu igualmente o prazo de dois anos contado do fim do contrato no art. 175, com exclusão aos menores no parágrafo único[(627)], o que foi mantido pelo art. 10 da Lei n. 5.589/73. A redação do *caput* do artigo versava sobre prescrição de direitos e não da ação. No cenário doutrinário nacional, Caio Mário da Silva Pereira era quem defendia a prescrição de direitos, não sendo demasiado relembrar esse fato. A confusão entre os conceitos da prescrição e do fato gerador de sua incidência também estiveram presentes na legislação trabalhista.

Havia uma discrepância enorme entre o tratamento da prescrição para o trabalhador urbano, que geralmente já acessava a Justiça do Trabalho desempregado, e para o trabalhador rural, pois, nesse caso, não havia o limitador de cinco anos para os direitos adquiridos ao longo do contrato de trabalho.[(628)] Essas previsões normativas do instituto permaneceram até a Constituição Federal

(624) ZENUN, Augusto. *Prescrição na Constituição*. Rio de Janeiro: Forense, 1993. p. 90.

(625) ZENUN, *op. cit.*, 1993, p. 91-92.

(626) RUSSOMANO, Mozart Victor. *Comentários à Consolidação das Leis do Trabalho*. v. I. 4. ed. Rio de Janeiro: José Konfino Editor, 1957. p. 98.

(627) BRASIL. Presidência da República. *Lei n. 4.214 de 2 de março de 1963*: Estatuto do trabalhador rural. Disponível em: <http://www.planalto.gov.br/ccivil_03/LEIS/1950-1969/L4214.htm>. Acesso em: 8 ago. 2020.

(628) MANUS, Pedro Paulo Teixeira. A prescrição no direito do trabalho. *Revista do Tribunal Regional do Trabalho da 15ª Região*, Campinas: TRT15, n. 1, p. 145-149, jul./dez. 1991, p. 145-146.

de 1988. A partir desse marco constitucional (art. 7º, inciso XXIX), fixou-se a prescrição bienal com início no fim do contrato de emprego, embora a nomenclatura usada fosse contrato de trabalho, retroagindo cinco anos do ajuizamento da ação, agregando em um só dispositivo ambos os prazos utilizados, inicialmente apenas para os trabalhadores urbanos, permanecendo com a regra própria e mais favorável (art. 7º, *caput*, da CF/1988) o trabalhador rural.

Antes de 1988 havia intensa cizânia doutrinária e jurisprudencial quanto ao universo contratual abrangido pelos prazos contidos na CLT e nas leis extravagantes sobre a matéria trabalhista[(629)], pois para alguns o texto celetista foi expresso ao afirmar que o prazo bienal para "reparação de qualquer ato infringente de dispositivo nela contido" era exclusivo para as reivindicações de direitos previstos no texto celetista, a legislação extravagante, como o repouso semanal remunerado (Lei n. 605/49), deveria seguir as regras da codificação civil de 1916, art. 178, § 10, inciso V, prazo prescricional de cinco anos[(630)]. Evaristo de Moraes Filho entendia pela aplicação genérica do prazo bienal para toda reivindicação de direitos que se referiam à matéria trabalhista como o repouso semanal remunerado: "O repouso remunerado, lá e cá, é o mesmo, o mesmíssimo, sendo a lei especial mais explícita por força de dispositivo constitucional, de 1946, que mandava remunerá-lo sempre"[(631)]. Com a Constituição Federal de 1988 essa dúvida cessou, aplicando-se o art. 7º, XXIX, também ao repouso semanal remunerado.[(632)]

A Constituição de 1988, ao regulamentar o prazo prescricional, abarcou as prescrições bienal e quinquenal num mesmo dispositivo. Houve uma interpretação isolada, denominada de tese dos sete anos. Defendeu-se que o prazo de dois anos do fim do contrato de trabalho não seria computado dentro dos cinco anos contados da lesão. O trabalhador urbano poderia reclamar até cinco anos antes da extinção e ainda teria mais dois anos para judicializar sua pretensão.[(633)] Dentro dessa tese dos sete anos, outro argumento era o de que o fim do contrato de trabalho promovia a interrupção da contagem da prescrição pelo término do contrato.[(634)]

Interessante observar que houve quem defendesse que o prazo de dois anos seria decadencial e não prescricional[(635)]. Augusto Zenun chegou a escrever que

---

(629) ALMEIDA, Isis de. *Manual da prescrição trabalhista*. 3. ed. São Paulo: LTr, 1999. p. 39-40.

(630) RUSSOMANO, Mozart Victor. *Comentários à Consolidação das Leis do Trabalho*. 4. ed. Rio de Janeiro: José Konfino Editor, 1957, v. I, p. 99.

(631) MORAES FILHO, Evaristo de. *Introdução ao direito do trabalho*. 3. ed. São Paulo: LTr, 1982. p. 289.

(632) MAGANO, Octavio Bueno. *Direito tutelar do trabalho*. 2. ed. rev. e atual. São Paulo: LTr, 1992. p. 76.

(633) SILVA, Antônio Álvares da. *Prescrição trabalhista na nova Constituição*. Rio de Janeiro: Aide, 1990. p. 149.

(634) MENDONÇA JR., Nelson Teixeira. A prescrição e a equidade. *Revista LTr*, São Paulo: LTr, v. 60, n. 5, p. 636-642, maio 1996.

(635) FERRARI, Irany. Prescrição trabalhista: decretação *ex officio*. *Suplemento Trabalhista*. São Paulo: LTr, a. 28, n. 37, p. 253-255, 1992.

até o prazo de dois anos do art. 11 da CLT seria decadencial.(636) Esse prazo não poderia ser decadencial, porque não se trata de direito potestativo, mas de direito prestacional decorrente de obrigações inseridas na relação jurídica do trabalho, cuja pretensão nasce de sua não satisfação no prazo contratual ou fixado por lei. Observe-se que a cláusula de contenção de dois anos, prevista e inserida na Constituição de 1988, para a reivindicação desses direitos é própria do Direito Constitucional pátrio e não encontra equivalência na legislação estrangeira.

A interpretação que prevaleceu tornou a prescrição trabalhista mais restritiva do que qualquer outra quinquenal, pois se o trabalhador ajuizar a ação no terceiro ano após o fim do seu contrato, conseguirá receber os dois últimos anos da prestação de serviços (art. 206, § 5º, II do Código Civil), mas se for empregado não poderá reivindicar mais nada referente a esse contrato. Há uma discriminação do empregado frente ao ordenamento pátrio, não realizada pelo texto constitucional, mas pelos intérpretes dele — doutrina e jurisprudência.

Essa cláusula de contenção dos dois anos, que retroage da data do ajuizamento da ação trabalhista, quando extinto o contrato de trabalho, foi fruto de debate na Assembleia Nacional Constituinte. Os representantes dos trabalhadores conseguiram inserir a não fluência do prazo prescricional durante a vigência do contrato de trabalho no texto aprovado pela Comissão de Sistematização. Essa norma, antes aplicada apenas aos trabalhadores rurais, seria estendida a todos os empregados, sem distinção. A redação perdeu força e foi eliminada no plenário da Assembleia Nacional Constituinte.(637) Independentemente da vontade do legislador, a interpretação da norma foi realizada pela doutrina e pela jurisprudência. Rejeitada a tese dos sete anos, a doutrina poderia ter desenvolvido a interpretação de que os dois anos seriam uma causa de impedimento do prazo, constitucionalmente fixada. E, dentro desse período, poderia resguardar a reivindicação dos cinco últimos anos do contrato de trabalho, porém não o fez. Até a presente data prevaleceu a tese da cláusula de contenção, que discrimina as obrigações provenientes do Direito do Trabalho face às obrigações civis. Se um indivíduo acionar o devedor no quarto ano, considerando a obrigação civil, garantirá os últimos anos quanto à reivindicação das obrigações contratuais, diferente do que ocorre com as obrigações trabalhistas.

Parte da doutrina aponta um silêncio tanto do legislador constituinte quanto do legislador ordinário, quanto ao prazo para as reivindicações dos empregadores face aos trabalhadores e insere a solução do problema no prazo bienal previsto no art. 101 do Decreto-lei n. 1.237/1939, que organizou a Justiça do Trabalho: "não havendo disposição especial em contrário, prescreve em dois anos qualquer

(636) ZENUN, Augusto. *Prescrição na Constituição.* Rio de Janeiro: Forense, 1993. p. 90.
(637) LORENZETTI, Ari Pedro. *A prescrição e a decadência na Justiça do Trabalho.* São Paulo: LTr, 2009. p. 145.

reclamação perante a Justiça do Trabalho"[638]. Atualmente, o prazo prescricional aplicado para as pretensões dos empregadores é o mesmo aplicável às pretensões dos trabalhadores.[639]

O trabalho doméstico, excluído expressamente da CLT por meio do art. 7º, alínea "a", e regulamentado pela Lei n. 5.959/1972, também teve pretensões com prazo prescricional divergente, especialmente quanto à aplicação do prazo bienal ou do prazo quinquenal previsto no art. 178, § 10, inciso V.[640] Porém, com o advento da Constituição Federal de 1988 que unificou o prazo prescricional (art. 7º, XXIX, da CF/1988), entendeu-se não haver exclusão do trabalhador doméstico. A prescrição não é um direito social e por isso não há óbice em sua aplicação para essa categoria, ainda que o art. 7º, parágrafo único, da CF/1988 não mencione expressamente o inciso XXIX.[641] Reforça-se o argumento com a alegação de que a prescrição afetaria o princípio genérico do acesso à Justiça, e por isso seria aplicável aos domésticos, a despeito de haver outro prazo na lei específica.[642] O Tribunal Superior do Trabalho seguiu esse entendimento afastando tanto a lei especial do doméstico como o prazo do art. 101 do Decreto-lei n. 1.237/1939.[643]

Havia ainda uma corrente doutrinária que defendia que o prazo aplicável ao trabalhador doméstico era o prazo bienal, com fundamento no art. 101 do Decreto

---

(638) LORA, Ilse Marcelina Bernardi. *A prescrição no direito do trabalho*: teoria geral e questões polêmicas. São Paulo: LTr, 2001. p. 85-88.

(639) "AGRAVO DE INSTRUMENTO EM RECURSO DE REVISTA INTERPOSTO PELO BANCO DO BRASIL. PRESCRIÇÃO. RECONVENÇÃO. REPARAÇÃO CIVIL. No caso vertente, ação de reconvenção, o prazo prescricional aplicável é aquele previsto no art. 7º, XXIX, da CF, de cinco anos, contados da ocorrência da lesão, sempre observado o prazo de dois anos após a extinção do contrato de trabalho. Agravo de instrumento conhecido e não provido." (BRASIL. Tribunal Superior do Trabalho. Acórdão em AIRR — 89500-61.2008.5.05.0122. 8ª Turma, Ministra Relatora Dora Maria da Costa, DJE 15.02.2013. Disponível em: <https://jurisprudencia.tst.jus.br/#ad8959a49bc2164243ed48112ba9e36>. Acesso em: 25 out. 2021).

(640) PAMPLONA FILHO, Rodolfo. *Prescrição trabalhista*: questões controvertidas. São Paulo: LTr, 1996. p. 63-64.

(641) SÜSSEKIND, Arnaldo Lopes. Prescrição. *Revista LTr*, São Paulo: LTr, v. 53, n. 9, p. 1019-1022, set. 1989, p. 1022.

(642) VIANA, Márcio Túlio. O acesso à justiça e a nova prescrição do rurícola. *Revista do Tribunal Regional do Trabalho da 3ª Região*. Belo Horizonte: TRT3, a. 31, n. 61, p. 93-106, jan./jun. 2000, p. 93-95.

(643) "PRESCRIÇÃO. Conquanto o parágrafo único do art. 7º da Carta Magna não se refira expressamente ao inciso XXXIX, o prazo prescricional de cinco anos até o limite de dois anos após a extinção do contrato de trabalho é critério geral, dirigido a todos os trabalhadores urbanos e rurais, inexistindo exceção expressa quanto aos domésticos, seja na Constituição Federal, seja na legislação infraconstitucional. Assim, a norma constitucional revoga qualquer disposição legal em sentido contrário, não se aplicando aos domésticos o art. 101 do Decreto-lei n. 1.237/39. (...) Recurso não conhecido." (BRASIL. Tribunal Superior do Trabalho. Acórdão em recurso de revista RR-161300-35.2003.5.03.0073. 4ª Turma, Relator Ministro Antônio Jose de Barros Levenhagen, DEJT 11.03.2005. Disponível em: <https://jurisprudencia.tst.jus.br/#ad8959a49bc2164243ed48112ba9e36>. Acesso em: 25 out. 2021).

n. 1.237/1939, que organizou a Justiça do Trabalho, por ser uma norma específica para o Direito do Trabalho; enquanto o Código Civil de 1916 representava uma norma genérica, sendo inaplicável o art. 11 da CLT por expressa disposição do art. 7º, alínea *a*, da CLT.[(644)] Porém, a corrente majoritária defendeu a aplicação do prazo constitucional.

Não se pode descurar que o instituto da prescrição também foi objeto de divergência quanto à aplicação intertemporal. Juristas travaram intenso debate a respeito da aplicação da norma constitucional no tempo, para uns, com a vigência da Constituição Federal de 1988, a regra ampliativa quinquenal de retroação abrangeu todas as pretensões veiculadas nas ações posteriores independente de modulação[(645)], enquanto outros defendiam que as ações ajuizadas posteriormente à Constituição, no prazo de 1º de janeiro de 1984 até a promulgação dela, teriam pretensões prescritas, porque o efeito gerado pelo ajuizamento é a interrupção e não a suspensão do prazo. Além disso, para essa corrente a prescrição é reconhecida na sentença e não declarada, seus efeitos não são *ex nunc*. Portanto, à data da sentença a prescrição já estaria consumada.[(646)]

A segunda argumentação analisa o instituto da prescrição como direito do devedor. A primeira, como direito do credor. Embora os argumentos sejam defensáveis, o instituto da prescrição agrega a ambos e, ainda, a estabilidade social e o gerenciamento de processos. E todos esses fundamentos do instituto devem ser levados em consideração para interpretação do direito intertemporal, mormente quando se tem um artigo da CLT, originário e não modificado até a presente data de aplicação imediata para o direito intertemporal, art. 916: "Os prazos de prescrição fixados pela presente Consolidação começarão a correr da data da vigência desta, quando menores do que os previstos pela legislação anterior".[(647)]

A norma celetista é expressa e reflete a vontade do legislador. Há omissão da Constituição Federal quanto ao tema (art. 7º, inciso XXIX), e por isso entende-se que a regra foi recepcionada. A prescrição não é um benefício ao devedor, mas um instituto de estabilidade social, e não um direito do devedor, embora faticamente ele seja o primeiro a ser beneficiado pela pronúncia de um prazo prescricional.

---

(644) PAMPLONA FILHO, Rodolfo. *Prescrição trabalhista*: questões controvertidas. São Paulo: LTr, 1996. P. 63-71.

(645) Cf. NASCIMENTO, Amauri Mascaro. *Direito do trabalho na Constituição de 1988*. Saraiva: São Paulo, 1989. P. 215-216.

(646) Cf. ROMITA, Arion Sayão. A prescrição na Constituição: direito intertemporal. *In*: ____ (coord.). *Curso de direito constitucional do trabalho*. São Paulo: LTr, 1991. P. 348-349.

(647) BRASIL. Presidência da República. *Decreto-lei n. 5.452, de 1 de maio de 1943*: Consolidação das Leis do Trabalho. Disponível em: <http://www.planalto.gov.br/ccivil_03/decreto-lei/del5452.htm>. Acesso em: 30 ago. 2020.

À data da vigência da norma constitucional, as pretensões que seriam prescritas pelo decurso de dois anos não mais o foram. Nesse sentido, a hermenêutica jurídica indica que a norma restritiva se interpreta restritivamente[648], não sendo o caso da restrição do prazo prescricional, a interpretação é ampliativa. O instituto da prescrição é sempre uma exceção à regra do adimplemento às obrigações, ou melhor, da pretensão de sua cobrança decorrido o prazo fixado para o adimplemento não realizado.

O Tribunal Superior do Trabalho chegou a editar o enunciado da Súmula n. 308, determinando a aplicação imediata da norma constitucional, não atingindo as pretensões já alcançadas pela prescrição bienal. Novamente, com a defesa doutrinária de que as situações já estavam consolidadas, infensas à modificação.[649]

Depois de muito debate, o tema atualmente está pacificado pela Corte Constitucional por meio de repercussão geral com julgamento de mérito e que "o prazo prescricional previsto no art. 7º, XXIX, da CF, não se aplica a contratos de trabalho encerrados antes de sua entrada em vigor"[650]. No ano 2000, com a Emenda Constitucional n. 28[651], houve a unificação dos prazos quanto aos trabalhadores rurais e urbanos. Dessa vez, a legislação restringiu a regra. Antes da unificação constitucional, entendia-se que no curso do contrato de trabalho do rural não corria o prazo prescricional para o trabalhador rural, apenas após a sua extinção.[652]

A doutrina trabalhista chegou a justificar a distinção na condição social pior do trabalhador rural, mais dependente e menos alfabetizado, do que o trabalhador urbano, mas, com a industrialização do campo e alteração das condições sociais desse trabalhador, essa distinção não mais se justificava. Também seria difícil um empregador guardar documentos por mais de meio século, e ainda havia o problema social dos pequenos empregadores que perdiam seus pequenos terrenos em dívidas trabalhistas, pois os contratos no meio rural eram mais longos e a maior

---

(648) "230 — Interpretam-se amplamente as leis providas, *remedial statutes* dos norte-americanos, as normas feitas para corrigir defeitos de outras; abolir ou remediar males, dificultar injustiças, ônus, gravames (...). Na mesma categoria, e, portanto, sujeitas às mesmas regras, se incluem as disposições que ampliam ou criam recursos judiciários (...). Quando o preceito reformador diminui prazos, ou quaisquer outras regalias da defesa; substitui o processo ordinário pelo sumário, ou este pelo executivo, prefere-se a exegese restrita". (MAXIMILIANO, Carlos. *Hermenêutica e aplicação do direito.* 20. ed. Rio de Janeiro: Forense, 2011. p. 167).

(649) BATALHA, Wilson de Souza Campos; RODRIGUES NETTO, Silvia M. L. Batalha de. *Prescrição e decadência no direito do trabalho.* 2. ed. rev. e ampl. São Paulo: LTr, 1998. p. 45.

(650) BRASIL. Supremo Tribunal Federal. A Constituição e Supremo: art. 7º, XXIX. RE 556.180 ED, Rel. Min. Ellen Gracie, J. 15.3.2011, 2ª T, DJE de 4.4.2011. Disponível em: <https://constituicao.stf.jus.br/#>. Acesso em: 30 ago. 2020.

(651) BRASIL. Presidência da República. Emenda Constitucional n. 28, de 25 de maio de 2000. Disponível em: <http://www.planalto.gov.br/ccivil_03/constituicao/Emendas/Emc/emc28.htm>. Acesso em: 30 ago. 2020.

(652) LEITE, Carlos Henrique Bezerra. *Constituição e direitos sociais dos trabalhadores.* São Paulo: LTr, 1997. p. 97-98.

parte dos empregadores era de pequeno e médio portes. Esse processo histórico, que durou cerca de doze anos, motivou a alteração legal.[(653)]

Houve quem suscitasse a inconstitucionalidade da medida, com fundamento no art. 60, § 4º da própria norma fundamental, porque a redação do texto informa: "Não será objeto de deliberação a proposta de emenda tendente a abolir os direitos e garantias individuais", sendo interpretado como direitos e garantias fundamentais, nele contido o do trabalhador rural.[(654)] Essa tese não foi a prevalecente no ordenamento pátrio.

A despeito disso, nova cizânia doutrinária e jurisprudencial instaurou-se quanto ao direito intertemporal. Para os contratos futuros havia a incidência da nova norma. Porém, quanto aos processos pendentes e aos contratos não encerrados antes da vigência, houve a defesa do direito adquirido com base no julgamento pacificado pela Corte Constitucional e sedimentado na Súmula n. 445[(655)], com defesa da aplicação do novo prazo de modo imediato aos contratos em curso, observando apenas o tempo transcorrido após a promulgação da EC n. 28/2000, respeitando-se o direito adquirido.[(656)] Nesse mesmo sentido, a defesa de que "a prescrição quinquenal relativa terá efeito progressivo na relação de emprego rural, só se manifestando, plenamente, em 26.05.2005".[(657)]

O Tribunal Superior do Trabalho sedimentou a tese do efeito progressivo da prescrição quinquenal. A prescrição quanto à pretensão decorrente das obrigações devidas ao trabalhador rural só flui após cinco anos da promulgação da EC n. 28/2000, mas não flui para os contratos em curso[(658)]. Em 2004, outra

---

(653) SILVA, Antônio Álvares da. Prescrição do trabalhador rural após a Emenda Constitucional n. 28/2000. *Revista do Tribunal Superior do Trabalho*, Porto Alegre: Editora Lex, v. 67, n. 1, p. 53-88, jan./mar. 2001, p. 58-60.

(654) SILVA, Antônio Álvares da. Prescrição do trabalhador rural após a Emenda Constitucional n. 28/2000. *Revista do Tribunal Superior do Trabalho*, Porto Alegre: Editora Lex, v. 67, n. 1, p. 53-88, jan./mar. 2001, p. 58-62.

(655) Súmula 445: A Lei n. 2.437, de 7.3.1955, que reduz prazo prescricional, é aplicável às prescrições em curso na data de sua vigência (1º.01.1956), salvo quanto aos processos então pendentes. (BRASIL. Supremo Tribunal Federal. *Aplicação das súmulas no STF*: Súmula n. 445. Disponível em: http://www.stf.jus.br/portal/jurisprudencia/menuSumarioSumulas.asp?sumula=2564. Acesso em: 30 ago. 2020)

(656) DALAZEN, João Oreste. A nova prescrição da ação trabalhista do rurícola. *Revista do Tribunal Superior do Trabalho*, Porto Alegre: Editora Lex, v. 68, n. 1, p. 19-26, jan./mar. 2002, p. 22-25.

(657) PINTO, José Augusto Rodrigues. Breve crônica da prescrição rural trabalhista. *Revista do Tribunal Superior do Trabalho*, Porto Alegre: Editora Lex, RS, v. 66, n. 4, p. 162-184, out./dez. 2000.

(658) "PRESCRIÇÃO QUINQUENAL. TRABALHADOR RURAL. AÇÃO PROPOSTA MAIS DE CINCO ANOS APÓS A PROMULGAÇÃO DA EC N. 28/2000. Esta Corte vem adotando o entendimento de que, se até a Emenda Constitucional n. 28/2000 não fluía a prescrição na constância do contrato de trabalho do empregado rural, visto que para ele a única prescrição prevista era a bienal, com termo inicial na data da extinção do contrato de trabalho, a prescrição quinquenal só poderá ser aplicada quando decorridos cinco anos da publicação da referida Emenda, sob pena de ferir-se o princípio da irretroatividade da lei, como também o princípio do direito adquirido. Nesse sentido, aliás, foi editada a OJ n. 417, segundo a qual, não há prescrição total ou parcial da pretensão do

emenda constitucional teve um grande impacto na Justiça do Trabalho, dessa vez não apenas no tema da prescrição, mas também de toda competência. A EC n. 45/2004, com vigência a partir de 2005, atraiu a competência da Justiça do Trabalho para o julgamento das ações envolvendo lesões de origem moral e material decorrentes da relação de trabalho. Esse também foi um processo legislativo que decorreu de uma construção doutrinária e jurisprudencial que já reconhecia, com certa divergência, a competência material da Justiça trabalhista sobre o tema.(659)

Após a ampliação da competência da Justiça do Trabalho, não só quanto ao dano moral, mas também quanto ao dano material, sugiram várias correntes doutrinárias. Imprescritibilidade dessas pretensões por se tratar de reivindicação de danos ligados aos direitos da personalidade não prevalecente.(660) A primeira delas fixou a aplicação do prazo bienal, contado da extinção do contrato de trabalho, retroagindo os cinco anos do ajuizamento da ação (art. 7º, XXIX, da CF)(661). A segunda, a utilização do prazo trienal previsto na codificação civil (art. 203, § 3º do CC/2002), sob o fundamento de que o Direito é uno e indivisível e não se modifica com a alteração da competência. Assim, deveria ser observada a regra de transição do art. 2.028 do CC/2002, que impõe o prazo da lei anterior para o transcurso de mais da metade do tempo que foi reduzido, ou seja, o prazo de 20 anos do art. 177 do Código Civil de 1916.(662) Caso trate-se de indenização por dano moral decorrente do acidente de trabalho, ante a omissão do prazo, aplicar-se-ia o prazo geral de dez anos previsto no art. 205 do Código Civil de 2002.(663)

Ocorre que o Tribunal Superior do Trabalho aplicou o prazo previsto no Código Civil até o advento da EC n. 45/2004. Após essa data, aplicou o prazo

---

trabalhador rural que reclama direitos relativos a contrato de trabalho que se encontrava em curso à época da promulgação da EC n. 28/2000, desde que ajuizada a demanda no prazo de cinco anos de sua publicação, observada a prescrição bienal. No caso dos autos, a decisão que pronunciou a prescrição quinquenal encontra-se em consonância com a jurisprudência desta Corte, tendo em vista que a presente ação foi ajuizada mais de cinco anos após a publicação da EC n. 28/2000. Recurso de revista não conhecido." (BRASIL. Tribunal Superior do Trabalho. RR-1439-56.2011.5.15.0054, 8ª Turma, Relator Ministro Marcio Eurico Vitral Amaro, DEJT 22.11.2019).

(659) Cf. PAMPLONA FILHO, Rodolfo. *O dano moral na relação de emprego*. 2. ed. São Paulo: LTr, 1999 e OLIVEIRA, Francisco Antonio de. O dano moral no direito do trabalho. *Revista dos Tribunais,* São Paulo: RT, v. 751, p. 151-165, maio 1998.

(660) MELO, Raimundo Simão de. *Direito ambiental do trabalho e saúde do trabalhador*: responsabilidades legais, dano material, dano moral, dano estético, indenização pela perda de uma chance, prescrição. 3. ed. São Paulo: LTr, 2008. p. 438-442.

(661) Por todos BELMONTE, Alexandre Agra. *Curso de responsabilidade trabalhista*: danos morais e patrimoniais na relação de trabalho. 2. ed. São Paulo: LTr, 2009. p. 296-299.

(662) Alterado pela Lei n. 2.437, de 7 de março de 1955. O artigo originário previa o prazo de trinta anos.

(663) Cf. SANTOS, Enoque Ribeiro dos. *O dano moral na dispensa do empregado*. 4. ed. São Paulo: LTr, 2009. p. 168-180 e MELO, Raimundo Simão de. *Direito ambiental do trabalho e saúde do trabalhador*: responsabilidades legais, dano material, dano moral, dano estético, indenização pela perda de uma chance, prescrição. 3. ed. São Paulo: LTr, 2008. p. 442-447.

geral previsto no art. 7º, inciso XXIX, da CF/1988. Também fixou o início da contagem do prazo prescricional a partir da ciência da lesão[(664)], sedimentando o entendimento, mas não a cizânia doutrinária.

O Fundo de Garantia do Tempo de Serviço (FGTS) teve por muito tempo a sua pretensão fixada em trinta anos com base no art. 23, § 5º da Lei n. 8.090/1993, porém a recente decisão do Supremo Tribunal Federal reconheceu o prazo quinquenal da parcela por entender não recepcionado o § 5º, do art. 23, da Lei n. 8.036/90 pela Constituição Federal, modulando os efeitos da decisão com repercussão geral[(665)]. Deste modo, em se tratando de reclamações trabalhistas ajuizadas até o dia 13.11.2014, a prescrição será trintenária ou quinquenal, considerando-se a que ocorrer primeiro e, após essa data, o prazo será de cinco anos.

A despeito de toda polêmica, é certo que o prazo base para as pretensões trabalhistas foi constitucionalizado no art. 7º, inciso XXIX, da Constituição Federal como de dois anos após a extinção contratual, retroagindo cinco anos da data do ajuizamento da ação, sendo de cinco anos para a exigibilidade das pretensões decorrentes de direitos prestacionais contidos em contratos ativos. A regra de contenção de dois anos deveria ser agregada a uma proteção contra a despedida imotivada prevista no art. 7º, inciso I da Constituição Federal. O Poder Legislativo está em mora e criou apenas uma indenização para a dispensa imotivada equivalente a quarenta por cento dos depósitos realizados no FGTS (art. 15 da Lei n. 8.036/1990).

A reforma trabalhista de 2017, por meio da Lei n. 13.467 do mesmo ano, quanto ao prazo, sedimentou no art. 11 da Consolidação das Leis do Trabalho o texto constitucional e deixou expressa a imprescritibilidade da ação declaratória. Nesse sentido, se a ação declaratória tem por escopo apenas esclarecer situação jurídica duvidosa, seu efeito restringe-se à atividade satisfativa obtida pelo pronunciamento judicial[(666)], por isso não se sujeita à prescrição. Não interessa ao ordenamento pátrio ou ao Sistema de Justiça deixar dúvidas pendentes quanto ao entendimento das relações jurídicas.

4.1.1. Prescrição de ofício da pretensão individual trabalhista

O Código de Processo Civil de 1973, reformado pela Lei n. 11.280, de 2006 para inserir o § 5º ao art. 219, trouxe uma norma polêmica, o reconhecimento ou

---

(664) OLIVEIRA, Sebastião Geraldo de. *Indenização por acidente de trabalho ou doença ocupacional*: de acordo com a reforma trabalhista Lei n. 13467/2017. 10. ed. São Paulo: LTr, 2018. p. 446-463.

(665) BRASIL. Supremo Tribunal Federal. *Recurso Extraordinário com Agravo 709.212. Distrito Federal.* Plenário. 13.11.2014. Disponível em: <http://redir.stf.jus.br/paginadorpub/paginador.jsp?docTP=TP&docID=7780004>. Acesso em: 7 set. 2020.

(666) RIBEIRO, Rafael Pugliese Edson. *Reforma trabalhista comentada*: análise da lei e comentários aos artigos alterados da CLT e leis reformadas — de acordo com a Lei n. 13.467/2017 e a MP n. 808/2017. Curitiba: Juruá, 2018. p. 53.

pronúncia da prescrição de ofício. Diante desse fato, alguns defendiam a aplicação da regra antes mesmo da inserção da pronúncia de ofício da prescrição intercorrente no art. 11-A, § 2º da CLT em 2017.(667) Mas, mesmo antes da alteração do Código de Processo Civil, sob o fundamento de que ao ser inserida no art. 7º, inciso XXIX da Constituição Federal, o instituto da prescrição passou a ser de ordem pública e também parte dos direitos irrenunciáveis, por isso conhecível pelos juízes de ofício, havia o posicionamento de Irany Ferrari.(668)

Atualmente, a pronúncia de ofício da prescrição extrai-se dos arts. 332, § 1º e 487, inciso II do Código de Processo Civil de 2015, além do texto celetista, que pacificou o entendimento quanto à não aplicação da pronúncia, ao também alterar a regra geral da execução impulsionada de ofício pelos magistrados trabalhistas, reduzindo seu alcance para o *jus postulandi* e as contribuições previdenciárias. Embora o legislador ordinário tenha inserido expressamente no § 2º do art. 11-A da CLT, ao regulamentar a prescrição intercorrente, não o fez para a prescrição ordinária (art. 11 da CLT). Por se tratar de regra restritiva de direitos, entende-se pela aplicação restritiva à fase de conhecimento, ou seja, a parte que pretende a aplicação da prescrição para as pretensões trabalhistas no processo de conhecimento deve necessariamente suscitá-la em defesa.(669) Há quem defenda a aplicação de ofício da prescrição em qualquer fase processual, com base na interpretação sistemática dos arts. 11 e 11-A do CPC de 2015, desde que respeitado o contraditório, ou seja, antes da pronúncia de ofício o juiz deve dar oportunidade para o devedor para manifestar-se.(670)

O entendimento da aplicação de ofício do instituto deve observar a regra hermenêutica que não permite a ampliação ou extensão de normas de caráter restritivo de direitos para demais situações não previstas em lei. Portanto, a interpretação sistemática indica que o art. 11-A do texto celetista merece uma interpretação restritiva e adequada à eliminação do impulso oficial na fase executiva para todos os processos, incluindo as ações de cumprimento ajuizadas pelos indivíduos. Atualmente, o impulso oficial ficou restrito aos créditos da previdência social, contribuições sociais previstas na alínea *a* do inciso I e no inciso II do art. 195 da Constituição Federal (art. 876, parágrafo único, com redação inserida pela Lei n. 13.467/2017) e às lides que utilizam o *jus postulandi*.

---

(667) TEIXEIRA FILHO, Manoel Antônio. *O processo do trabalho e a reforma trabalhista*: as alterações introduzidas no processo do trabalho pela Lei n. 13.467/2017. São Paulo: LTr, 2017. p. 31.

(668) Por todos FERRARI, Irany. Prescrição trabalhista: decretação *ex officio*. *Suplemento Trabalhista*. São Paulo: LTr, a. 28, n. 37, p. 253-255, 1992, p. 255.

(669) Por todos COLNAGO, Lorena de Mello Rezende. Arts. 11 a 12. *In*: _______; ROCHA, Fabio Ribeiro da; FERREIRA, Farley Roberto Rodrigues de Carvalho (coord.). *CLT 2020 comparada e comentada*: pelos magistrados do TRT da 2ª Região, precedentes e jurisprudência do TST e TRT2. São Paulo: LTr, 2020. p. 51-52.

(670) PAMPLONA FILHO, Rodolfo; FERNANDEZ, Leandro. A pronúncia de ofício da prescrição no processo civil e no processo do trabalho. *Revista Direito UNIFACS — Debate Virtual*, n. 210, dez. 2017. Disponível em: <https://revistas.unifacs.br/index.php/redu/issue/view/273>. Acesso em: 3 jul. 2021.

4.1.2. Inegociabilidade dos prazos prescricionais no ordenamento pátrio

O sistema jurídico brasileiro impede as alterações negociais quanto aos prazos prescricionais (art. 192 do Código Civil de 2002), permitindo-as apenas para o instituto da decadência (art. 211 do Código Civil brasileiro de 2002). Em regra, a doutrina fixa a incidência da decadência para os direitos chamados de potestativos, ou direitos de sujeição.(671) O exercício desse direito é conferido a um indivíduo sem oposição de qualquer outra pessoa.

A doutrina brasileira, desde Pontes de Miranda(672), desenvolveu-se no sentido de que os prazos prescricionais são inegociáveis, a despeito do Código Civil de 1916 não prever norma expressa nesse sentido.(673) Essa omissão foi afastada expressamente pela nova codificação, fixando ainda a natureza jurídica de ordem pública para esses prazos. Se as partes pretenderem criar cláusulas para alterar, aumentar, reduzir ou postergar um prazo prescricional, essa cláusula será nula. O mesmo raciocínio é realizado para a criação ou para a exclusão de causas de suspensão e interrupção previstas em lei.(674) Qualquer estipulação de prazo de modo diverso do previsto em lei equivale à modificação do prazo.

Havia um raciocínio de que as partes poderiam elastecer o prazo prescricional apenas se ele aproveitasse ao empregado, mas não ao empregador, em razão do princípio da proteção do Direito do Trabalho, especialmente fundamentada no *caput* do art. 7º da Constituição Federal (norma mais favorável).(675) Porém, após o art. 192 do Código Civil essa possibilidade fica vedada expressamente para o sistema civil. É permitida a renúncia pelo empregador, ato unilateral, de modo prévio ao prazo prescricional. Até o ano de 2005 vigeu a OJ n. 88 da SDI-1 do Tribunal Superior do Trabalho que permitia aos sindicatos pactuar um prazo para a informação ao empregador sobre o estado de gravidez da mulher empregada como condição de reintegração. Essa alteração decorrente do poder negocial coletivo era permitida por se tratar de prazo decadencial.(676)

---

(671) AMORIM FILHO, Agnelo. Critério científico para distinguir a prescrição da decadência e para identificar as ações imprescritíveis. *Revista de Direito Processual Civil*, São Paulo, v. 2, n. 3, p. 95-132, jan./jun. 1961.

(672) MIRANDA, Pontes de. *Tratado de direito privado*: parte geral. Exceções, direitos mutilados, exercício dos direitos, pretensões, ações e exceções, prescrição. Atual. por Otávio Luiz Rodrigues Júnior, Tilman Quarch, Jefferson Carús Guedes. São Paulo: Revista dos Tribunais, 2013, tomo VI, p. 446-447.

(673) THEODORO JR, Humberto. *Prescrição e decadência*. Rio de Janeiro: Forense, 2018. p. 72.

(674) MIRANDA, *op. cit.*, p. 448.

(675) MELO, Raimundo Simão. *Direito ambiental do trabalho e a saúde do trabalhador*. 3. ed. São Paulo: LTr, 2008. p. 457.

(676) SILVA, Homero Batista Mateus da. *Estudo crítico da prescrição trabalhista*. São Paulo: LTr, 2004. p. 61-62.

O Tribunal Superior do Trabalho adequou sua jurisprudência (Súmula n. 244, item I) ao entendimento da Corte Constitucional brasileira[(677)] sobre a desnecessidade de ciência do empregador para o exercício da garantia de estabilidade à gestante, contida no art. 10, II, alínea *b* do ADCT da Constituição Federal de 1988.

É necessário não perder de vista que a prescrição é uma norma de ordem pública, que não aproveita apenas ao devedor, mas também ao Estado, como forma de pacificar os conflitos. Embora a norma mais favorável esteja fixada no *caput* do art. 7º e o prazo prescricional no inciso XXIX, da Constituição Federal, a interpretação sistemática, conjugada com a matriz normativa da prescrição, o Código Civil, que prevê expressamente a proibição de alteração do prazo pelas partes. O instituto da prescrição retira seu fundamento normativo da segurança jurídica. O empregador pode renunciar ao prazo e efetuar o adimplemento contratual ou obrigacional, sem a necessidade de fixar ou alterar prazo diferenciado para a perseguição da pretensão quanto ao crédito trabalhista.

Por outro lado, se o crédito pleiteado na ação trabalhista for do empregador, o empregado também pode renunciar ao prazo prescricional, mas igualmente não poderá alterar esse prazo. Essa é uma norma restritiva de direitos para ambas as partes e a sua interpretação deve seguir a finalidade da norma, já debatida no primeiro capítulo, e o bem comum (art. 5º da Lei n. 4.657/1942). A criação de direitos pelas partes, prevista na norma constitucional, não se refere ao prazo prescricional, norma cogente ou de ordem pública.

Em sentido contrário, há doutrina que defende a possibilidade de alteração dos prazos prescricionais em benefício dos trabalhadores. A fundamentação dá-se a partir do *caput* do art. 7º da Constituição Federal de 1988, em razão do princípio da aplicação da norma mais favorável.[(678)] A pretensão que tem prazo negociável é a ligada a direitos potestativos, que estão sujeitos ao instituto da decadência, na modalidade convencional (art. 211 do Código Civil).

Em razão dos fundamentos do instituto da prescrição, a ação do tempo em prazo criado pelo legislador, de modo cogente, para conter a litigiosidade e pacificar conflitos, impedindo a sua eternização, agregado à inércia do titular do direito, salvo em caso de renúncia pelo devedor, lesionante ou pessoa que ameace esse direito, é defesa a prorrogação ou alteração por vontade das partes dos prazos prescricionais.

---

(677) BRASIL. Supremo Tribunal Federal. STF decide que direito da gestante à estabilidade não depende de conhecimento prévio do empregador. Recurso Extraordinário (RE) 629053. *Notícias*. Disponível em: <https://portal.stf.jus.br/noticias/verNoticiaDetalhe.asp?idConteudo=392418>. Acesso em: 19 jul. 2021.

(678) MELO, Raimundo Simão de. *Direito ambiental do trabalho e saúde do trabalhador*: responsabilidades legais, dano material, dano moral, dano estético, indenização pela perda de uma chance, prescrição. 3. ed. São Paulo: LTr, 2008. p. 457.

4.1.3. Prescrição intercorrente da pretensão trabalhista individual

Na área executiva, houve a defesa de que a execução é um processo autônomo ante a exigência de citação do reclamado, o réu (art. 880 da CLT). Nos termos do art. 884, § 1º da CLT existe a previsão da prescrição como matéria de embargos à execução, interpretando-se o fato como a prescrição da pretensão executiva, e não da pretensão veiculada na ação de conhecimento, com base no entendimento sedimentado pelo Supremo Tribunal Federal na Súmula n. 327. Essa corrente critica o entendimento do Tribunal Superior do Trabalho, expresso na Súmula n. 114, que afasta a prescrição intercorrente da Justiça do Trabalho, e, tem por correto, o prazo prescricional de dois anos para essa ação executiva.[(679)]

Em sentido contrário, corrente que prevaleceu até o advento da Lei n. 13.467/2017, com vigência em 11 de novembro de 2017, quando o legislador inseriu expressamente a prescrição intercorrente na Consolidação das Leis do Trabalho no art. 11-A, com prazo de dois anos, aqueles que sempre entenderam a execução como uma fase processual.[(680)] Essa corrente, em razão do sincretismo processual, foi adotada do Direito Processual Civil[(681)]. A doutrina clássica trabalhista entendia que a execução no Processo do Trabalho sempre foi uma fase processual sob o fundamento de que a execução poderia ser realizada de ofício pelo juiz, nos termos do art. 878 da CLT[(682)], em sua redação original, que também sofreu limitações com a Lei n. 13.467/2017 para abranger apenas as contribuições previdenciárias e o *jus postulandi*. Assim, se não podia imputar à parte a inércia ou abandono da causa, também não era possível a aplicação da prescrição intercorrente. Soma-se a esse argumento, a aplicação subsidiária da Lei de Execução Fiscal n. 6.830/80, por força do art. 889 da CLT, que determina a suspensão da execução enquanto não for localizado o devedor ou seus bens (art. 40). Ainda que a prescrição intercorrente não fosse aplicada, o prazo seria suspenso pela não citação do devedor ou pela inexistência de bens, até que esses fossem encontrados.[(683)]

Atualmente a prescrição intercorrente encontra-se prevista expressamente no art. 921, § 4º do Código de Processo Civil (2015) e também no texto consolidado

---

(679) Cf. MALLET, Estêvão. Novas e velhas questões em torno da prescrição trabalhista. *In*: SILVESTRE, Rita Maria; NASCIMENTO, Amauri Mascaro (coord.). *Novos paradigmas do direito do trabalho*: homenagem a Valentin Carrion. São Paulo: Saraiva, 2001. p. 359-367.

(680) ALMEIDA, Ísis. *Manual da prescrição trabalhista*. 3. ed. São Paulo: LTr, 1999. p. 87.

(681) Mudando o posicionamento sobre a ação autônoma de execução para o cumprimento de sentença enquanto fase processual, conferir as obras de Cândido Rangel Dinamarco: DINAMARCO, Cândido Rangel. *Instituições de direito processual civil*. 3. ed. rev. e atual. São Paulo: Malheiros, 2009. v. IV, p. 92 e p. 93 e DINAMARCO, Cândido Rangel; LOPES, Bruno Vasconcelos Carrilho. *Teoria geral do novo processo civil*: de acordo com a Lei n. 13.256 de 4.2.2016. São Paulo: Malheiros, 2016. p. 135.

(682) ALMEIDA, Ísis. *Manual da prescrição trabalhista*. 3. ed. São Paulo: LTr, 1999. p. 87.

(683) ALMEIDA, Ísis. *Manual da prescrição trabalhista*. 3. ed. São Paulo: LTr, 1999. p. 89-91.

(art. 11-A inserido pela Lei n. 13.467/2017). A legislação pátria trabalhista utilizou o prazo de dois anos. O atual entendimento é o de que a execução é uma fase processual que deve ser impulsionada pelo credor, salvo o credor previdenciário e o trabalhador ou a parte que litigam sem a assistência de advogado (art. 878 da CLT com a redação alterada pela Lei n. 13.467/2017). O art. 11-A, § 2º da CLT previu o reconhecimento de ofício da prescrição intercorrente pelo juiz. Essa norma não pode retroagir para abarcar relações jurídicas anteriores à edição da norma legal[(684)], embora alguns magistrados já aplicassem a prescrição intercorrente antes da alteração legislativa em razão do entendimento da Corte Constitucional e de uma interpretação sistemática.[(685)]

O arquivamento provisório[(686)] é um dos marcos defendido como o primeiro dia para a contagem da prescrição intercorrente. No Direito Processual do Trabalho deve-se evitar as decisões surpresas, tanto quanto no Direito Processual Civil, que tem um artigo expresso nesse sentido, art. 10 do CPC. O processo é o concatenamento de atos jurídicos previamente conhecidos, em razão do princípio constitucional do devido processo legal (art. 5º, LV, da CF/1988). Dessa forma, para que se aplique a prescrição intercorrente de ofício é necessário fixar um marco de contagem conhecido pelas partes, diferente do arquivamento provisório. Por exemplo, um despacho concedendo prazo para a prática de ato pela parte com expressa indicação de aplicação da prescrição intercorrente, em caso de inércia. Esse despacho será o marco da contagem dos dois anos para a prescrição intercorrente, que poderá ser aplicada de ofício.[(687)] O tema da prescrição para

---

(684) "A 7ª Turma do Tribunal Regional do Trabalho da 1ª Região (TRT/RJ) deu parcial provimento ao agravo de petição interposto pelo exequente para afastar a prescrição intercorrente pronunciada em primeiro grau e determinar o prosseguimento da execução. Por unanimidade, o colegiado acompanhou o entendimento da relatora desembargadora Carina Rodrigues Bicalho, que afastou a aplicação da prescrição intercorrente, por entender que a mesma não pode ser imposta a situações anteriores à vigência da reforma trabalhista. Também afastou a prescrição bienal por entender que ela não tem aplicabilidade em demandas coletivas, uma vez que a ação judicial individual que visa a execução de crédito trabalhista reconhecido em ação coletiva pode ser ajuizada pelo beneficiário em até cinco anos após o último ato produzido no processo que interrompeu a prescrição". (BRASIL. Tribunal Regional do Trabalho da 1ª Região — Rio de Janeiro. 7ª Turma decide: prescrição bienal não é aplicável em execução individual de sentença coletiva. *Últimas notícias.* 03.08.2021, 09:36:00. Disponível em: <https://www.trt1.jus.br/ultimas-noticias/-/asset_publisher/IpQvDk7pXBme/content/7-turma-decide-prescricao-bienal-nao-e-aplicavel-em-execucao-individual-de-sentenca-coletiva/21078>. Acesso em: 3 ago. 2021).

(685) Cf. COLNAGO, Lorena de Mello Rezende. Prescrição intercorrente e o direito intertemporal. *In*: D'AMBROSO, Marcelo Ferlin (coord.). *Direito do trabalho, direito penal do trabalho, direito processual do trabalho e a reforma trabalhista*: edição comemorativa dos 10 anos do IPEATRA. São Paulo: LTr, 2017, v. 1, p. 310-313.

(686) Cf. MOLINA, André de Araújo. Da suspensão e da extinção do processo de execução no novo CPC e seus reflexos no processo do trabalho. *Revista do Tribunal Regional do Trabalho da 3ª Região.* Belo Horizonte, v. 62, n. 94, p. 95-130, jul./dez. 2016, p. 128.

(687) No mesmo sentido: THEODORO JÚNIOR, Humberto. *Prescrição e decadência*: de acordo com a reforma trabalhista. Rio de Janeiro: Forense, 2018. p. 207.

pretensões individuais trabalhistas sempre foi bastante controvertido. O Direito do Trabalho sempre trabalhou com o diálogo de fontes (arts. 8º e 769 da CLT). Outros países também derivaram as leis trabalhistas da legislação civil (capítulo 3). Essa não é uma realidade exclusivamente brasileira.

Em 2021, a prescrição intercorrente ganhou uma nova previsão legal na área do Direito Civil. O art. 206 do Código Civil foi alterado pela Medida Provisória n. 1.040 (convertida na Lei n. 14.195/2021, com vetos), para receber a seguinte redação: "Art. 206-A. A prescrição intercorrente observará o mesmo prazo de prescrição da pretensão". A norma jurídica é de duvidosa urgência e relevância. E, como há regra expressa na Consolidação das Leis do Trabalho, art. 11-A da CLT determinando a aplicação do prazo de dois anos, essa prevalece sobre o prazo de cinco anos que poderia ser suscitado.

Dessa forma, a prescrição intercorrente é atualmente aplicável ao processo do trabalho com prazo de dois anos contado do despacho que intimar o exequente a produzir um ato jurídico. A inércia do credor será contada desta data e, quando completar dois anos, o magistrado poderá extinguir o processo de ofício (art. 11-A, § 2º da CLT) em razão da prescrição intercorrente. A exceção ocorre nos casos de impulso oficial determinado por lei (art. 878 da CLT).

4.2. PREVISÕES NORMATIVAS DA PRETENSÃO COLETIVA NO MICROSSISTEMA

A Constituição Federal de 1988 é a base do acesso coletivo formado por diversas leis que se amalgamam criando o microssistema de acesso coletivo à Justiça. Poucas dessas leis normatizam o prazo prescricional das pretensões por elas regulamentadas, especialmente as pretensões condenatórias ou prestacionais.

4.2.1. Pretensões coletivas contidas na Consolidação das Leis do Trabalho (dissídios coletivos)

Os dissídios coletivos, considerados ações constitutivas, têm duas previsões legais de prazos no texto celetista. A primeira delas encontra-se no art. 616, § 3º: na vigência de normas coletivas, o dissídio coletivo deverá ser instaurado, leia-se ajuizado, dentro dos sessenta dias anteriores ao fim da vigência das normas coletivas para que o novo instrumento passe a viger no dia imediato ao termo dos acordos e convenções coletivas.

Esse prazo é denominado de data-base e pode ser entendido como um pressuposto processual de eficácia da decisão. Não se trata de prescrição[(688)],

(688) MARTINS FILHO, Ives Gandra da Silva. O dissídio coletivo e suas fases procedimentais. *Revista do Tribunal Superior do Trabalho*, São Paulo: TST, v. 63, 1994. p. 125-126.

porque não há pretensão condenatória. Também não se trata de decadência porque o direito de criação das partes continua assegurado por lei, a sentença constitutiva apenas não será ininterrupta no tempo com a norma anterior. A norma coletiva criada passará a vigorar apenas após a publicação da sentença normativa (acórdão)[(689)]. Após a Emenda Constitucional n. 45/2005 houve a proibição de criação originária de uma norma coletiva por meio do dissídio coletivo em razão da alteração do § 2º do art. 114 da CF/1988. O processo coletivo trabalhista passou a prever expressamente a colaboração das partes na construção da decisão.[(690)]

É importante relembrar que o prazo de sessenta dias do § 3º do art. 616 da CLT não esteve presente no texto celetista originário, sendo incluído no fim da década de sessenta (redação inserida pelo Decreto-lei n. 424, de 21 de janeiro de 1969) em razão da obrigatoriedade da negociação coletiva como pressuposto processual para o ajuizamento do dissídio coletivo.

O outro prazo previsto no texto celetista encontra-se no art. 873, que estipula um ano da vigência da sentença normativa para o ajuizamento do dissídio coletivo de revisão. A sentença normativa cria obrigações para os empregados e empregadores, equivalendo às convenções e acordos coletivos. O dissídio coletivo de revisão prevê a alteração dessas normas em razão de alguma nova conjuntura social, econômica ou fática. No Direito Civil equivaleria à rescisão contratual (arts. 317, 478, 479 e 480 do Código Civil) por desproporção entre as prestações ou por onerosidade excessiva para alguma das partes, com a intervenção judicial (cláusula *rebus sic stantibus*). A revisão ocorrerá quanto às obrigações prestacionais, de fazer, não fazer e pagar, que são direitos prestacionais. A natureza jurídica do prazo dessa pretensão é prescricional.

4.2.2. Prescrição em pretensões coletivas contidas na lei da ação popular

As ações populares também têm origem no direito romano, como um meio de defesa do patrimônio público por um indivíduo. Emerge da condição de cidadão (*civis*) e pressupõe uma relação direta com o Estado romano em proveito da boa gestão da coisa pública.[(691)] O indivíduo, singularmente considerado, é um representante do povo.[(692)]

---

(689) BATALHA, Wilson de Souza Campos. *Tratado de direito judiciário do trabalho*. 2. ed. São Paulo: LTr, 1985. p. 701.

(690) Conferir a doutrina de Fazzalari sobre o processo como procedimento em contraditório. (FAZZALARI, Elio. *Instituições de direito processual*. Trad. de Elaine Nassif. Campinas: Bookseller Editora e Distribuidora, 2006. p. 35-37).

(691) MANCUSO, Rodolfo de Camargo. *Ação popular*. 8. ed. rev., reimp. São Paulo: Revista dos Tribunais, 2015, (versão *ebook*, 2. A ação popular: das fontes romanas ao nosso tempo). Disponível em: <https://proview.thomsonreuters.com/launchapp/title/rt/monografias/105154451/v8/document/107128988/anchor/a-107128988>. Acesso em: 12 jul. 2021.

(692) SCIALOJA, Vittorio. *Procedura civile romana*: esercizio e difesa dei diritti. Roma: Anonima Romana Editoriale, 1894. p. 343.

A ideia da ação popular está presente desde a Constituição do Império de 1824 (art. 157), por influência do direito português, porém como enfoque penal para o crime de suborno, peita, peculato e concussão praticado por juízes e oficiais de Justiça, suprimido pela Constituição da República de 1891. A Constituição de 1934 reinseriu a ação popular em seu texto, porém como direito e garantia individuais (art. 113) conferindo a qualquer cidadão a legitimidade para pleitear a nulidade ou anulação de qualquer ato lesivo ao patrimônio público da União Federal, Estados e Municípios, mas a Carta de 1937 não repetiu a norma. As ações populares foram reinseridas no ordenamento com a Constituição Democrática de 1946.(693)

Em 1965, a ação popular foi regulamentada pela Lei n. 4.717. O texto constitucional de 1967 manteve sua previsão fixando expressamente o nome ação popular no art. 150, § 31 (inalterado pela Emenda Constitucional de 1969). Com a reabertura do regime democrático e a Constituição Cidadã de 1988, a ação popular permaneceu como um direito fundamental (art. 5º, inciso LXXIII)(694), ampliado para anular atos lesivos ao patrimônio histórico e cultural, ao meio ambiente e à moralidade administrativa. A regulamentação de 1965 foi recepcionada pela Constituição Federal de 1988. A atual ação popular brasileira foca a ideia de controle da gestão da coisa pública, mesma ideia do antigo direito romano.

Portugal, embora tivesse influenciado o Brasil com as ordenações e o primeiro dispositivo brasileiro que tratou sobre o aspecto penal da ação popular, apenas regulamentou a sua ação popular no ano de 1985, por meio da Lei n. 83, permitindo não apenas aos cidadãos, mas ao Ministério Público, às associações e fundações defensoras dos interesses referentes à saúde pública, ao ambiente, à qualidade de vida, à proteção do consumo de bens e serviços, ao patrimônio cultural e ao domínio público.(695) Em razão da ampliação dos legitimados e dos direitos, difusos e coletivos, Ada Pellegrini Grinover afirma que essa ação portuguesa seria equivalente às ações brasileiras: popular, civil pública e civil coletiva.(696) A legislação portuguesa da ação popular não contém previsão de regra para a prescrição.

---

(693) QUEIROZ, Lorrane; GOMES JUNIOR, Luiz Manoel. História da ação popular no sistema constitucional brasileiro: evolução até o julgamento do STF — RE com agravo 824-781-MT. *Revista de Processo*, São Paulo, v. 45, n. 302, p. 265-288, abr. 2020, p. 302.

(694) A presente redação é decorrente da alteração da Emenda Constitucional n. 81 de 2014: "qualquer cidadão é parte legítima para propor ação popular que vise a anular ato lesivo ao patrimônio público ou de entidade de que o Estado participe, à moralidade administrativa, ao meio ambiente e ao patrimônio histórico e cultural, ficando o autor, salvo comprovada má-fé, isento de custas judiciais e do ônus da sucumbência." (BRASIL. Presidência da República. Constituição da República Federativa do Brasil de 1988. *Legislação*. Disponível em: <http://www.planalto.gov.br/ccivil_03/constituicao/constituicaocompilado.htm>. Aceso em: 12 jul. 2021)

(695) PORTUGAL. Ministério Público. PGDL — Procuradoria-Geral Distrital de Lisboa. Lei n. 83/95, de 31 de agosto: direito de participação procedimental e de ação popular. *Legislação*. Disponível em: <http://www.pgdlisboa.pt/leis/lei_mostra_articulado.php?nid=722&tabela=leis>. Acesso em: 12 jul. 2021.

(696) Cf. GRINOVER, Ada Pellegrini. A ação popular portuguesa: uma análise comparativa. *Revista de Direito do Consumidor*. v. 18, p. 39-52, abr.-jun. 1996. MAZZEI, Rodrigo; DAL'COL, João Roberto de Sá. Ação popular no Brasil e em Portugal. *Revista de Processo*, São Paulo, v. 40, n. 240, p. 317-344, fev. 2015.

A ação popular brasileira refere-se à proteção de direitos difusos[697]. Essa é também uma ação constitucional que confere legitimação ao indivíduo, diferente do que ocorre nas ações civis públicas e coletivas, que não permitem a legitimação individual, mas apenas das pessoas físicas e entes públicos elencados na lei (art. 5º da Lei n. 7.347/1985 c.c art. 82 do Código de Defesa do Consumidor, por exemplo). A legislação de 1965 previu expressamente o prazo de 5 anos como prescricional para ação (art. 21).

Em sentido oposto, Arenhart e Osna afirmam que o prazo quinquenal serve apenas para indicar que após esse período o instrumento processual não poderá ser utilizado.[698] Esse termo deve ser interpretado tecnicamente como para as pretensões decorrentes dos direitos por ela tutelados, quais sejam: anulação ou a declaração de nulidade de atos lesivos ao patrimônio do Estado, empresas públicas e empresas privadas subsidiadas pelo Estado, com a ressalva sobre o ressarcimento quanto aos prejuízos causados (art. 12 da Lei n. 8.429/1992).

4.3. ANTEPROJETOS E PROJETOS DE ALTERAÇÃO DA LEGISLAÇÃO PROCESSUAL COLETIVA: ENFOQUE NAS PREVISÕES QUANTO À PRESCRIÇÃO DAS PRETENSÕES COLETIVAS

Ao longo dos anos houve a elaboração de anteprojetos de lei para o aprimoramento da legislação processual coletiva. Um deles foi publicado em 2008, sob o título "Rumo a um Código de Processo Civil Coletivo: a codificação das ações coletivas no Brasil". Trata-se de anteprojeto proposto dentro da dissertação de mestrado de Antonio Gidi em 1993. Em razão do corte metodológico realizado quanto ao instituto da prescrição, será analisado apenas o dispositivo que menciona o instituto.

O art. 8º do anteprojeto de lei previu a interrupção da prescrição para todas as pretensões individuais e transindividuais relacionadas com a controvérsia coletiva, por meio da propositura da ação coletiva. A contagem do prazo proposta tinha por reinício a notificação do grupo quanto à decisão transitada em julgado (art. 8.1)[699], essa norma por ser especial excepciona a regra geral de reinício da contagem prevista no Código Civil (art. 202, parágrafo único): da decisão transitada em julgado. Porém, esse anteprojeto não foi apresentado ao Congresso Nacional.

Em 2009, houve o Projeto de Lei n. 5.139/2009 para a unificação do regramento para as ações coletivas. Esse projeto encontra-se arquivado (12.05.2010). Ele previu

---

(697) CALHEIROS, Maria Clara. A ação popular revisitada. Notas à luz da atualidade jurídica e social portuguesa. *In*: MESSA, Ana Flávia; FRANCISCO, José Carlos (coords.). *Ação popular*. São Paulo: Saraiva, 2013. p. 84-90.
(698) ARENHART, Sérgio Cruz; OSNA, Gustavo. *Curso de processo civil coletivo*. 2. tir. São Paulo: Revista dos Tribunais, 2019. p. 174.
(699) GIDI, Antonio. *Rumo a um Código de Processo Civil Coletivo*: a codificação das ações coletivas no Brasil. Rio de Janeiro: GZ Editora, 2008. p. 135 e p. 445.

três artigos sobre o instituto da prescrição (arts. 15, 37 e 45).[(700)] O texto proposto para o art. 15 informa que a citação válida na ação coletiva interrompe o prazo de prescrição das pretensões individuais até o fim do processo coletivo. O interessante é que ele informa dois critérios: citação válida e distribuição. A distribuição do processo na Justiça do Trabalho é o marco da interrupção do prazo prescricional (item 1.1.2 deste capítulo) e não o despacho de citação (art. 202, inciso I, do Código Civil). Como há uma diferença para a Justiça Comum, baseada na realidade da Justiça especializada, que tem no servidor, e não no juiz, a atribuição da citação, o esclarecimento da norma proposta, com retroação ao ajuizamento é salutar para a Justiça Comum, pois a inércia foi movimentada com o ajuizamento e não com a citação válida, ato inerente ao juiz, um terceiro à relação jurídica material.

O art. 15 do projeto de lei arquivado (PL n. 5.139/2009) também previu que a extinção sem solução de mérito interromperia a prescrição. O art. 37 desse mesmo projeto fixou a suspensão automática de todas as ações individuais com o mesmo objeto da ação coletiva. Esclareceu a ausência de litispendência entre as ações e permitiu que os juízes das ações individuais praticassem atos urgentes (art. 37, § 1º). Quanto à publicização das ações coletivas, acertadamente, atribuiu ao réu o dever de comunicação nos processos individuais, sob o ônus da sentença improcedente no processo individual ser afastada pela coisa julgada coletiva (art. 37, § 2º) ante o desconhecimento do autor, que não deve ser prejudicado. O mesmo dispositivo, no § 4º, fixou a prolação da sentença do processo coletivo como fim da suspensão, ao invés do trânsito em julgado dela, e a conversão desta ação em cumprimento de sentença. Embora haja crítica quanto ao marco de recontagem do prazo, o melhor momento em termos de segurança jurídica é o trânsito em julgado da decisão e não a sentença pendente de recurso, é louvável a tentativa de eliminar o tempo processual permitindo o cumprimento da sentença provisória.

O outro dispositivo que mencionava o instituto era o art. 45, referente ao cumprimento de sentença. O texto proposto indicava que apenas após o prazo prescricional das pretensões individuais seria possível aos legitimados coletivos requerer a execução coletiva, mas retirava a preferência legal das pretensões individuais, deixando ao juiz a escolha quanto à preferência de pagamento mediante decisão motivada em proporcionalidade e razoabilidade. Nesse ponto, o projeto de lei poderia gerar maiores debates e questionamentos quanto a essa decisão judicial, dificultando a efetividade do cumprimento de sentença. Melhor seria que a preferência inserida no capítulo dos direitos individuais homogêneos na codificação consumerista fosse ampliada para direitos difusos e coletivos em sentido estrito.

Quase dez anos depois da apresentação do PL n. 5.139/2009, o Conselho Nacional de Justiça apresentou um anteprojeto de lei, decorrente de estudos de

---

(700) BRASIL. Câmara dos Deputados. Projeto de lei n. 5.139/2009. *Atividades legislativas.* Disponível em: <http://www.camara.gov.br/proposicoesWeb/fichadetramitacao?idProposicao=432485>. Acesso em: 6 out. 2021.

um grupo de trabalho sobre as ações coletivas (Portaria n. 152/2019), convolado no Projeto de Lei n. 4.778/2020.(701) Esse projeto de lei previu no art. 26, § 4º, que a propositura das ações coletivas não interrompe a prescrição das pretensões individuais. Esse dispositivo segue a ideia italiana sobre o tema, porém, nesse país há duas janelas de adesão aos indivíduos, uma na fase de conhecimento e outra no cumprimento de sentença. A ação é publicada no portal telemático do Ministério da Justiça italiano (atualmente), mas, desde a regulamentação das ações coletivas na codificação do consumidor, a permissão de prescrição para as pretensões individuais veiculadas na ação coletiva advém da faculdade de adesão do indivíduo na fase de conhecimento, não prevista no projeto de lei proposto pelo Conselho Nacional de Justiça.

O PL n. 4.778/2020 não permite a suspensão processual das demandas individuais (art. 26, § 5º) e determina a desistência da ação individual para que o indivíduo se beneficie da coisa julgada coletiva (art. 26, § 6º). O art. 9º faculta aos lesados o cumprimento de sentença no processo individual ou coletivo. O art. 8º indica a ausência de litispendência entre processo coletivo e individual, dá preferência à destinação de valores para "realização de obras ou atividades para restaurar o dano causado", indica uma destinação subsidiária para um fundo coletivo (art. 31), mas permite que na categoria de direitos individuais homogêneos a condenação seja "apenas ao fundo, quando o benefício para os membros do grupo for desproporcional ao custo da execução". Há um distanciamento dos interesses individuais, que ficam em segundo plano, para privilegiar-se a sociedade e o Sistema de Justiça. O projeto do Conselho Nacional de Justiça preocupou-se muito mais com o gerenciamento fático dos processos; com a redução dos conflitos do cumprimento de sentença individual; com a prevenção e com a eliminação da reparação individual, com foco na reparação coletiva do direito violado.

Olvida-se a experiência nacional da desjudicialização da execução(702) e a experiência normativa internacional italiana (vide capítulo 3). Ademais, com um olhar macroprocessual, o texto normativo proposto gera litigiosidade de massa individual ou obsta o acesso à Justiça quando permite a condenação destinada a um fundo com exclusividade ou à realização de obras ou atividades para restaurar o dano causado. O alto custo do processo para o indivíduo, como fundamento do processo coletivo, é desconsiderado nessa hipótese. O Projeto de Lei n. 4.778/2020 cria a sedimentação de injustiças sociais atomizadas, desarmonizando o Sistema de Justiça a longo prazo, pois expressamente afasta os institutos da suspensão e interrupção da prescrição.

---

(701) BRASIL. Câmara dos Deputados Projeto de lei n. 4.778/2020. *Atividades legislativas*. Disponível em: <https://www.camara.leg.br/proposicoesWeb/fichadetramitacao?idProposicao=2263651>. Acesso em: 18 out. 2021.

(702) Cf. CABRAL, Antonio do Passo; ZANETI JR., Hermes. Entidades de infraestructura específica para la resolución de conflictos colectivos: las claims resolution facilities y su aplicabilidad en Brasil. *Revista Italo- Española de Derecho Procesal*, Madrid, v. 1, p. 5-37, 2019.

A publicidade prevista no sítio eletrônico do Conselho Nacional de Justiça (art. 11 do PL n. 4.778/2020) assemelha-se à normativa italiana e é louvável e constitui importante instrumento de transparência para a sociedade. Houve uma maior preocupação com o congestionamento causado pelo cumprimento de sentença das ações coletivas, mas não com a utilização dos mecanismos de sucesso que otimizam esse cumprimento de sentença (vide capítulo 2), em atendimento aos interesses coletivos e individuais. Em maio de 2021, esse projeto foi apensado a outro, o Projeto de Lei n. 4.441/2020.

O Projeto de Lei n. 4.441/2020 expressamente separa direitos difusos e coletivos dos individuais homogêneos no art. 15, com previsão de dois prazos distintos: um para direitos difusos e coletivos, outro para os individuais homogêneos, e prevê a interrupção do prazo para pretensões coletivas e individuais.[703] A crítica realizada à doutrina quanto à separação dos direitos metaindividuais contida no capítulo 2 (item 2.4.3) aplica-se ao PL n. 4.441/2020. O art. 16 também previu a suspensão automática dos processos individuais, à semelhança do PL n. 5.139/2009, mas avançou quanto ao fim da suspensão quando o autor demonstra não ser membro do grupo, e, por conseguinte, não ser abrangido pela decisão e, em inovação: se houver urgência ou demora excessiva do julgamento definitivo do processo coletivo, reconhecidas em decisão fundamentada (art. 16, § 1º, inciso I), com a opção ao juiz de limitar essa decisão à concessão de tutela provisória (art. 16, § 4º). Trata-se de uma visão de gerenciamento processual em atendimento aos interesses individuais face à eventual mora do Poder Judiciário na solução da questão. Essa previsão é muito interessante, pois eleva a importância da busca pela maior efetividade do processo, mas exclui o autor dos benefícios da coisa julgada coletiva (art. 16, § 2º) com direito à retratação até o momento de prolação da sentença coletiva (art. 16, § 3º).

Há outro projeto de lei apensado à tramitação do PL n. 4.441/2020 e n. 4.778/2020. Trata-se do projeto mais novo, elaborado pelo Instituto Brasileiro de Direito Processual Civil — IBDP, como um aprimoramento aos projetos anteriores, que no Congresso Nacional ganhou o n. 1.641/2021. Expressamente o projeto indica que alterou quanto o regramento dos projetos anteriores quanto ao instituto da prescrição no item IX:

> IX) a prescrição no caso dos direitos coletivos e difusos é remetida à disciplina geral do Código Civil, sempre que não houver legislação específica prevendo prazos diversos, sendo contada a partir da ciência pública e inequívoca da ameaça, da lesão ou da sua cessação, ou do conhecimento de seus efeitos nocivos. Ainda, o substitutivo prevê a imprescritibilidade das pretensões de ressarcimento ao erário e fundadas na

---

(703) BRASIL. Câmara dos Deputados Projeto de lei n. 4.441/202. *Atividades legislativas*. Disponível em: <https://www.camara.leg.br/propostas-legislativas/2261966>. Acesso em: 6 maio 2022.

prática de ato de improbidade doloso e a imprescritibilidade da pretensão de reparação civil de dano ambiental, nos termos da jurisprudência do Plenário do Supremo Tribunal Federal.(704)

Esse último projeto de lei foi apelidado de Projeto Ada Pellegrini Grinover pelos juristas que o elaboraram. Ele mantém a interrupção da prescrição como previsto pela jurisprudência trabalhista, na data da propositura da ação (art. 18). Quanto ao prazo, novamente separa as categorias de direitos coletivos, deixando o prazo decenal do art. 205 do Código Civil para a categoria dos direitos difusos e coletivos, se outro prazo não for estipulado por lei, salvo as imprescritibilidades. Fixa no § 2º a ciência pública e inequívoca dos efeitos nocivos do ato comissivo ou omissivo. Mantém no § 3º o prazo prescricional das pretensões individuais para as pretensões individuais homogêneas, excluindo-as da categoria de direito coletivo ou metaindividual, lamentavelmente, mas no mesmo sentido do projeto elaborado na década de noventa por Antonio Gidi. Quanto ao cumprimento de sentença, o prazo prescricional tem por marco o trânsito em julgado da decisão coletiva (art. 32, § 4º), em acertada escolha. O trânsito em julgado traz uma maior segurança jurídica ao Sistema de Justiça e um marco claro para afastar a inércia dos beneficiados pela decisão coletiva.

O grupo de estudos em ações coletivas formado pelo Conselho Nacional do Ministério Público não apresentou a conclusão do trabalho até o momento. É interessante observar que parte das pessoas designadas para integrar esse grupo também esteve presente no Projeto de Lei n. 1.641/2021. Há a premente preocupação quanto ao tratamento diferenciado entre as categorias de direitos coletivos nos projetos de lei apresentados, perpetuando a tese doutrinária e legislativa de que os direitos individuais homogêneos não são coletivos, apenas recebem um tratamento diferenciado em razão da uniformidade e quantidade de pessoas atingidas por um ilícito de natureza comum.

Entre os principais anteprojetos e projetos de lei apresentados, o projeto de lei conhecido como Ada Pellegrini Grinover consiste no mais próximo de um ideal de sistematização orgânica da disciplina do processo coletivo, especificamente quanto ao instituto da prescrição dentro da perspectiva elaborada nesta tese. Porém, seria importante o acréscimo de soluções para os problemas práticos levantados nessa pesquisa quanto à prescrição, pois parte deles sequer foi abordada em qualquer dos projetos de lei ou anteprojetos apresentados, como causas de interrupção, suspensão e impedimento do prazo; aplicação da prescrição de ofício e intercorrente; (in)existência de repristinação do prazo prescricional para as pretensões individuais com incidência do prazo prescricional.

---

(704) BRASIL. Câmara dos Deputados Projeto de lei n. 1.641/2021. *Atividades legislativas*. Disponível em: <https://www.camara.leg.br/proposicoesWeb/fichadetramitacao?idProposicao=2279806>. Acesso em: 18 out. 2021.

4.4. REVISÕES DOUTRINÁRIA E JURISPRUDENCIAL

A revisão das teses existentes na doutrina e na jurisprudência sobre a prescritibilidade ou não das pretensões trabalhistas faz-se necessária para que se entenda o alcance do problema que envolve o tema da prescrição no acesso coletivo à Justiça. Serão apresentadas as teses atuais e a tese proposta.

4.4.1. A imprescritibilidade das pretensões coletivas

A prescrição envolve a ciência inequívoca do titular do direito e sua inércia quanto à ameaça ou violação desse direito, nascendo a exigibilidade de pretensões reivindicatórias, dentro e fora da Justiça. A Terceira Turma do Superior Tribunal de Justiça decidiu que não há prazo prescricional para as pretensões coletivas (REsp n. 1.736.091)[(705)].

Na doutrina do processo civil há o argumento de que os direitos difusos são imprescritíveis porque os titulares são indetermináveis. O instituto da prescrição refere-se à inércia do titular do direito. Em se tratando de legitimado fixado por lei, não há como atribuir-se a inércia ao efetivo titular do direito não determinado. Não se poderia transportar o sistema individual da prescrição, previsto no Código Civil, para prejudicar toda a sociedade.[(706)] Essa tese foi desenvolvida sob o enfoque do meio ambiente, genericamente considerado, mas ela não olvidou a existência de microdanos individuais que têm previsão de três anos para a pretensão de reparação civil (art. 206, § 3º, V do CC), referente ao dano ambiental reflexo, contado do conhecimento da lesão ambiental, que pode repetir-se no tempo quando há um dano ambiental continuado.[(707)]

Sérgio Cruz Arenhart defende o enquadramento dos direitos coletivos na hipótese do art. 198, I do Código Civil, caso em que o direito existe mas não pode ser exercido pelo seu titular porque o titular é incapaz. No caso dos direitos coletivos, o não exercício pelo seu titular não é decorrente de inércia, mas do fato da lei determinar expressamente a legitimação a terceiros (art. 82 do Código de Defesa do Consumidor e art. 5º da Lei n. 7.347/1985), com exceção para os direitos individuais homogêneos — o titular e o legitimado extraordinário têm

---

(705) BRASIL. Superior Tribunal de Justiça. Não há prazo determinado para ajuizamento de ação coletiva de consumo, decide Terceira Turma. *Notícias*. Disponível em: <https://www.stj.jus.br/sites/portalp/Paginas/Comunicacao/Noticias/Nao-ha-prazo-determinado-para-ajuizamento-de-acao-coletiva-de-consumo--decide-Terceira-Turma.aspx>. Acesso em: 2 out. 2021.

(706) Por todos NERY JUNIOR, Nelson e NERY, Rosa Maria Barreto B. Andrade. Responsabilidade civil, meio ambiente e ação coletiva ambiental. *In*: BENJAMIN, Antonio Herman de V. e. *Dano ambiental, prevenção, reparação e repressão*. São Paulo: Revista dos Tribunais, 1993. p. 291-292.

(707) Cf. MILARÉ, Édis; MORAIS, Roberta Jardim de; BEZERRA, Mayara Alves. Publicado em 15 ago. 2019. *Migalhas de peso*. Disponível em: <https://www.migalhas.com.br/depeso/308712/dano-ambiental-individual-e-o-prazo-prescricional-da-respectiva-acao-reparatoria>. Acesso em: 6 set. 2021.

pedidos coincidentes nas ações coletivas e individuais.[708] Arenhart insere os direitos individuais homogêneos fora da categoria dos direitos coletivos. Parafraseando Xisto Tiago de Medeiros Neto[709], relembra-se que o pedido de dano moral coletivo não poderá ser formulado pelo titular individual contido na categoria dos direitos individuais homogêneos, apenas pelos legitimados extraordinários. Assim, os direitos individuais homogêneos devem fazer parte da categoria dos transindividuais.

O fundamento da inexistência de previsão legal da prescrição em direitos metaindividuais (difusos, coletivos e individuais homogêneos) é um motivo que reforça a imprescritibilidade, conforme Ronaldo Lima dos Santos.[710] O Processo Civil Coletivo tem previsão expressa de imprescritibilidade quanto às sanções aplicáveis aos crimes de improbidade administrativa (art. 12 da Lei n. 8.429/1992). Para Ricardo de Barros Leonel[711], restaria apenas essa previsão legal da Lei de Improbidade Administrativa no âmbito do Direito Processual Civil, porque a previsão do prazo prescricional de cinco anos do art. 21 da Lei da Ação Popular (Lei n. 4.417/1965) não teria sido recepcionado pelo art. 37, § 5º da Constituição Federal ante a imprescritibilidade das reparações aos danos ao erário público.

O Supremo Tribunal Federal não seguiu o posicionamento apresentado por Ricardo de Barros Leonel. Em repercussão geral, RE n. 669069 (Tema n. 666), o STF afastou expressamente a textualidade do art. 37, § 5º, da CF/1988 para reconhecer a prescritibilidade quinquenal das reparações em favor do erário público[712], ressalvados os danos decorrentes da lei de improbidade administrativa (art. 12 da Lei n. 8.429/1992). Assim, até o dia 26 de outubro de 2021, o entendimento sobre a imprescritibilidade do ressarcimento integral do dano como pena civil prevista no art. 12 da Lei n. 8.429/1992 foi uma interpretação possível. Após essa data, com a supressão da expressão "ressarcimento integral do dano" dos incisos I, II e III do art. 12 pela Lei n. 14.230/2021, essa possibilidade interpretativa passou a inexistir.

O Tribunal Superior do Trabalho acolheu a tese da imprescritibilidade dos direitos metaindividuais ou coletivos decorrentes da ação civil pública e da

---

(708) ARENHART, Sérgio Cruz. O regime de prescrição em ações coletivas. *Academia.edu*, 2018. Disponível em: <https://www.academia.edu/219170/O_regime_da_prescri%C3%A7%C3%A3o_em_a%C3%A7%C3%B5es_coletivas>. Acesso em: 1º out. 2021, p. 14-15.

(709) No mesmo sentido MEDEIROS NETO, Xisto Tiago de. *Dano moral coletivo*. 4. ed. rev. atual. rev. São Paulo: LTr, 2014. p. 257-260.

(710) SANTOS, Ronaldo Lima dos. *Sindicatos e ações coletivas*: acesso à justiça, jurisdição coletiva e tutela dos interesses difusos, coletivos e individuais homogêneos. 5. ed. rev. ampl. São Paulo: LTr, 2019. p. 303-304.

(711) LEONEL, Ricardo de Barros. *Manual do processo coletivo*. São Paulo: Revista dos Tribunais, 2002. p. 355-358.

(712) BRASIL. Supremo Tribunal Federal. Tema n. 666: acórdão em RE n. 669069: É prescritível a ação de reparação de danos à Fazenda Pública decorrente de ilícito civil. *Teses de Repercussão Geral*. Disponível em: <http://stf.jus.br/portal/jurisprudenciaRepercussao/abrirTemasComRG.asp>. Acesso em: 6 set. 2021.

ação civil coletiva com base no argumento da ausência de inércia do titular do direito, que não pode ser prejudicado pelo legitimado extraordinário.[713] Outro acórdão do Tribunal Superior do Trabalho decidiu em sede julgamento de danos morais coletivos trabalhistas que essa indenização, ou a reparação desse dano, é imprescritível por abranger um sentimento coletivo, sem conteúdo pecuniário. O argumento é o de que a honra coletiva tem princípios próprios diferentes da honra individual que se adequam ao regramento previsto no Código Civil.[714]

Ronaldo Lima dos Santos[715] entende que a relevância dos direitos difusos e coletivos impede a aplicação da prescrição, pois esses direitos são indisponíveis, têm caráter não patrimonial, e porque os legitimados não são os titulares do direito. Francisco Antônio de Oliveira acrescenta que aplicar o instituto da prescrição aos direitos difusos e coletivos seria o mesmo que impedir a tutela preventiva e repressiva desses direitos.[716] Outro argumento, apresentado por Raimundo Simão de Melo, é o da indivisibilidade dos direitos transindividuais, que seria outro fator impeditivo à aplicação do instituto da prescrição.[717]

É importante mencionar a conclusão de Ricardo de Barros Leonel sobre a inclusão dos direitos individuais homogêneos na posição que defende a imprescritibilidade, porque os prazos prescricionais não correm para os direitos metaindividuais. Eles podem ser pleiteados a qualquer tempo em razão da impossibilidade de ajuizamento da demanda coletiva pelos titulares do direito. Os titulares podem pleitear direitos individuais, que são homogêneos, apenas em seu espectro individual. Justifica-se o prazo de cinco anos do art. 21 da Lei da Ação Popular, para os que entenderem que ele foi recepcionado, porque o indivíduo (cidadão eleitor), nesse caso, é o legitimado.[718]

Dentro da posição de inclusão dos direitos individuais homogêneos na condição de coletivos, há o argumento de que os direitos individuais amalgamados

---

(713) BRASIL. Tribunal Superior do Trabalho. Acórdão em recurso de revista RR n. 2124200-92.2002.5.10.0900. 1ª Turma. Ministro Relator Lélio Bentes. Publicação DJ em 16.04.2004. *Jusbrasil*: jurisprudência. Disponível em: <https://tst.jusbrasil.com.br/jurisprudencia/1805979/recurso-de-revista-rr-2124200922002510-2124200-9220025100900/inteiro-teor-10181835>. Acesso em: 6 set. 2021.

(714) BRASIL. Tribunal Superior do Trabalho. Acórdão do processo n. AIRR — 47640-86.2006.5.13.0006. 7ª Turma. Ministra Relatora Maria Doralice Moraes. Publicado no DJ 03.09.2010. Disponível em: <https://www.lexml.gov.br/urn/urn:lex:br:tribunal.superior.trabalho;turma.7:acordao;airr:2010-09-01;47640-2006-6-13-40>. Acesso em: 6 set. 2021.

(715) SANTOS, Ronaldo Lima dos. *Sindicatos e ações coletivas*: acesso à justiça, jurisdição coletiva e tutela dos interesses, difusos, coletivos e individuais homogêneos. 5. ed. rev. ampl. São Paulo: LTr, 2019. p. 303.

(716) OLIVEIRA, Francisco Antonio de. Da ação civil pública: instrumento de cidadania. *Revista LTr*. São Paulo: LTr, a. 61, n. 7., p. jul. 1997, p. 885.

(717) MELO, Raimundo Simão de. *Ação civil pública na Justiça do Trabalho*. 2. ed. São Paulo: LTr, 2004. p. 183-184.

(718) LEONEL, Ricardo de Barros. *Manual do processo coletivo*. São Paulo: Revista dos Tribunais, 2002. p. 358-361.

pela lesão de origem comum podem individualmente ter o prazo prescricional postergado em razão de impedimento, suspensão ou interrupção individual. Dessa forma, como poderia a tutela coletiva prescrever e a individual que lhe dá suporte manter-se? Esse é outro fundamento para a tese da imprescritibilidade dos direitos coletivos do tipo individual homogêneo, apresentada por Zaneti Jr. e Didier.[(719)]

É importante mencionar a posição doutrinária defendida por Arenhart e Osna[(720)] quanto ao tema. As três categorias previstas (difusos, individuais homogêneos e coletivos) submetem-se ao impedimento equivalente ao existente para os incapazes (art. 198, inciso I, do Código Civil), pois os titulares do direito não podem exercer a pretensão coletiva por si próprios, independente do direito ser de natureza pública ou privada, dependendo do ente legitimado, o que equivale à imprescritibilidade dos direitos metaindividuais ou coletivos em sentido amplo.

A despeito de toda argumentação jurídica apresentada, entende-se que o ordenamento pátrio foi criado dentro de uma sistemática de prescricionariedade de pretensões, com exceções expressamente previstas em legislação constitucional e infraconstitucional. As pretensões, em regra, não se eternizam. Por esse motivo, se não há norma expressa indicando a imprescritibilidade das pretensões coletivas prestacionais previstas nas ações civis públicas e coletivas, essas pretensões são temporárias e não perpétuas.

4.4.2. Prescrição das pretensões coletivas e o prazo quinquenal

O caso paradigmático sobre o prazo prescricional aplicável para as ações civis coletivas e civis públicas ocorreu na Justiça Comum. Envolveu o direito bancário e o do consumidor referente aos reajustes decorrentes dos planos econômicos criados para conter a inflação das décadas de oitenta e noventa (Plano Bresser, Collor I e II). Não há como adentrar no tema da fixação da tese jurisprudencial do Tribunal Superior do Trabalho sem mencionar alguns detalhes desse caso paradigmático. Embora haja outros posicionamentos no Superior Tribunal de Justiça, será analisado apenas o caso decorrente do Plano Bresser, Collor I e II, em razão do corte metodológico realizado.

Nessa época, a Defensoria Pública do Rio Grande do Sul ajuizou ações coletivas às vésperas do prazo prescricional de 20 anos, que vigia, perante o Código Civil de 1916 para pretensões sem prazo especificado em lei. Os magistrados do Tribunal de Justiça do Rio Grande do Sul determinaram a suspensão das ações individuais. O resultado dos processos foi a procedência das ações e a conversão

---

(719) DIDIER JR., Fredie; ZANETI JR., Hermes. *Curso de direito processual civil*: processo coletivo. 14. ed. rev. atual. Salvador: Juspodivm, 2020, p. 356-357.

(720) ARENHART, Sérgio Cruz; OSNA, Gustavo. *Curso de processo civil coletivo.* 2. tir. São Paulo: Revista dos Tribunais, 2019. p. 177.

das ações individuais em liquidação de sentença. Houve pedido da Defensoria Pública para que o cumprimento de sentença fosse realizado extrajudicialmente, prevenindo-se novos litígios individuais, pois a jurisprudência estava consolidada quanto à exigência dos bancos apresentarem os extratos bancários para o cálculo dos valores deferidos. Foi nomeado perito extrajudicial para acompanhar os cálculos apresentados pelo devedor. Em sede de recurso especial, o Superior Tribunal de Justiça mudou o entendimento e decidiu aplicar o prazo quinquenal e não o vintenário para o cumprimento de sentença.(721)

O fundamento do acórdão foi a omissão de prazo prescricional na Lei n. 7.347/1985 (Lei da Ação Civil Pública) e aplicação por analogia do prazo quinquenal do art. 21 da Lei n. 4.717/1965 (Lei da Ação Popular), pois ambas as ações compõem o microssistema de acesso coletivo à Justiça. O Ministro Relator também entendeu que os fatos eram anteriores à possibilidade de tutela de direitos individuais homogêneos por meio de uma ação civil pública, pois para ele esses direitos só foram ampliados para a tutela por essa ação com o advento do Código de Defesa do Consumidor, Lei n. 8.078/1990. Por fim, indicou que o art. 177 do Código Civil de 1916 é uma norma de fora do microssistema, e por essa razão inaplicável quando há outra norma na legislação. A ementa ainda consta que o art. 7º do Código de Defesa do Consumidor, que é uma abertura normativa para outras normas, não afasta o prazo quinquenal previsto no art. 27 do mesmo diploma.(722)

Uma associação de defesa do consumidor, assistente processual, opôs embargos de declaração sob os seguintes fundamentos: contradição no acórdão por afirmar a correção da tutela de direitos individuais homogêneos por meio de ação civil pública ao mesmo tempo em que a afasta no caso concreto sobre direitos individuais homogêneos; a aplicação do Código de Defesa do Consumidor apenas na parte processual e não nas normas materiais; a impossibilidade de aplicação por analogia de um prazo prescricional, por ser norma de restrição de direitos; o mesmo diploma não pode ser aplicado a fatos anteriores à sua existência na parte material, devendo aplicar-se às normas contratuais do Código Civil; e, o retorno ao entendimento aplicável quando ao prazo vintenário de prescrição. Os embargos não foram conhecidos sob o argumento de descabimento de rediscussão da matéria meritória, prevalecendo a posição de aplicação do prazo de cinco anos previsto na ação popular, porque é um prazo retirado do microssistema de acesso

(721) REFOSCO, Helena Campos. *Ação coletiva e democratização do acesso à Justiça*. São Paulo: Quartier Latin, 2018. p. 259-265.

(722) BRASIL. Superior Tribunal de Justiça. *Acórdão do REsp. 1.070.896/SC*. Ministro Relator Luis Felipe Salomão, DJE 04.08.2010. Disponível em: <https://processo.stj.jus.br/processo/revista/documento/mediado/?componente=ITA&sequencial=1900648&num_registro=201900468823&data=20200504&formato=PDF>. Acesso em: 13 jul. 2021.

coletivo.(723) Dessa forma, a tese que prevalece no Superior Tribunal de Justiça é a de que as ações coletivas têm prazo prescricional quinquenal.(724)

Essas considerações são importantes para ajudar a compreender o posicionamento mais recente do Tribunal Superior do Trabalho, que manteve o prazo quinquenal da prescrição. O julgamento baseou-se no caso paradigma julgado por maioria na Subseção de Dissídios Individuais I. Esse julgamento fixou o argumento de que, na ausência de norma quanto ao prazo prescricional para a reivindicação de direitos metaindividuais tutelados pela ação civil pública e ação civil coletiva, aplica-se outra regra do microssistema de acesso coletivo à Justiça, e não as regras pertinentes ao art. 7º, inciso XXIX da Constituição Federal. Nesse caso, a regra do art. 21 da Lei da Ação Popular.(725) Marcelo Freire acompanha o fundamento dessa decisão.(726)

O acórdão paradigma do STJ, REsp n. 1.070.896SC, chegou a debater a aplicação do prazo quinquenal para as pretensões reparatórias findadas no produto ou serviço, previsto no art. 27 da Lei n. 8.078/1990 ao direito coletivo. Porém, entendeu pelo afastamento do artigo, porque à época dos fatos não havia previsão no ordenamento jurídico de ajuizamento de ações civis públicas para direitos individuais homogêneos.(727)

---

(723) BRASIL. Superior Tribunal de Justiça. *Acórdão em Embargos de Declaração do REsp. 1.070.896/SC*. Ministro Relator Luis Felipe Salomão, DJE 04.10.2011. Disponível em: <https://processo.stj.jus.br/processo/revista/documento/mediado/?componente=ITA&sequencial=1114822&num_registro=200801158256&data=20120227&peticao_numero=201100336882&formato=PDF>. Acesso em: 13 jul. 2021.

(724) DIDIER JR., Fredie; ZANETI JR., Hermes. *Curso de direito processual civil*: processo coletivo. 14. ed. rev. atual. Salvador: Juspodivm, 2020. p. 358-359.

(725) "EMBARGOS. AÇÃO CIVIL PÚBLICA. PRESCRIÇÃO QUINQUENAL MANTIDA PELA C. TURMA. APLICAÇÃO DO PRAZO PRESCRICIONAL PREVISTO NA LEI DE AÇÃO POPULAR. Os direitos difusos e coletivos dos trabalhadores se submetem à prescrição quinquenal prevista no art. 21 da Lei n. 4.717/65 (Lei de Ação Popular), aplicável analogicamente à Ação Civil Pública. Precedentes do STJ. Como no caso o Ministério Público do Trabalho teve ciência dos fatos alegados — conduta antissindical — em junho de 2009, ajuizando, porém, a presente Ação Civil Pública somente em julho de 2014, quando já escoado o aludido prazo prescricional, não há como reformar a v. decisão que extinguiu o processo com resolução do mérito, na forma do art. 487, II, do NCPC. Embargos conhecidos e desprovidos." (BRASIL. Tribunal Superior do Trabalho. Acórdão EE-RR n. 2302-73.2014.5.17.0014. SDI-1. Min. Relator Aloysio Corrêa da Veiga. DEJT 14.05.2021. Disponível em: <http://aplicacao4.tst.jus.br/consultaProcessual/consultaTstNumUnica.do?consulta=Consultar&conscsjt=&numeroTst=2302&digitoTst=73&anoTst=2014&orgaoTst=5&tribunalTst=17&varaTst=0014& submit= Consultar>. Acesso em: 7 set. 2021)

(726) Cf. COSTA, Marcelo Freire Sampaio. *Curso de processo coletivo do trabalho*: em consonância com a reforma trabalhista. São Paulo: LTr, 2018. p. 158-159.

(727) TESHEINER, José Maria Rosa. 32. Prescrição nas ações homogeneizantes ou relativas a direitos individuais homogêneos: comentário ao acórdão do REsp 1.070.896. *In*: ALVIM, Teresa Arruda; GRINOVER, Ada Pellegrini; BENJAMIN, Antonio Herman de V.; VIGORITI, Vicenzo. *Processo Coletivo*. São Paulo: Revista dos Tribunais, 2014 (versão *ebook*). Disponível em: <https://proview.thomsonreuters.com/launchapp/title/rt/monografias/99874040/v1/document/100163211/anchor/a-100163211>. Acesso em: 2 jun. 2021.

O professor Enoque Ribeiro dos Santos, acompanhado por Bernardes e Jahel Filho, defendia que o prazo aplicável para a prescrição é o mesmo aplicado às ações individuais, ou seja, dois anos após o fim do contrato de trabalho com a retroação contada do ajuizamento da ação em cinco anos (art. 7º, inciso XXIX, da CF/1988 e art. 11 da CLT).[728] Atualmente, o professor Enoque Ribeiro dos Santos mudou seu posicionamento para defender que os direitos individuais homogêneos fazem parte dos metaindividuais sem distinção,[729] pretensões individuais homogêneas também são abrangidas por essa categoria.

Em que pese, a posição da prescritibilidade quinquenal baseada na lei da ação popular ser a dominante no Tribunal Superior do Trabalho, as ações civis públicas e coletivas trazem em seu bojo pretensões coletivas que não foram regulamentadas em termos prescricionais. O escopo da lei da ação popular é anulação ou a declaração de nulidade de atos lesivos ao patrimônio do Estado, empresas públicas e empresas privadas subsidiadas pelo Estado, a finalidade é a proteção do patrimônio público, interesse estatal e nessa ação os indivíduos são legitimados, na condição de cidadãos eleitores, para tutelar seus direitos e o direito público, objeto e escopo que abrangem uma parte, mas não todos os direitos metaindividuais. E, dessa forma, hermeneuticamente, essa não é a regra mais apropriada para colmatar a lacuna deixada pela legislação da ação civil pública e da ação coletiva.

4.4.3. Direitos individuais homogêneos e multas decorrentes das pretensões coletivas

O professor Enoque Ribeiro dos Santos e Jahel Filho[730] defendem a aplicação do Decreto n. 20.910/1932[731] para o prazo prescricional da pretensão de cobrança das multas ou obrigações pecuniárias nascidas das ações civis públicas, ações civis coletivas e Termos de Ajustamento de Conduta — TAC. Por analogia, o prazo aplicável seria o de cinco anos, porque a multa seria aplicada em favor do ente público. No entanto, se o sujeito passivo for pessoa física ou jurídica privada, o prazo seria o decenal do art. 205 do Código Civil, por ausência de

(728) SANTOS, Enoque Ribeiro dos; JAHEL FILHO, Ricardo Antônio Bittar. *Curso de direito processual do trabalho*. 3. ed. rev., ampl. e atual. São Paulo: Atlas, 2019. p. 431. BERNARDES, Felipe. *Manual de processo do trabalho*. Salvador: Juspodivm, 2018. p. 709.

(729) SANTOS, Enoque Ribeiro dos. A polêmica sobre os direitos individuais homogêneos: essencialmente individuais e acidentalmente coletivos ou autênticos direitos coletivos, na seara trabalhista. *In*: SANTOS, Enoque Ribeiro dos (coord.); BARBOSA, Felipe de Melo (org.). *Fundamentos do processo coletivo do trabalho*. Rio de Janeiro: Lumen Juris, 2021. p. 28.

(730) SANTOS, Enoque Ribeiro dos; JAHEL FILHO, Ricardo Antônio Bittar. *Curso de direito processual do trabalho*. 3. ed. rev., ampl. e atual. São Paulo: Atlas, 2019. p. 432-433.

(731) BRASIL. Presidência da República. Decreto n. 20.910, de 6 de janeiro de 1932: regula a prescrição quinquenal. Disponível em: <http://www.planalto.gov.br/ccivil_03/decreto/antigos/d20910.htm>. Acesso em: 8 set. 2021.

norma específica. Em regra, essa corrente adota diferentes prazos para cada uma das obrigações previstas no cumprimento de sentença decorrente de ações civis públicas e coletivas. E, salvo direitos individuais homogêneos, os demais direitos metaindividuais seriam imprescritíveis.

As multas que emergem das ações civis públicas e coletivas têm natureza jurídica de medida coercitiva para o cumprimento de uma decisão judicial, e não de multa administrativa, como a prevista no Decreto n. 20.910/1932. Essas multas decorrem tanto do art. 139, inciso IV do CPC como do art. 765 da CLT. Elas são o produto do poder geral de efetivação da decisão. São meios executivos atípicos ou medidas coercitivas.[732] Independente da destinação conferida pelo magistrado, essas medidas coercitivas são obrigações acessórias. As obrigações acessórias são aquelas que têm sua existência subordinada à outra relação jurídica, denominada de obrigação principal. Uma obrigação acessória típica da Justiça do Trabalho é a multa diária (art. 765 da CLT) fixada para que o empregador anote a CTPS — Carteira de Trabalho e Previdência Social do empregado (art. 29 da CLT).

O Código Civil adotou no art. 92 a regra de que a obrigação acessória segue o destino da obrigação principal. O art. 184 do CC também enuncia: "a invalidade da obrigação principal implica a das obrigações acessórias, mas a dessas não induz a da obrigação principal". Dessa forma, prescrita a pretensão referente à obrigação principal, prescritas as pretensões que emergem das obrigações acessórias. O prazo aplicável às pretensões decorrentes das obrigações acessórias, como as multas coercitivas, será o mesmo da obrigação principal e não será modificado em função da destinação fixada pelo magistrado — erário público ou entes privados.

As multas previstas nos Termos de Ajustamento de Conduta também têm natureza jurídica de obrigação acessória. Nesse caso, sua natureza jurídica é a de cláusula penal fixada pelas partes dentro da celebração desse acordo, como um ato negocial[733], título executivo extrajudicial[734], com pouca margem de negociação por se tratar de cumprimento de direitos decorrentes de obrigações legais. Exatamente por esse motivo é que os convenentes poderão ajustar as medidas coercitivas típicas e atípicas, a cláusula penal, que não está restrita apenas às multas pecuniárias, como melhor lhes aprouver para a efetivação da obrigação. Nos termos do art. 409 do CC, elas podem referir-se à inexecução completa da obrigação, à de alguma cláusula especial ou simplesmente à mora. Mesmo assim, continuam sendo obrigação acessória, que segue o principal. O prazo prescricional para essas pretensões é o mesmo da pretensão relacionada ao direito principal. As

---

(732) ASSIS, Araken de. *Manual da execução*. 18. ed. rev., atual. e ampl. São Paulo: Revista dos Tribunais, 2016. p. 186.

(733) NERY, Ana Luiza de Andrade. *Compromisso de ajustamento de conduta*: teoria e análise de casos práticos. São Paulo: Revista dos Tribunais, 2010. p. 141.

(734) LEONEL, Ricardo de Barros. *Manual do processo coletivo*. São Paulo: Revista dos Tribunais, 2002. p. 325.

multas decorrentes dos Termos de Ajustamento de Conduta também podem ter destinação pública ou privada.

4.5. O INSTITUTO DA PRESCRIÇÃO APLICADO ÀS PRETENSÕES TRABALHISTAS COLETIVAS

Os direitos coletivos ou metaindividuais estão classificados entre os individuais e os públicos. Os direitos transindividuais interessam à sociedade como um todo, não apenas a um indivíduo ou ao Estado.

Na União Europeia, cada país é independente para elaborar seu próprio regramento jurídico nacional (vide capítulo 3). Há uma tentativa de harmonização da legislação dos países do bloco para uma melhor convivência e uniformidade de tratamento quanto ao infrator, evitando-se a concorrência desleal ou a atração do investimento econômico para países com legislação mais flexível.

O ordenamento pátrio fixou a regra da temporariedade das pretensões, com exceções previamente fixadas em lei. A pretensão declaratória é uma dessas exceções (art. 11 da CLT). Nesse quesito, faz-se necessário recordar o efeito condenatório ou executivo das ações declaratórias, as chamadas pseudoações declaratórias, porque em seu bojo encontra-se a certificação de uma dívida líquida e certa (pretensão condenatória). Se a demanda coletiva envolver uma dessas pretensões, haverá incidência da prescrição nesse caso tal qual ocorre com a pretensão individual (capítulo 4, item 4.1).

A normatização do instituto da prescrição encontra-se na codificação civil, que é aplicável às mais diversas especialidades do Direito quando não há norma especial e também quando essa norma é lacunosa para suprir suas omissões. No caso do microssistema coletivo não há diferença. O art. 205 da codificação civil indica a prescrição decenal na omissão da lei quanto a um prazo especial. Esse é o caso das normas que regulamentam as ações civis públicas e civis coletivas.

Dentro do acesso coletivo à Justiça somente a Lei da Ação Popular e a Lei de Improbidade Administrativa têm prazos normatizados. No primeiro caso, o prazo fixado foi o quinquenal (vide item 4.3.2, deste capítulo). A exceção dentro da Lei n. 8.429/1992 fez-se quanto às pretensões de ressarcimento ao erário fundadas na prática de ato doloso (art. 12). O entendimento fixado pelo Supremo Tribunal Federal, em repercussão geral com julgamento de mérito no Tema n. 897[735] (recurso extraordinário RE n. 852.475, Ministro Relator Edson Fachin, publicado no DJ em 08.08.2018). Porém, essa sanção foi extinta pela alteração promovida

(735) BRASIL. Supremo Tribunal Federal. Informativo n. 910. *Informativo STF*. Disponível em: <http://www.stf.jus.br//arquivo/informativo/documento/informativo910.htm>. Acesso em: 7 set. 2021.

quanto à improbidade administrativa pela Lei n. 14.230, de 25 de outubro de 2021, com vigência no dia seguinte.[736]

As pretensões coletivas contidas na ação civil pública e na ação civil coletiva não têm previsão legal. Enquadram-se, portanto, na regra geral do Código Civil, art. 205, ou seja, têm prazo decenal. A codificação civil de 1916 previa como regra geral o prazo vintenário (arts. 177[737] e 179), embora até o ano de 1955 esse prazo fosse ainda maior, trintenário como regra geral. A ministra do Superior Tribunal de Justiça, Isabel Galloti, em aula magna proferida na Escola da Magistratura Federal, transmitida pelo Youtube em 29 de março de 2021, também defendeu a aplicação do Código Civil, art. 177 do diploma de 1916 e art. 205 do diploma de 2002, para as ações coletivas e civis públicas e criticou a posição fixada pelo STJ no julgamento que fixou o prazo quinquenal com base na Lei da Ação Popular.[738]

O direito pátrio afastou-se do direito estadunidense ao criar categorias de direitos metaindividuais. Os Estados Unidos da América têm o acesso coletivo à Justiça fixado de modo pragmático, diferenciado da sistemática brasileira, o prazo prescricional aplicado é o mesmo previsto para as pretensões individuais. Isso também se explica porque os indivíduos pertencentes ao grupo podem representá-lo de *per si*, a preocupação do Sistema de Justiça norte-americano está mais focada na capacidade postulatória dos escritórios de advocacia, do que no membro representante do grupo. Verificando-se o prejuízo às outras pessoas atingidas pela lesão, sequer os acordos individuais dentro das *class actions* são homologados pelo juízo. O sistema processual americano é adversarial, a colheita de provas é realizada pelos advogados que a apresentam para os juízes valorarem, diferente da colheita de prova brasileira — realizada na presença do juiz, salvo prova documental.

Por outro lado, houve uma maior aproximação do Direito Coletivo brasileiro com o italiano. O ordenamento jurídico italiano tem por característica a categorização dos direitos, diferente do ordenamento jurídico estadunidense, que tem por tradição a construção do Direito a partir da análise e da aplicação pragmática da lei, sem se importar tanto com a classificação do direito vindicado em coletivo ou individual. O Direito estadunidense preocupa-se com o resultado e o impacto da lesão, se atingirá uma pessoa ou muitas, quando busca resolver um conflito.

---

(736) BRASIL. Presidência da República. Lei n. 14.230, de 25 de outubro de 2021. *Legislação*. Disponível em: <http://www.planalto.gov.br/ccivil_03/_Ato2019-2022/2021/Lei/L14230.htm#art2>. Acesso em: 1º nov. 2021.

(737) Redação alterada pela Lei n. 2.437, de 7 de março de 1955.

(738) BRASIL. Tribunal Regional Federal da 1ª Região. INSTITUCIONAL: Magistrados discutem "O Anteprojeto CNJ de Lei de Ações Coletivas" em aula magna na Esmaf. *Notícias*. Pub. 21.03.2021. Disponível em: <https://portal.trf1.jus.br/portaltrf1/comunicacao-social/imprensa/noticias/institucional-magistrados-discutem-o-anteprojeto-cnj-de-lei-de-acoes-coletivas-em-aula-magna-na-esmaf.htm> e <https://youtu.be/8APqr9AxHsI>. Acesso em: 7 set. 2021.

O legislador pátrio optou por conceituar os direitos metaindividuais seguindo os estudos italianos sobre a *class action* (vide capítulo 3). Essa observação também se extrai do veto presidencial ao art. 333 do Código de Processo Civil de 2015 que propunha a coletivização das ações individuais, à semelhança do que ocorre no direito estadunidense. Ambos os sistemas são úteis para as sociedades que regulamentam, porém é importante destacar quando o direito pátrio aproxima-se de um ou de outro, mesclando-os para criar sua própria sistemática.

Na área trabalhista há um caso paradigmático do ordenamento jurídico pátrio que enfrentou o tema da prescrição traçando importantes balizas para o seu tratamento. Esse caso ficou conhecido como Shell-Basf. Trata-se da ação civil pública trabalhista n. 002200-28.2007.5.15.0126, ajuizada pelo Ministério Público do Trabalho em face das empresas mencionadas, na Vara do Trabalho de Paulínia (Tribunal Regional do Trabalho da 15ª Região, que abrange parte do Estado de São Paulo).

A sentença de primeiro grau deixou de pronunciar a prescrição suscitada pelas reclamadas sob o argumento de que o direito é indisponível e fundamental,[(739)] mas também porque observou o prazo vintenário do Código Civil de 1916, considerando que a lesão teve início em 2003, ano em que o Código Civil de 2002 entrou em vigor. O acórdão que julgou o recurso ordinário também seguiu a linha de fundamentação da sentença. No caso em questão, até a data dos julgamentos não havia a estabilização das lesões praticadas contra a saúde dos trabalhadores. O Ministério Público do Trabalho sequer conseguiu, até aquele momento, entender e conhecer as reais consequências geradas pela empresa na saúde dos empregados e das futuras gerações ante a contaminação por componentes químicos gerada pelas reclamadas.[(740)] A incidência da prescrição foi afastada por ausência de ciência inequívoca das repercussões do dano, marco inicial fixado para a contagem do prazo nas decisões de primeiro e segundo graus.

O acórdão manteve a sentença, mas em sua fundamentação não mencionou o prazo prescricional aplicável.[(741)] A decisão foi mantida em caráter provisório pelo

---

(739) SHINESTECK, Clarissa Ribeiro. A história da contaminação do meio ambiente do trabalho em Paulínia: o caso Shell-Basf. *In*: SANTOS, Adriana Augusta dos (coord. *et. ali*). *Grandes acidentes do trabalho no Brasil*: repercussões jurídicas e abordagem multidisciplinar. Belo Horizonte: RTM, 2020. p. 69.

(740) BRASIL. Relatório de Avaliação das Informações sobre a exposição dos trabalhadores das empresas Shell, Cyanamid e Basf a compostos químicos. Disponível em: <http://www.acpo.org.br/arquivos/pagina-nossa-luta/avaliacao-de-risco/caso-shell-sp/avaliacao-risco-paulinia.pdf>. Acesso em: 6 set. 2021.

(741) Argumentos retirados das decisões contidas nas peças físicas integralmente fornecidas pelo Ministério Público do Trabalho, autor da ação, sob a presidência da Procuradora do Trabalho, Clarissa Ribeiro Schinestsck. (BRASIL. Tribunal Regional do Trabalho da 15ª Região. Sentença em ACP n. 22200-28.2007.5.15.0126. Juíza Maria Inês Targa. Pub. 19.08.2010 e BRASIL. Tribunal Regional do Trabalho da 15ª Região. 4ª Câmara (Segunda Turma). RO — 22200-28.2007.5.15.0126. Rel. Des. Dagoberto Nishina. Pub. 06.04.2011).

Presidente do Tribunal Superior do Trabalho ao apreciar o pedido de suspensão do cumprimento provisório do julgado por meio de recurso interposto pelas empresas. Em apreciação a esse pedido, o Presidente do Tribunal Superior do Trabalho, que presidia uma comissão de conciliação junto àquele Tribunal, e por isso apreciou o pedido em lugar da Ministra Relatora Delaíde Arantes, para quem foi distribuído o recurso de revista, manteve a obrigação de custear o tratamento médico das vítimas de contaminação por elementos químicos e a indenização fixada para fins de danos morais coletivos e os individuais, sendo suspensa apenas a obrigação de depositar um bilhão de reais antes do trânsito em julgado.(742) O processo foi finalizado com um acordo entre as partes no próprio Tribunal Superior do Trabalho.

Embora prevalecesse a sentença de primeiro grau fixando o prazo vintenário para a prescrição, se as lesões fossem conhecidas, pois também fixou o marco inicial da contagem a partir da ciência inequívoca dessas lesões, o Tribunal Superior do Trabalho não chegou a manifestar-se sobre o tema, que continua em aberto, apesar do precedente julgado por maioria na Subseção de Dissídios Coletivos I (vide explicação no item 3.2).

O instituto da prescrição concretiza a segurança jurídica do sistema ao estabelecer um tempo para as expectativas da sociedade, evitando exposições a inseguranças e incertezas perpétuas tão bem demonstradas na obra francesa "Os miseráveis"(743), em que o inspetor Javert perseguia por ódio Jean Valjean por seus crimes do passado, mesmo quando o cidadão já havia reconstruído sua vida. É importante a fixação de um prazo razoável para que os legitimados atuem no lugar dos titulares dos direitos, quando se trata de direitos coletivos. Não se pode importar o mesmo prazo da pretensão individual para a coletiva, quando opta-se por excluir o titular do direito da representação da coletividade independente da categorização dessa coletividade como difusa, coletiva em sentido estrito, ou mesmo individual homogênea.

As regras hermenêuticas indicam que as normas com conteúdo sancionatório ou de limitação de direitos são interpretadas restritivamente.(744) A prescrição é uma delas, produz limitação na pretensão. O prazo decenal do art. 205 para os casos omissos previsto no Código Civil de 2002 não encontra óbice no texto constitucional (art. 7º, *caput*) e nem no texto celetista (art. 8º, § 1º). Tanto a Constituição Federal como a Consolidação das Leis do Trabalho contêm normas referentes aos direitos coletivos materiais e processuais que permitem não só a

---

(742) BRASIL. Tribunal Superior do Trabalho. TST suspende execução de R$ 1 bi contra Shell e BASF, mas mantém assistência a contaminados. *Rádio TST*, jul. 2012. Disponível em: <http://www.tst.jus.br/web/guest/calendario-do-tst/-/document_library/3Ezv/view_file/2143728>. Acesso em: 6 set. 2021.

(743) HUGO, Victor. *Os miseráveis.* Adaptado por Walcyr Carrasco. São Paulo: Editora FTD, 2002.

(744) MAXIMILIANO, Carlos. *Hermenêutica e aplicação do direito.* 20. ed. Rio de Janeiro: Forense, 2011. p. 167.

aplicação da norma mais favorável como também a importação das normas de direito comum, na ausência de regramento próprio.

Há pretensões coletivas dos legitimados para com a sociedade que o próprio indivíduo não tem legitimidade para reivindicar, seja no processo individual porque o reflexo do pedido é coletivo, seja no processo coletivo como legitimado autônomo. Os dissídios coletivos e as ações civis públicas contêm essas pretensões. Por exemplo, as pretensões coletivas ligadas às indenizações por danos morais, presentes inclusive nas demandas envolvendo direitos individuais homogêneos, demonstram que esses direitos são efetivamente coletivos. A legitimação processual ativa é exclusivamente coletiva nesses casos. Outro exemplo é o pedido inibitório quanto à eliminação de um agente nocivo para todos os empregados. E, por isso, o prazo decenal da pretensão coletiva é o mesmo para qualquer direito metaindividual. O termo inicial da contagem será o fim dos efeitos do ato. Pode ser o mesmo dia da lesão, se instantâneo, ou o último dia da irradiação desses efeitos, se o ato ou o efeito for continuado.

Dentro da área trabalhista haverá a modulação dessa regra (prazo decenal) para as pretensões coletivas relacionadas ao direito de reintegração nascido da extinção contratual em massa, o prazo prescricional da pretensão veiculada na tutela de reintegração será bienal, art. 7º, inciso XXIX, da CF/1988. Não fará sentido a atuação do legitimado extraordinário em defesa, por exemplo, da garantia dos empregos quando a norma constitucional já sedimentou a relação jurídica individualmente considerada, impedindo qualquer reivindicação.

A ação civil pública ou coletiva pode ser ajuizada no terceiro ano após a dispensa em massa, por exemplo. Porém, a pretensão reintegratória requerida em tutela de urgência, salvo impedimentos, suspensão e interrupção do prazo, estará prescrita para os titulares do direito, individualmente considerados. A lesão a toda essa coletividade de empregados nasceu no mesmo dia. O dano moral coletivo pode ser pleiteado no prazo de dez anos, mas para que os trabalhadores atingidos sejam coletivamente reintegrados, utilizando-se o processo coletivo com o escopo de economia e celeridade que lhe são inerentes para cessar o dano, essa pretensão deve ser exercida pelo legitimado extraordinário no prazo bienal, contado da extinção contratual integrada pelo aviso prévio (OJ n. 82 da SDI-1 do TST). Essa medida garante a efetividade da tutela coletiva jurisdicionalmente pleiteada.

As ações coletivas atuam para prevenir ou reprimir a desarmonização do sistema em sede de direitos trabalhistas. São objeto comum a essas ações as pretensões relacionadas ao meio ambiente do trabalho, ao trabalho decente e seguro, às proteções referentes a trabalho das crianças e adolescentes, ao cumprimento do sistema normativo trabalhista em geral, mas se o direito veiculado está relacionado à extinção contratual, como a dispensa em massa e houver tutela coletiva reintegratória, de nada adiantará aos legitimados tutelar o direito ao emprego e a nulidade da dispensa, sem prévia negociação coletiva[745], após o fim dos dois anos fixados pela norma constitucional para a exigibilidade do direito dos trabalhadores. As tutelas coletivas de reintegração pleiteadas a favor das dispensas discriminatórias também adequam-se ao mesmo raciocínio. Nesse caso, não se trata de lacuna, mas da busca pela efetividade da tutela pretendida, reintegratória. Essa tutela não pode ser exercida após os dois anos do fim do contrato de trabalho individual, ainda que o legitimado seja um ente coletivo — legitimado extraordinário do art. 5º da Lei n. 7.347/1985 e art. 82 da Lei n. 8.078/1990.

Há, por fim, as exceções constitucionais e legais quanto à regra da prescritibilidade das pretensões na área trabalhista, tal como ocorreria em outras áreas. Caso a competência penal da Justiça do Trabalho seja regulamentada em algum momento (art. 114, IX da CF/1988[746], os crimes de racismo e os crimes praticados por grupos armados contra a ordem constitucional e o Estado Democrático, relacionados às relações de trabalho, podem ser atraídos para a competência da Justiça Especializada). Esses crimes têm pretensão imprescritível por força do art. 5º, XLIII e XLIV, da CF/1988. E, no âmbito infraconstitucional, o texto consolidado previu que as pretensões declaratórias são imprescritíveis, art. 11, § 1º.

Outra recente exceção, fixada por meio do Tema de Repercussão Geral n. 999 do Supremo Tribunal Federal, foi quanto à pretensão de reparação civil decorrente de dano ambiental. A partir da interpretação ao art. 225, § 3º da Constituição Federal (RE n. 654.833 com trânsito em julgado em 19.08.2020), sedimentou-se o entendimento de que essas pretensões reparatórias são imprescritíveis.[747] Esse julgamento é importante, na medida em que o meio ambiente do trabalho constitui subsistema do meio ambiente geral.[748] E dessa forma, ocorrendo lesão ao meio ambiente, com reflexos nos trabalhadores, como ocorreu com o caso da paradigmática ação conhecida como Shell-Basf, o entendimento fixado pela Corte Constitucional sobre a imprescritibilidade das reparações decorrentes de danos ao meio ambiente será aplicado também à área trabalhista.

As pretensões potestativas são imprescritíveis por sujeitarem-se à caducidade (decadência). As pretensões declaratórias são imprescritíveis por lei (art. 11, § 1º da CLT e art. 19, I do CPC), à exceção das pretensões declaratórias de conteúdo condenatório.

---

(745) MANNRICH, Nelson. *Dispensa coletiva*: da liberdade contratual à responsabilidade social. São Paulo: LTr, 2000. p. 553-558.

(746) Cf. COLNAGO, Lorena de Mello Rezende. *Competência da Justiça do Trabalho para o julgamento de lides de natureza penal trabalhista*. São Paulo: LTr, 2009.

(747) BRASIL. Supremo Tribunal Federal. Tema n. 999: acórdão em RE n. 654.833: É imprescritível a pretensão de reparação civil de dano ambiental. *Teses de Repercussão Geral*. Disponível em: <http://stf.jus.br/portal/jurisprudenciaRepercussao/abrirTemasComRG.asp>. Acesso em: 18 out. 2021.

(748) Cf. MELO, Raimundo Simão de. *Direito ambiental do trabalho e saúde do trabalhador*: responsabilidades legais, dano material, dano moral, dano estético, indenização pela perda de uma chance, prescrição. 3. ed. São Paulo: LTr, 2008. p. 27.

Todas essas normas jurídicas precisarão ser compatibilizadas na análise do caso concreto a partir dos pedidos formulados. As exceções constitucionais, legais e decorrentes da interpretação do Supremo Tribunal Federal serão ponderadas, para, no resíduo, aplicar-se o prazo decenal.

4.5.1. A prescrição de ofício da pretensão coletiva trabalhista

O sistema (ou microssistema) de acesso coletivo à Justiça não tem regra que determine a aplicação da prescrição de ofício às pretensões trabalhistas. Como o instituto da prescrição é matéria de defesa, exceção, a ser suscitada pelo devedor da obrigação descumprida em sua contestação. A alteração da tradição jurídica ocorreu em 2006 com a reforma do Código de Processo Civil de 1973 (art. 219, § 5º), regra repetida na codificação do processo civil de 2015 (arts. 332, § 1º e 487, inciso II) e também em 2017 com a reforma trabalhista da Consolidação das Leis do Trabalho (art. 11-A). Essas são regras pertinentes às demandas individuais.

Houve silêncio eloquente do legislador ordinário tanto para a fase de conhecimento do processo individual trabalhista quanto para o microssistema de acesso coletivo à Justiça e os direitos e pretensões por ele tutelados. Trasladar essa regra para as demandas coletivas a fim de aniquilar a pretensão pelo decurso do tempo, de ofício, pelo magistrado, é impor norma restritiva ao sistema. Diferente do que ocorre com a fixação de prazo para as pretensões coletivas, porque as normas gerais do instituto da prescrição encontram-se no Código Civil e há regra expressa de aplicação do prazo decenal para as pretensões do ordenamento jurídico que não tenham prazo definido (art. 205).

A norma que prevê o reconhecimento de ofício da prescrição está inserida no Código de Processo Civil, expressamente previsto como de aplicação subsidiária ao microssistema de acesso coletivo à Justiça, se com ele compatível: art. 21 da Lei da Ação Civil Pública combinado com o art. 90 do Código de Defesa do Consumidor, e com o art. 769 da Consolidação das Leis do Trabalho. Portanto, para fins de ações coletivas não se aplica o reconhecimento de ofício da prescrição.

4.5.2. A inegociabilidade dos prazos prescricionais coletivos

A negociação coletiva é um procedimento extrajudicial de autocomposição em que as partes solucionam o conflito. No caso da negociação coletiva de trabalho, nas palavras de Enoque Ribeiro dos Santos, o trabalhador isolado é praticamente impotente ante a força e o poder político e econômico de seu empregador[(749)]. A negociação coletiva trabalhista tem base constitucional em vários incisos do

(749) SANTOS, Enoque Ribeiro dos. *Direitos humanos na negociação coletiva*: teoria e prática jurisprudencial. São Paulo: LTr, 2004. p. 90.

art. 7º, dentre eles não se encontra o inciso XXIX que trata do prazo prescricional para as pretensões individuais trabalhistas. Infraconstitucionalmente, a negociação coletiva tem limites expressos nos arts. 611-A e B da Consolidação das Leis do Trabalho, com atual redação inserida pela Lei n. 13.467/2017. A prescrição não se encontra entre os direitos capazes de serem negociados, mesmo após a reforma trabalhista de 2017. Doutrinariamente há teorias sobre os limites da negociação coletiva trabalhista(750) que envolvem as normas de ordem pública, mas também o chamado núcleo duro do Direito do Trabalho — normas relacionadas à saúde, segurança e medicina do trabalho.(751) Esse tema não será aprofundado, devido ao corte metodológico.

Essas observações agregam-se ao fato da prescrição ser norma de ordem pública, infensa à negociação individual, como demonstrado nesse capítulo. Mesmo no âmbito coletivo é infenso às partes reduzir ou ampliar os prazos prescricionais. Isso ocorre tanto na criação de direitos trabalhistas por meio das convenções e acordos coletivos de trabalho, como em sede de negociações envolvendo os entes legitimados e as pessoas físicas ou jurídicas que ameaçam ou lesionam direitos metaindividuais.

O Tribunal Superior do Trabalho tem precedente sobre a inegociabilidade do prazo prescricional, ao analisar a negociação coletiva quanto à comunicação da gravidez para a gestante, considerando esse prazo decadencial, e, por isso, afeto à negociação coletiva. Diferente do âmbito do direito individual, não cabe aos entes legitimados, por não serem titulares do direito, renunciar ao prazo prescricional em detrimento dos indivíduos, no caso das ações coletivas passivas. A renúncia ao prazo prescricional cumpre ao ente privado, público ou ao indivíduo titular do direito. Se esse direito é representado por legitimados extraordinários, no polo passivo ou ativo, a renúncia não será cabível.

4.6. A PRESCRIÇÃO E O DIREITO INTERTEMPORAL

O direito intertemporal trata da lei aplicável no tempo. O tempo é um fator paradigmático para o sistema jurídico. Uma lei entra em vigor na data de sua publicação, se outro momento não for nela referenciado (art. 1º do Decreto-lei n. 4.657/1942, a lei de introdução às normas do direito brasileiro). Os prazos

---

(750) Cf. SANTOS, Enoque Ribeiro dos. *Direitos humanos na negociação coletiva*: teoria e prática jurisprudencial. São Paulo: LTr, 2004. p. 90 e MELO, Raimundo Simão de. Os limites da negociação coletiva para o sistema jurídico brasileiro. *Reflexões Trabalhistas*. ConJur, publ. 22.01.2016. Disponível em: <https://www.conjur.com.br/2016-jan-22/reflexoes-trabalhistas-limites-negociacao-coletiva-sistema-juridico>. Acesso em: 10 set. 2021.

(751) COLNAGO, Lorena de Mello Rezende. Indisponibilidade e proteção de direitos a partir da perspectiva do núcleo duro da normatividade trabalhista: bioética e sustentabilidade humana como limites à negociação coletiva. *Revista eletrônica do Tribunal Regional do Trabalho da 9ª Região*. Curitiba: TRT9, v. 6, n. 58, p. 63-81, mar./abr. 2017.

prescricionais, por serem normas de ordem pública, vêm expressos em lei. Essas leis podem ser alteradas ou revogadas por outras enquanto vige uma relação jurídica, especialmente as relações jurídicas continuadas. Nesse momento, surge a dúvida quanto ao prazo prescricional aplicável à relação jurídica que se extinguirá no futuro. Qual o prazo prescricional aplicável? Se um ato inerente a essa relação jurídica ativa é reivindicado, sem que a relação jurídica finde, qual o prazo aplicável? Para responder a essas perguntas é necessário pesquisar a lei no tempo.

A irretroatividade das leis é um princípio caro ao Direito. A irretroatividade tem matriz constitucional desde a Constituição do Império (1924)[(752)], com exceção apenas da Constituição de 1937[(753)], atualmente encontra-se prevista no art. 5º, XXXVI, da CF/1988. Tem origem no direito romano: *lex prospicit, non respicit* (a lei não tem efeitos pretéritos).[(754)] Beviláqua já apontava em 1920 que a irretroatividade é um preceito de política jurídica — "o direito existente deve ser respeitado tanto quanto a sua persistência não sirva de embaraço para os fins culturais que a nova lei pretende implementar na sociedade ou satisfazer".[(755)] Quando sobrevém lei nova é necessário traçar temporalmente o dia de sua aplicação, mas também alguma regra que regulamentará as relações jurídicas iniciadas sob a lei anterior.[(756)]

Ao entrar em vigor uma nova lei, apresentam-se três espécies de situações jurídicas: a) pretéritas, iniciadas e finalizadas antes da vigência da nova lei; b) pendentes, iniciadas antes da vigência da lei sem conclusão; e, c) futuras, iniciadas após a vigência da lei nova. A essas situações aplicam-se os princípios do efeito imediato e da irretroatividade.[(757)] A doutrina clássica debateu bastante o conflito de normas no tempo e fixou conceitos importantes sobre expectativa de direito, ato jurídico perfeito e direito adquirido. Expectativa de direito refere-se às situações abstratas, onde o titular do direito ainda não o adquiriu e por isso não pode opor a lei antiga a outrem. Já a situação concreta, refere-se ao direito propriamente adquirido, funcionando como um escudo que impede a retroação da lei nova.[(758)]

O ato jurídico perfeito é um ato de intervenção humana que tem começo e fim, aplicando-se a lei vigente ao tempo em que se realizou. O ato jurídico

---

(752) Cf. FRANÇA, R. Limongi. *A irretroatividade das leis e o direito adquirido*. 4. ed. São Paulo: Editora Revista dos Tribunais. 1994. p. 205 e BEVILÁQUA, Clóvis. *Teoria geral do direito civil*. 2. ed. Rio de Janeiro: Livraria Francisco Alves, 1929. p. 21.

(753) BOUCINHAS FILHO, Jorge Cavalcanti. A aplicação dos preceitos de direito material da Lei n. 13.467 no tempo. *In*: MARTINEZ, Luciano *et al*. (org.). A reforma trabalhista na visão da Academia Brasileira de Direito do Trabalho. Porto Alegre: Lex Magister, 2018. p. 132-133.

(754) MARQUES, José Frederico. *Tratado de direito penal*. Campinas: Bookseller, 1997, v. 1, p. 69.

(755) BEVILÁQUA, Clóvis. *Teoria geral do direito civil*. 2. ed. Rio de Janeiro: Livraria Francisco Alves, 1929. p. 21.

(756) MAXIMILIANO, Carlos. *Direito intertemporal ou teoria da irretroatividade das leis*. 2. ed. Rio de Janeiro, São Paulo: Freitas Bastos, 1955. p. 7.

(757) AMARAL, Francisco. *Direito civil*: introdução. 7. ed. rev. mod. ampl. Rio de Janeiro: Renovar, 2008. p. 131.

(758) MAXIMILIANO, *op. cit*., 1955, p. 38.

perfeito é uma das causas do direito adquirido, mas não a única. Os fatos jurídicos (fatos sem a participação humana), os quase delitos, a lei e o próprio delito seriam outras.(759)

Denomina-se adquirido o direito que um titular pode exercer em nome próprio, ou alguém em nome dele. Agrega-se a esse conceito o direito cujo início do exercício tenha termo prefixado ou condição previamente estabelecida inalterável pela vontade de outrem. São os direitos incorporados ao patrimônio de uma pessoa, tanto porque já realizados, quanto porque possuem os requisitos de realização dependendo apenas de um prazo para o seu exercício ou uma condição, inalteráveis por vontade alheia.(760)

Esses são os elementos utilizados para questionar-se a aplicação da lei no tempo, e, por conseguinte, a aplicação dos prazos fixados para o exercício das pretensões. O texto celetista, desde a sua origem, contém regras de direito intertemporal (arts. 911, 912 e 916). O art. 911 da CLT indica o marco inicial da vigência das normas trabalhistas como o dia em que a lei for publicada no Diário Oficial, mas também na data por ela indicada para a vigência. O art. 912 da CLT determina que os dispositivos de caráter imperativo terão aplicação imediata às relações iniciadas, mas não consumadas à data de vigência do texto celetista. E o art. 916 da CLT prevê que os prazos reduzidos pela legislação nova serão contados da vigência dela.

O Tribunal Superior do Trabalho manifestou-se quanto ao marco inicial da contagem da prescrição em conflito de leis no tempo referente à redução do prazo prescricional previsto para as pretensões decorrentes da relação de trabalho rural. A data da extinção contratual, e não a data do ajuizamento da ação, foi fixada como marco temporal para a aplicação da lei nova (Orientação Jurisprudencial da SDI-1 n. 271). Essa decisão acompanha a mesma fundamentação utilizada pelo Tribunal Constitucional italiano (vide capítulo 3): a inércia do trabalhador durante a relação contratual trabalhista não pode ser penalizada, em razão do receio da dispensa. Esse receio materializa-se na construção do Direito do Trabalho, a partir do princípio da proteção, pois essa relação jurídica é desigual.

A nova codificação civil também tem norma expressa sobre o direito intertemporal quanto aos prazos, pois vários deles foram reduzidos (art. 2.028). Por meio do art. 2.028 do CC, regra expressa de direito intertemporal, aplica-se a lei anterior se o prazo for reduzido pela nova lei, ou ainda, se houver transcorrido mais da metade do prazo previsto na lei antiga, revogada. O microssistema de acesso coletivo à Justiça retira dessa norma o substrato de aplicação do direito

---

(759) FRANÇA, R. Limonge. *A irretroatividade das leis e o direito adquirido.* 5. ed. rev. atual. São Paulo: Saraiva, 1998. p. 220-221.
(760) PEREIRA, Caio Mário da Silva. *Instituições de direito civil.* 19. ed. rev. e atual. Rio de Janeiro: Forense, 1999. v. 1. p. 105.

intertemporal, assim como retirou do Código Civil o prazo decenal (art. 205), na omissão de outro prazo ou na inexistência de norma jurídica expressa para a imprescritibilidade.

O prazo prescricional geral previsto no Código Civil de 1916 foi reduzido de 20 (vinte) para 10 (dez) anos. Esses são os prazos aplicáveis para a ação civil coletiva e civil pública, tanto na área cível como na trabalhista, bem como a regra de direito intertemporal do art. 2.028 do Código Civil. Por análise lógica e sistemática não se deve aplicar imediatamente o prazo novo, decenal, sem a verificação do transcurso dos dez anos (metade do prazo vintenário) em respeito ao direito adquirido do titular da pretensão coletiva. Por outro lado, em pretensões individuais, o conflito de leis no tempo será resolvido pelas normas contidas nos arts. 911, 912 e 916 do texto celetista, pois o seu prazo prescricional também está contido na CLT. Aplicar a norma celetista às pretensões coletivas significaria discriminar as pretensões coletivas trabalhistas, sem substrato legal. A omissão existente na área trabalhista para a pretensão coletiva também existe na área cível, salvo quanto à pretensão decorrente da improbidade administrativa e da ação popular.

O prazo decenal para as pretensões coletivas é o mesmo em qualquer área especializada do Direito, com as exceções para as pretensões imprescritíveis (reparações decorrentes do dano ambiental e pretensão declaratória) e observância ao prazo bienal da tutela coletiva de reintegração quando houver extinção contratual em massa.

5. EFEITOS DA PRETENSÃO COLETIVA NAS DEMANDAS COLETIVAS E INDIVIDUAIS

Este último capítulo da tese tratará de apresentar soluções para a problemática aplicação prática do instituto da prescrição, considerando a lacuna normativa do microssistema e a necessária colmatação dela com as normas apresentadas para as pretensões individuais. Além disso, é nele que se desenvolverão as premissas de organização do sistema quando houver a interferência da demanda coletiva na demanda individual, mas também em relação aos indivíduos inertes em suas pretensões individuais.

Serão trabalhadas as fases de conhecimento e execução, ou melhor, do cumprimento de sentença, no processo coletivo com um olhar voltado para as pretensões individuais abrangidas ou não dentro desse processo, após a liquidação.

Por fim, serão apresentadas as propostas já realizadas em termos de tratamento do instituto da prescrição para pretensões coletivas nos anteprojetos e projetos de lei.

5.1. CONTAGEM DOS PRAZOS PRESCRICIONAIS

É importante tratar da contagem dos prazos prescricionais em perspectiva comparatista (pretensões individuais e coletivas). O marco inicial e final de cada prazo prescricional, impedimentos, suspensões, interrupções a que eles se submetem porque, na prática do dia a dia dos processos judiciais, essas são as questões sensíveis ao instituto da prescrição e sua adequada aplicação, após a fixação do prazo previsto em lei.

5.1.1. Pretensões individuais trabalhistas

O prazo inicial da prescrição é aquele em que nasce a pretensão. O prazo final é o termo para o exercício dessa pretensão, que pode ocorrer com a ação propriamente dita[(761)] ou por outros meios de exercício dessa pretensão (exigibilidade da pretensão)[(762)].

---

(761) Posição de Humberto Theodoro Júnior (THEODORO JÚNIOR, Humberto. *Prescrição e decadência*: de acordo com a reforma trabalhista. Rio de Janeiro: Forense, 2018. p. 30).

(762) MIRANDA, Pontes de. *Tratado de direito privado*: parte geral. Exceções, direitos mutilados, exercício dos direitos, pretensões, ações e exceções, prescrição. Atual. por Otávio Luiz Rodrigues Júnior, Tilman Quarch, Jefferson Carús Guedes. São Paulo: Revista dos Tribunais, 2013. t. VI, p. 159.

A codificação de 1916 previa no art. 75 que "a todo direito corresponde uma ação que o assegura"[763]. Esse era o fundamento da doutrina para o nascimento da prescrição com o nascimento da ação, atualmente superado.[764] Para Amorim Filho, é com a lesão ao direito individual e prestacional que nasce o direito de ação (teoria da *actio nata*), sendo esse o momento de contagem inicial dos prazos.[765]

> Compreende-se facilmente o motivo da escolha da lesão do direito como termo inicial do prazo de prescrição: é que a lesão dá origem a uma ação, e a possibilidade de propositura desta, com o fim de reclamar uma prestação destinada a restaurar o direito, é que concorre para criar aquele estado de intranquilidade social que o instituto da prescrição procura evitar.[766]

Nesse momento doutrinário os conceitos não estavam tão separados como atualmente — prescrição, pretensão, exigibilidade. O direito de ação é constitucional (art. 5º, XXXV, da CF/1988). Em razão dessa premissa, não há como defender a afirmação de Amorim Filho de que da lesão nasce uma ação. Da lesão nasce uma pretensão, que pode ser extrajudicial ou judicial.

O início da contagem do prazo prescricional, para Pontes de Miranda, é a data que a obrigação passa a ser exigível.[767] Não há inércia nas obrigações a prazo ou à condição suspensiva, enquanto não houver vencimento ou não for verificada a condição (art. 199, I e II do Código Civil). Esse diploma aplica-se ao Direito do Trabalho, que tem base contratual como o Direito Civil, com suas peculiaridades, ante a omissão do texto celetista e a autorização para a importação da norma comum (art. 8º, § 1º da CLT). Ocorre que a exigibilidade só pode ser iniciada após a ciência inequívoca do fato e de suas consequências, especialmente quando se trata de lesão continuada no tempo.[768]

---

(763) BRASIL. Presidência da República. Código Civil dos Estados Unidos do Brasil. Lei n. 3.071, de 1º de janeiro de 1916. *Legislação*. Disponível em: <http://www.planalto.gov.br/ccivil_03/leis/l3071.htm>. Acesso em: 13 mar. 2021.

(764) MOLINA, André Araújo. A prescrição das ações de responsabilidade civil na Justiça do Trabalho. *Revista IOB Trabalhista e Previdenciária*, v. XVIII, p. 79-110, jul. 2007, p. 85-87.

(765) AMORIM FILHO, Agnelo. Critério científico para distinguir a prescrição da decadência e para identificar as ações imprescritíveis. *Revista de Direito Processual Civil*, São Paulo, v. 2, n. 3, jan./jun. 1961, p. 103-105.

(766) *Ibidem*, p. 104.

(767) MIRANDA, Pontes de. *Tratado de direito privado*: parte geral. Exceções, direitos mutilados, exercício dos direitos, pretensões, ações e exceções, prescrição. Atual. por Otávio Luiz Rodrigues Júnior, Tilman Quarch, Jefferson Carús Guedes. São Paulo: Revista dos Tribunais, 2013. t. VI, p. 154-156.

(768) A ciência inequívoca é importante especialmente para os casos de acidentes de trabalho ou doenças laborais, em que as consequências dos fatos têm continuidade no tempo. Não é possível conhecê-las de imediato. Fixar o marco inicial no dia do acidente ou da doença é impedir o acesso à Justiça porque sequer houve o conhecimento de toda extensão do dano, o que é fundamental para a

Não se deve confundir o termo inicial da prescrição (a exigibilidade da pretensão) com o fato gerador dessa mesma pretensão[769]. Encontrado o fato gerador, que será o vencimento da obrigação, a lesão a um direito com prejuízo instantâneo ou continuado no tempo (ciência inequívoca dos efeitos), a infração da norma jurídica gera deveres prestacionais. Nesse momento nasce a exigibilidade do direito e com ela a pretensão, ou seja, o prazo inicial da prescrição.

O texto celetista previu expressamente o início da contagem do prazo prescricional para as férias, usando como marco o fim do vencimento do prazo concessivo, alternativamente, a extinção do contrato de trabalho quando não há fruição do período de férias (art. 149 da CLT). Por esse motivo, há necessidade de interpretação da fonte geradora da pretensão e de sua exigibilidade para se extrair o início do prazo prescricional.

Analisando as obrigações a prazo, verifica-se que antes do termo fixado não há como contar-se o prazo prescricional. Enquanto não ocorre o vencimento (termo) não há o nascimento do direito subjetivo. Quando as obrigações a prazo também preveem uma condição suspensiva obrigacional, há o nascimento do prazo que não corre enquanto a suspensão não termina.[770]

O art. 189 do Código Civil de 2002 positivou o nascimento do prazo prescricional com a lesão. Porém, a lesão não é o marco de nascimento para todos os prazos prescricionais. Por isso, o Conselho da Justiça Federal, na I Jornada de Direito Civil, ocorrida em dias 12 e 13 de setembro de 2002, aprovou o Enunciado n. 14 para esclarecer a interpretação que deveria ser extraída do art. 189 do diploma civil: "1) O início do prazo prescricional ocorre com o surgimento da pretensão, que decorre da exigibilidade do direito subjetivo; 2) o art. 189 diz respeito a casos em que a pretensão nasce imediatamente após a violação do direito absoluto ou da obrigação de não fazer".[771] A orientação segue a doutrina de Pontes de Miranda, que já se baseava no direito tedesco e produziu uma interpretação mais adequada às positivações realizadas pelo legislador da nova codificação.

Também corrigindo a interpretação de outra hipótese de nascimento da pretensão, o Superior Tribunal de Justiça editou a Súmula n. 278 sobre os contratos de seguro, nela consolidou-se o entendimento de que o termo inicial do prazo prescricional para as indenizações é contado da data em que o sujeito teve

---

fixação do dever de reparação. Cf. MELO, Raimundo Simão de. *Direito ambiental do trabalho e saúde do trabalhador*: responsabilidades legais, dano material, dano moral, dano estético, indenização pela perda de uma chance, prescrição. 3. ed. São Paulo: LTr, 2008. p. 451-453.

(769) CARVALHO, Augusto César Leite de. A prescrição trabalhista: a possível superação da prescrição total. *Revista do Tribunal Superior do Trabalho*, São Paulo, SP, v. 76, n. 3, p. 147-171, jul./set. 2010, p. 150.

(770) THEODORO JR, Humberto. *Prescrição e decadência*. Rio de Janeiro: Forense, 2018. p. 28-29.

(771) BRASIL. Conselho da Justiça Federal. *Enunciados*. Disponível em: <https://www.cjf.jus.br/enunciados/enunciado/660>. Acesso em: 19 jul. 2021.

a ciência inequívoca da incapacidade laboral ou ocupacional,[772] em interpretação sistemática com o art. 206, § 2º, II, *b,* do Código Civil[773]. Essa é a razão de Theodoro Júnior, um dos autores do projeto que culminou com a codificação, afirmar que a regra geral é a da análise objetiva dos prazos prescricionais, não entrando na legislação alguma referência à inércia culposa, ao não conhecimento ou à ciência da lesão por parte do credor. Afirma que quando a codificação pretendeu fixar o dia do início da contagem ao conhecimento do credor o fez de maneira expressa no art. 206, § 2º, II, alínea *b* da codificação, porque essa é uma exceção à regra geral. É importante destacar que o art. 206 do Código Civil também é aplicável pela jurisprudência aos casos de incapacidade permanente do acidentado.[774]

Diferente do marco geral de contagem civil, a área trabalhista tem regra geral para a contagem inicial dos prazos fixados constitucionalmente na extinção contratual (art. 7, XXIX, da Constituição Federal). Da mesma norma constitucional, extrai-se o início da contagem do prazo prescricional para as obrigações vencidas durante a vigência do contrato de trabalho a partir da exigibilidade do dia do vencimento, quando não adimplida. Como analisado no capítulo anterior, prevaleceu a interpretação da chamada cláusula de barreira quinquenal, que tem o marco de contagem no dia do ajuizamento da ação de modo retroativo, deixando a pretensão líquida de três anos para os trabalhadores que aguardam o fim dos dois anos para reivindicar e exigir os direitos decorrentes desse contrato extinto.

A maior parte das obrigações trabalhistas são de trato sucessivo porque decorrem da legislação e, por isso, respeitado o prazo de dois anos contado do fim do contrato (integrado pelo aviso prévio, OJ n. 82 da SDI-1[775]), há a incidência do prazo quinquenal[776]. Isis de Almeida já explicava que no contrato de trabalho

---

(772) "O termo inicial do prazo prescricional, na ação de indenização, é a data em que o segurado teve ciência inequívoca da incapacidade laboral. (Súmula 278, Segunda Seção, julgado em 14.05.2003, DJ 16.06.2003, p. 416)". (BRASIL. Superior Tribunal de Justiça. *Súmulas.* Disponível em: <https://scon.stj.jus.br>. Acesso em: 19 jul. 2021).

(773) "Art. 206. Prescreve: § 1º Em um ano: (...) II — a pretensão do segurado contra o segurador, ou a deste contra aquele, contado o prazo: (...) b) quanto aos demais seguros, da ciência do fato gerador da pretensão." (BRASIL. Presidência da República. Código Civil. Lei n. 10.406, de 10 de janeiro de 2002. *Legislação.* Disponível em: <http://www.planalto.gov.br/ccivil_03/leis/2002/l10406compilada.htm>. Acesso em: 13 mar. 2021)

(774) THEODORO JÚNIOR, Humberto. *Prescrição e decadência*: de acordo com a reforma trabalhista. Rio de Janeiro: Forense, 2018. P. 31-34.

(775) "A data de saída a ser anotada na CTPS deve corresponder à do término do prazo do aviso prévio, ainda que indenizado." (BRASIL. Tribunal Superior do Trabalho. Súmulas do Tribunal Superior do Trabalho. Disponível em: <https://www3.tst.jus.br/jurisprudencia/Sumulas_com_indice/Sumulas_Ind_301_350.html#SUM-310>. Acesso em: 10 mar. 2021).

(776) Súmula n. 156 do TST. PRESCRIÇÃO. PRAZO (mantida) — Res. 121/2003, DJ 19, 20 e 21.11.2003. Da extinção do último contrato começa a fluir o prazo prescricional do direito de ação em que se objetiva a soma de períodos descontínuos de trabalho (ex-Prejulgado n. 31). (...) Súmula n. 308 do TST. PRESCRIÇÃO QUINQUENAL (incorporada a Orientação Jurisprudencial n. 204 da SBDI-1) — Res. 129/2005, DJ 20, 22 e 25.04.2005. I. Respeitado o biênio subsequente à cessação

a supressão de uma vantagem ou o descumprimento de uma condição resulta uma infração continuada, regra geral, porque os efeitos repetem-se ao longo da prestação de trabalho, que é de trato sucessivo.(777) Homero Batista explica que o prazo prescricional deve fluir do evento fixado por lei, desde que nenhuma causa impeditiva aflore nesses momentos.(778)

A chamada prescrição total é aquela que ocorre quando, durante a vigência do contrato de trabalho, as partes pactuam alguma obrigação de efeito instantâneo além do que prevê a legislação. A reforma trabalhista de 2017 inseriu no § 2º do art. 11 da CLT o texto da Súmula n. 294 do TST, substituiu a palavra ação por pretensão: "Tratando-se de pretensão que envolva pedido de prestações sucessivas decorrente de alteração ou descumprimento do pactuado, a prescrição é total, exceto quando o direito à parcela esteja também assegurado por preceito de lei".(779)

Ocorre a prescrição parcial quando a reivindicação da pretensão refere-se a apenas algumas parcelas de um ou mais créditos sem atingir a verba trabalhista por completo.(780) É o que acontece com as obrigações de trato sucessivo, dentre elas, o pagamento salarial. O termo inicial da contagem da prescrição fixa-se de modo parcial quando uma obrigação não é cumprida ou há a ameaça a um direito para com essas parcelas, sem aniquilar a pretensão do direito que lhe dá substrato.

5.1.1.1. Impedimento e suspensão do prazo prescricional

Existem obstáculos que postergam o início do prazo prescricional e outros que impedem a sua correta fluência. Se o evento é anterior ao início, diz-se impedimento, mas se for posterior, chama-se suspensão. Ambas as causas são determinadas por lei e não podem ser alteradas pela vontade das partes.(781) O Código Civil de 2002 elencou essas causas nos arts. 197 a 201, sem diferenciá-las. A divisão realizada pela doutrina quanto ao início do prazo ou não passa pelo fato gerador da pretensão. Por exemplo, no caso do art. 198, inciso I do Código Civil (não corre o prazo prescricional contra os absolutamente incapazes).

---

contratual, a prescrição da ação trabalhista concerne às pretensões imediatamente anteriores a cinco anos, contados da data do ajuizamento da reclamação e, não, às anteriores ao quinquênio da data da extinção do contrato. (ex-OJ n. 204 da SBDI-1 — inserida em 08.11.2000). (BRASIL. Tribunal Superior do Trabalho. Súmulas do Tribunal Superior do Trabalho. Disponível em: <https://www3.tst.jus.br/jurisprudencia/Sumulas_com_indice/Sumulas_Ind_301_350.html#SUM-310>. Acesso em: 10 mar. 2021).

(777) ALMEIDA, Isis de. *Manual da prescrição trabalhista*. 3. ed. São Paulo: LTr, 1999. p. 95.

(778) SILVA, Homero Batista Mateus da. *Estudo crítico da prescrição trabalhista*. São Paulo: LTr, 2004. p. 108.

(779) BRASIL. Presidência da República. Consolidação das Leis do Trabalho. *Legislação*. Disponível em: http://www.planalto.gov.br/ccivil_03/decreto-lei/del5452.htm. Acesso em: 22 mar. 2021.

(780) LORENZETTI, Ari Pedro. *A prescrição e a decadência na Justiça do Trabalho*. São Paulo: LTr, 2009. p. 167.

(781) THEODORO JR., Humberto. *Prescrição e decadência*. Rio de Janeiro: Forense, 2018. p. 113.

Acertadamente o Código Civil deixou expresso que sem a capacidade relativa, como requisito para a exigibilidade de direitos por si próprio, ainda que de modo assistido, não há fluência do prazo prescricional (art. 199, II). Essa é uma causa que impede o nascimento do prazo.

Há impedimento à contagem dos prazos em pretensões referentes às tutelas inibitórias. Essa modalidade de tutela veicula obrigações de não fazer, enquanto houver continuidade da lesão ou ameaça. O dano ainda não ocorreu quando se trata de prevenção[(782)] ou a ameaça ainda não cessou, se a tutela inibitória é utilizada após a ocorrência do dano. O mesmo impedimento ocorre nos casos de doença ocupacional e de acidente de trabalho. O prazo inicial da pretensão conta-se da ciência inequívoca dos prejuízos ou consequências advindas do ato infrator[(783)], porque o descumprimento da obrigação não gera um efeito imediato, mas um efeito continuado no tempo e apenas quando cessar esse efeito é que será possível iniciar a contagem do prazo.

Durante os processos de conhecimento encontra-se outra causa de impedimento da fluência do prazo prescricional motivada pelo impulso oficial (art. 765 da CLT, art. 4º da Lei n. 5.584/1970, art. 262 do CPC/1973 e art. 2º do CPC/2015). O prazo deixa de fluir do ajuizamento das ações até o trânsito em julgado da decisão, sentença ou acórdão que a substitui, voltando a fluir na fase executiva, pois essa fase inicia-se com os atos da parte, salvo em algumas exceções previstas no art. 878 da CLT, aprofundadas adiante dentro da prescrição intercorrente.

O obstáculo chamado de suspensão ocorre quando há impossibilidade, ou dificuldade, reconhecida por lei para o exercício da pretensão pelo titular do direito quando o prazo prescricional já foi iniciado.[(784)] Não há inércia por negligência do titular do direito nessas ocasiões. Se a causa é suspensiva, o tempo decorrido computa-se no prazo prescricional, diferente do que acontece com a causa impeditiva, onde o prazo prescricional fica postergado para o fim do evento ou obstáculo à sua fluência. A diferença entre o impedimento e a suspensão é o início da fluência do prazo, antes do prazo ser iniciado é caso de impedimento, mas se o prazo foi iniciado o obstáculo produzido por um evento suspenderá esse prazo.

A Consolidação das Leis Trabalhistas tem norma própria quanto ao menor de 18 anos (art. 440) e por isso o prazo de prescrição tem impedimento ou suspensão para menores de 18 anos e não apenas para os menores de 16 anos, como previu

---

(782) TEIXEIRA, Sergio Torres. Pressupostos de concessão das tutelas preventivas do meio ambiente do trabalho. *Revista do Tribunal Superior do Trabalho*, São Paulo, SP, v. 80, n. 1, p. 106-117, jan./mar. 2014, p. 111.

(783) MELO, Raimundo Simão de. *Direito ambiental do trabalho e saúde do trabalhador*: responsabilidades legais, dano material, dano moral, dano estético, indenização pela perda de uma chance, prescrição. 3. ed. São Paulo: LTr, 2008. p. 451-453.

(784) LEAL, Antônio Luís da Câmara. *Da prescrição e da decadência*: teoria geral do direito civil. 3. ed. atual. pelo juiz José de Aguiar Dias. Rio de Janeiro: Forense, 1978. p. 167-171.

o art. 3º e o art. 198 do Código Civil. Não se pode olvidar que há outras proibições de trabalho para os menores de 18 anos, em atividades classificadas como as piores formas de trabalho pela Convenção n. 182 da Organização Internacional do Trabalho, conforme a regulamentação do Decreto n. 6.481/2008, ou previstas em outras legislações especiais como a dos transportadores e mototaxistas (art. 2º da Lei n. 12.009/2009), que impedem o trabalho dos jovens até os 21 anos completos. Nesses casos, a prescrição não será iniciada até que a pessoa complete 18 ou 21 anos, respectivamente. Haverá impedimento da fluência do prazo prescricional nesses casos. Em demandas envolvendo trabalhador falecido na Justiça do Trabalho e sucessão com menores de 18 anos, a idade do sucessor é causa de suspensão da fluência do prazo prescricional, quando a morte do empregado ocorre na fluência do prazo prescricional e seu sucessor ainda não adquiriu os 18 anos.

A mediação é outra causa de impedimento da fluência do prazo prescricional ou de suspensão. O art. 17, parágrafo único, e o art. 34 da Lei n. 13.140/2015 preveem a instauração de mediação, solução consensual de conflitos, como causa suspensiva do prazo prescricional enquanto transcorrer o procedimento.[(785)] A mediação será causa de impedimento, se é instaurada antes do fim da fluência do aviso prévio, ainda que indenizado, pois o contrato de trabalho ainda não se extinguiu formalmente. A Comissão de Conciliação Prévia criada por lei em 2000 é uma forma de autocomposição de conflitos, por meio de mediação, embora na lei conste o termo conciliação, referindo-se ao acordo celebrado entre as partes ao fim dessa mediação. A suspensão do prazo foi prevista expressamente no art. 625-G da CLT, mas a obrigatoriedade da submissão das demandas a essa comissão, antes do ajuizamento da ação trabalhista, foi julgada inconstitucional (ADI n. 2.139, n. 2160 e n. 2.237)[(786)].

O texto celetista é tímido quanto aos impedimentos e suspensões à fluência do prazo prescricional (arts. 440 e 625-G da CLT), por isso, a aplicação subsidiária do Código Civil faz-se necessária (art. 8º, § 1º da CLT).

Em apertada síntese há impedimento ou suspensão do prazo prescricional (arts. 197 e 198 do CC): na constância do casamento; entre ascendentes e descendentes durante o poder familiar; entre tutelados e curatelados durante essa relação jurídica; contra os absolutamente incapazes assim classificados pelo Código Civil (art. 3º); contra os ausentes em razão do serviço público prestado pela União, Estados e Municípios; mas também durante o período de guerra contra os que estiverem a serviço das Forças Armadas. O art. 199, inciso I do Código Civil,

---

(785) BRASIL. Presidência da República. Lei n. 13.140, de 26 de junho de 2015. *Legislação*. Disponível em: <http://www.planalto.gov.br/ccivil_03/_ato2015-2018/2015/lei/l13140.htm>. Acesso em: 19 jul. 2021.

(786) BRASIL. Supremo Tribunal Federal. *Acórdão da ação direta de inconstitucionalidade n. 2.139*. Disponível em: <http://www.stf.jus.br/arquivo/cms/bibliotecaConsultaProdutoBibliotecaPastaFachin/anexo/ADI2139.pdf>. Acesso em: 19 jul. 2021.

que prevê a inocorrência do prazo prescricional pendendo a condição suspensiva, aplica-se às obrigações contratuais trabalhistas.

As questões criminais apontadas como premissas para a solução de conflitos civis, e também trabalhistas (por exemplo, furto pelo empregado), importam suspensão do prazo prescricional ou impedimento (art. 200 da codificação civil aplicada subsidiariamente às relações de trabalho por força do art. 8º, § 1º da consolidação). Essa previsão é comum quando se trata de um crime praticado na constância das relações de trabalho, que dá ensejo ao fim do contrato — casos tipificados como justa causa (art. 487 da CLT).

Em 2020, a pandemia causada pela COVID-19 gerou a produção de diversas leis temporárias prevendo regulamentações emergenciais para a crise sanitária, econômica e social instalada no Brasil. Uma delas foi a medida provisória, MP n. 927/2020 (arts. 21 e 24)[787], que suspendeu a contagem do prazo prescricional para os débitos relativos a contribuições do FGTS pelo prazo de 120 (cento e vinte dias). Essa medida provisória perdeu sua validade a partir de 19 de julho de 2020 por falta de votação na Câmara dos Deputados. Outra norma promulgada em razão da crise foi a Lei n. 14.010, de 8 de setembro de 2020, que trouxe no art. 3º uma regulamentação específica sobre a prescrição:

> Art. 3º Os prazos prescricionais consideram-se impedidos ou suspensos, conforme o caso, a partir da entrada em vigor desta Lei até 30 de outubro de 2020.
>
> § 1º Este artigo não se aplica enquanto perdurarem as hipóteses específicas de impedimento, suspensão e interrupção dos prazos prescricionais previstas no ordenamento jurídico nacional.
>
> § 2º Este artigo aplica-se à decadência, conforme ressalva prevista no art. 207 da Lei n. 10.406, de 10 de janeiro de 2002 (Código Civil).[788]

Essa lei reconhece formalmente o evento pandemia da COVID-19, que gerou o fechamento dos órgãos do Poder Judiciário. Esse fechamento foi positivado como um obstáculo imposto ao credor (impedimento ou suspeição) para o exercício de sua pretensão em juízo. O fim do obstáculo teve previsão para o dia 30 de outubro de 2020 e a redação do § 1º do art. 3º, a inaplicabilidade do *caput* enquanto perdurarem as hipóteses específicas de impedimento, suspensão e interrupção dos prazos prescricionais previstas no ordenamento jurídico nacional. O mesmo dispositivo foi estendido para o instituto da decadência tal qual o faz o art. 207

---

(787) ROCHA, Fábio Ribeiro da; BOUCINHAS FILHO, Jorge Cavalcanti. *Aspectos jurídicos das medidas governamentais destinadas a preservar empregos e renda durante a pandemia*: análise das Medidas Provisórias 927, 928, 936, 944 e 945/2020 [livro eletrônico]. São Paulo: Escola Superior de Advocacia da OAB SP, 2020. p. 158.

(788) BRASIL. Presidência da República. Lei n. 14.010, de 8 de setembro de 2020. *Legislação*. Disponível em: <http://www.planalto.gov.br/ccivil_03/_ato2019-2022/2020/lei/L14010.htm>. Acesso em: 10 jul. 2021.

do Código Civil. A doutrina posicionou-se pela aplicação da suspensão dos prazos prescricionais até o retorno dos atos presenciais, mesmo antes da edição da Lei n. 14.010/2020.[789]

Os momentos de fechamento e de atendimento virtual do Poder são obstáculos ao acesso à Justiça. A maior parte da população brasileira não maneja bem a tecnologia e tem dificuldade em encontrar profissionais para acessar a Justiça do Trabalho. Os atos de isolamento provocaram esse problema, mormente com o fechamento físico das instalações dos escritórios de advocacia. Nesse contexto, a suspensão dos prazos prescricionais deve ocorrer pelo mesmo período previsto nos decretos ou atos normativos municipais, estaduais ou federais de cada Estado ou Município e na Resolução n. 313, de 19 de março de 2020.[790] Essa norma interna suspendeu o atendimento presencial às partes e advogados (art. 3º), suspendendo os prazos judiciais até o dia 30 de abril de 2020 (art. 5º).[791] Em sentido contrário, motivado pela jurisprudência restritiva na área trabalhista, há autor que entende que a norma não se aplicará às relações de emprego e às relações jurídicas de competência da Justiça do Trabalho.[792]

Se mesmo antes da Lei n. 14.010/2020 houve a defesa da suspensão dos prazos prescricionais, com mais razão aplicar-se-á o entendimento após a inserção da regra de direito privado expressamente, porque o Direito do Trabalho está contido na família do direito privado, especialmente quanto às obrigações decorrentes do contrato de emprego.[793] Há sentenças publicadas nesse sentido

---

(789) GAIA, Fausto Siqueira; MORAES, Camila Miranda de. COVID-19 e os impactos sobre os prazos de prescrição e decadência trabalhistas. *Revista LTr*. São Paulo: LTr, v. 84, n. 6, p. 456-464, abr. 2020, p. 462-463.

(790) BRASIL. Conselho Nacional de Justiça. Resolução n. 317, 19 de março de 2020. *Legislação*. Disponível em: <https://www.cnj.jus.br/wp-content/uploads/2020/03/Resolu%C3%A7%C3%A3o-n%C2%BA-313-5.pdf>. Acesso em: 10 jul. 2021.

(791) GAIA, Fausto Siqueira; MORAES, Camila Miranda de. COVID-19 e os impactos sobre os prazos de prescrição e decadência trabalhistas. *Revista LTr*. São Paulo: LTr, v. 84, n. 6, p. 456-464, abr. 2020, p. 462-463.

(792) "Já o congelamento de todos os prazos prescricionais trabalhistas de 10.06.2020 a 30.10.2020 (art. 3, L 14.010/2020) tem chances reduzidas de se confirmar porque a legislação se refere às "relações jurídicas de direito privado" e tece considerações sobre relações de consumo, de locação, direito de família e outros, sem uma palavra sequer sobre o direito social. Pode-se buscar uma construção jurídica a respeito, mas o histórico da jurisprudência da prescrição trabalhista sugere predomínio das interpretações restritivas. HOMERO. Legislação trabalhista em tempos de pandemia". SILVA, Homero Batista Mateus da. Comentários no Facebook sobre a Lei n. 14.010/2020. *In*: *Facebook*: Homero @ professorhomero. Disponível em: <https://www.facebook.com/professorhomero/>. Acesso em: 30 ago. 2020.

(793) Por todos SÜSSEKIND, Arnaldo. Natureza jurídica do direito do trabalho. *In*: SÜSSEKIND, Arnaldo; MARANHÃO, Délio; VIANNA, Segadas; TEIXEIRA, Lima. *Instituições de direito do trabalho*. V. 1. 20. ed. Atualização por Arnaldo Süssekind e João de Lima Teixeira Filho. São Paulo: LTr, 2002. p. 126.

no Tribunal Regional do Trabalho da 2ª Região.[794] Não é demasiado relembrar a aplicação subsidiária do direito comum às relações de trabalho (art. 8º, *caput*, originário e § 1º após a Lei n. 13.467/2017).

5.1.1.2. Causas de interrupção do prazo prescricional

O evento previsto em lei que inutiliza o prazo prescricional é chamado de interrupção. A natureza jurídica da interrupção é de norma cogente, de ordem pública, infensa a criação pelas partes. Ocorrido o evento o prazo fica inutilizado, voltando a correr apenas ao fim dele.[795]

O art. 202 (inciso I e parágrafo único) do Código Civil previu a interrupção do prazo prescricional durante o processo judicial até o último ato, quando recomeça a correr, ou seja, quando é reiniciado. Durante esse período o prazo não flui, ou seja, há um impedimento legal para que o prazo transcorra. Essa é uma causa de impedimento contida dentro do período de interrupção em razão do impulso oficial, como explicitado (item. 1.1.1). Theodoro Júnior entende que se houver abandono da causa (perempção) no curso do processo, o último ato refere-se ao "derradeiro prazo do processo antes da paralisação"[796]. A regra deixaria de ser aplicada porque se referiria ao processo dinâmico e impulsionado e não ao processo abandonado.[797]

As causas interruptivas da prescrição foram inseridas no art. 202 ao art. 204 do Código Civil e no § 3º do art. 11 da Consolidação das Leis do Trabalho, este pela Lei n. 13.467/2017. O ajuizamento de reclamação trabalhista (ação ordinária) interrompe a contagem do prazo da prescrição para pretensões referentes a

---

(794) "(...) Sobre o período de suspensão da prescrição, muito embora a Lei n. 14.010/2020 fixe-o como sendo a partir da sua entrada em vigor (ou seja, 12.06.2020) até 30 de outubro de 2020, não há razão para não se reconhecer que abranja período anterior à publicação da referida norma, tanto que a mesma lei considera como termo inicial dos eventos derivados da pandemia do coronavírus (Covid-19) o dia 20 de março de 2020, data da publicação do Decreto Legislativo n. 6 (art. 1º, parágrafo único). Reconhecer que o período compreendido entre 20.03.2020 e a publicação da Lei n. 14.010/2020 não estaria abrangido pela suspensão prescricional acarretaria nítida afronta ao princípio da isonomia, pois as situações jurídicas seriam tratadas de forma distinta embora sujeitas aos mesmos obstáculos — isso sem considerar que antes da publicação da Lei n. 14.010/2020 o estado de enfrentamento da pandemia de Covid-19 era ainda mais restritivo e caótico. Isto posto, tanto em razão de impossibilidade de ser reconhecida a inércia do titular da pretensão no presente caso como também considerando as recentes inovações legislativas sobre o prazo prescricional em tempos de pandemia, afasto no caso a prejudicial de mérito de prescrição bienal." Por todos BRASIL. Tribunal Regional do Trabalho da 2ª Região. *Reclamação trabalhista n. 1001024-29.2020.5.02.0078.* 78ª Vara do Trabalho. Juíza Lúcia Toledo Silva Pinto Rodrigues. Publicada em 21.01.2021.

(795) THEODORO JÚNIOR, Humberto. *Prescrição e decadência*: de acordo com a reforma trabalhista. Rio de Janeiro: Forense, 2018. p. 137-138.

(796) ALVIM, José Manoel de Arruda. Da prescrição intercorrente. *In*: CIANI, Mirna (coord.). *Prescrição no novo Código Civil*: uma análise interdisciplinar. 2. ed. rev. atual. São Paulo: Saraiva, 2006. p. 115.

(797) THEODORO JÚNIOR, *op. cit.*, p. 173-174.

pedidos idênticos, mesmo se for extinta sem solução de mérito. A norma enfatizou o juízo incompetente como causa de interrupção, positivando o entendimento expresso na Súmula n. 268 do Tribunal Superior do Trabalho.

Enquanto o Código Civil restringe a interrupção a uma única vez, o texto celetista é omisso quanto à questão. Lorenzetti defendeu a aplicação integral do art. 202, *caput*, do diploma civil antes da alteração do art. 11 da CLT (2017).(798) Em artigo posterior à reforma trabalhista de 2017, Schiavi aderiu ao posicionamento, defendendo a aplicação da codificação civil de 2002 ao sistema trabalhista, ou seja, o prazo prescricional interrompe-se apenas uma vez. Para ele, os conflitos trabalhistas não podem perpetuar-se, sendo a norma salutar e compatível com o sistema.(799)

O art. 8º da CLT em sua redação original imprimia a necessidade da compatibilidade com os princípios fundamentais do Direito do Trabalho para a importação da norma civil. Após a Lei n. 13.467/2017 a palavra compatibilidade foi suprimida, embora ainda seja aplicável por força da hermenêutica. A importação dos institutos do Direito Civil deve observar a compatibilidade e a lógica do sistema. Como defendido, a codificação civil em matéria de prescrição traz uma norma geral aplicável ao sistema, porém com as especificidades de cada ramo especializado do Direito.

Outra dúvida gerada pelo novo texto do art. 11 da CLT foi quanto à palavra "apenas", inserida antes do ajuizamento de ação trabalhista como causa interruptiva. Essa atecnia, se interpretada literalmente, não permite que as outras causas interruptivas, como o protesto, sejam utilizadas na área trabalhista. Cria uma diferenciação para o credor trabalhista sem substrato legal em comparação com os demais credores cíveis, tributários, etc. Por isso, defende-se a aplicação de todas as causas de interrupção expressas na lei civil, e não apenas a reclamação trabalhista. Utiliza-se a interpretação lógico-racional, sistemática e teleológica para sustentar essa compatibilidade e importação de normas. Nas palavras de Delgado: não faz sentido apenas a Justiça do Trabalho apresentar uma restrição às opções fixadas pela norma geral que rege o instituto.(800) Em sentido contrário, para Luisa

---

(798) LORENZETTI, Ari Pedro. *A prescrição e a decadência na Justiça do Trabalho*. São Paulo: LTr, 2009. p. 94.

(799) SCHIAVI, Mauro. Prescrição trabalhista. O que muda com as novas disposições da reforma trabalhista. *Revista do Tribunal Regional do Trabalho da 3ª Região*. Belo Horizonte: TRT3, edição especial, p. 411-422, nov. 2017, p. 415.

(800) DELGADO, Gabriela Neves; DELGADO, Maurício Godinho. *A reforma trabalhista no Brasil*: com comentários à Lei n. 13.467/2017. 2. ed. rev. atual. e ampl. São Paulo: LTr, 2018. p. 113-114. No mesmo sentido: BRASIL. Tribunal Regional do Trabalho da 4ª Região. Acordão (RO) n. 0021971-41.2018.5.04.0271, 5ª Turma, Des. Rel. Angela Rossi Almeida Chaper, Publicação em 20.03.2019. *Jusbrasil*: jurisprudência. Disponível em: <https://trt-4.jusbrasil.com.br/jurisprudencia/709588077/recurso-ordinario-ro-219714120185040271/inteiro-teor-709588235>. BRASIL. Tribunal Regional do Trabalho da 9ª Região. Acórdão (RO) n. 0000356-24.2020.5.09.0129, 2ª Turma, Julgamento em 16.03.2021, Des. Rel. Ana Carolina Zaina, DEJT 02.02.2021. Acesso em: 18 ago. 2021. Em

Pereira, após a alteração do art. 11 da CLT, somente por reclamação trabalhista interrompe-se o prazo prescricional.(801) Para a autora, o protesto previsto como causa interruptiva no art. 202, inciso II do Código Civil, é inaplicável à área trabalhista. Ocorre que o protesto interruptivo da prescrição sempre foi muito utilizado na área trabalhista, não sendo razoável a interpretação literal da norma.

Há diferença entre o marco inicial da interrupção do prazo prescricional entre as áreas do processo civil e processo do trabalho. A primeira fixa a citação (arts. 238 e 240 do CPC) como marco interruptivo (art. 202, I, do CC). A citação é ato inerente ao juiz, ainda que incompetente, que chama o réu para compor a relação processual. O texto celetista prevê o ingresso do réu (reclamado) à relação processual por meio da notificação. As notificações podem ser citatórias ou ter caráter de intimação. A notificação, diferente da norma processual civil, é ato inerente ao escrivão ou secretário, que expedirá a cópia da petição inicial pelo correio, dentro de 48 horas (art. 841 da CLT), para chamar o reclamado a integrar a relação processual trabalhista. Todos os conflitos processuais e materiais são resolvidos na primeira audiência, que tem por regra ser uma, sem previsão de saneamento processual. Enquanto o Direito Processual Civil exige a citação para a interrupção do prazo prescricional, o Direito Processual do Trabalho exige apenas o ajuizamento da ação(802), entendimento previsto na Súmula n. 268 do Tribunal Superior do Trabalho em sua redação originária(803) e na redação inserida pela Resolução n. 121/2003: "a ação trabalhista, ainda que arquivada, interrompe a prescrição somente em relação aos pedidos idênticos".

A doutrina civilista tem uma interessante classificação das causas interruptivas. Divide-as em atos do titular da pretensão e atos do prescribente, ou obrigado. Os atos do titular da pretensão consistem no ajuizamento da ação e do protesto, ainda que o juízo seja incompetente, mediante a ordem de citação. O protesto cambial, apresentação de título de crédito em juízo de inventário ou concurso de credores por ato judicial que constitua o devedor em mora — art. 202, inciso VI, do Código Civil, também é ato da parte. A interpelação(804), constituição em mora por ato judicial,

---

sentido contrário: BRASIL. Tribunal Regional do Trabalho da 9ª Região. Acórdão (RO) n. 0000997-59.2020.5.09.0663, 3ª Turma, Julgamento em 14.04.2021, Des. Rel. Thereza Cristina Gosdal DEJT 19.03.2021.

(801) PEREIRA, Luisa Jonhson. Interrupção da prescrição trabalhista e o protesto judicial após a Lei n. 13.467/17. *Publicações.* Ribeirão Preto: De Pádua Advogados, 14 nov. 2018. Disponível em: <https://depaduaadvogados.com.br/Publicacoes/interrupcao-prescricao-reformatrabalhista/>. Acesso em: 22 jun. 2021.

(802) BATALHA, Wilson de Souza Campos. *Tratado de direito judiciário do trabalho.* 2. ed. São Paulo: LTr, 1985. p. 365.

(803) Redação original (Res. 1/1988, DJ 01, 02 e 03.03.1988): "A demanda trabalhista, ainda que arquivada, interrompe a prescrição". (BRASIL. Tribunal Superior do Trabalho. Súmulas do Tribunal Superior do Trabalho. *Jurisprudência.* Disponível em: <https://www3.tst.jus.br/jurisprudencia/Sumulas_com_indice/Sumulas_Ind_301_350.html#SUM-310>. Acesso em: 18 set. 2021).

(804) Pela aceitação da interpelação judicial, jurisdição voluntária, e sem cobrança de honorários advocatícios encontrou-se um julgado do Tribunal Regional do Trabalho da 2ª Região: BRASIL.

equivale ao protesto judicial (art. 726, § 2º do CPC) e é de rara utilização na Justiça do Trabalho, ingressando na mesma classificação de atos do credor como causa de interrupção da prescrição. Theodoro Júnior defende que interpelação extrajudicial equivale à judicial para fins de interrupção do prazo prescricional e ingressa na hipótese do inciso IV do art. 202 do CC.(805)

Os atos do prescribente ou obrigado (devedor) são aqueles de reconhecimento do direito do credor por qualquer meio, judicial ou extrajudicial. Pode dar-se de modo expresso ou tácito (pagamento parcial com reconhecimento da dívida inteira, pedido de elastecimento do prazo, parcelamento, promessa de pagamento, oferecimento de garantias, prestação de contas, por exemplo). O reconhecimento independe da intenção e não precisa ser dirigido ao credor, pode o ser para outras pessoas.(806)

A interrupção do prazo prescricional para pretensões trabalhistas pode acontecer em outros ramos do Poder Judiciário, como na Justiça Comum nas ações de recuperação judicial, falência e inventário. Títulos de crédito em concurso de credores são largamente debatidos na Justiça do Trabalho. Há várias empresas que entram em recuperação judicial ou em falência e inserem as verbas rescisórias dos trabalhadores na classe própria dessas ações na Justiça Comum, bem como outros créditos trabalhistas (art. 6º, § 2º, da Lei n. 10.101/2005). A controvérsia referente ao *quantum* é solucionada na Justiça do Trabalho (art. 114, IX da Constituição Federal e STF, Acórdão em Recurso Extraordinário, RE n. 583955, Min. Ricardo Lewandowski, DJE 28.08.2009(807)), mas o fato do credor pleitear a inserção do crédito nesses processos judiciais é causa de interrupção do prazo prescricional. Os tomadores de serviço, apontados como devedores subsidiários, também podem renunciar à prescrição trabalhista que incidiria sobre o credor. A renúncia é ato restritivo de direitos e deve ser interpretada estritamente, assim, se houver renúncia pelo tomador, ela não se estenderá ao prestador de serviços, real empregador, pois os credores não são solidários, salvo quando aos créditos decorrentes da responsabilidade pelo meio ambiente de trabalho e saúde do trabalhador (acidentes e doenças ocupacionais, art. 932 do CC c.c art. 942, parágrafo único, do CC, aplicáveis por força do art. 8, § 1º da CLT). Em processos de inventário, independentemente da aprovação do crédito pelos sucessores, haverá a interrupção do prazo prescricional que se estenderá para as pretensões trabalhistas neles inseridas.

Tribunal Regional do Trabalho da 2ª Região. Acórdão (RO) n. 1000843-25.2019.5.02.0446, 12ª Turma, Des. Rel. Marcelo Freire Gonçalves, DEJT 22.05.2020.

(805) THEODORO JÚNIOR, Humberto. *Prescrição e decadência*: de acordo com a reforma trabalhista. Rio de Janeiro: Forense, 2018. p. 160.

(806) THEODORO JR., *op. cit.*, 2018, p. 166-167.

(807) BRASIL. Supremo Tribunal Federal. Acórdão em Recurso Extraordinário (RE) n. 583955, Min. Ricardo Lewandowski, DJE 28.08.2009. *Consulta Processual.* Disponível em: <http://portal.stf.jus.br/processos/detalhe.asp?incidente=2610863>. Acesso em: 19 ago. 2021.

Quanto ao reconhecimento da dívida pelo devedor, há os casos específicos da área trabalhista como valor das verbas que é inserido no Termo de Rescisão do Contrato de Trabalho (TRCT) sem o respectivo pagamento ou confissão de dívida referente ao FGTS junto à Caixa Econômica Federal, que também configuram causas interruptivas, ainda que extrajudiciais, na visão de alguns autores[(808)], apesar da movimentação do pagamento partir do próprio devedor e não do credor. Com os meios eletrônicos, até mesmo uma mensagem de WhatsApp para o credor ou terceiro pode configurar um ato do prescribente que interrompe a prescrição, desde que comprovada a sua veracidade.

O art. 203 do Código Civil dispõe que qualquer interessado pode interromper a prescrição. Os casos de contrato de fiança são apontados como exemplo de aplicação deste artigo. Na área trabalhista, o salário é impenhorável, salvo para credores de pensão alimentícia, e por isso diz-se que o credor dessa pensão tem legítimo interesse em interromper a fluência do prazo prescricional. O sindicato, enquanto substituto processual, também pode atuar da mesma forma.[(809)] Nesse quesito, se a jurisprudência reconhece a litispendência entre as ações ajuizadas pelo sindicato como substituto processual e a reclamação trabalhista, esta primeira ação ajuizada pelo sindicato é causa de interrupção do prazo prescricional.[(810)] No mesmo sentido, o Tribunal Superior do Trabalho fixou o entendimento na orientação jurisprudencial, OJ n. 359, da SDI-1[(811)].

Os limites subjetivos da interrupção do prazo da prescrição, outra classificação doutrinária[(812)], são previstos nos arts. 203 e 204 do Código Civil. Subjetivamente, a interrupção é personalíssima, salvo exceções ligadas a obrigações solidárias e indivisíveis (arts. 264 e 258 do Código Civil) e às exceções aplicáveis ao sindicato, conforme explicitado. Há uma dúvida se o litisconsórcio necessário se insere na qualificação das obrigações solidárias. O Código de Processo Civil, no art. 115, parágrafo único, indica que se o autor não requerer a citação de todos os litisconsortes no prazo, haverá extinção processual. Caso se trate verdadeiramente de

---

(808) LORENZETTI, Ari Pedro. *A prescrição e a decadência na Justiça do Trabalho*. São Paulo: LTr, 2009. p. 117 e p. 121.

(809) LORENZETTI, *op. cit.*, 2009, p. 123-124.

(810) BRASIL. Tribunal Superior do Trabalho. Acórdão em Recurso de Revista (RR) RR 389826-55.1997.5.04.5555, 3ª Turma, Min. Rel. Carlos Alberto Reis de Paula, DJ 27.11.1998. *Jusbrasil*: jurisprudência. Disponível em: <https://tst.jusbrasil.com.br/jurisprudencia/1953444/recurso-de-revista-rr-389826551997504 5555-389826-5519975045555/inteiro-teor-10315618>. Acesso em: 19 ago. 2021.

(811) "OJ 359 SDI-1. SUBSTITUIÇÃO PROCESSUAL. SINDICATO. LEGITIMIDADE. PRESCRIÇÃO. INTERRUPÇÃO (DJ 14.03.2008). A ação movida por sindicato, na qualidade de substituto processual, interrompe a prescrição, ainda que tenha sido considerado parte ilegítima '*ad causam*'." (BRASIL. Tribunal Superior do Trabalho. Súmulas do Tribunal Superior do Trabalho. Disponível em: <https://www3.tst.jus.br/jurisprudencia/Sumulas_com_indice/Sumulas_Ind_301_350.html#SUM-310>. Acesso em: 19 ago. 2021).

(812) THEODORO JÚNIOR, Humberto. *Prescrição e decadência*: de acordo com a reforma trabalhista. Rio de Janeiro: Forense, 2018. p. 181-183.

obrigação solidária, todos serão atingidos pela interrupção do prazo, bastando a citação de um deles, mas se não se tratar de obrigações solidárias, essa interrupção para um dos litisconsortes não aproveitará aos demais.(813) Pode-se afirmar o mesmo para as obrigações indivisíveis.

Quanto aos limites objetivos da interrupção da prescrição, se houver mais de uma pretensão, todas deverão ser previstas no evento interruptivo. Theodoro Júnior, citando Pontes de Miranda, indica que se a ação for declaratória, ela não pode interromper a prescrição porque não haverá pretensão em favor do réu.(814) Vale destacar a exceção decorrente das ações declaratórias com efeitos executórios, reconhecidas pela doutrina processual civil(815) e pelo Superior Tribunal de Justiça(816).

Por ser uma novidade, que ainda não se apresentou nos processos trabalhistas(817), vale a pena realizar uma breve explicação desse efeito condenatório ou do efeito executório da ação declaratória. De modo pioneiro, Tourinho Neto afirmou que se o pedido declaratório contiver uma obrigação líquida e certa, pode ser conferido a ele a eficácia executória em prol da economia e celeridade processuais.(818) Zavaski acrescentou o argumento de que as alterações da redação do art. 475-N do CPC de 1973, com exclusão da palavra condenatória e o fim da autonomia do processo de execução (fase processual)(819), permitem a cobrança da obrigação líquida e certa já reconhecida em sentença declaratória. O ajuizamento de uma ação condenatória posterior seria desnecessário.(820) Em sentido contrário, argumenta-se que a sentença declaratória não contém imposição de obrigação nem de

---

(813) THEODORO JR., *op. cit.*, 2018, p. 186-188.

(814) MIRANDA, Francisco Cavalcanti Pontes de. *Comentários ao Código de Processo Civil*. 3. ed. Rio de Janeiro: Forense, 1996, t. III, p. 234 *apud* THEODORO JR., *op. cit.*, 2018, p. 189.

(815) TOURINHO NETO, Fernando. A eficácia executiva da sentença declaratória. *Revista de Informação Legislativa*: Brasília. a. 29, n. 115, p. 557-570, jul./set. 1992. ZAVASCKI, Teoria Albino. *Processo de execução*: parte geral. 3. ed. São Paulo: RT, 2004. p. 312. THEODORO JR., Humberto. *Código de Processo Civil anotado*. 12. ed. Rio de Janeiro: Forense, 2008. p. 355.

(816) BRASIL. Superior Tribunal de Justiça. Acórdão em *REsp 588.202*/PR. Rel. Ministro Teori Albino Zavascki, 1ª Turma, julgado em 10.02.2004, DJ 25.02.2004. Disponível em: <https://processo.stj.jus.br/SCON/jurisprudencia/toc.jsp?i=1&b=ACOR&livre=((%27RESP%27.clap.+e+@num=%27588202%27)+ou+(%27RESP%27+adj+%27588202%27.suce.))&thesaurus=JURIDICO&fr=veja>. Acesso em: 18 ago. 2021. BRASIL. Superior Tribunal de Justiça. *REsp. 961.951/PR*. Rel. Min. Eliana Calmon, 2ª Turma, julgado em 09.12.08, DJe 27.02.09.

(817) COLNAGO, Lorena de Mello Rezende; BOUCINHAS FILHO, Jorge Cavalcanti. Eficácia executiva da ação declaratória trabalhista: diálogo processual, economia, celeridade, efetividade e acesso à Justiça. *Suplemento Trabalhista*. São Paulo: LTr, v. 55, p. 515-519, 2019.

(818) TOURINHO NETO, Fernando. A eficácia executiva da sentença declaratória. *Revista de Informação Legislativa*: Brasília. a. 29, n. 115, p. 557-570, jul./set. 1992.

(819) LEONEL, Ricardo de Barros. Código de Processo Civil de 2015 em perspectiva. *In*: YARSHELL, Flávio Luiz; BEDAQUE, José Roberto dos Santos; SICA, Heitor Vitor Mendonça. *Estudos de direito processual civil em homenagem ao professor José Rogério Cruz e Tucci*. Salvador: Juspodivm, 2018. p. 701.

(820) ZAVASCKI, Teori Albino. *Processo de execução*: parte geral. 3. ed. São Paulo: RT, 2004.

sanção, traço caracterizador da eficácia executiva da sentença. E que a sentença seria *extra petita*. Se o autor da ação não pediu a eficácia, será imposto ao réu uma consequência diversa da qual foi citado para defender-se, comprometendo o contraditório processual.[(821)]

As primeiras decisões dos Ministros do Superior Tribunal de Justiça, Teori Albino Zavascki e Eliana Calmon, fixaram paradigmas, reforçados pela decisão do Ministro Luis Felipe Salomão, no Recurso Especial n. 1324.152/SP, julgado em 4 de maio de 2016: "A sentença, qualquer que seja sua natureza, de procedência ou improcedência do pedido, constitui título executivo judicial, desde que estabeleça obrigação de pagar quantia, de fazer, não fazer ou entregar coisa, admitida sua prévia liquidação e execução nos próprios autos"[(822)]. A questão do contraditório fica superada pelo debate processual em torno do pedido declaratório da existência do título, eventuais oposições ao pagamento diferente das alegadas na fase de conhecimento, podem ser matéria dos embargos à execução ou ao devedor. Outro fator, a alteração da palavra sentença por decisão no art. 515 do Código de Processo Civil de 2015 reforçou esse entendimento.

Assim, contida uma pretensão condenatória dentro da ação declaratória, para esses pedidos a ação declaratória interromperá o prazo prescricional como se reclamação trabalhista tipicamente condenatória fosse. O § 1º do art. 11 da CLT trata da ação declaratória para anotações do vínculo de emprego para a finalidade de prova junto à Previdência Social, a fim de permitir a contagem também desse tempo de serviço, se além do pedido de reconhecimento do vínculo houver pedido de reconhecimento do não pagamento salarial, por exemplo, a ação será dotada de eficácia executória. O prazo prescricional voltará a correr com o trânsito em julgado desta ação. O Tribunal Superior do Trabalho fixou entendimento na OJ n. 401 da SDI-1 sobre o trânsito em julgado da ação declaratória como marco inicial para a contagem do prazo prescricional para o ajuizamento de ação condenatória, se a dispensa do empregado ocorre no curso de ação declaratória que possua a mesma causa de pedir remota. Por interpretação lógica e sistemática, quando houver uma ação declaratória trabalhista contendo obrigações líquidas e certas, com eficácia condenatória e executória, o trânsito em julgado dessa ação será o marco da interrupção do prazo prescricional, ainda que arquivada.

A retomada do prazo prescricional ocorre com o trânsito em julgado da decisão em fase de conhecimento porque o processo começa por iniciativa da parte e desenvolve-se por impulso oficial (art. 2º do CPC aplicável ao processo do trabalho por força do art. 769 da CLT). A inércia da parte na fase de conhecimento, quando o ato é a ela atribuível, importará na extinção sem solução do mérito

---

(821) NERY JR., Nelson; NERY, Rosa Maria de Andrade. *Código de Processo Civil comentado e legislação extravagante*. 10. ed. São Paulo: RT, 2008. p. 753.

(822) BRASIL. Superior Tribunal de Justiça. *REsp n. 1.224.152/SP*. Min. Rel. Luis Felipe Salomão, Corte Especial, julgado em 4.05.2016, Publ. DJE 15.06.2016.

tanto no procedimento previsto no processo civil (art. 485, II e III do CPC) como no processo do trabalho (art. 844 da CLT). O procedimento trabalhista na fase de conhecimento é simples. O texto celetista prevê o ajuizamento da reclamação trabalhista com a notificação do reclamado para defender-se em audiência. Nessa mesma audiência haverá a concentração dos atos de conciliação, instrução, razões finais e julgamento (arts. 840 a 852 da CLT). Há omissão quanto ao despacho saneador e a réplica, presentes no procedimento civil comum, embora haja previsão de razões finais no prazo de até dez minutos (art. 850 da CLT). Esse é o procedimento comum da Justiça do Trabalho, que pode ser alterado pelo juiz, pois o art. 765 da CLT confere ao magistrado ampla liberdade na direção do processo. Esse artigo deve ser associado às garantias processuais do contraditório e da ampla defesa (art. 5º, LV, da CF/1988), em respeito ao processo colaborativo de construção da melhor solução para o caso concreto.

A pandemia causada pela COVID-19 acelerou a virtualização processual na área trabalhista, que já tramitava os processos eletronicamente por meio do sistema do PJe. O ato de audiência passou a ser realizado integralmente de modo virtual[(823)], com a utilização das plataformas disponíveis: Cisco Webex, Zoom, Google Meeting e Teams. A Corregedoria-Geral da Justiça do Trabalho uniformizou os procedimentos adotados com a supressão dos atos presenciais no período permitindo a aplicação do procedimento comum do processo civil previsto no art. 335 para o processo do trabalho.[(824)] Esse artigo já poderia ser aplicado antes mesmo do ato n. 11/2020 da Corregedoria Nacional com base nos arts. 765 e 769 da CLT, quando as partes e testemunhas não pudessem comparecer ao fórum priorizando o acesso à Justiça[(825)]. Dessa forma, o art. 486, § 1º do CPC que determina a intimação da parte para suprir a falta ou inércia do ato determinado no prazo de cinco dias, antes da extinção processual sem solução de mérito, também é aplicável ao procedimento trabalhista, por compatibilidade (art. 769 da CLT).

---

(823) Autorização realizada por meio do ATO CONJUNTO TST.GP.GVP.CGJT N. 159, DE 6 DE ABRIL DE 2020. (BRASIL. Tribunal Superior do Trabalho. Conselho Superior da Justiça do Trabalho. Corregedoria-Geral da Justiça do Trabalho. Ato Conjunto n. 159/TST.GP.GVP.CGJT, de 6 de abril de 2020. *Boletim Interno do Tribunal Superior do Trabalho*. Brasília, n. 14, p. 2-6, 7 abr. 2020. Disponível em: <https://hdl.handle.net/20.500.12178/170230>. Acesso em: 18 set. 2021).

(824) "Art. 6º Preservada a possibilidade de as partes requererem a qualquer tempo, em conjunto (art. 190 do CPC), a realização de audiência conciliatória, fica facultado aos juízes de primeiro grau a utilização do rito processual estabelecido no art. 335 do CPC quanto à apresentação de defesa, inclusive sob pena de revelia, respeitado o início da contagem do prazo em 4 de maio de 2020." BRASIL. Tribunal Superior do Trabalho. Corregedoria-Geral da Justiça do Trabalho. Ato n. 11/GCGJT, de 23 de abril de 2020. Diário Eletrônico da Justiça do Trabalho: caderno judiciário do Tribunal Superior do Trabalho, Brasília, n. 2960, p. 1-3, 27 abr. 2020. Disponível em: <https://hdl.handle.net/20.500.12178/171013>. Acesso em: 18 set. 2021.

(825) COLNAGO, Lorena de Mello Rezende. Gerenciamento de processos e os acordos processuais. *Revista eletrônica do Tribunal Regional do Trabalho da 9ª Região*. Curitiba/PR: TRT9, v. 10, n. 93, p. 16-33, out. 2020, p. 25-26.

O impulso oficial, dessa forma, impede que o prazo prescricional seja reiniciado até que haja o trânsito em julgado da decisão (sentença ou acórdão a depender da interposição ou não de recursos). A fase de execução será abordada de modo separado, neste capítulo, quando for analisada a prescrição intercorrente.

5.1.2. Pretensões coletivas trabalhistas

As ações anulatórias e os dissídios coletivos não têm pretensões prestacionais, diferente do que acontece com as ações civis públicas e coletivas. As pretensões coletivas decorrentes de direitos difusos, coletivos ou individuais homogêneos, demandam um maior exercício hermenêutico para que se encontre o dia de início do prazo prescricional. Em regra, esse dia de início é o mesmo da pretensão individual, com a distinção de que para ser enquadrada como coletiva é necessário que ela atinja um bem jurídico inerente à sociedade ou que seja uma lesão ou descumprimento de obrigações que se multiplica entre os indivíduos ligados por um fato de origem comum ou por uma relação jurídica.

Iniciando pela origem comum da lesão ou do descumprimento obrigacional, conta-se da última lesão ou descumprimento irradiado pelo fato comum o prazo que o ente coletivo ou legitimado extraordinário terá para reivindicar esse direito. Se a relação jurídica base é o que liga as pessoas, esse continua a ser o mesmo critério, que também não se diferencia ao se tratar de direitos difusos. Pode acontecer do descumprimento ou lesão serem instantâneos para todos, ao mesmo tempo, ou terem incidências no tempo diferidas. Nesse caso, contar-se-á do último ato lesionante ou do último descumprimento encontrado. Observe-se que o último lesionado que se amalgama à coletividade constituída pode ser incapaz, e haverá a necessidade de aguardar-se os seus dezoito anos completos para disparar o início da contagem desse direito. O incapaz, quando se insere no amálgama da coletividade, traslada para o grupo, a categoria ou a classe a regra do impedimento de início do prazo prescricional, enquanto não terminar a incapacidade que o atinge.

Em casos como os grandes acidentes de Mariana e Brumadinho/MG[(826)], empregados falecidos ficaram ausentes, sem sequer encontrar-se um pedaço do corpo humano que os pudesse identificar. O regime da ausência para decretação de morte é próprio do Código Civil e será aplicado a esse trabalhador, para que seja considerado falecido e sua família, ou o cônjuge supérstite, possa reivindicar os direitos decorrentes dessa morte presumida, arts. 6º e 7º do Código Civil.

---

(826) TV BRASIL. BITTENCOURT, Graciely *et. ali*. Brumadinho e Mariana: a dor que não passa. Como está a vida das pessoas atingidas pelo desastre ambiental? *Caminhos da reportagem*. 25.01.2020. Disponível em: <https://tvbrasil.ebc.com.br/caminhos-da-reportagem/2020/01/brumadinho-e-mariana-dor-que-nao-passa>. Acesso em: 6 out. 2021.

E, então, esse será o marco de contagem do dano coletivo advindo do evento aos empregados e empregadas, ou aos seus sucessores (direitos individuais homogêneos). Em termos de dano moral coletivo trabalhista, pertencente a toda coletividade, o prazo será iniciado da ciência inequívoca do último efeito da lesão.

O grande precedente na área trabalhista foi o julgamento do caso Shell-Basf já mencionado. A lesão perpetuou-se no tempo, e por isso não pode ser iniciado o gatilho de contagem do prazo prescricional vintenário para a prescrição, mesmo após o ajuizamento da ação civil pública, os efeitos causados pela lesão ainda não eram conhecidos.(827)

Quando há um descumprimento, por exemplo, de normas públicas relacionadas à igualdade de gênero envolvendo diferentes empregados de categorias econômicas distintas que trabalham em uma mesma empresa, não se pode falar em direito coletivo em sentido estrito, mas em direito individual homogêneo. Todos os descumprimentos serão originados do empregador, porém essas pessoas não formarão um grupo ou uma categoria porque cada parcela estará ligada a sindicatos distintos com normas distintas — caso do sindicato predominante em uma empresa e das pessoas sindicalizadas à chamada categoria diferenciada, que tem normas coletivas distintas para reger as suas relações jurídicas de emprego com o mesmo empregador. Perceba-se, os sindicatos podem atuar em defesa de sua categoria em litisconsórcio, ou um ente legitimado extraordinário pode atuar em nome de todos, como o Ministério Público do Trabalho ou uma associação constituída para a defesa da igualdade de gênero. E pode-se, inclusive, ter o litisconsórcio de todos esses entes atuando na mesma ação, ou em ações que forem reunidas por conexão ou continência.

5.1.2.1. Impedimento e suspensão dos prazos prescricionais em pretensões coletivas

Em matéria de impedimento e suspensão, o microssistema de acesso coletivo à Justiça, tal qual a Consolidação das Leis do Trabalho, tem nas normas da codificação civil a complementação das lacunas quanto aos obstáculos aos prazos prescricionais, aplicando-se às pretensões coletivas da mesma forma que se aplicam às pretensões individuais, observadas as compatibilidades do sistema.

Uma das poucas menções legais às causas obstativas da contagem de prazo encontra-se no § 2º do art. 26 do CDC, ao tratar das causas que obstam a

(827) SHINESTECK, Clarissa Ribeiro. A história da contaminação do meio ambiente do trabalho em Paulínia: o caso Shell-Basf. *In*: SANTOS, Adriana Augusta dos (coord. *et. ali*). *Grandes acidentes do trabalho no Brasil*: repercussões jurídicas e abordagem multidisciplinar. Belo Horizonte: RTM, 2020. p. 69-70.

decadência, inserindo a reclamação extrajudicial e o inquérito civil público nessas hipóteses. Essa previsão da codificação do consumidor enquadra-se na exceção legal de aplicação de uma causa obstativa aos prazos decadenciais (art. 207 do Código Civil), sendo indicada por parte da doutrina civilista como uma causa especial de suspensão(828) do prazo decadencial.

Há divergência quanto ao texto legal. O Código de Defesa do Consumidor não distinguiu os institutos da interrupção e suspensão no § 2º do art. 26, ao utilizar a palavra obstar.(829) Miragem indica que as hipóteses dos incisos I e III do § 2º do art. 26 do CDC tratam de interrupção do prazo decadencial e não de suspensão, havendo impedimento de fluência do prazo durante o período do início da reclamação do consumidor até a resposta final do fornecedor e durante o tempo transcorrido entre o início e fim do inquérito civil(830), Zaneti e Didier corroboram o entendimento reafirmando sua aplicabilidade às demandas coletivas(831).

A matéria é doutrinariamente polêmica. Adota-se a posição de que o art. 26, § 2º do CDC traz uma atecnia legislativa. Tanto o inquérito civil público como a reclamação extrajudicial são causas interruptivas, e não suspensivas.

A previsão contida nos arts. 197 e 198 do CC como causas de impedimento e suspensão, o prazo não flui: na constância do casamento; entre ascendentes e descendentes durante o poder familiar; entre tutelados e curatelados durante essa relação jurídica; contra os absolutamente incapazes assim classificados pelo Código Civil (art. 3º); contra os ausentes em razão do serviço público prestado pela União, Estados e Municípios; mas também durante o período de guerra contra os que estiverem a serviço das Forças Armadas, também tem incidência em pretensões coletivas. Na área trabalhista, aplicam-se aos casos de tutela dos direitos das crianças e adolescentes, considerando o trabalho proibido ou restrito, em pretensões coletivas para garantir esse direito de crescimento e desenvolvimento lúdico e protegido, aplicar-se-á a regra do impedimento ou suspenção da fluência do prazo, reforçada pelo art. 440 da CLT: não flui o prazo prescricional para os menores de dezoito anos.

---

(828) HIRONAKA, Giselda Maria Fernandes Novaes; TARTUCE, Flávio. A teoria do diálogo das fontes e a prescrição: comunicações entre o Código Civil e o Código de Defesa do Consumidor. *Revista de Direito do Consumidor*. São Paulo: Revista dos Tribunais, v. 128, p. 257-282, mar./abr. 2020.

(829) FERREIRA, Willis Santos. Prescrição e decadência no Código de Defesa do Consumidor. *Revista de Direito do Consumidor*. São Paulo: Revista dos Tribunais, v. 10, p. 77-96, abr./jun. 1994 e BOAVENTURA, Marcelo Fonseca. O instituto da prescrição e da decadência no Código Brasileiro de Defesa do Consumidor. *Revista de Direito Privado*. São Paulo: Revista dos Tribunais, v. 14, p. 300-316, abr./jun. 2003, 313-314.

(830) MIRAGEM, Bruno. *Curso de direito do consumidor*. São Paulo: Revista dos Tribunais, 2020. p. RB-2.132. *E-book*. Disponível em: <https://proview.thomsonreuters.com/launchapp/title/rt/monografias/75937820/v8/page/RB-2.132>. Acesso em: 2 out. 2021.

(831) DIDIER JR., Fredie; ZANETI JR., Hermes. *Curso de direito processual civil*: processo coletivo. 14. ed. rev. atual. Salvador: Juspodivm, 2020. p. 364.

Relativamente à previsão de suspensão para a submissão de demandas à comissão de conciliação prévia (art. 625-G da CLT) e à mediação (art. 17, parágrafo único, e o art. 34 da Lei n. 13.140/2015), esses procedimentos de aproximação das partes por um terceiro facilitador da composição entre elas é plenamente aplicável às pretensões coletivas. No âmbito do Ministério Público do Trabalho foi instituído o Núcleo Permanente de Incentivo à Autocomposição — NUPIA, prevendo a atuação do órgão como mediador e conciliador, incisos II e III do art. 6º da Resolução n. 157/2018 do CSMPT[(832)], deflagrado o processo de conciliação e mediação haverá suspensão do prazo prescricional das pretensões coletivas até o fim do procedimento. Não há impedimento legal para a realização de mediação ou conciliação em sindicatos ou em outras câmaras de conciliação ou de mediação para as pretensões coletivas. A tramitação do procedimento extrajudicial e do procedimento judicial implicará impedimento de fluência do prazo prescricional por determinação legal. Essa regra é a mesma aplicável quanto à mediação para as pretensões individuais.

O ato que instaura formalmente a mediação, a negociação coletiva ou a conciliação extrajudicial é computado como o primeiro dia da suspensão e o ato que os encerra com ou sem a celebração de acordo entre as partes é o dia que o prazo volta a fluir do tempo que lhe faltava (art. 199, I do Código Civil). O art. 201 do Código Civil prevê que a suspensão realizada contra um dos credores solidários só aproveita aos demais se for indivisível, em se tratando de direito coletivo em sentido amplo. O ato realizado pelo legitimado extraordinário aproveita a todos os titulares do direito em razão da autorização legal que essas pessoas têm para estar em juízo, ou fora dele, reivindicando esse direito como se titulares fossem. Essa autorização aplica-se às suspensões ao prazo prescricional. Há precedentes nesse sentido do Tribunal Superior do Trabalho em matéria de interrupção do prazo prescricional para direitos metaindividuais, transindividuais ou simplesmente coletivos[(833)], o tema será abordado oportunamente. Por interpretação lógica, esse entendimento aplica-se aos casos de suspensão do prazo prescricional.

5.1.2.2. Causas de interrupção do prazo prescricional em pretensões coletivas

As causas interruptivas previstas no Código Civil também atuam em diálogo de fontes com o microssistema de tutela coletiva, que é por si mesmo heterotópico, ou seja, contém normas de direito material e processual. E também acolhe outros

---

(832) MINISTÉRIO PÚBLICO DO TRABALHO. Conselho Superior. *Resoluções*. Disponível em: <https://mpt.mp.br/pgt/conselho-superior/resolucoes-1>. Acesso em: 2 out. 2021.

(833) BRASIL. Tribunal Superior do Trabalho. *Acórdão em recurso de revista RR 1658-76.2010.5.10.0011*. 4ª Turma. Ministra Relatora Maria de Assis Calsing. Publicado no DJe 23.11.2012.

sistemas compatíveis com as normas inerentes às causas interruptivas previstas no art. 202 da codificação civilista.

A primeira delas é o despacho do juiz para determinar a citação, mas que, tal qual ocorre com as pretensões individuais, ao manejar-se ações civis públicas e coletivas na Justiça do Trabalho, elas também sofrerão adaptação ao procedimento ordinário trabalhista, que tem na pessoa do serventuário, diretor de secretaria, a atribuição da citação, melhor dizendo, da notificação para integrar a lide, e por isso a data do ajuizamento da ação coletiva também será o marco inicial para contagem da interrupção e não o despacho de citação, havendo processo judicial para a tutela de direitos coletivos em sentido amplo.

Protesto judicial, previsto no inciso II do art. 202 do CC, é um procedimento de jurisdição voluntária puramente administrativo, não há contraditório entre os interessados. O interessado deve apresentar legítimo interesse, pois nas pretensões individuais, a interrupção não ocorrerá para quem não tenha vínculo com a obrigação que fundamentou o protesto.[(834)] As pretensões coletivas também podem ser interrompidas pelo protesto judicial, tendo por legitimados para esse protesto os mesmos legitimados extraordinários, em razão da autorização legal nesse sentido, embora esses legitimados não sejam os titulares do direito, salvo quando se trata de direito difuso. O interesse que liga o legitimado extraordinário e a obrigação decorre de lei. Nesse sentido decidiu a Sétima Turma do Tribunal Regional do Trabalho da 1ª Região, "afastando a prescrição bienal por entender que ela não tem aplicabilidade em demandas coletivas uma vez que a ação judicial individual que visa a execução de crédito trabalhista reconhecido em ação coletiva pode ser ajuizada pelo beneficiário em até cinco anos após o último ato produzido no processo que interrompeu a prescrição"[(835)].

A interpelação judicial, embora não prevista ao lado do protesto no art. 202, inciso II do Código Civil, encontra previsão de equiparação ao protesto no art. 726, § 2º do Código de Processo Civil, e por isso também é uma causa de interrupção do prazo prescricional. A interpelação judicial, enquanto atividade processual conservativa[(836)] de jurisdição voluntária, aplicável judicial ou extrajudicialmente realizada às demandas coletivas, tem no § 1º do art. 726 do CPC a previsão de conhecimento geral ao público mediante edital. Essa forma de notificação pode aplicar-se perfeitamente às pretensões coletivas.

---

(834) THEODORO JÚNIOR, Humberto. *Prescrição e decadência:* de acordo com a reforma trabalhista. Rio de Janeiro: Forense, 2018. p. 158.

(835) BRASIL. Tribunal Regional do Trabalho da 1ª Região — Rio de Janeiro. 7ª Turma decide: prescrição bienal não é aplicável em execução individual de sentença coletiva. *Últimas notícias.* 03.8.2021 09:36:00. Disponível em: <https://www.trt1.jus.br/ultimas-noticias/-/asset_publisher/IpQvDk7pXBme/content/7-turma-decide-prescricao-bienal-nao-e-aplicavel-em-execucao-individual-de-sentenca-coletiva/21078>. Acesso em: 3 ago. 2021.

(836) THEODORO JR., Humberto. *Processo cautelar.* 25. ed. São Paulo: Lead, 2010. p. 373.

Voltando ao tema do inquérito civil público, é importante explicitar melhor a sua natureza jurídica de procedimento administrativo[(837)] inquisitorial, com matriz constitucional (art. 129, inciso III), sendo formal e pré-processual.[(838)] A sua instauração pode ser dispensada se houver justa causa motivadora para o ajuizamento direto da ação civil pública. Há regulamentação interna e melhor detalhada quanto a esse procedimento nas Resoluções ns. 132/2016 e 166/2019 do Conselho Superior do Ministério Público do Trabalho[(839)], suspensa por prazo indeterminado conforme a decisão do Conselho Superior na 202ª Sessão Extraordinária, realizada em 19.09.2019.

O escopo desse procedimento é a apuração de notícia de fato (denúncia) realizada ao Ministério Público do Trabalho sobre uma lesão coletiva aos direitos sociais trabalhistas. Feitas essas considerações iniciais, defende-se o inquérito civil público como causa interruptiva porque ele se equipara ao protesto judicial em razão de sua natureza jurídica similar à ação de protesto (procedimento administrativo de jurisdição voluntária). É necessário entender o procedimento do inquérito civil público para dele extrair o termo inicial e final da interrupção do prazo prescritivo.

O inquérito civil público inicia-se com a instauração de uma portaria (art. 4º da Resolução n. 69/2007 do Conselho Superior do Ministério Público — CSMPT e Resolução n. 23/2007 do Conselho Nacional do Ministério Público), após o recebimento da denúncia ou notícia de fato (arts. 6º, 7º e 8º, *caput* e § 1º da Lei n. 7.347/1985). A denúncia pode ocorrer de ofício, por comunicação de qualquer interessado (arts. 6º e 7º da Lei n. 7.347/1985). A partir da denúncia realizada, o procurador do trabalho tem o dever de agir.[(840)] Há um procedimento preparatório de apuração prévia que fará uma investigação mais superficial para verificar se os fatos relatados existem e se são pertinentes à atribuição do órgão, se a resposta é positiva é realizada a instauração da portaria para o início do inquérito, esse é o termo inicial da interrupção do prazo.

Com a portaria de instauração inaugura-se uma instrução administrativa inquisitorial para apurar os fatos com prazo de um ano, prorrogável pelo mesmo prazo quantas vezes forem necessárias por meio de decisão fundamentada (art. 9º da Resolução CSMPT n. 69/2007). Esgotadas as diligências, sem a justa

---

(837) MELO, Raimundo Simão de. *Ação civil pública na Justiça do Trabalho*. 2. ed. São Paulo: LTr, 2004. p. 56.

(838) SANTOS, Enoque Ribeiro dos. *Processo coletivo do trabalho*. 2. ed. rev., ampl. e atual. Rio de Janeiro: Forense, 2018. p. 42.

(839) MINISTÉRIO PÚBLICO DO TRABALHO. Conselho Superior. *Resoluções*. Disponível em: <https://mpt.mp.br/pgt/conselho-superior/resolucoes-1>. Acesso em: 2 out. 2021.

(840) MAZZILLI, Hugo Nigro. *O inquérito civil*: investigações do Ministério Público, compromissos de ajustamento e audiências públicas. 4. ed. São Paulo: Saraiva, 2015. p. 231.

causa para atuação, o inquérito pode ser arquivado por decisão fundamentada (art. 10 da Resolução CSMPT n. 69/2007), com a homologação do Conselho Superior do Ministério Público do Trabalho (art. 9º, § 3º da Lei n. 7.347/1985). Esse é o marco final da interrupção realizada, quando o prazo será reiniciado, independente do resultado do inquérito (REsp n. 1.736.091)[(841)], porque ele não impede, com o arquivamento, que outro legitimado proponha a ação coletiva com o mesmo objeto. Essa interpretação faz-se em paralelismo com o que ocorre com o protesto judicial.

É importante esclarecer que o relatório de conclusão do inquérito civil público pode ensejar três possibilidades, e não apenas o arquivamento. Fixada a materialidade e autoria do fato pesquisado constituirá em mora o devedor da obrigação de fazer, não fazer ou pagar. E dessa forma restará ao *parquet* propor a celebração de um termo de ajustamento de conduta (art. 5º, § 6º da Lei n. 7.347/1985 e art. 14 da Resolução CSMPT n. 69/2007), que tem natureza jurídica de título judicial (art. 876 da CLT), ou ajuizar a respectiva ação civil pública. Quanto ao termo de ajustamento de conduta, a celebração desse acordo também poderia ser enquadrada no inciso VI do art. 202 do Código Civil. Enoque Ribeiro dos Santos entende que a existência do Termo de Ajustamento de Conduta — TAC constitui reconhecimento inequívoco e extrajudicial quanto à essencialidade e parceria do Ministério Público do Trabalho ao Sistema de Justiça. Acresce-se ao argumento as várias prerrogativas do órgão, idênticas à da magistratura.[(842)] Esses são os argumentos que afastam a atecnia do legislador ao utilizar a palavra obstáculo para o inquérito civil público dentro do Código de Defesa do Consumidor (art. 26, § 2º, III),[(843)] embora o dispositivo trate do prazo decadencial, pelo paralelismo fixado para interrupção,

---

(841) "Segundo Nancy Andrighi, mesmo que houvesse previsão legal de prazo para o ajuizamento de ações coletivas de consumo, o direito discutido no caso concreto não teria sido fulminado pela passagem do tempo. (...) pelo viés objetivo da teoria da *actio nata*, a prescrição começa a ser contada com a violação do direito, assim que a prestação se tornar exigível. Por outro lado, segundo a vertente subjetiva da *actio nata*, a contagem do prazo prescricional exige a efetiva inércia do titular do direito. A relatora destacou que a jurisprudência do tribunal entende que a aplicação da *actio nata* sob a vertente subjetiva é excepcional, cabível apenas nos ilícitos extracontratuais, como no caso em exame. Ao manter o acórdão do TJPE, a ministra observou que, por se tratar de ilícito extracontratual, o prazo prescricional somente deve ser contado a partir do efetivo conhecimento de todos os elementos da lesão." (BRASIL. Superior Tribunal de Justiça. Não há prazo determinado para ajuizamento de ação coletiva de consumo, decide Terceira Turma. *Notícias.* Disponível em: <https://www.stj.jus.br/sites/portalp/Paginas/Comunicacao/Noticias/Nao-ha-prazo-determinado-para-ajuizamento-de-acao-coletiva-de-consumo--decide-Terceira-Turma.aspx>. Acesso em: 2 out. 2021)

(842) SANTOS, Enoque Ribeiro dos. *O microssistema de tutela coletiva*: parceirização jurisdicional. 4. ed. Rio de Janeiro: Lumen Juris, 2020. p. 228-229.

(843) DIDIER JR., Fredie; ZANETI JR., Hermes. *Curso de direito processual civil*: processo coletivo. 14. Ed. ver. atual. Salvador: Juspodivm, 2020. p. 364-366.

impedimento e suspensão do prazo decadencial com o prazo prescricional (art. 207 do Código Civil), entende-se que a previsão legal aplica-se às hipóteses de interrupção do prazo prescricional tanto para as pretensões individuais, e mais ainda para as pretensões coletivas.

Quanto às atuações sindicais em defesa de direitos metaindividuais, suas tentativas de negociação com os futuros réus das ações coletivas podem ser enquadradas em atos extrajudiciais em que o devedor reconheça o direito reivindicado, mas haverá a necessidade de comprovação dos fatos. Assim, tal qual ocorre no procedimento de negociação coletiva, a troca de documentos, a cópia dos editais das assembleias realizadas com a categoria e das respostas da outra parte pelos meios impressos ou digitais, configuram meios de comprovação aptos, que interrompem o prazo prescricional das pretensões coletivas nele veiculadas (art. 202, inciso VI, do CC e art. 8 da CF/1988).

A interrupção do prazo prescricional no sistema coletivo também só acontecerá uma única vez, mantendo-se a harmonia da importação das normas civilistas (art. 202) e pode ser realizada por qualquer interessado, ainda mais por um legitimado extraordinário com previsão legal (art. 202, parágrafo único, do CC). O Tribunal Superior do Trabalho já acolheu essa tese em 2011 em julgamento realizado pela Ministra Relatora Dora Maria da Costa.[844]

O art. 204 do Código Civil dispõe que a interrupção da prescrição por um credor não aproveita aos outros, mas no caso das relações coletivas em sentido lato, considerando a atuação legal prevista de terceiros, os legitimados extraordinários (art. 5º da Lei n. 7.347/1995 e do art. 82 do CDC), esse artigo não se aplicará na hipótese dos atos praticados por essas pessoas em exceção legal à norma civil. O Tribunal Superior do Trabalho construiu jurisprudência reconhecendo o aproveitamento da interrupção da prescrição gerada por um ato desse legitimado para os trabalhadores individuais da categoria, independente

---

(844) "AGRAVO DE INSTRUMENTO EM RECURSO DE REVISTA. PRESCRIÇÃO. INTERRUPÇÃO. AJUIZAMENTO ANTERIOR DE DUAS OUTRAS AÇÕES. O caso dos autos se refere ao ajuizamento anterior de duas outras ações com pedidos idênticos pelo sindicato autor e, nessas hipóteses, a primeira ação interrompe a prescrição, iniciando-se novamente a contagem do prazo prescricional, consoante estabelece a Súmula n. 268 do TST, contudo, o ajuizamento de uma segunda ação não tem o condão de interromper novamente o prazo prescricional, pois, a teor do art. 202, *caput*, do CC, a interrupção da prescrição somente poderá ocorrer uma vez. Nesse contexto, considerando-se que a primeira ação, ajuizada em 18.10.2005, interrompeu a prescrição bienal em 17.11.2006, bem assim que a presente ação foi ajuizada apenas em 19.12.2008, escorreita a decisão regional que manteve a prescrição declarada em sentença, pois, conforme já dito, a segunda ação ajuizada em 05.10.2007 não teve o condão de interromper novamente a prescrição. Agravo de instrumento conhecido e não provido." (BRASIL. Tribunal Superior do Trabalho. *Acórdão agravo de instrumento em recurso de revista AIRR 142900-47.2008.5.04.0015.* 8ª Turma, Ministra Relatora Dora Maria da Costa, Publicado no DJe 14.10.2011).

do rol[845], salvo quando optam por apresentar a listagem dos trabalhadores substituídos.[846]

(845) "RECURSO DE REVISTA. PROTESTO JUDICIAL OFERECIDO PELO SINDICATO PROFISSIONAL. SUBSTITUIÇÃO PROCESSUAL. INTERRUPÇÃO DA PRESCRIÇÃO. EXTENSÃO DOS EFEITOS A TRABALHADORES NÃO RELACIONADOS NO "ROL DE SUBSTITUÍDOS". Limitar a interrupção da prescrição aos trabalhadores eventualmente nomeados pelo sindicato autor da Ação Cautelar Coletiva significa agasalhar um costume processual "*contra legem*", que navega na contramão do desenvolvimento da temática da substituição processual e, mais, desconsidera que o sindicato é, por imposição constitucional, representante de toda a categoria profissional, e não apenas dos sindicalizados. A "lista dos trabalhadores substituídos" deve, em prol da ciência processual e da representação sindical ampla, ser desprezada. Recurso de Revista conhecido e provido." (BRASIL. Tribunal Superior do Trabalho. *Acórdão em recurso de revista RR 1658-76.2010.5.10.0011*. 4ª Turma. Ministra Relatora Maria de Assis Calsing. Publicado no DJe 23.11.2012). "PRESCRIÇÃO. INTERRUPÇÃO. SUBSTITUIÇÃO PROCESSUAL. LEGITIMIDADE DO SINDICATO PARA AJUIZAR PROTESTO INTERRUPTIVO DA PRESCRIÇÃO. O Sindicato tem legitimidade para ajuizar protesto judicial na qualidade de substituto processual da categoria que representa. A jurisprudência dominante nesta Corte superior, bem como no Supremo Tribunal Federal, orienta-se no sentido de admitir que o disposto no art. 8º, inciso III, da Constituição da República assegura o exercício, de forma ampla, da substituição processual dos integrantes da categoria profissional pelo sindicato respectivo. Recurso de revista conhecido e provido." (BRASIL. Tribunal Superior do Trabalho. *Acórdão em recurso de revista RR 130400-89.2003.5.04.0025*. 1ª Turma, Ministro Relator Lelio Bentes Corrêa, Publicado no DJe 02.09.2011). "RECURSO DE REVISTA. SUBSTITUIÇÃO PROCESSUAL. LEGITIMIDADE ATIVA DO SINDICATO AUTOR. DEFESA DE DIREITOS INDIVIDUAIS E COLETIVOS DOS INTEGRANTES DA CATEGORIA. O Supremo Tribunal Federal consagrou entendimento segundo o qual o art. 8º, III, da Constituição da República, ao estabelecer que compete ao sindicato — a defesa dos direitos e interesses coletivos ou individuais da categoria -, autoriza ampla e irrestrita substituição processual. Assim, a legitimidade sindical prevista no referido dispositivo alcança não apenas os direitos coletivos em sentido amplo (direitos difusos, direitos coletivos — *stricto sensu* — e individuais homogêneos), mas, inclusive, os direitos individuais subjetivos dos trabalhadores integrantes da categoria. Precedentes da SBDI-1 desta Corte Superior. Incidência do art. 896, § 7º, da CLT. Recurso de revista de que não se conhece." (BRASIL. Tribunal Superior do Trabalho. Acórdão em recurso de revista 19600-10.2004.5.05.0161. 1ª Turma, Ministro Relator Walmir Oliveria da Costa, J. 11.03.2015, *Revista dos Tribunais on-line*: JRP\2015\155587)

(846) "RECURSO DE EMBARGOS. SINDICATO. SUBSTITUIÇÃO PROCESSUAL. ALCANCE. PROTESTO INTERRUPTIVO DA PRESCRIÇÃO. INTEGRANTE DA CATEGORIA NÃO INCLUÍDO NO ROL DOS SUBSTITUÍDOS. A legitimidade do sindicato para residir em juízo na qualidade de substituto processual é ampla, alcançando todos os membros da categoria, nos termos do art. 8º, inc. III, da Constituição da República. Todavia, ao optar por apresentar relação de substituídos ao ajuizar a ação coletiva (protesto judicial), o ente sindical restringe os limites subjetivos do provimento judicial pleiteado aos integrantes do rol apresentado, sendo inviável a extensão dos efeitos da decisão àquele que não integrou a relação dos substituídos. Precedentes. Recurso de Embargos de que se conhece e a que se dá provimento" (BRASIL. Tribunal Superior do Trabalho. *Acórdão em embargos ED-RR-Ag 1519-09.2010.5.10.0017*. Subseção I Especializada em Dissídios Individuais, Ministro Relator João Batista Brito Pereira, Publicado no DJe 02.08.2013). RECURSO DE REVISTA. PRESCRIÇÃO. INTERRUPÇÃO. PROTESTO JUDICIAL. SUBSTITUIÇÃO PROCESSUAL. ROL DOS SUBSTITUÍDOS. ALCANCE. 1. O art. 8º, III, da Constituição Federal assegura às entidades sindicais legitimidade ampla para representar todos os integrantes da categoria. 2. Se a entidade sindical, no entanto, opta pela apresentação do rol de substituídos, espontaneamente limita o alcance da substituição processual apenas a essa parcela da categoria profissional. Precedentes. 3. Recurso de revista de que não se conhece." (BRASIL. Tribunal Superior do Trabalho. Acórdão em recurso de revista RR 167-91.2011.5.10.0013. 4ª Turma, Ministro Relator João Oreste Dalazen, J. 12.08.2015. *Revista dos Tribunais on-line:* JRP\2015\96299).

Esse entendimento pode ser estendido para os casos de direitos difusos, pois, nesse caso, até mesmo o indivíduo que atua representando o legitimado extraordinário será um dos credores na condição de cidadão — destinatário do direito à liberdade quanto ao trabalho, infringida por meio de redução de pessoas à condição análoga à de escravo, ou de uma sociedade inclusiva, quando um empregador descumpre as cotas de emprego para o deficiente, ou ainda, na área cível, onde o caso mais fácil de enxergar essa destinação é o ajuizamento de ações para despoluição do meio ambiente. O ato praticado pelo advogado ou procurador por meio das ações coletivas, em termos de interrupção do prazo prescricional, será aplicado aos demais titulares do direito. Essa modulação é muito importante porque adequa-se a toda teoria do direito coletivo em sentido amplo e ao acesso coletivo à Justiça. Ainda que o sindicato seja considerado ilegítimo ou que o ato seja veiculado pelo Ministério Público do Trabalho, a interrupção da prescrição é aceita pelo Tribunal Superior do Trabalho[847], o que mantém a harmonia do Sistema de Justiça, especialmente na área trabalhista, valorizando a evolução da jurisprudência trabalhista e da doutrina especializada.

5.2. EFEITOS DAS AÇÕES COLETIVAS SOBRE AS DEMANDAS INDIVIDUAIS EM MATÉRIA DE PRESCRIÇÃO

O efeito das ações coletivas em ações em demandas individuais é destacado do capítulo das causas interruptivas em razão de sua importância. Desde a criação da Justiça do Trabalho, em razão dos dissídios coletivos e da atuação dos sindicatos em defesa dos direitos trabalhistas, há a construção do pensamento doutrinário no sentido de essa ser uma causa de interrupção do prazo prescricional para a exigência das pretensões individuais coincidentes. Muito debateu-se quanto às listagens de empregados substituídos em demandas coletivas ajuizadas pelos sindicatos, com o paulatino abandono desse entendimento, especialmente pela influência e utilização das leis da ação civil pública e coletiva na área trabalhista a partir das décadas de oitenta e de noventa, embora quem opte por inseri-las sofra a limitação dos efeitos da interrupção do prazo prescricional restrito aos substituídos, como se pode

---

(847) "I — AGRAVO DE INSTRUMENTO EM RECURSO DE REVISTA. PROCESSO ELETRÔNICO — PRESCRIÇÃO. INTERRUPÇÃO. SUBSTITUIÇÃO PROCESSUAL. AÇÃO COLETIVA AJUIZADA PELO SINDICATO ANTERIORMENTE. Constatada possível contrariedade à Orientação Jurisprudencial n. 359 da SBDI-1 do TST, merece provimento o Agravo de Instrumento para determinar o processamento do Recurso de Revista. II — RECURSO DE REVISTA. PROCESSO ELETRÔNICO — PRESCRIÇÃO. INTERRUPÇÃO. SUBSTITUIÇÃO PROCESSUAL. AÇÃO COLETIVA AJUIZADA PELO SINDICATO ANTERIORMENTE. A decisão regional diverge do disposto na OJ n. 359 da SBDI-1 do TST, segundo a qual a ação movida pelo sindicato, na qualidade de substituto processual, interrompe a prescrição, ainda que tenha sido considerado parte ilegítima 'ad causam'. Recurso de Revista conhecido e provido." (BRASIL. Tribunal Superior do Trabalho. *Acórdão em recurso de revista RR 839-13.2012.5.03.0061*. 8ª Turma, Ministro Relator, Márcio Eurico Vitral Amaro, Publicado no DJe 22.05.2015).

observar nos julgamentos do Tribunal Superior do Trabalho quanto ao protesto ajuizado por sindicatos e pelo Ministério Público do Trabalho.

Quando o sindicato profissional ajuíza um dissídio coletivo pleiteando aumento salarial para a categoria, entre outros benefícios, e a sentença normativa é parcialmente procedente quanto ao pleito da pauta de reivindicações desse determinado sindicato, havendo recurso, essa decisão pode ser executada provisoriamente. Imagine-se a posição do trabalhador, ele pode pleitear em uma reclamação trabalhista esse benefício desde logo ou aguardar o trânsito em julgado. No primeiro caso, haveria a insegurança jurídica quanto a alteração em grau de recurso do que foi concedido, e no segundo caso a possibilidade de perda do prazo prescricional. Dessa forma, em 2008, o Tribunal Superior do Trabalho publicou a OJ n. 359 da SDI-1 fixando o entendimento de que as ações coletivas ajuizadas pelos sindicatos interrompem a prescrição das pretensões individuais, ainda que o sindicato seja considerado parte ilegítima. A doutrina trabalhista já vinha defendendo essa hipótese[(848)]. Esse entendimento pode ser ampliado para qualquer um dos legitimados do art. 5º da Lei n. 7.347/1985 e do art. 82 do Código de Defesa do Consumidor. Mesmo que a ação coletiva seja ajuizada pelo Ministério Público do Trabalho haverá interrupção do prazo prescricional.

Independentemente da classificação do direito coletivo em uma das hipóteses do art. 81 do Código de Defesa do Consumidor, haverá interessados, titulares do direito, em aguardar a conclusão da ação coletiva para propor a ação individual[(849)] ou para habilitarem-se na execução coletiva.

O marco inicial da recontagem do prazo é o trânsito em julgado da sentença normativa, Súmula n. 350 do Tribunal Superior do Trabalho[(850)], ou da sentença genérica decorrente da ação coletiva[(851)]. Embora nas pretensões individuais haja o entendimento de que os pedidos interrompidos pela extinção de uma ação trabalhista anterior sejam idênticos (Súmula n. 268 do Tribunal Superior do Trabalho), nas ações coletivas o mais importante é a análise da causa de pedir, tal como ocorre com as ações declaratórias. Em regra, as sentenças decorrentes das ações civis públicas e coletivas são genéricas (art. 95 do Código de Defesa do Consumidor). Os direitos coletivos nelas veiculados não individualizam os

---

(848) Por todos PAMPLONA FILHO, Rodolfo; FERNANDEZ, Leandro. *Tratado de prescrição trabalhista*: aspectos teóricos e práticos. São Paulo: LTr, 2017. p. 49.

(849) CERDEIRA, Eduardo de Oliveira. *Ações coletivas e substituições processuais pelos sindicatos*. São Paulo: LTr, 2010. p. 152-154.

(850) Resolução n. 62/1996 mantida pela revisão realizada pela Resolução n. 121/2003 (BRASIL. Tribunal Superior do Trabalho. Súmulas do Tribunal Superior do Trabalho. *Jurisprudência*. Disponível em: <https://www3.tst.jus.br/jurisprudencia/Sumulas_com_indice/Sumulas_Ind_301_350html#.SUM-310>. Acesso em: 10 mar. 2021).

(851) Por todos: DIDIER JR., Fredie; ZANETI JR., Hermes. *Curso de direito processual civil*: processo coletivo. 14. ed. rev. atual. Salvador: Juspodivm, 2020. p. 369.

indivíduos, e, por isso, não podem ser comparados para fins de interrupção da mesma forma que ocorre com uma ação individual.

A interrupção é um fenômeno único, ou acontece com o inquérito civil público ou com o ajuizamento da ação civil pública, tratando-se do Ministério Público do Trabalho como autor da ação. Porém, ainda que haja o inquérito civil público interrompendo o prazo prescricional para a pretensão coletiva, e por conseguinte para a pretensão individual, durante a tramitação do processo coletivo há o impedimento de fruição do prazo, que deverá ser abatido da contagem geral, e, nesse caso, tal como a suspensão haverá a recontagem pelo que resta desse prazo ao final da ação coletiva com o trânsito em julgado da mesma.

No âmbito coletivo, a ação declaratória de natureza executória pode ocorrer quando há pedidos declaratórios em dissídios coletivos ou em ações civis públicas e coletivas contendo efeitos condenatórios. Há um caso antigo, referenciado pela doutrina como um dissídio coletivo paradigmático, de natureza declaratória, em que os Tribunais Regionais[852] interpretaram o art. 453 da CLT e fixaram o entendimento de que a aposentadoria espontânea não extingue o contrato de trabalho determinando a reintegração de centenas de empregados com o pagamento dos salários do período de afastamento.[853] Caso o pedido fosse apenas declaratório, a ação de cumprimento poderia pleitear a reintegração com base no conteúdo condenatório inerente a essa sentença normativa.

Outro caso referenciado pela doutrina em ação coletiva que se enquadraria na hipótese da executividade das ações declaratórias, agora no âmbito coletivo, foi o caso de uma ação civil pública com pedido de nulidade por fraude às relações de trabalho (art. 9º da CLT) referente aos cooperados de uma cooperativa que prestam serviço a um tomador, embora a jurisprudência entenda que se trata de direitos individuais puros e por isso não seria cabível a condenação em obrigação de fazer, anotação do vínculo de emprego pelo tomador[854], entende-se que essa ação civil pública contém um pedido declaratório de natureza condenatória, e

---

(852) "Ac. da 4ª T. do TRT da 3ª R. — mv, no mérito — RO 13.058/96 — Rel. Juiz Maurício Pinheiro de Assis — j. 18.12.96 — Rectes.: José dos Reis Silva e Rede Ferroviária Federal S/A; Recdos.: os mesmos — DJ MG 8.2.97, p. 6 e Ac. da 3ª T. do TRT da 12ª R. — mv, RO 8.796/94 — Rel. Juiz José Caetano Rodrigues — j. 24.9.96 — Recte.: Epagri S/A Empresa de Pesquisa Agropecuária e Difusão de Tecnologia de Santa Catarina S/A; Recdo.: Augusto Eugenio Wisniewski — DJ SC 14.11.96, pp. 74/5". PRÍNCIPE, Carlos Eduardo. Aposentadoria: extinção do vínculo empregatício: a multa de 40% do FGTS é devida ou não? *Migalhas de peso.* Pub. 04.10.2004. Disponível em: <https://www.migalhas.com.br/depeso/7103/aposentadoria–extincao-do-vinculo-empregaticio>. Acesso em: 4 out. 2021.

(853) SILVA, Homero Batista de Matheus. Ações coletivas interrompem a prescrição das pretensões individuais trabalhistas? *In*: RIBEIRO JR., José Hortêncio; CORDEIRO, Juliana Vignoli; FAVA, Marcos Neves; CAIXETA, Sebastião Vieira. *Ação coletiva na visão de juízes e procuradores do trabalho.* São Paulo: LTr, 2006. p. 226.

(854) CARVALHO, Patrícia Oliveira Cipriano de. Ação civil pública na Justiça do Trabalho: particularidades e competências. *Revista eletrônica do Tribunal Regional do Trabalho da 9ª Região.* Curitiba: TRT9, v. 1, n. 1, p. 69-87, out. 2011, p. 72.

que a ação de cumprimento poderia ser apresentada pelo ente coletivo ou pelos trabalhadores não só para o cumprimento da sentença genérica que reconhece o vínculo de emprego, como para eventual pagamento das verbas rescisórias (ou resilitórias) decorrentes da extinção contratual, sem a necessidade de ajuizamento de reclamações trabalhistas individuais. Há, desde o primeiro momento, homogeneidade do direito individual aglutinado pela origem comum da fraude perpetrada, esse fato torna-o coletivo.

Esses dois exemplos, embora não reconhecidos dessa forma pela doutrina e jurisprudência, podem ser considerados como ação declaratória de natureza condenatória, ou pedido declaratório de natureza condenatória, encontrado no bojo das ações coletivas. Essas ações interrompem o prazo para as pretensões individuais, nos termos do § 3º do art. 11 da CLT, porque a norma jurídica pode ser aplicada às ações coletivas declaratórias ou aos pedidos declaratórios puros contidos nas ações coletivas, com mais razão se a natureza deles for condenatória.

Retornando ao prazo prescricional decenal das ações civis públicas e ações civis coletivas ajuizadas no curso de uma relação jurídica, ou do prazo bienal para pretensões coletivas inerentes à tutela de reintegração decorrente de extinção contratual em massa, é necessário analisar o modo como ocorrerá a interrupção, o impedimento e a suspensão do prazo tanto para a tutela coletiva como para a tutela individual.

Em regra, as ações civis públicas e coletivas são ajuizadas de modo preventivo, enquanto os contratos ainda estão em curso para reprimir condutas contrárias à lei ou à norma coletiva, ou para determinar que o réu as cumpra (como explicitado no capítulo 4). Mas também pode ocorrer da tutela ser repressiva não só para tutelar o dano, mas para que no futuro o mesmo infrator não pratique novos atos (tutela inibitória). O prazo é contado da ciência da data da lesão, se de efeito instantâneo, ou da consolidação de seus efeitos, se continuada ou de efeitos continuados no tempo.

As interrupções do prazo realizadas pelos entes coletivos aproveitam os titulares do direito. Mantém-se a regra da interrupção aplicável uma única vez. Do contrário, sucessivas interrupções negariam a existência do instituto da prescrição. Se houver mais de uma ação coletiva, essas devem ser aglutinadas por conexão ou continência se tramitarem no mesmo juízo competente (art. 2º da Lei n. 7.347/1985 e o art. 93 da Lei n. 8.078/1990), evitando-se o conflito de decisões. Visando melhor organizar o cadastro nacional das ações coletivas nos tribunais, o Conselho Nacional de Justiça criou, por meio da Resolução n. 339/2020[855], o que facilitará o acesso ao jurisdicionado ao teor das ações, mas apenas a primeira delas interromperá o prazo prescricional para a pretensão individual. Isso acontecerá se não houver outro ato interruptivo anterior, como o inquérito civil público ou

(855) BRASIL. Conselho Nacional de Justiça. Resolução n. 339, de 8 de setembro de 2020. *Atos*. Disponível em: <https://atos.cnj.jus.br/atos/detalhar/3454>. Acesso em: 29 ago. 2021.

mesmo uma reclamação trabalhista individual arquivada. Esse é o referencial que precisa ser analisado para cada pretensão individual.

O prazo da pretensão individual não será alterado, mas pode ser postergado pelo impedimento, suspensão ou interrupção do prazo. Quando uma ação individual é ajuizada e tramita na Justiça do Trabalho, mas no curso desse processo sobrevém o ajuizamento de ação coletiva, é necessário que o demandado em comum informe ao juízo do processo individual a existência da lide coletiva — dever de cooperação (art. 6º do CPC c.c. art. 769 da CLT). Informado ajuizamento pelo demandado, independente da publicação futura de edital no processo coletivo, será contada dessa primeira ciência no processo individual os trinta dias para a opção de suspensão do processo individual até o trânsito em julgado da decisão coletiva (art. 104 do CDC). Essa ciência pode ser transladada para o processo coletivo em promoção à economia processual.

O titular do direito deve ser cientificado por edital da existência do processo coletivo para habilitar-se quando chegar a fase de liquidação coletiva (arts. 94 e 104 do CDC). O edital é previsto apenas no capítulo do Código do Consumidor que trata das ações para defesa de direitos individuais homogêneos, sendo o sistema silente quanto à comunicação aos interessados nas categorias de direitos difusos e coletivos. Porém, ele também deve ser utilizado para ações envolvendo essas categorias de direitos coletivos. Nelas também pode haver titulares individuais de direito interessados. Se após a ciência do indivíduo, em seu processo trabalhista individual ou por edital, houver resíduo de prazo para exigir seu direito, após o trânsito em julgado da ação coletiva, deverá ingressar no cumprimento de sentença coletivo ou promover a execução individual da decisão, observado esse prazo residual restante, sob pena da pretensão perecer.

A suspensão das ações individuais, como visto, foi prevista no art. 104 do Código de Defesa do Consumidor, porém, para que se resguarde a unidade do Sistema de Justiça, já houve casos em que a suspensão de todas as ações individuais sobre o tema foi realizada por meio de decisão judicial, sem perquirir-se a vontade do indivíduo (Tema 923 do STJ)[856]. Esse procedimento resguarda o titular do direito e produz unidade das decisões e economia processual. Embora não seja previsto no microssistema de acesso coletivo à Justiça, essa regra está presente no art. 265, IV do CPC/1973 e no correspondente art. 313, V do CPC/2015, mas também no art. 21 da Lei n. 9.868/1999 (controle de constitucionalidade). Considerando a unidade do sistema, a suspensão automática dos processos individuais por determinação do magistrado que preside o processo coletivo é salutar para todo o acesso coletivo à Justiça porque traz economia processual

(856) BRASIL. Superior Tribunal de Justiça. Tema 923: REsp n. 1525327/PR. Relatoria Vice-Presidência STJ. Disponível em: <https://processo.stj.jus.br/repetitivos/temas_repetitivos>. Acesso em: 3 set. 2021.

e maior efetividade. Essa matéria foi apreciada pelo Superior Tribunal de Justiça nos Temas 60, 589 e 923. Em todos eles a suspensão foi automática e terminou apenas com o trânsito em julgado da decisão coletiva.(857)

Uma forma de compatibilizar o art. 313, V do CPC, que pode ser aplicado subsidiariamente ao processo do trabalho (art. 769 da CLT) com o art. 104 do CDC é permitir ao indivíduo após a determinação de suspensão automática no processo coletivo a opção de continuar sua demanda individual, sem beneficiar-se da coisa julgada coletiva, eliminando-se os debates que a matéria ensejaria.

Há decisões na Justiça do Trabalho(858) que limitam a exigibilidade dos créditos do trabalhador, garantidos por meio de ação coletiva, quando esse trabalhador ajuizou ação individual e tem ciência da existência da ação coletiva, mas permanece inerte quanto ao pedido de suspensão processual para beneficiar-se da coisa julgada. Esse entendimento é harmônico com o Sistema de Justiça que opta pela prescritibilidade como regra para as pretensões e o acesso coletivo à Justiça como melhor forma de tutelar os interesses sociais, mantendo-se a harmonia do ordenamento pátrio.

---

(857) DIDIER JR., Fredie; ZANETI JR., Hermes. *Curso de direito processual civil*: processo coletivo. 14. ed. rev. atual. Salvador: Juspodivm, 2020. p. 219-220.

(858) Veja-se o exemplo: "(...) A decisão de origem entendeu que se mostram exigíveis os créditos reconhecidos na ação coletiva ajuizada pelo SINTEC em face da SABESP (Processo n. 0001747-22.2011.5.02.0065), mas que a apuração dos valores deve observar o marco prescricional desta, limitada à data da prescrição declarada na ação individual (Processo n. 0000648-09.2013.5.02.0045). (...) 'Conforme se vê da sentença prolatada nos autos da ação coletiva, ajuizada no ano de 2011, cujo cumprimento pleiteia o reclamante, os títulos ali deferidos têm por limitação temporal a prescrição relativa às parcelas anteriores a 29.07.2006, ao passo que, na ação individual, transitada em julgado, restou pronunciada a prescrição quanto às parcelas anteriores a 18.03.2008. Dessa forma, entendo que são exigíveis os créditos reconhecidos na ação coletiva, observado o marco prescricional desta, limitada à data da prescrição pronunciada na ação individual, porquanto nessa última há coisa julgada material formada". A SABESP pretende a reforma dessa decisão, por entender que ela ofende aos arts. 5º, XXXVI e LIV, da CF (LGL\1988\3), 104 do CDC (LGL\1990\40) e 485, V, do CPC (LGL\2015\1656), na medida em que o agravado, ciente da existência de demanda coletiva com os mesmos pedidos de sua ação individual, não requereu a suspensão desta, não podendo, portanto, beneficiar-se da coisa julgada coletiva. (...) o substituído processual ao ajuizar a ação individual após a existência da ação coletiva abriu mão dos efeitos desta última. Assiste razão à agravante. Da leitura do art. 104 do CDC denota-se que a extensão da coisa julgada coletiva não ocorrerá 'se não for requerida sua suspensão [da ação individual] no prazo de trinta dias, a contar da ciência nos autos do ajuizamento da ação coletiva'. Significa dizer que embora inexista litispendência entre ação individual e ação coletiva, para que o agravado se beneficie dos créditos deferidos na demanda coletiva deverá requerer a suspensão de sua ação individual no prazo de trinta dias. Esse dispositivo legal também menciona a necessidade da ciência do substituído (agravado) da existência de uma demanda coletiva com pedido idêntico ao de sua reclamação trabalhista. No presente caso, em momento algum o agravado impugnou a tese defensiva de que os empregados da ré estavam cientes do ajuizamento daquela demanda coletiva na qual figuraram como substituídos e que o autor não requereu a suspensão da ação individual, a qual, inclusive, transitou em julgado". (BRASIL. Tribunal Regional do Trabalho da 2ª Região. Acórdão em agravo de petição AgPet 1000475-43.2020.5.02.0070. 16ª Turma. Desembargador Relator, Juiz Convocado, Márcio Granconato, DEJT 1.9.2020).

Dentro do critério de defesa da coletividade essa tutela prevalece até mesmo em termo de tramitação preferencial, mas salvo impedimentos, suspensões e interrupções produzidas nas pretensões individuais, não altera o prazo prescricional dessas, pois o enfoque é eliminar os descumprimentos e lesões, além de repará-los em termos sociais, não só recompondo o prejuízo, que nem sempre comporta essa recomposição, mas atuando de modo pedagógico para que o ilícito não seja praticado novamente.

É importante destacar que esta tese não defende a repristinação das pretensões individuais já prescritas ante a inércia do titular do direito ao tempo da reivindicação coletiva.

5.3. A AÇÃO DE CUMPRIMENTO E O PRAZO PRESCRICIONAL

A sistemática do Processo Coletivo do Trabalho utiliza a ação de cumprimento para as decisões decorrentes dos dissídios coletivos, dota-se a sentença normativa da coercibilidade indispensável às obrigações ali inseridas com sanções dirigidas à empresa inadimplente.(859) Essa ação é igualmente utilizada para o cumprimento de cláusulas normativas provenientes dos termos de ajustamento de conduta, acordos e convenções coletivas.

Houve um debate quanto à autonomia do processo executivo, antes mesmo da alteração em 2017 dos arts. 876 e 878 da CLT pela Lei n. 13.467. A dúvida consistia em saber se a partir de uma sentença podem nascer ações ou se após a sentença restaria ao demandado o cumprimento do comando legal. Campos Batalha entendia serem ações autônomas os dissídios individuais (art. 872, parágrafo único da CLT e Lei n. 2.275/1954) nascidos das sentenças coletivas que em nada condenam, embora a nomenclatura legal utilizasse o nome ação de cumprimento, criticada pelo autor.(860) Pires Chaves divergia quanto à equiparação da ação de cumprimento à *actio judicati*, do Direito Romano, e propunha para ela o mesmo procedimento ordinário trabalhista das reclamações em fase de conhecimento.(861) Mas para Batalha, embora a natureza jurídica fosse condenatória, o procedimento não era o ordinário, mas o executivo ante a simplicidade do processo do trabalho e a projeção da eficácia jurídica da sentença normativa para um momento posterior, qual seja: após a sentença condenatória,(862) entendimento que acabou prevalecendo(863).

---

(859) XAVIER, Carlos Alberto Moreira. Ação de cumprimento. *Revista de Direito do Trabalho*, São Paulo, v. 6, n. 30/31, p. 141-144, mar./jun. 1981, p. 143.

(860) BATALHA, Wilson de Souza Campos. *Tratado de direito judiciário do trabalho*. 2. ed. São Paulo: LTr, 1985. p. 845-852.

(861) CHAVES, Pires. *Execução trabalhista*. 2. ed. Rio de Janeiro: Forense, 1964. p. 147; 149-151.

(862) BATALHA, Wilson de Souza Campos. *Relações coletivas de trabalho*: conflitos abertos do trabalho e sua solução jurisdicional. São Paulo: Federação e Centro das Indústrias, 1958. p. 73.

(863) Cf. MELO, Raimundo Simão de. *Processo coletivo do trabalho*: dissídio coletivo, ação de cumprimento, ação anulatória. São Paulo: LTr, 2009. p. 201 e LOBATO, Márcia Regina. Ação de

O prazo indicado como prescricional para as ações de cumprimento era de dois anos (bienal), ratificado pelo Tribunal Superior do Trabalho e pelo Supremo Tribunal Federal, retroagindo dois anos do ajuizamento.[864] Conforme Pires Chaves, havia convergência de entendimento quanto à legitimidade individual para a ação de cumprimento ou por meio de substituição processual do sindicato da categoria, que não era parte, mas mandatário do titular, salvo em caso de pedido a favor da entidade sindical na ação.[865] Vanguardista, Xavier divergia dessa posição para fixar o sindicato como legitimado pleno, sem a necessidade de outorga de mandato, para o ajuizamento da ação de cumprimento.[866]

Em síntese histórica, as ações de cumprimento nasceram com os dissídios coletivos, mas até o fim da década de setenta os tribunais apenas admitiram-nas para acordos em dissídios coletivos e para sentenças normativas. Direito criado por acordos e convenções coletivas ingressava diretamente nos contratos (arts. 61 e 619 da CLT) e necessitava da reclamação trabalhista para reivindicar as normas coletivas criadas pelas partes. O debate quanto ao cabimento da ação de cumprimento para acordos e convenções coletivas apenas foi pacificado com a Lei n. 8.984/1995[867], quando a Justiça do Trabalho passou a ter competência expressa para dirimir controvérsias decorrentes das cláusulas coletivas contratuais[868], embora elas fossem debatidas como questão incidental dentro das ações individuais.

Em outubro de 1988, com a constitucionalização do prazo prescricional (art. 7º, XXIX), doutrina e jurisprudência passaram a fixar esse prazo para as ações de cumprimento decorrentes de decisões em dissídios coletivos, acordos e convenções coletivas[869], mas não para a reivindicação das obrigações contidas nas sentenças em ações civis públicas e coletivas.[870] A ação de cumprimento pode ser iniciada

---

cumprimento. *Revista Fórum Trabalhista*, Belo Horizonte, ano 3, n. 10, p. 23-37, jan./fev. 2014, 41-43.

(864) BATALHA, Wilson de Souza Campos. *Tratado de direito judiciário do trabalho*. 2. ed. São Paulo: LTr, 1985. p. 740.

(865) CHAVES, *op. cit.*, 1964, p. 151-153.

(866) "Característica ímpar fixada pelo legislador quanto à titularidade na propositura da ação de cumprimento ressumbre de faculdade delegada aos sindicatos, de proporem-na, independentes de outorga de poderes de seus associados" (XAVIER, Carlos Alberto Moreira. Ação de cumprimento. *Revista de Direito do Trabalho*. São Paulo, v. 6, n. 30/31, p. 141-144, mar./jun. 1981, p. 144).

(867) "Art. 1º Compete à Justiça do Trabalho conciliar e julgar os dissídios que tenham origem no cumprimento de convenções coletivas de trabalho ou acordos coletivos de trabalho, mesmo quando ocorram entre sindicatos ou entre sindicato de trabalhadores e empregador. Art. 2º Esta lei entra em vigor na data de sua publicação. Art. 3º Revogam-se as disposições em contrário." (BRASIL. Presidência da República. Lei n. 8.984, de 7 de fevereiro de 1995. *Legislação*. Disponível em: <http://www.planalto.gov.br/ccivil_03/leis/l8984.htm>. Acesso em: 6 out. 2021)

(868) BOUCINHAS FILHO, Jorge Cavalcanti. Reflexões sobre o atual papel da ação de cumprimento no processo do trabalho brasileiro. *Revista Fórum Trabalhista*. Belo Horizonte: Fórum, ano 3, n. 10, p. 23-37, jan./fev. 2014, p. 24-25.

(869) GONÇALVES, Emílio. *Ações de cumprimento no direito brasileiro*. 3. ed. São Paulo: LTr, 1997. p. 74.

(870) "A 7ª Turma do Tribunal Regional do Trabalho da 1ª Região (TRT/RJ) deu parcial provimento ao agravo de petição interposto pelo exequente para afastar a prescrição intercorrente pronunciada

com a certidão de julgamento da sentença normativa, contado do vigésimo dia de julgamento a partir da publicação do acórdão ou da certidão de julgamento (art. 7º, § 6º, de Lei n. 7.701/1988).

A despeito do procedimento executivo aplicado às ações de cumprimento de sentenças normativas, acordos e convenções coletivas, a doutrina e jurisprudência trabalhistas tradicionalmente aplicaram a essas ações um prazo prescricional fundamentado em sua natureza de ação condenatória. E, nessa época, a prescrição intercorrente seguia o mesmo entendimento das pretensões individuais. A despeito da aplicação em processo do trabalho pelo Supremo Tribunal Federal, os tribunais trabalhistas, em regra, deixavam de aplicá-la sob a justificativa de que a execução trabalhista seguia o impulso oficial — redação originária do art. 878 da CLT.

O cumprimento das decisões em ações civis públicas e coletivas também tem por legitimado o indivíduo quanto ao seu direito individual e as pessoas fixadas no art. 5º da Lei n. 7.437/1985 e art. 82 do CDC. Esse entendimento extrai-se dos arts. 97 e 98 do CDC c.c. art. 21 da Lei da Ação Civil Pública. Esse talvez seja o momento de distinguir-se doutrinariamente os prazos prescricionais aplicáveis às ações de cumprimento quando manejadas pelo indivíduo, pois não haverá legitimidade para pretensões coletivas nessa hipótese, das ações de cumprimento ajuizadas pelos sindicatos, em nome da categoria ou de empregados de determinada empresa, em verdadeira atuação coletiva e não como mandatário de indivíduos, pois essa atuação será igualmente diferente para as ações civis públicas e coletivas.

A Consolidação das Leis do Trabalho e a legislação esparsa são silentes quanto ao prazo prescricional das ações de cumprimento decorrentes de dissídios coletivos, acordos e convenções coletivas. A doutrina construiu ao longo do tempo a tese dos dois anos e a tese de aplicação do prazo prescricional constitucional fixado para pretensões individuais. Todavia, o art. 7º, inciso XXIX, da CF/1988 não pode ser interpretado dissociado de seu *caput*: "são direitos dos trabalhadores urbanos e rurais, além de outros que visem à melhoria de sua condição social". O ordenamento pátrio é uno e indivisível. A redação do inciso XXIX faz referência às relações jurídicas trabalhistas individuais e utiliza o contrato de trabalho no singular: "ação, quanto aos créditos resultantes das relações de trabalho, com prazo prescricional de cinco anos para os trabalhadores urbanos e rurais, até

---

em primeiro grau e determinar o prosseguimento da execução. Por unanimidade, o colegiado acompanhou o entendimento da relatora desembargadora Carina Rodrigues Bicalho, (...). Também afastou a prescrição bienal por entender que ela não tem aplicabilidade em demandas coletivas, uma vez que a ação judicial individual que visa a execução de crédito trabalhista reconhecido em ação coletiva pode ser ajuizada pelo beneficiário em até cinco anos após o último ato produzido no processo que interrompeu a prescrição." (BRASIL. Tribunal Regional do Trabalho da 1ª Região — Rio de Janeiro. 7ª Turma decide: prescrição bienal não é aplicável em execução individual de sentença coletiva. *Últimas notícias.* 03.08.2021 09:36:00. Disponível em: <https://www.trt1.jus.br/ultimas-noticias/-/asset_publisher/IpQvDk7pXBme/content/7-turma-decide-prescricao-bienal-nao-e-aplicavel-em-execucao-individual-de-sentenca-coletiva/21078>. Acesso em: 3 ago. 2021)

o limite de dois anos após a extinção do contrato de trabalho". O instituto da prescrição é restritivo, representa uma barreira à exigibilidade dos direitos, judicial e extrajudicialmente, salvo a renúncia e, por isso, não comporta a interpretação extensiva.

O legislador constituinte tratou dos direitos coletivos do trabalho em outros dispositivos, do art. 8º ao 11 da CF/1988, quando menciona os acordos e convenções coletivas no art. 7º da CF/1988 o faz para que sejam reconhecidos e indica quando poderão flexibilizar os direitos contidos naqueles incisos. No ordenamento pátrio, em contrapartida, há uma norma geral para todas as reivindicações destituídas de prazo prescricional: o art. 207 do Código Civil. Prazo aplicável a todos os direitos sem prazo de exigibilidade, como os coletivos decorrentes das sentenças normativas, acordos e convenções coletivas, e os metaindividuais. Fixa-se a premissa de que o indivíduo tem cinco anos ao longo de seu contrato, contado do descumprimento das cláusulas coletivas, para reivindicá-las. Sobrevindo a extinção contratual, haverá dois anos para a reivindicação, mas da data do ajuizamento existirá a retroação de cinco anos para abarcar até os últimos três anos de contrato (condição restritiva da área trabalhista inserida pela doutrina e jurisprudência, que discrimina as obrigações trabalhistas em face ao tratamento das demais obrigações do ordenamento pátrio).

Direitos metaindividuais, dos quais os coletivos e individuais homogêneos fazem parte, além dos difusos, interessam ao sistema de Justiça e à sociedade como um todo, porque os descumprimentos e as lesões trazem desequilíbrio social. Dez anos é o prazo prescricional para a reivindicação desses direitos — e não cinco anos. No âmbito trabalhista, as relações jurídicas são dinâmicas e o tempo de duração dos contratos é cada dia menor face à rotatividade nos empregos[871], o que reverbera nas relações coletivas de trabalho. Os instrumentos normativos têm prazo de validade de dois anos, art. 614, § 3º da CLT (com redação do Decreto-lei n. 229/1967), e as sentenças normativas o prazo de até quatro anos (art. 868, parágrafo único da CLT). No intuito de excluir a ultratividade das normas coletivas, assim interpretadas pelo Tribunal Superior do Trabalho em 2012 (Súmula n. 277), o legislador ordinário inseriu proibição expressa de ultratividade na redação do § 3º do art. 614 da CLT.

Dentro das ações de cumprimento relacionadas às sentenças normativas, acordos e convenções coletivas, o prazo prescricional decenal emerge em importância prática em razão da ultratividade das normas coletivas, embora a Súmula

---

(871) G1. Pesquisa mostra aumento da rotatividade no emprego e de novas contratações, mas não de aumentos salariais: aumentos salariais ficaram na mesma média do ano passado, ao passo que a rotatividade de funcionários cresceu tanto em cargos mais altos como nos operacionais. *Economia*: concursos e empregos. Pub. 07.11.2019. Disponível em: <https://g1.globo.com/economia/concursos-e-emprego/noticia/2019/11/07/pesquisa-mostra-aumento-da-rotatividade-no-emprego-e-de-novas-contratacoes-mas-nao-de-aumentos-salariais.ghtml>. Acesso em: 6 out. 2021.

n. 277 esteja atualmente suspensa por decisão cautelar proferida pelo Ministro Relator Gilmar Mendes nos autos da ação direta de descumprimento de preceito fundamental (ADPF n. 323/DF)[872].

A história desse verbete remonta ao mês de março de 1988, antes da promulgação da Constituição Federal de 1988. O Tribunal Superior do Trabalho, por meio da Resolução n. 10, sedimentou o entendimento do verbete: "As condições de trabalho alcançadas por força de sentença normativa vigoram no prazo assinado, não integrando, de forma definitiva, os contratos". A redação foi mantida em 2003, após uma revisão geral realizada pelo Pleno do Tribunal Superior, mas a redação foi transformada em item I da súmula e ganhou um item II, que a ressalvava, permitindo a ultratividade durante o período de 23.12.1992 e 28.07.1995, em que vigorou a Lei n. 8.542, que instituiu o Plano Real, posteriormente revogada pela Medida Provisória n. 1.709, convertida na Lei n. 10.192, de 14.02.2001. Em 2012, durante nova revisão, o Tribunal Superior do Trabalho alterou seu entendimento para manter a ultratividade como regra.[873]

A tradição brasileira demonstra que tanto as sentenças normativas quanto os acordos e convenções coletivas vigoravam por cerca de um a dois anos, em razão da inflação brasileira, especialmente nas décadas de setenta a noventa do século passado. Com o Plano Real em 1992, essa realidade mudou por algum tempo, desaparecendo a alta inflação. Com a Emenda Constitucional n. 45/2004, incluindo o comum acordo como pressuposto processual dos dissídios coletivos, aliado à estabilidade econômica, ampliou-se a regra da ultratividade, atualmente suspensa.

Compatibilizando a atuação coletiva com a individual, não se pode omitir que o legislador constituinte não impôs a cláusula de barreira contada do ajuizamento da ação para uma prescrição retroativa individual na redação do art. 7º, XXIX, da CF/1988. A exclusão de até dois anos em razão da contagem retroativa dos cinco anos adveio da interpretação do texto legal pelas doutrina e jurisprudência trabalhistas. Dentro desse contexto, a atuação coletiva permite aos trabalhadores, no sentido macro das conquistas sociais, a mudança de postura de empresas que sistematicamente descumprem instrumentos normativos gerando um dano para a categoria, ao não reconhecer no plano dos fatos as conquistas sindicais. Esse é um direito eminentemente coletivo, que pode ser reivindicado, sem refletir diretamente no patrimônio material do trabalhador individualmente considerado.

Tratando-se de direitos metaindividuais, os interessados dentro do prazo decenal deverão manifestar a vontade, de algum modo, judicial ou extrajudicialmente

---

(872) BRASIL. Supremo Tribunal Federal. ADPF n. 323. *Consulta processual.* Disponível em: <http://portal.stf.jus.br/processos/detalhe.asp?incidente=4599102>. Acesso em: 6 out. 2021.

(873) BRASIL. Tribunal Superior do Trabalho. Súmulas do Tribunal Superior do Trabalho. *Jurisprudência.* Disponível em: <https://www3.tst.jus.br/jurisprudencia/Sumulas_com_indice/Sumulas_Ind_301_350.html#SUM-310>. Acesso em: 10 mar. 2021.

para sua pretensão não perecer, pois o ideal é que o ente legitimado coincida sua atuação com a prescrição da pretensão individual. Esse plano ideal não se verifica no caso concreto em que há pessoas não identificadas em uma pesquisa sumária sobre quem seriam os interessados, além de existir aquelas que permaneceriam inertes mesmo se notificadas dentro do prazo prescricional de sua pretensão. O mais importante na tutela coletiva é devolver a harmonia do sistema, impedindo novas lesões e descumprimentos, em caráter reeducador.

O tema é controvertido nos tribunais pátrios e no próprio Tribunal Superior do Trabalho. O Tribunal Regional do Trabalho da 3ª Região em primeiro e segundo graus entendeu ser o prazo bienal para a execução individual de uma sentença coletiva, observado o fim do contrato de trabalho, mas a 6ª Turma do Tribunal Superior do Trabalho utilizou o prazo quinquenal, reformando as decisões anteriores, sob o fundamento de aplicação à execução (individual ou coletiva) da sentença coletiva, o mesmo prazo quinquenal utilizado pelo Tribunal Superior do Trabalho para as ações civis públicas (RRag-11213-19.2019.5.03.0134)(874). O processo encontra-se pendente de julgamento dos embargos de declaração e do recurso extraordinário interposto para o Supremo Tribunal Federal. As decisões basearam-se no fundamento de que pretensão executiva prescreve no mesmo prazo da pretensão reivindicatória. No mesmo sentido da decisão reformada, a 4ª Turma do Tribunal Superior do Trabalho decidiu pela aplicação do prazo prescricional individual para o cumprimento de sentença individual derivado da sentença coletiva, ou seja, dois anos após o fim do contrato de trabalho, retroagindo cinco anos do ajuizamento da ação (AIRR 1777-21.2014.5.17.0005).(875)

Na tentativa de solucionar a controvérsia, separa-se a pretensão individual da pretensão coletiva para a aplicação do entendimento sedimentado na Súmula n. 150 do Supremo Tribunal Federal(876): "prescreve a execução no mesmo prazo de prescrição da ação". O prazo prescricional para as pretensões inerentes às ações de cumprimento ajuizadas pelos legitimados do art. 5º da Lei n. 7.347/1985 e do art. 82 do diploma consumerista é o decenal, aplicável aos sindicatos quando ajuízam as ações de cumprimento para reivindicar direitos inerentes às sentenças normativas, acordos e convenções coletivas (art. 872 da CLT). Para os indivíduos que aderem às execuções coletivas ou ajuízam por si próprios

---

(874) BRASIL. Tribunal Superior do Trabalho. Acórdão em agravo regimental em recurso de revista, RRAg-11213-19.2019.5.03.0134. 6ª Turma, Ministra Relatora Kátia Arruda Magalhães, Pub. 24.06.2021. Disponível em: <http://aplicacao4.tst.jus.br/consultaProcessual/resumoForm.do?consulta=1&numeroInt=314712&anoInt=2020>. Acesso em: 18 out. 2021.

(875) BRASIL. Tribunal Superior do Trabalho. Acórdão em agravo de instrumento em recurso de revista, AIRR 1777-21.2014.5.17.0005. 4ª Turma, Ministra Relatora Maria de Assis Calsing, Pub. 17.5.2017.

(876) BRASIL. Supremo Tribunal Federal. Súmula n. 150. Disponível em: <https://jurisprudencia.stf.jus.br/pages/search/seq-sumula150/false>. Acesso em: 18 out. 2021.

as ações de cumprimento, o prazo da pretensão individual é o mesmo fixado, na área trabalhista, pelo art. 7º, inciso XXIX, da CF/1988.

5.3.1. O impulso oficial na execução trabalhista e as ações de cumprimento

A execução trabalhista, até novembro de 2017 (Lei n. 13.467), iniciava-se por impulso oficial do magistrado (art. 878 da CLT), além do liquidante ou exequente. Atualmente, o impulso oficial está limitado às ações com *jus postulandi*, sem advogados, e à cobrança de contribuições previdenciárias.

As ações de cumprimento, em razão da natureza jurídica de ação condenatória, e não mero cumprimento do julgado, dependem do ajuizamento das partes interessadas. Essas partes podem ser o indivíduo, o sindicato ou até o Ministério Público do Trabalho, nesse caso para as sentenças normativas decorrentes do dissídio de greve. Quando as ações de cumprimento decorrem de sentenças proferidas em ações coletivas ou civis públicas, há o argumento de que o *Parquet* tem o dever de atuação[(877)] previsto no art. 15 da Lei n. 7.347/1985, quando a associação autora ou o sindicato não promover a execução em 60 dias, realizando o cumprimento do título executivo.

Coexistia na doutrina (vide capítulo 4), o argumento de que o impulso oficial da execução afasta a prescrição intercorrente para as lides individuais, mas não para as ações coletivas processuais trabalhistas, pois a sua execução ficaria postergada para o momento póstumo às ações de cumprimento (ações condenatórias que seguiam o rito executivo), salvo em se tratando de ações de cumprimento das sentenças decorrentes de ações civis públicas. Essas seriam especiais em razão do dever de liquidação e execução (cumprimento) pelo Ministério Público do Trabalho, sob pena de responsabilização administrativa, facultada a iniciativa para os demais legitimados.

O atual art. 878 da CLT excepciona o impulso oficial para os processos individuais em que a parte não seja representada por advogado. Nessa mesma linha, seria aplicável às ações civis públicas e coletivas envolvendo apenas direitos difusos e coletivos o impulso oficial, pois não há advogado representando a coletividade, mas o dever de agir do *Parquet*, e também em razão do direcionamento da execução coletiva para um fundo metaindividual. Outro argumento agregado pelo autor é a inaplicabilidade do art. 878 da CLT para obrigações de fazer, não fazer e suportar, com a aplicação do art. 536 do CPC, permitindo o cumprimento de ofício pelo juiz e a tutela específica. Esse autor defende a aplicação do art. 523, § 1º do CPC aos processos coletivos, a despeito do Tribunal Superior do Trabalho ter afastado

---

(877) Por todos MELO, Raimundo Simão de. *Ação civil pública na Justiça do Trabalho*. 2. ed. São Paulo: LTr, 2004. p. 210-211.

o entendimento com a aplicação do art. 880 da CLT (regra própria) e também a aplicação da mesma sistemática executiva para os termos de ajustamento de conduta — títulos executivos extrajudiciais.[878]

Em sede de execução de sentença decorrente das ações individuais, civis públicas e coletivas, havia a determinação do impulso oficial no art. 878 da CLT com redação originária nos seguintes termos: "A execução poderá ser promovida por qualquer interessado, ou *ex officio* pelo próprio Juiz ou Presidente ou Tribunal competente, nos termos do artigo anterior. Parágrafo único — Quando se tratar de decisão dos Tribunais Regionais, a execução poderá ser promovida pela Procuradoria da Justiça do Trabalho". Esse artigo é aplicável ao cumprimento de sentença das ações civis públicas e coletivas que tramitam na Justiça do Trabalho.

Sempre houve confusão doutrinária quanto ao tema. A norma coletiva decorrente de sentenças normativas, decisões dos tribunais, pode ser descumprida sob a ótica individual e necessitará de uma reivindicação extrajudicial ou judicial. No entanto, se a sentença coletiva é descumprida como um todo e para todos os envolvidos não faz sentido entender pela necessidade de uma nova ação em razão da produção de provas. Wilson Batalha já defendia o rito executivo para a ação de cumprimento. Na realidade, essa ação de cumprimento da sentença normativa que tem o sindicato no polo ativo representa o mesmo cumprimento de sentença previsto no art. 878 da CLT, com o impulso oficial do juiz, do Presidente do Tribunal ou do Ministério Público do Trabalho.

As execuções trabalhistas nunca proibiram a produção de provas a depender da matéria debatida entre as partes. Não haveria sequer incidência da prescrição para essas ações, pois não se trata de uma pretensão originária, mas do cumprimento do que ficou determinado em uma decisão judicial, ainda que em termos de cláusula coletiva. A sentença normativa equipara-se a cláusulas obrigacionais que podem ser criadas pelas partes individuais em acordos trabalhistas homologados pelo juízo. Não há distinção. Houve um tratamento equivocado por cerca de oitenta anos quanto a uma matéria diferente — o processo coletivo. A doutrina e a jurisprudência, com honrosas exceções, têm dificuldade em pensar o processo coletivo dissociado do processo individual.

Independentemente do processo ser sincrético, com o cumprimento de sentença nos mesmos autos do processo principal, ou de existir uma ação inaugural para o evento da execução (a ação de cumprimento), não se descura que o título coletivo é genérico. A depender do modo de atuação, a concretude desse título pode ocorrer por meio do cumprimento de sentença ou por meio da ação de cumprimento. O Cadastro Nacional das Ações Coletivas, instituído pelo CNJ e pelo CNMP, tem uma classe específica para a ação de cumprimento: ACUMPR —

---

(878) COSTA, Marcelo Freire Sampaio. *Curso de processo coletivo do trabalho*: em consonância com a reforma trabalhista. São Paulo: LTr, 2018. p. 249-252.

atualmente com 61.809 processos em tramitação na Justiça do Trabalho (marcador fixado até o mês de março de 2022).(879)

Em 2017, a regra geral para as execuções mudou. O impulso oficial está expressamente excetuado para o *jus postulandi* e para a execução de contribuições previdenciárias. O processo coletivo não tem a mesma fragilidade do processo individual promovido por uma pessoa individual, na maioria das vezes simples e sem conhecimentos técnicos. Esse acesso à Justiça foi pensado e repensado para sustentar uma coletividade de pessoas lesionadas ou com direitos descumpridos, conferindo-se a elas um ente coletivo equivalente, em forças técnicas e econômicas, ao ofensor. Independentemente de ser o sindicato, representante da coletividade contemporânea dos trabalhadores; o Ministério Público do Trabalho, representante da sociedade; ou qualquer outro legitimado previsto no art. 5º da Lei n. 7.437/1985 ou do art. 82 da Lei n. 8.078/1990, essa pessoa jurídica fixada por lei para defender um coletivo não se equipara à simplicidade do trabalhador ou empregador, pessoas físicas, que possam integrar os polos ativos e passivos da demanda trabalhista individual.

Há a mitigação da simplicidade, enquanto princípio e norma jurídica para as ações individuais previstas no art. 840 da CLT, para as petições iniciais das ações civis públicas e coletivas. Os fatos e os pedidos, ainda que liquidados previamente por estimativa para todos os procedimentos trabalhistas, com a ampliação da regra do rito sumaríssimo para o ordinário (Lei n. 13.467/2017), não é aplicável à petição inicial da tutela coletiva. Todos os legitimados extraordinários previstos em lei têm contra si uma presunção de responsabilidade técnica no seu dever de agir, fundamentado na regra de serem substitutos legais dos verdadeiros titulares. E, nesse ponto, há as experiências na legislação estrangeira, especialmente o estadunidense que analisa com maior cautela os escritórios jurídicos que podem representar a coletividade nas *class actions*.

O Ministério Público do Trabalho, detentor do dever de agir até mesmo quando outro legitimado abandona o processo coletivo (art. 5º, § 1º da Lei n. 7.437/1985), é composto por pessoas graduadas em Direito, com experiência prévia de três anos, que se submetem a um dos concursos públicos mais concorridos do Estado brasileiro. Não é por acaso que a defesa da coletividade foi atribuída a esse órgão essencial ao funcionamento da Justiça, regulamentado constitucionalmente na Seção I do Capítulo IV da Constituição Federal de 1988. Em outros países essa instituição faz parte da mesma carreira da magistratura(880), mas,

---

(879) BRASIL. Conselho Nacional da Justiça e Conselho Nacional do Ministério Público. *Cadastro Nacional de Ações Coletivas*. Disponível em: <https://paineisanalytics.cnj.jus.br/single/?appid=1d54bc4d-81c7-45ae-b110-7794758c17b2&sheet=87f1a661-cf86-4bda-afe4-61dfc6778cd4&lang=pt-BR&opt=ctxmenu,currsel>. Acesso em: 21 mar. 2022.

(880) França e Bélgica (LEITE, Carlos Henrique Bezerra. *Direitos metaindividuais*. São Paulo: LTr, 2005. p. 27), Alemanha e Itália (MELO, André Luiz Alves de. O Ministério Público no mundo. *Migalhas de*

mesmo no Brasil, em que a carreira é diferenciada, há prerrogativas constitucionais equivalentes (art. 128, inciso I).

Assim, ainda que um dos legitimados extraordinários seja o autor da ação civil pública ou coletiva, para coibir eventual deficiência da defesa técnica do direito coletivo em sentido amplo, o legislador previu a intervenção obrigatória do Ministério Público nessas ações. E, por isso, não há que se equiparar a execução ou o cumprimento de sentença coletiva ao *jus postulandi* previsto no art. 878 da CLT. Esse ficará restrito ao cumprimento individual das ações coletivas pelo titular que opte por não utilizar o advogado para acessar o sistema judicial trabalhista.

Quanto ao cumprimento da sentença normativa pelos sindicatos, essas poderiam ser realizadas por mera petição nos autos. O art. 872 da CLT, conforme a legislação celetista originária, em momento algum mencionou em sua redação o ajuizamento de uma ação pelo sindicato, apenas o fez no parágrafo único para o trabalhador individual. Na década de cinquenta, a Lei n. 2.275/1954 alterou a redação do parágrafo único do artigo para incluir a palavra sindicato ao lado dos trabalhadores e antes da reclamação, justificando o entendimento da doutrina clássica citada, seguida pelos tribunais trabalhistas, quanto à existência de prazo para a pretensão de natureza condenatória, consubstanciada na ação de cumprimento.

Atualmente, sem o impulso oficial como regra geral do art. 878 da CLT, houve um reforço do entendimento doutrinário referente à necessidade de ajuizamento da ação de cumprimento pelas entidades sindicais quanto aos descumprimentos das cláusulas normativas previstas em sentenças, acordos ou convenções coletivas. Todos os demais atos processuais deverão ser impulsionados pelas partes, da liquidação até o arquivamento da execução judicial, observada a exceção legal do *jus postulandi* em processos individuais. O parágrafo único do art. 878 da CLT, com as exceções legais, via de regra, não é aplicável à tutela coletiva. As exceções encontram-se na liquidação e execução individual com *jus postulandi* e quando há condenação em contribuições previdenciárias.

5.3.2. O prazo das adesões individuais na liquidação coletiva e no cumprimento da sentença: art. 100 do Código de Defesa do Consumidor

O microssistema brasileiro de acesso coletivo à Justiça foi legalmente previsto antes da legislação civil coletiva italiana (2009). E diferente dessa legislação, o sistema pátrio não comporta adesões individuais prévias no processo de conhecimento. Até mesmo nos processos coletivos típicos da área trabalhista

---

Peso. Pub. 06.12.2006. Disponível em: <https://www.migalhas.com.br/depeso/33277/o-ministerio-publico-no-mundo>. Acesso em: 11 out. 2021).

não é exigida a lista dos indivíduos defendidos pelas entidades sindicais, salvo no cumprimento coletivo da sentença normativa. E, por isso, as exceções pessoais não podem ser opostas no processo coletivo para os aderentes até o fim da fase de conhecimento.

A liquidação e a execução coletivas das ações civis públicas e coletivas utilizadas cada vez mais na área trabalhista, e na área cível, adquiriram especial atenção com a dificuldade de gerenciamento processual dos titulares do direito afetados. Quando os titulares optam pela liquidação individual da sentença, o trânsito em julgado da ação de cumprimento é o marco de reinício da contagem da pretensão individual, observados os casos de interrupção do tempo processual ou de suspensão dele, se já interrompido por outro ato anterior.

A redação original da Lei n. 7.347/1985 continha no art. 13 a previsão para a execução coletiva e reversão dos valores a um fundo para a restituição dos bens lesados. Houve o veto presidencial quanto a outros direitos difusos. E por isso essa reversão coletiva para a reparação do dano genericamente causado à coletividade fazia sentido naquela época. A expressão "outros direitos difusos" foi reinserida no ordenamento pátrio com a Constituição Federal de 1988, art. 129, inciso III, agregando-se a ela os direitos coletivos. Em 1990, o Código de Defesa do Consumidor completou o sistema de acesso coletivo, agregando aos já conhecidos direitos coletivos e difusos a categoria dos individuais homogêneos. Em 1993, as leis orgânicas dos Ministérios Públicos da União e Estados inseriram nas atribuições do órgão a defesa de todas as categorias de direitos metaindividuais — art. 6º, inciso VII, alínea *d* da Lei Complementar n. 75, de 20 de maio e art. 25, inciso IV, alínea *a* da Lei n. 8.625, de 12 de fevereiro, respectivamente.

Essa linha histórica traçada dá a ideia de como surgiram os direitos individuais homogêneos, fundamental para explicar a redação do art. 94 do CDC apartado das regras gerais e inserido no capítulo que trata das ações coletivas para tutela de direitos individuais homogêneos. A interpretação literal do texto legal indica que o edital será publicado após o ajuizamento da ação coletiva para permitir o ingresso dos titulares individuais como litisconsortes.

Imagine-se a confusão processual gerada pelo ingresso de todas as pessoas atingidas na fase de conhecimento da ação coletiva, ainda que na condição de expectadores. Os comentários sobre o art. 94 do CDC, realizados por Ada Pellegrini, lamentam o veto do art. 96 com a determinação de divulgação pelos legitimados extraordinários da sentença coletiva aos beneficiários por meio de edital. Informam a necessidade de conhecimento do conteúdo das ações no meio possível e mais acessível, televisão e rádio, além da presunção ficta de conhecimento da ação por todos os interessados. Para a autora, a finalidade da intervenção precoce como litisconsórcio unitário, com proibição de ampliação do objeto da lide, consiste na assunção dos efeitos da coisa julgada improcedente para essas pessoas.[881]

---

(881) GRINOVER, Ada Pellegrini *et. ali*. *Código Brasileiro de Defesa do Consumidor*: comentado pelos autores do anteprojeto. 12. ed. Rio de Janeiro: Forense Universitária, 2019. p. 967-968.

O art. 100 do Código de Defesa do Consumidor também se encontra topograficamente na seção que trata dos direitos individuais homogêneos e é aplicado às ações civis públicas, por força do art. 90 do CDC e do art. 21 da Lei n. 7.347/1985 (LACP). O legislador brasileiro não descartou a hipótese de a sentença condenatória não vir a ser objeto de execução ou dos interessados não se habilitarem em número compatível com a gravidade do dano, pois esse dano globalmente considerado pode ser grande, mas individualmente insignificante, por isso criou residualmente esse sistema que converte o valor que seria destinado ao titular individualmente atingido para um fundo. Mas também pode ocorrer de alguns titulares do direito reivindicarem valores e apenas o residual, não reclamado ser convertido ao fundo.(882)

O art. 100 do CDC(883) é cronologicamente posterior ao art. 15 da lei da ação civil pública(884), incluindo nele apenas a subsidiariedade da faculdade dos demais legitimados extraordinários assumirem a execução coletiva. A lei nova não tratou inteiramente da matéria tratada na lei anterior, e nem há uma relação de especialidade e generalidade entre elas, art. 2º da Lei n. 4.657/1942 (Lei de introdução às normas do ordenamento brasileiro). Ambas as normas são consideradas leis especiais. As leis são expressamente complementares, art. 90 do CDC e art. 21 da LACP. Os direitos individuais homogêneos ingressaram dentro das atribuições do Ministério Público por força da codificação do consumidor (arts. 81 e 82), mas também em razão das leis orgânicas do *Parquet*. Portanto, a despeito dos prazos de 60 (sessenta) dias e de 1 (um) ano, para melhor compatibilizar as normas, a solução de harmonia para o microssistema de acesso coletivo à Justiça tem três conclusões: a) a execução individual é prioritária; b) na ausência dela, o autor coletivo deve assumi-la; c) na omissão de ambos, é dever do Ministério Público continuar a execução. As categorias de direitos coletivos são importantes para o Sistema de Justiça e para a sociedade e o Ministério Público tem o dever precípuo de zelar pelo ordenamento jurídico.

Resta a dúvida sobre a compatibilização dos prazos legais e sobre sua natureza jurídica. O legislador poderia ter alterado o prazo de sessenta dias na

---

(882) GRINOVER, Ada Pellegrini. Das ações coletivas para a defesa de interesses individuais homogêneos. *In*: GRINOVER, Ada Pellegrini *et. ali*. *Código Brasileiro de Defesa do Consumidor*: comentado pelos autores do anteprojeto. 5. ed. Rio de Janeiro: Editora Forense, 1998. p. 980.

(883) "Art. 100. Decorrido o prazo de um ano sem habilitação de interessados em número compatível com a gravidade do dano, poderão os legitimados do art. 82 promover a liquidação e execução da indenização devida. Parágrafo único. O produto da indenização devida reverterá para o fundo criado pela Lei n. 7.347, de 24 de julho de 1985."

(884) Redação originária do art. 15: "Decorridos 60 (sessenta) dias do trânsito em julgado da sentença condenatória, sem que a associação autora lhe promova a execução, deverá fazê-lo o Ministério Público". Nova redação do art. 15, alteado pela codificação do consumidor: "Decorridos sessenta dias do trânsito em julgado da sentença condenatória, sem que a associação autora lhe promova a execução, deverá fazê-lo o Ministério Público, facultada igual iniciativa aos demais legitimados. *(Redação dada pela Lei n. 8.078, de 1990)*".

reforma que realizou no art. 15 da Lei n. 7.437/1985, mas não o fez. Poder-se-ia entender que para os direitos difusos e coletivos (art. 1º, IV da LACP) o prazo será de 60 (sessenta) dias e para os direitos individuais homogêneos (art. 100 do CDC) o prazo será de 1 (um) ano.

Há um dever subsidiário do *Parquet* para executar coletivamente o comando sentencial transitado em julgado, quando titulares e legitimados deixam de fazê-lo e uma preferência para a atuação desse órgão face aos demais legitimados. O Supremo Tribunal Federal editou a Súmula n. 601[(885)] sobre a legitimação do Ministério Público para direitos individuais homogêneos e fixou a Tese n. 471[(886)] para esclarecer a legitimidade do *Parquet* para os direitos individuais homogêneos disponíveis, pacificando a dúvida suscitada em processos judiciais.

O prazo será unificado: 1 (um) ano. A jurisprudência formada pelos tribunais é vacilante quanto ao marco de contagem desse prazo, embora aceite para todas as categorias o prazo unificado em 1 (um) ano.[(887)] Interessante observar que o veto presidencial[(888)] quanto à ciência dos titulares na execução (art. 96 do CDC) foi ressuscitado pela prática dos tribunais ante a importância dessa ciência, ainda que presumida, para que o prazo de um ano seja contado, sendo escolhido o marco do edital publicado no processo de execução[(889)] em preferência à data do

---

(885) "Súmula n. 601. O Ministério Público tem legitimidade ativa para atuar na defesa de direitos difusos, coletivos e individuais homogêneos dos consumidores, ainda que decorrentes da prestação de serviço público."

(886) Tema n. 471 do Supremo Tribunal Federal (processual civil) — RE 631.111-GO, j. 07.08.2014. Tese: "Com fundamento no art. 127 da Constituição Federal, o Ministério Público está legitimado a promover a tutela coletiva de direitos individuais homogêneos, mesmo de natureza disponível, quando a lesão a tais direitos, visualizada em seu conjunto, em forma coletiva e impessoal, transcender a esfera de interesses puramente particulares, passando a comprometer relevantes interesses sociais".

(887) BRASIL. Tribunal Superior do Trabalho. Acórdão em agravo em sede de recurso de revista ARR 1510-63.2012.5.08.0201. 5ª Turma, Ministro Relator Breno Medeiros, DJe 26.6.2020. BRASIL. Tribunal Regional do Trabalho da 17ª Região. Acórdão em agravo de petição AgPet 0033400-22.2013.5.17.0011. Pleno, Desembargador Relator Mário Ribeiro Cantarino Neto, Pub. 23.11.2015. BRASIL. Superior Tribunal de Justiça. Acórdão em recurso especial REsp 869.583. 4ª Turma, Ministro Relator Luis Felipe Salomão, DJe 05.09.2012. BRASIL. Superior Tribunal de Justiça. Acórdão em recurso especial REsp 1.156.021. 4ª Turma, Desembargador Relator Marco Aurélio Gastaldi Buzzi, DJe 5.5.2014. BRASIL. Tribunal Regional Federal da 4ª Região. Acórdão em agravo interno AgIn 5029918-48.2019.4.04.0000, 4ª Turma, Desembargadora Relatora Vivian Josete Pantaleão Caminha, DJFe 20.2.2020.

(888) Mazzilli explica que o veto ocorreu em razão da remissão errada do art. 96 ao art. 93 e não ao art. 94 da lei do consumidor, artigo que seria o correto (MAZZILLI, Hugo de Nigro. *A defesa dos interesses difusos em juízo*: meio ambiente, consumidor, patrimônio cultural, patrimônio público e outros interesses. 15. ed. rev., ampl. e atual. São Paulo: Saraiva, 2002. p. 402).

(889) BRASIL. Tribunal Superior do Trabalho. Acórdão em agravo em sede de recurso de revista ARR 1510-63.2012.5.08.0201. 5ª Turma, Ministro Relator Breno Medeiros, DJe 26.06.2020. BRASIL. Superior Tribunal de Justiça. Acórdão em recurso especial REsp 869.583. 4ª Turma, Ministro Relator Luis Felipe Salomão, DJe 05.09.2012. BRASIL. Superior Tribunal de Justiça. Acórdão em recurso especial REsp 1.156.021. 4ª Turma, Desembargador Relator Marco Aurélio Gastaldi Buzzi, DJe 05.05.2014. BRASIL. Tribunal Regional Federal da 4ª Região. Acórdão em agravo interno AgIn 5029918-48.2019.4.04.0000, 4ª Turma, Desembargadora Relatora Vivian Josete Pantaleão Caminha, DJFe 20.2.2020.

trânsito em julgado da sentença[890] entre os tribunais pesquisados. Leonel indica o início da contagem com o trânsito em julgado da sentença condenatória.[891] Porém, a publicação de edital na fase de liquidação de sentença, para cientificar os titulares do direito e facultar a sua adesão à execução do julgado, é um marco mais seguro para permitir a execução coletiva do resíduo indenizatório do dano ou do descumprimento de um direito.

O art. 99 da Lei n. 8.078/1990 fixa a concorrência entre os créditos individuais e coletivos decorrentes das sentenças em ações civis coletivas e públicas. Não se aplica o art. 100 da Lei n. 8.078/1990 aos processos individuais que forem suspensos ou às ações de cumprimento ajuizadas individualmente. Quando existe processo individual anterior para debater a controvérsia material do direito, suspenso para aguardar-se a ação coletiva, o início do prazo prescricional executório conta-se do trânsito em julgado da sentença da ação coletiva. O titular individual optou por aguardar a sentença coletiva para ajuizar a ação de cumprimento, o prazo prescricional igualmente conta-se do trânsito em julgado da sentença.

O prazo ânuo refere-se exclusivamente à execução coletiva. Os entes legitimados optaram por executar a sentença coletiva abrangendo os indivíduos titulares do direito, o prazo da pretensão executiva para o ajuizamento da ação de cumprimento também será contado do trânsito em julgado da sentença coletiva se o processo é anterior a 2006, marco de alteração do Código de Processo Civil de 1973 (execução sincrética, ou seja, mera fase processual) — relembrando que a codificação de 2015 manteve o entendimento.

Para pleitear o envio dos valores arrecadados para o fundo reparatório do dano (art. 13 da LACP e art. 100, parágrafo único, do CDC), os legitimados extraordinários precisarão aguardar o prazo de um ano para a habilitação de titulares do direito nos autos processuais em que tramita a execução coletiva em número suficiente e compatível com o dano. A cláusula é aberta e será concretizada casuisticamente.

Houve elogio ao legislador por não fixar de antemão parâmetros para o número de titulares e nem para o montante compatível. Porém, para evitar maiores dúvidas, a doutrina tem defendido a alteração do dispositivo para que se aguarde o fim do prazo prescricional das pretensões individuais dos titulares. A exceção far-se-ia para os prazos demasiadamente extensos a ponto de comprometer a recuperação fluida do valor (fundo) onde seria autorizada a antecipação da con-

---

(890) BRASIL. Tribunal Regional do Trabalho da 17ª Região. Acórdão em agravo de petição AgPet 0033400-22.2013.5.17.0011. Pleno, Desembargador Relator Mário Ribeiro Cantarino Neto, Pub. 23.11.2015.

(891) LEONEL, Ricardo de Barros. *Manual do processo coletivo*. São Paulo: Revista dos Tribunais, 2002. p. 381.

versão residual por meio de decisão fundamentada.[892] A crítica que se faz ao fato é o retorno ao primeiro critério já fixado. Esse critério pode ser controlado pelas instâncias superiores, em sede dos recursos cabíveis, a partir da motivação da sentença.

No Processo Civil, se as partes solicitam a manifestação do juiz quanto ao montante mínimo e o número de pessoas entendido como suficiente para manter a execução individual dos titulares sem a conversão para o fundo, a sentença tratará de fixar alguns parâmetros. Porém, se o juiz realiza a fixação de ofício, essa sentença pode ser anulada por decisão *extra petita*, fora dos pedidos, além de violar a norma da não surpresa (art. 10 do CPC). Além disso, o art. 491, II do CPC impede o juiz de fixar as condições de cumprimento se o comando sentencial depender de prova na liquidação, sendo esse o caso das sentenças coletivas (art. 95 do Código de Defesa do Consumidor). No Processo do Trabalho, o art. 832 da CLT confere ao juiz o dever de fixar o prazo e as condições de cumprimento da sentença. Não será considerada inovação a fixação do número mínimo de habilitados e o valor a ser revertido para o fundo coletivo de reparação após o lapso de um ano da publicação do edital, o qual cientifica as partes do início do cumprimento de sentença. A tentativa de inserir parâmetros de liquidação futura é louvável e facilita a liquidação da sentença.

Encontrou-se na doutrina posição que defende ser direito difuso a natureza jurídica do valor revertido para o fundo.[893] Porém, entende-se que essa afirmação não é condizente com o objeto da ação coletiva. O direito nascerá de uma das categorias previstas no art. 81 do CDC, sendo a reparação residual convertida para um fundo específico, como um meio de fortalecer o direito da coletividade afetada e prevenir novas condutas ilícitas. Essa coletividade corresponderá ao objeto da ação coletiva proposta. Na impossibilidade, a doutrina defende destinações atípicas[894], mas essa é uma construção doutrinária, decorrente de interpretação sistemática e não da literalidade da norma.

Argumenta-se que o art. 100 da codificação consumerista seria aplicável exclusivamente à execução da sentença decorrente da ação coletiva que tutela direitos individuais homogêneos dos consumidores e não a outras ações coletivas, pois sindicatos e associações conseguiriam encontrar os titulares do direito. Zavascki indica que o prazo ânuo é decadencial.[895] Para ser decadencial, o prazo

---

(892) DONIZETE, Elpídio; CERQUEIRA, Marcelo Malheiros. *Curso de processo coletivo*: contém jurisprudência temática e índice alfabético de assuntos. São Paulo: Atlas, 2010. p. 379.

(893) Por todos RODRIGUES, Marcelo Abelha**.** *Ação civil pública e meio ambiente*. Rio de Janeiro: Forense Universitária, 2003. p. 264.

(894) DIDIER JR., Fredie; ZANETI JR., Hermes. *Curso de direito processual civil*: processo coletivo. 14. ed. rev. atual. Salvador: Juspodivm, 2020. p. 531-533

(895) ZAVASCKI, Teori Albino. *Processo coletivo*: tutela de direitos coletivos e tutela coletiva de direitos. São Paulo: Editora Revista dos Tribunais, 2006. p. 202.

de um ano deveria constituir uma potestade. Não é o que ocorre. O prazo também não constitui o direito à reparação coletiva — esse direito já foi reconhecido previamente por meio da sentença.

Leonel defende a natureza jurídica prescricional do prazo de um ano e sua aplicação aos direitos individuais homogêneos que não tenham prazo específico.[(896)] Esse prazo também não se refere à prescrição da pretensão individual dos titulares do direito. A pretensão reparatória de recomposição máxima do dano para determinada coletividade já estava presente no ajuizamento da ação coletiva. Ademais, a legislação é expressa quanto à concorrência entre a execução individual e a coletiva (art. 99 do CDC) com preferência de pagamento do crédito individual ao coletivo, e não de exclusão de um em proveito do outro. Pode acontecer dos pedidos serem cumulativos, reparação destinada aos titulares do direito e à coletividade lesionada (indenização pelo dano moral coletivo). Na ausência de titulares em número suficiente haverá duas indenizações coletivas concomitantes: uma indenização material, subsidiária ou residual, outra extrapatrimonial.

O prazo ânuo seria uma condição ou termo para o exercício do direito de conversão residual dos valores para um fundo reparatório.[(897)] Essa é a posição mais condizente com o tipo de prazo ou direito envolvido. Complementa-se ao argumento de implementada a condição (um ano da publicação do edital sem o número suficiente de pessoas) e não termo[(898)], esse limite temporal não é abrangido pelo prazo preclusivo, pois o número pode advir em outro momento sendo considerado compatível pelo magistrado condutor da execução trabalhista. Trata-se de procedimento incidental.[(899)]

A contagem inicial do prazo ânuo será realizada a partir da publicação do edital de ciência dos titulares individuais, que podem existir em qualquer das categorias. Essa solução é mais adequada ao resultado previsto pela legislação aplicável ao microssistema de acesso coletivo, a despeito dos pensamentos contrários e considerando o veto presidencial do art. 96 da codificação consumerista ser fundamentado em remissão a um artigo errado da mesma legislação. A segurança jurídica e o melhor aproveitamento dos atos processuais atendem ao escopo perseguido pelo ordenamento pátrio e pelo Sistema de Justiça.

---

(896) LEONEL, Ricardo de Barros. *Manual do processo coletivo*. São Paulo: Revista dos Tribunais, 2002. p. 381.

(897) RODRIGUES, Marcelo Abelha. *Ação civil pública e meio ambiente*. Rio de Janeiro: Forense Universitária, 2003. p. 271.

(898) LEITE, Carlos Henrique Bezerra. *Liquidação em ação civil pública trabalhista*. São Paulo: LTr, 2004. p. 204.

(899) CORDEIRO, Wolney de Macedo. A delimitação procedimental da liquidação das sentenças de tutela de direitos individuais homogêneos no processo do trabalho. *In*: RIBEIRO JR., José Hortêncio; CORDEIRO, Juliana Vignoli; FAVA, Marcos Neves; CAIXETA, Sebastião Vieira. *Ação coletiva na visão de juízes e procuradores do trabalho*. São Paulo: LTr, 2006. p. 326.

5.4. A PRESCRIÇÃO INTERCORRENTE E AS EXECUÇÕES COLETIVAS

O procedimento aplicável ao cumprimento de sentença é o mesmo aplicado aos processos individuais trabalhistas, previsto no art. 876 e seguintes da Consolidação das Leis do Trabalho, porém seu início ocorre por meio de uma ação de natureza condenatória, a ação de cumprimento. Por meio dessa ação haverá a liquidação da condenação genérica (art. 95 do Código de Defesa do Consumidor). Em termos de dissídio coletivo, a ação de cumprimento apenas será ajuizada se houver descumprimento da cláusula constituída na sentença normativa. Essa ação pode ser ajuizada pelos legitimados extraordinários ou pelos indivíduos e seus sucessores (art. 97 do Código de Defesa do Consumidor). Se a ação for ajuizada pelos indivíduos, haverá ilegitimidade de parte para a atuação em nome próprio de todo o grupo, categoria ou sociedade. A legitimação será restrita à pessoa titular do direito que o executa.

Raimundo Simão de Melo entende pela imprescritibilidade da execução coletiva, no mesmo sentido da imprescritibilidade das pretensões coletivas, limitadas aos direitos difusos e coletivos, pois quanto aos direitos individuais homogêneos, há dentro dessa tese a acidentabilidade coletiva e por isso o prazo aplicável seria o do art. 7º, inciso XXIX da CF/1988.[900] Marcelo Freire excepciona a prescrição intercorrente para as obrigações de fazer, não fazer e suportar, em razão de aplicar o art. 536 do CPC, que trata da autorização para a execução de ofício pelo juiz ou a requerimento da parte, e com esse impulso oficial legalmente previsto.[901]

A reforma trabalhista de 2017 inseriu no plano individual a prescrição intercorrente expressamente na Consolidação das Leis do Trabalho (art. 11-A), nada dispondo sobre as pretensões coletivas. Porém, em 2021[902] foi inserido o art. 206-A no Código Civil: "a prescrição intercorrente observará o mesmo prazo de prescrição da pretensão". Por análise sistemática verifica-se que o processo coletivo tem uma pretensão coletiva consubstanciada na regra geral do ordenamento com o prazo de 10 anos com exceções. O impulso oficial foi limitado para a execução trabalhista individual com *jus postulandi* e para a cobrança das contribuições previdenciárias. O procedimento aplicável à liquidação e cumprimento das sentenças trabalhistas em tutela coletiva é o executório previsto no art. 876 e seguintes do texto consolidado. Não há previsão legal para aplicar ou afastar a prescrição intercorrente em pretensões decorrentes da tutela coletiva.

---

(900) Por todos MELO, Raimundo Simão de. *Ação civil pública na Justiça do Trabalho*. 2. ed. São Paulo: LTr, 2004. p. 184.

(901) COSTA, Marcelo Freire Sampaio. *Curso de processo coletivo do trabalho*: em consonância com a reforma trabalhista. São Paulo: LTr, 2018. p. 252.

(902) Redação dada pela Medida Provisória n. 1.040, de 29 de março de 2021 convertida na Lei n. 14.195, de 26 de agosto de 2021.

Quanto às ações de cumprimento decorrentes da sentença coletiva e ajuizadas por indivíduos, aplica-se o art. 11-A da CLT com as mesmas técnicas de contagem do prazo a partir do despacho que determinar a realização de um ato, e a posterior inércia do exequente. Porém, tratando-se da tutela coletiva executória, a lei fixou aos legitimados extraordinários o dever de assumir a legitimidade processual, especialmente ao Ministério Público do Trabalho, quando houver abandono da ação ou desistência infundada, esses casos equiparam-se à inércia do exequente (art. 5º, § 3º da Lei n. 7.437/1985 com alteração pela Lei n. 8.078/1990). A lacuna existente no sistema é colmatada com o próprio sistema coletivo nesse caso.

A ausência de previsão para o impulso oficial nas execuções coletivas é fato. O argumento de que o Ministério Público do Trabalho equivale ao *jus postulandi*, porque as ações que ajuízam também são destituídas de advogado, é frágil. O Ministério Público é órgão técnico com equivalência à advocacia, embora tenha prerrogativas legais diferenciadas. A prescrição intercorrente não se aplica às chamadas execuções coletivas porque quando um ente legitimado abandonar o cumprimento da sentença, procedimentos de liquidação e execução, outro será convocado para assumir a legitimidade processual.

Caso os Tribunais Superiores fixem entendimento diferente, pela aplicabilidade da prescrição intercorrente nas pretensões executivas coletivas, o prazo deverá ser de 10 anos, salvo as exceções de imprescritibilidade e de pretensão da tutela executiva de reintegração no emprego (prazo bienal). Não se aplicará o reconhecimento da prescrição intercorrente de ofício. O fundamento que poderá ser suscitado para existir a prescrição intercorrente seria a aplicação subsidiária do art. 206-A do Código Civil. O prazo quinquenal extraído da lei da ação popular, como explicitado no capítulo 4, não é compatível e não pode ser utilizado para complementar o microssistema de acesso coletivo à Justiça. Esse entendimento, se adotado, violará o art. 5º da Lei n. 7.347/1985, que confere aos entes legitimados extraordinários o dever de impulsionar a execução coletiva, na ausência, inércia ou abandono de outros legitimados coletivos.

O dever de impulsionamento do art. 5º da Lei n. 7.347/1985 dispõe: na incompatibilidade de aderentes para fazer frente ao dano praticado, os valores serão encaminhados (indenização globalmente considerada) para um fundo coletivo – art. 100 do Código de Defesa do Consumidor. Não se aplica, portanto, a prescrição intercorrente às execuções coletivas e às ações de cumprimento coletivas, embora o instituto seja aplicado às ações de cumprimento individuais decorrentes das sentenças coletivas.

5.5. VANTAGENS DA ADOÇÃO DA TESE DECENAL PARA O SISTEMA DE JUSTIÇA E PARA O ACESSO COLETIVO À JUSTIÇA

Um devedor, pessoa física ou jurídica, que lesa o ordenamento pátrio inúmeras vezes, de modo contínuo, pode tornar-se um grave problema para todo o sistema de Justiça. A sua conduta pode gerar um sentimento de impunidade ou de insuficiência do Estado para controlar, harmonizar e reger uma sociedade. Esse desequilíbrio fere a própria essência do conceito de Justiça e coloca a existência de um Estado em dúvida.

Se um ordenamento jurídico não é respeitado por uma sociedade, ele se torna fraco e vulnerável. A razão de ser do Direito perde o sentido. A lei do mais forte tende a prevalecer. Surgem ordenamentos sociais paralelos ao Estado. O acesso coletivo à Justiça foi criado exatamente para coibir o enfraquecimento do sistema de Justiça causado por pessoas físicas ou jurídicas que praticam atos continuados ou únicos que lesam uma infinidade de pessoas, que não procurariam o Poder Judiciário face ao alto custo processual comparado à lesão.

Permitir que esses devedores ou infratores sejam protegidos pelo esquecimento de sua lesão em detrimento da sociedade gera injustiça e afeta a própria simbologia da Justiça para os cidadãos de um Estado. O tempo faz parte da política pública do sistema de Justiça por meio do instituto da prescrição extintiva.

Utilizar o prazo decenal para o combate a esse tipo de lesão, quando a legislação das ações coletivas não contém um prazo normativo, permite a pacificação social pelo tempo e o combate ao infrator que atua contra uma coletividade. Traz para o sistema de Justiça unicidade e harmonia, fortalecendo-o.

Cinco anos é um tempo previsto para o combate a atos administrativos praticados pelo Poder Público quando se analisa o objeto da ação popular brasileira. Cinco anos também é o tempo que o trabalhador tem para reivindicar os direitos contratuais individuais trabalhistas perante seu empregador, observada a cláusula restritiva dos dois anos após o fim do contrato. Tratar aquele que pratica lesão contra uma infinidade de pessoas, congestionando o Poder Judiciário, beneficiando-se da dificuldade do Estado em fazer cumprir a lei ante a coletividade atingida, como se fosse uma pessoa física ou jurídica individual, é o mesmo que colocar na balança de um lado um grão de trigo e de outro um saco de trigo, tentando obter desses pratos um equilíbrio impossível.

Os 10 anos previstos para as pretensões sem prazo legal aplicam-se para as pretensões coletivas como um meio de educar o infrator, recuperar da melhor forma possível o ambiente lesado, sob um olhar mais maduro. Esse tempo também ajuda a melhor entender o dano e as suas consequências. Quando as pretensões individuais são extintas pelo decurso do tempo, com a aplicação do prazo quinquenal, esse infrator permanece impune e é estimulado a praticar o mesmo ato outras vezes, pois não houve a reprimenda prometida pelo Estado. Não haverá prejuízo ou conflito entre a aplicação da norma individual com a norma coletiva referentes à prescrição, pois é necessário separar o direito coletivo do direito individual.

As pretensões individuais podem ser suspensas, na ciência da atuação judicial do legitimado coletivo, mas também podem sofrer os efeitos da interrupção ou mesmo do impedimento. Os indivíduos devem agir em busca da reivindicação formal de seus direitos, pois a pretensão coletiva não repristinará o prazo prescricional das pretensões individuais extintas. As pretensões podem ser exercidas judicial ou extrajudicialmente. Porém, se esses indivíduos permanecem inertes: *dormientibus non succurrit jus* (o Direito não socorre aos que dormem). Mas, o ordenamento jurídico poderá ser restabelecido. O infrator poderá ser reeducado. As funções do sistema de Justiça serão cumpridas, com especial ênfase à simbologia representada pelo Poder Judiciário enquanto órgão repressor do Estado, pois os primeiros cinco anos transcorridos não afastarão a reprimenda e a reeducação social.

O sistema pátrio não contém regra de conversão das ações individuais em coletivas, mediante certificação, como há no ordenamento estadunidense. Aplicar o prazo maior, de 10 anos, para as ações coletivas, com as exceções legais apresentadas, é coerente com uma interpretação sistemática, teleológica, inclusiva e harmônica. O legislador pátrio separou os direitos coletivos dos individuais com intuito de promover economia processual e maior efetividade na aplicação das normas jurídicas. Aplicar o prazo decenal, ao invés do prazo quinquenal, promove o cumprimento do ordenamento jurídico brasileiro.

O direito individual e suas pretensões podem ser reivindicados pelos titulares individuais. Lesões coletivas impõem um combate mais rigoroso no Estado sobre os infratores, independente da prescrição da pretensão individual, porque elas afetam a sociedade, o Estado e o sistema de Justiça. Rompem o pacto social. O prejuízo gerado é maior quando o sistema alberga a impunidade, sedimentando a injustiça pelo manto do instituto da prescrição. Manter o prazo decenal, superior ao prazo quinquenal, ou a qualquer outro prazo previsto para as pretensões individualmente consideradas, promove a reeducação social do agressor a todo esse sistema de Justiça, sociedade e Estado. Ajuda a recuperar o bem coletivo lesado e fortalece o pacto social.

CONSIDERAÇÕES FINAIS

Contar o tempo é uma construção humana. A utilização desse marco para sedimentar conflitos tem origem na Grécia Antiga. A partir da incorporação da prática grega da limitação temporal de reivindicações pelo Império Romano que se desenvolve o instituto da prescrição. O surgimento da Escola Pandectista (alemã) e os debates doutrinários que separaram os conceitos de pretensão, direito e ação, foram cruciais para o entendimento atual do instituto.

A prescrição é a perda da exigência ou reivindicação do direito pelo decurso do tempo. Tem natureza jurídica de direito material, mas deveria ser estudado dentro da Teoria Geral do Direito, com as especificações inseridas por cada ramo especializado. No Brasil, as regras gerais da prescrição foram inseridas na codificação civil, desde 1916. Os fundamentos da prescrição podem ser resumidos a partir de duas visões, a do Estado e a do indivíduo. Sob a perspectiva estatal, a harmonia da sociedade e do ordenamento passa pelo esquecimento de suas pequenas violações. O tempo sedimenta os conflitos e atende ao melhor gerenciamento dos processos e do Sistema de Justiça. Alguns conflitos merecem um tratamento perpétuo por ferir de modo mais profundo a organização social, mas esses são exceções à regra. Sob a perspectiva dos indivíduos, a inércia do titular do direito não pode ser utilizada em seu favor, permitindo ao violador da conduta, após um tempo determinado por lei, fruir de alguma paz de espírito. Porém, nada impede que o infrator cumpra tardiamente o direito reivindicado, se assim for de sua vontade.

Os ordenamentos jurídicos estrangeiros não têm uniformidade de tratamento da prescrição, embora haja regras comuns. O legislador de cada Estado regulamenta os prazos prescricionais a partir de um modelo ideal de sociedade que entende viável, sem um critério científico claro sobre a motivação da escolha de cada prazo prescricional. Há uma tendência mundial de combater-se as lesões atomizadas, porque elas desarmonizam todo o Sistema de Justiça, que é um dos pilares de existência de um Estado, porque ajuda a organizar as relações sociais do respectivo povo. Assim, as leis que regulamentam as ações coletivas e a doutrina construída em torno dessas ações têm se desenvolvido cada vez mais nos países pesquisados (Alemanha, Colômbia, Estados Unidos da América, França e Itália), com técnicas que melhoram a sanção estatal para o infrator que atinge, atomicamente, muitas pessoas.

Na área trabalhista, os prazos prescricionais estão previstos na Constituição Federal quando se trata de pretensão individual, mas em 2017 a Consolidação das Leis do Trabalho foi alterada para reproduzir o texto constitucional do art. 7º, XXIX, no art. 11, além de receber outras pequenas regulamentações quanto ao tema. Há regra celetista de imprescritibilidade das pretensões declaratórias (art. 11, § 1º da CLT), início de contagem da prescrição quanto à pretensão das férias não usufruídas (art. 149), impedimento da pretensão para trabalho do menor enquanto não alcançar 18 (dezoito) anos (art. 440), e de suspensão do prazo prescricional pela provocação de mediação nas Comissões de Conciliação Prévia (art. 625-G) e para o direito intertemporal (art. 916). A omissão legislativa é complementada pelo direito comum (art. 8º, § 1º da CLT): o regramento quanto à prescrição previsto no Código Civil.

A pretensão coletiva é diferente da pretensão individual, porque o direito brasileiro afastou-se do norte-americano. O direito estadunidense desenvolveu a disciplina das *class actions* de modo pragmático, permitindo a indivíduos a representação do direito de outros da mesma classe, preocupando-se mais com os advogados que patrocinam a ação, se o advogado tem experiência e condições de patrocinar o processo. O art. 333 do Código de Processo Civil de 2015, que permitia a coletivização das ações individuais de modo pragmático, foi vetado pela Presidência da República e não ingressou no ordenamento pátrio.

O direito italiano tem tradição de conceituar os institutos, categorizando-os. A partir dos estudos da década de sessenta e setenta sobre as *class actions* estadunidenses, conceituou os direitos como difusos, coletivos e individuais homogêneos a partir dos tipos previstos na Regra 23 (*true*, *hybrid* e *spurius*), classificação abandonada pelo direito norte-americano. A partir da classificação italiana desses direitos, de modo doutrinário, que a legislação pátria e a doutrina brasileira se desenvolveram. Por isso, direitos individuais homogêneos não são direitos acidentalmente coletivos, como o antigo sistema da Regra 23 dos EUA previa. São direito coletivo propriamente ditos e interessam ao sistema de Justiça e à sociedade como subespécie de direito metaindividual. O Direito Coletivo do Trabalho também passou por esse debate em seu nascedouro, antes de emancipar-se como categoria própria e coletiva, como direito síntese, e não soma — ideia importada pelos processualistas civis italianos. Importante destacar que a legislação e a doutrina pátrias têm influenciado alterações legislativas e doutrinárias na Colômbia.

Adverte-se que o tema ainda é pouco explorado na legislação, doutrina e jurisprudência diante de seu potencial. As pretensões coletivas, com exceção para pretensões coletivas decorrentes da Lei de Improbidade Administrativa e da Lei da Ação Popular, não têm prazo prescricional próprio. A categoria dos direitos metaindividuais, ou coletivos em sentido amplo, engloba as subespécies: difuso, coletivo e individual homogêneo. Todas elas visam a tutela da coletividade. As lesões extrapatrimoniais praticadas a qualquer uma dessas subespécies de direito metaindividual geram dano moral coletivo e permitem a conversão de valores, em caso de poucos aderentes ao cumprimento de sentença, a um fundo coletivo para a reparação geral do dano. E essa reparabilidade é concorrente com a reparabilidade possível e prevista em lei para os titulares individuais que aderiram ao título coletivo, ou que preferiram manter suas demandas independentes.

Tratando-se o instituto da prescrição de um direito restritivo, material e de ordem pública, sua interpretação não pode ser extensiva e nem se pode utilizar a regra hermenêutica da analogia. A regra geral do ordenamento jurídico brasileiro a ser aplicada quanto ao prazo prescricional é a prevista no art. 205 do Código Civil: "a prescrição ocorre em dez anos, quando a lei não lhe haja fixado prazo menor". O ordenamento pátrio é uno e indivisível. Portanto, essa regra é a aplicável à prescrição da pretensão coletiva, salvo as exceções previstas em normas jurídicas.

O prazo prescricional previsto na lei de ação popular (art. 21 da Lei n. 4.717/1965), de cinco anos, refere-se aos direitos difusos previstos naquela legislação. Essa legislação foi elaborada heterotopicamente — contém regras de direito material e processual. O objeto da pretensão, contido na legislação, é *"a anulação ou a declaração de nulidade de atos lesivos"* ao patrimônio público. O objeto das leis da ação civil pública e ação civil coletiva é mais abrangente, embora essas legislações sejam mais recentes (década de oitenta e noventa). Os Tribunais Superiores, na Justiça Comum e na Justiça do Trabalho, precisam analisar com maior cautela os casos envolvendo a prescrição de pretensões coletivas, porque, enquanto cortes de uniformização, têm o dever de zelar pela harmonia do sistema de Justiça em todos os seus aspectos: jurídico, simbólico, político e sociológico.

Em síntese, o prazo da pretensão coletiva veiculada nas ações civis públicas e coletivas é decenal, independente da categoria de direito coletivo veiculado (art. 5º da LACP e art. 81 do CDC). As multas e medidas coercitivas aplicadas pelo magistrado no curso do processo coletivo são obrigação principal. Independente da destinação para o erário público ou para um ente privado, essas multas e medidas coercitivas têm o mesmo prazo da obrigação principal. Há modulação do prazo prescricional decenal na área trabalhista quando o ilícito gerar uma tutela reintegratória, nascida com o fim do contrato de trabalho. Nesse caso, o prazo para a atuação dos legitimados coletivos será de dois anos para essa tutela específica (art. 7º, XXIX, da CF/1988), embora a indenização moral que emerge dessa dispensa coletiva siga o prazo decenal.

Há pretensões coletivas imprescritíveis. As pretensões decorrentes dos crimes de racismo e os crimes praticados por grupos armados contra a ordem constitucional e o Estado Democrático (art. 5º, XLIII e XLIV, CF/1988) foram gravadas pelo legislador constituinte com imprescritíveis. Essa matéria pode ser atraída para a competência da Justiça especializada, se sobrevier a regulamentação da competência penal (art. 114, IX, da CF/1988) e o motivo do crime estiver relacionado às relações de trabalho. A pretensão de reparação civil decorrente de dano ambiental (art. 225, § 3º, CF/1988 e Tema n. 999 do STF) também é imprescritível. O meio ambiente do trabalho faz parte do meio ambiente. A improbidade administrativa com ressarcimento enquanto pena decorrente do crime doloso (art. 12 da Lei n. 8.429/1992 e Tema n. 897 do STF) até o dia 26.10.2021 também era imprescritível. Porém, a partir do ingresso da Lei n. 14.230/2021, que excluiu do art. 12 o ressarcimento integral do dano, no ordenamento jurídico, essa pretensão passou a ter prazo quinquenal. As pretensões declaratórias, sem conteúdo condenatório, são imprescritíveis por lei (art. 11, § 1º da CLT), bem como as pretensões potestativas (sujeitas à decadência).

Aplica-se a regra do direito intertemporal quanto ao prazo geral da codificação civil, art. 2.028 do CC. O prazo será de 20 anos para as pretensões com metade do transcurso do tempo (dez anos) até a entrada em vigor do Código Civil de 2002 — 10 de janeiro de 2003. Após essa data, o prazo é decenal (art. 205 do CC). Quanto ao direito intertemporal fixado para o prazo prescricional decorrente das pretensões que nascem como fim do contrato de trabalho, o prazo é de dois anos, aplicando-se o art. 916 da CLT.

A aplicação do prazo prescricional de ofício pelo juiz foi uma regra inserida no sistema jurídico em 2006 (art. 219, § 5º do CPC/1973), repetida na codificação do processo civil de 2015 (arts. 332, § 1º e 487, inciso II). No entanto, para a área trabalhista, o legislador restringiu o reconhecimento de ofício apenas para a prescrição intercorrente, art. 11-A da CLT e Lei n. 13.467/2017. Essas normas são aplicáveis para as relações individuais, mediante a intimação prévia da parte demandada, permitindo-se o contraditório processual e evitando-se a surpresa (art. 10 do CPC). A Consolidação das Leis do Trabalho e o Código de Processo Civil são normas aplicáveis subsidiariamente no sistema coletivo de acesso à Justiça. O microssistema não contém regra expressa a favor ou contra a aplicação desses diplomas. Trata-se de silêncio eloquente do legislador ordinário. Tanto para a fase de conhecimento do processo individual trabalhista quanto para o microssistema de acesso coletivo à Justiça não há importação da norma que permite a pronúncia de ofício da prescrição. A regra jurídica da pronúncia de ofício da prescrição para as pretensões coletivas é inaplicável porque os legitimados, de modo concorrente, com preferência ao Ministério Público (dever legal de tutela da coletividade, art. 129 da Constituição Federal), têm o dever de assumir o processo coletivo em caso de abandono da demanda pelo legitimado autor, ou por outro em atuação subsidiária ao autor da ação coletiva.

As normas pertinentes à prescrição, instituto de ordem pública, são inegociáveis no plano individual e no plano coletivo. Aplica-se o art. 192 do Código Civil, a permissão para a negociação dos prazos refere-se restritivamente à decadência convencional (art. 211 do Código Civil). O devedor da obrigação individual ou coletiva poderá renunciar aos prazos prescricionais a qualquer tempo (art. 191 da codificação civil).

O início do prazo prescricional individual é marcado pela data do descumprimento do direito ou da prática do ato ilícito com efeitos instantâneos. Se os efeitos são continuados no tempo, conta-se o início do prazo do fim do efeito do ato praticado ou da ciência inequívoca de seus efeitos. A menoridade de um dos titulares para uma lesão coletiva é causa de impedimento de transcurso do prazo, tal como se dá com as pretensões individuais. Se houver no amálgama da coletividade uma pessoa com menos de 18 anos, essa condição impede que o prazo de prescrição flua. Do mesmo modo, enquanto não cessarem os atos continuados, ou os efeitos do ato, não poderá iniciar-se o prazo prescricional. Conta-se o prazo prescricional apenas da data da ciência das consequências do ato.

Durante a atuação administrativa do Ministério Público do Trabalho, órgão legitimado nos termos do art. 5º da Lei n. 7.347/1985 e art. 82 da Lei n. 8.078/1990, ou seja, da formalização da denúncia (notícia de fato) até o fim do inquérito civil público, há o impedimento do transcurso do prazo prescricional, assim como ocorre na fase de conhecimento do processo judicial. Haverá interrupção do prazo ainda que o inquérito civil público e a ação civil pública sejam arquivados, assim como ocorre com as ações individuais.

As regras de interrupção previstas na codificação civil aplicam-se às pretensões coletivas, incluindo a possibilidade de interrupção uma única vez e pelo primeiro ato interruptivo praticado. Tanto o inquérito civil público como as ações judiciais são causas de interrupção do prazo prescricional, porém apenas o primeiro evento será computado como interrupção. Em caso de inquérito civil público, seguido de ação civil pública, o primeiro será causa de interrupção, o segundo (ação judicial) será causa de impedimento quanto ao transcurso do prazo até o trânsito em julgado, quando o prazo voltará a fluir.

Mediação, negociação coletiva, comissões de conciliação prévia são meios de atuação que suspendem os prazos prescricionais. Eles retomam seu curso a partir do fim desses procedimentos. Durante os procedimentos há o impedimento de transcurso do prazo. O ajuizamento da ação coletiva é causa interruptiva para o prazo das pretensões individuais que emergem do ilícito, tanto decorrente de ato omissivo como comissivo, ou mesmo quanto ao descumprimento de obrigações contratuais.

As ações de cumprimento decorrentes das sentenças normativas (art. 872 da CLT) e das sentenças em ação civil pública e ação civil coletiva têm prazo prescricional decenal quanto à pretensão condenatória delas decorrentes. O Tribunal Superior do Trabalho fixou que a contagem da prescrição se inicia do trânsito em julgado da sentença normativa que lhe deu causa tanto para as ações de cumprimento individuais como para as coletivas, porém manteve em sua jurisprudência o prazo quinquenal do art. 7º, XXIX, da Constituição Federal. Espera-se, em futuro próximo, que esse debate possa modificar a jurisprudência da Corte Trabalhista.

A liquidação da sentença coletiva pode ser realizada pelos entes coletivos ou pelos titulares do direito de modo concorrente, mas se não forem encontradas pessoas em número suficiente para justificar a reprimenda do infrator, o juiz poderá arbitrar um valor global equivalente ao dano para ser empregado na reparação da coletividade ou para um fundo destinado a realizar essa reparação coletiva. O art. 100 do Código de Defesa do Consumidor instituiu o prazo de um ano para a execução coletiva. O microssistema de acesso coletivo à Justiça tinha uma norma especial, o art. 96 da Lei n. 8.078/1990, que recebeu o veto presidencial, mas que é aplicada pela jurisprudência para a contagem desse prazo de atuação dos legitimados coletivos. O *dies a quo* do prazo ânuo é a publicação do edital para a ciência dos titulares individuais. A natureza jurídica desse prazo não é prescricional, mas um marco para o início da execução coletiva pelos entes legitimados do art. 5º da Lei n. 7.347/1985 e do art. 82 da Lei n. 8.078/1990. O prazo é impróprio e não gera preclusão, ante o dever de assunção processual por outro legitimado coletivo, em caso de abandono do processo pelo autor da ação.

Não há impulso oficial para a execução das ações coletivas, mas a incidência da prescrição intercorrente tem obstáculo de aplicação no dever de assunção processual por outro ente legitimado coletivo, em caso de inércia daquele que promoveu a execução. As exceções legal e constitucional em termos de imprescritibilidade mantêm-se na fase executiva. A aplicação do art. 206-A do Código Civil é compatível com o microssistema de acesso coletivo à Justiça.

Os anteprojetos e projetos para alteração da lei da ação civil pública não apresentam completude quanto ao instituto da prescrição. Alguns preveem causas interruptivas, outros, causas suspensivas, um deles o prazo decenal, mas unindo todos os projetos já apresentados e os anteprojetos encontrados não há um que agregue toda disciplina da prescrição. E, dessa forma, mesmo que um dos projetos de lei apresentados seja aprovado, o tema continuará lacunoso e necessitará da colmatação com as normas jurídicas inseridas no diploma civil e na Consolidação das Leis do Trabalho.

REFERÊNCIAS

ACKERMAN, Mario E. (dir.); SFORCINI, Maria Isabel (coord.). *Ley de contrato de trabalho comentada.* Santa Fé: Rubinzal-Culzoni Editores, 2016. t. III.

ACKERMAN, Mario E. (dir.); TOSCA, Diego M. (coord.). *Tratado de derecho del trabajo*: la relaciona individual de trabajo III. Santa Fé: Rubinzal-Culzoni Editores, 2005.

ADAMOVICH, Eduardo Henrique Raymundo von. *Sistema da ação civil pública no processo do trabalho.* São Paulo: LTr, 2005.

ALBUQUERQUE, Francisca Rita Alencar. *A Justiça do Trabalho na ordem judiciária brasileira.* São Paulo: LTr, 1993.

ALMEIDA, Isis de. *Manual da prescrição trabalhista.* 3. ed. São Paulo: LTr, 1999.

ALVES, José Carlos Moreira. *Direito romano.* 15. ed. Rio de Janeiro: Forense, 2012.

ALVES, Vilson Rodrigues. *Da prescrição e da decadência no novo Código Civil.* Campinas: Bookseller, 2003.

ALVIM, Arruda. Ação civil pública. *Revista de Processo*, São Paulo, v. 22, n. 87, p. 149-165, jul./set. 1997.

ALVIM, Eduardo Arruda. Apontamentos sobre o processo das ações coletivas. *In*: MAZZEI, Rodrigo; NOLASCO, Rita Dias (coord.). *Processo civil coletivo.* São Paulo: Quartier Latin do Brasil, 2005.

________. A demanda coletiva e sua relação com outras demandas: coisa julgada e litispendência no anteprojeto do código brasileiro de processos coletivos. *In*: GRINOVER, Ada Pellegrini; MENDES, Aluisio Gonçalves de Castro; WATANABE, Kazuo (coord.). *Direito processual coletivo e anteprojeto de Código Brasileiro de Processos Coletivos.* São Paulo: Revista dos Tribunais, 2007.

ALVIM, José Manoel de Arruda. Da prescrição intercorrente. *In*: CIANI, Mirna (coord.). *Prescrição no novo Código Civil*: uma análise interdisciplinar. 2. ed. rev. e atual. São Paulo: Saraiva, 2006.

AMADEI, Davide. La nuova azione inibitoria collettiva. *In*: SASSANI, Bruno (a cura di). *Class action*: commento sistemático alla legge 12 aprile 2019, n. 31. Pisa: Pacini Editore, 2019.

________. Nuova azione di classe e procedimenti collettivi nel Codice do Procedura Civile (l 12 aprile 2019, n. 31). *Le Nuove Leggi Civili Commentate*, Milano, v. 42, n. 5, p. 1049-1090, 2019.

AMARAL, Francisco. *Direito civil*: introdução. 7. ed. rev., mod. e aum. Rio de Janeiro: Renovar, 2008.

AMELOTTI, Mario. *La prescrizione delle azioni in diritto romano.* Milano: Giuffrè, 1958. v. VII.

AMORIM FILHO, Agnelo. Critério científico para distinguir a prescrição da decadência e para identificar as ações imprescritíveis. *Revista de Direito Processual Civil*, São Paulo, v. 2, n. 3, p. 95-132, jan./jun. 1961.

ANDRADE, Everaldo Gaspar Lopes de. *Dissídio coletivo.* São Paulo: LTr, 1993.

ARAÚJO FILHO, Luiz Paulo da Silva. *Ações coletivas*: a tutela jurisdicional dos interesses individuais homogêneos. Rio de Janeiro: Forense, 2000.

ARENHART, Sérgio Cruz. O regime da prescrição em ações coletivas. *Processos Coletivos*, Porto Alegre, v. 1, n. 3, 5 abr. 2010. Disponível em: <http://www.processoscoletivos.com.br/doutrina/20-volume-1-numero-3-trimestre-01-04-2010-a-30-06-2010/100-o-regime-da-prescricao-em-acoes-coletivas>. Acesso em: 8 set. 2018.

________. O regime de prescrição em ações coletivas. *Academia.edu*, 2018. Disponível em: <https://www.academia.edu/219170/O_regime_da_prescri%C3%A7%C3%A3o_em_a%C3%A7%C3%B5es_coletivas>. Acesso em: 1 out. 2021.

________. *Perfis da tutela inibitória coletiva.* São Paulo: Revista dos Tribunais, 2003.

ARENHART, Sérgio Cruz; OSNA, Gustavo. *Curso de processo civil coletivo.* 2. tir. São Paulo: Revista dos Tribunais, 2019.

ARGENTINA. Ministerio de Justicia y Derechos Humanos. Presidencia de la Nación. *Infoleg — Información Legislativa.* Regimen de contrato de trabajo. Ley n. 20.744. Bs. As., 13.5.1976. Disponível em: <http://servicios.infoleg.gob.ar/infolegInternet/anexos/25000-29999/25552/texact.htm#1>. Acesso em: 6 jun. 2020.

________. Ministerio de Justicia y Derechos Humanos. Presidencia de la Nación. *Infoleg — Información Legislativa.* Procedimiento laboral. Conciliación obligatoria previa. Modificación de la Ley n. 18.345. Ley n. 24.365. B.O 03.5.1996. Disponível em: <http://servicios.infoleg.gob.ar/infolegInternet/anexos/35000-39999/36739/norma.htm>. Acesso em: 6 jun. 2020.

________. Ministerio de Justicia y Derechos Humanos. Presidencia de la Nación. *Infoleg — Información Legislativa.* Constituición de la Nacion Argentina. Ley n. 24.430. Disponível em: <http://servicios.infoleg.gob.ar/infolegInternet/anexos/0-4999/804/norma.htm>. Acesso em: 7 out. 2021.

________. Presidencia de la Nación. Ministerio de Justicia e Derechos Humanos. *Infoleg — Información Legislativa.* Ley n. 23.551, 17 de marzo de 1988. Disponível em: <http://servicios.infoleg.gob.ar/infolegInternet/anexos/20000-24999/20993/texact.htm>. Acesso em: 10 out. 2021.

________. Presidencia de la Nación. Ministerio de Justicia e Derechos Humanos. *Infoleg — Información Legislativa.* Ley n. 24.635, 10 de abril de 1996. Disponível em: <http://servicios.infoleg.gob.ar/infolegInternet/anexos/35000-39999/36739/norma.htm>. Acesso em: 10 out. 2021.

ARMANDO GRISOLIA, Julio. *Manual de derecho laboral.* 9. ed. rev., ampl. e atual. Ciudad Autónoma de Buenos Aires: Abeledo Perrot, 2013.

AROUCA, José Carlos. *Curso básico de direito sindical.* São Paulo: LTr, 2006.

ASSIS, Araken de. *Manual da execução.* 18. ed. rev., atual. e ampl. São Paulo: Revista dos Tribunais, 2016.

BALLESTRERO, Maria Vittoria; SIMONE, Gisella de. *Diritto del lavoro.* 3. ed. rev. e atual. Collaborazione di Marco Novella. Torino: G. Giappichelli Editore, 2017.

BANDRAC, Monique. Les tendances récentes de la prescription extinctive en droit français. *Revue Internationale de Droit Comparé*, Lyon, v. 46, n. 2, p. 359-377, avril/juin 1994.

BARBAGELATA, Héctor-Hugo. *El particularismo del derecho del trabajo y los derechos humanos laborales.* 2. ed. actual. e rev. Montevidéu: Fundación de Cultura Universitaria, 2009.

BASILICO, Giorgetta. L'inibitoria collettiva. *Rivista Giusto Processo Civile*, Napoli, v. 3, p. 123-142, jul./set. 2019.

BATALHA, Wilson de Souza Campos. *Relações coletivas de trabalho*: conflitos abertos do trabalho e sua solução jurisdicional. São Paulo: Federação e Centro das Indústrias, 1958.

_________. *Tratado de direito judiciário do trabalho.* 2. ed. São Paulo: LTr, 1985.

_________. *Direitos processuais das coletividades e dos grupos.* São Paulo: LTr, 1991.

BATALHA, Wilson de Souza Campos; RODRIGUES NETTO, Silvia M. L. Batalha. *Prescrição e decadência no direito do trabalho.* 2. ed. rev. e amp. São Paulo: LTr, 1998.

BELMONTE, Alexandre Agra. *Curso de responsabilidade trabalhista*: danos morais e patrimoniais na relação de trabalho. 2. ed. São Paulo: LTr, 2009.

BENAVIDES BURBANO, Lilia; MURCIA GONZÁLEZ, Andrés. Acción colectiva en defensa de los derechos de consumidores y usuarios. *Derecho y Realidad*, Colombia, a. 12, n. 23, p. 203-210, maio 2014. Disponível em: <https://revistas.uptc.edu.co/index.php/derecho_realidad/article/download/4566/4261>. Acesso em: 3 jul. 2021.

BERIZONCE O., Roberto; TSHEINER, José Maria; KRÜGER TAMAY, Renan Faria. *Los procesos colectivos*: Argentina e Brasil. Buenos Aires: Cathedra Jurídica, 2012.

BERNARDES, Felipe. *Manual de processo do trabalho.* Salvador: Juspodivm, 2018.

BETTI, Emilio. *Istituzioni di diritto romano.* Padova: CEDAM — Casa Editrice Dott, Antonio Milani, 1947.

BEVILÁQUA, Clóvis. *Teoria geral do direito civil.* 2. ed. Rio de Janeiro: Livraria Francisco Alves, 1929.

BOAVENTURA, Marcelo Fonseca. O instituto da prescrição e da decadência no Código Brasileiro de Defesa do Consumidor. *Revista de Direito Privado.* São Paulo: Revista dos Tribunais, v. 14, p. 300-316, abr.-jun. 2003.

BOBBIO, Norberto. *A era dos direitos.* Trad. de Carlos Nelson Coutinho. 16. tir. Rio de Janeiro: Campus, 1992.

BONAVIDES, Paulo. *Curso de direito constitucional.* 13. ed. rev. e atual. São Paulo: Malheiros, 2003.

_________. *Curso de direito constitucional.* 25. ed. rev. e atual. São Paulo: Malheiros, 2010.

BONETT ORTIZ, Samir Alberto. La prescrición en derecho laboral y seguridad social. *Revista del Instituto Colombiano de Derecho Procesal*, [*s.l.*], v. 36, n. 36, 2010. Disponível em: <http://dx.doi.org/10.32853/01232479.v36.n36.2010.68.> Acesso em: 3 nov. 2020.

BOUCHARD, Mario. L'autorisation d'exercer le recours collectif. *Les Cahiers de Droit*, Laval, v. 21, n. 3-4, p. 855–959, 1980. Disponível em: <https://doi.org/10.7202/042413ar>. Acesso em: 18 out. 2020.

________. A aplicação dos preceitos de direito material da Lei n. 13.467 no tempo. *In*: MARTINEZ, Luciano *et al*. (org.). *A reforma trabalhista na visão da Academia Brasileira de Direito do Trabalho*. Porto Alegre: LexMagister, 2018.

BOUCINHAS FILHO, Jorge Cavalcanti. Reflexões sobre o atual papel da ação de cumprimento no processo do trabalho brasileiro. *Revista Fórum Trabalhista*, Belo Horizonte, ano 3, n. 10, p. 23-37, jan./fev. 2014.

BRAMANTE, Ivani Contini; MOMEZZO, Marta Casadei. Sentença condenatória em dissídio coletivo. *Revista do Tribunal Regional do Trabalho da 15ª Região*, Campinas, n. 8, p. 87-99, 1996.

BRASIL. Câmara dos Deputados. Código Civil brasileiro, volume I: exposição de motivos. *Biblioteca digital*. Disponível em: <https://bd.camara.leg.br/bd/handle/bdcamara/14356?show=full>. Acesso em: 3 jun. 2020.

________. Câmara dos Deputados. *Legislação informatizada*. Decreto n. 1.637, de 5 de janeiro de 1907: Crea syndicatos profissionaes e sociedades cooperativas. Disponível em: <https://www2.camara.leg.br/legin/fed/decret/1900-1909/decreto-1637-5-janeiro-1907-582195-publicacaooriginal-104950-pl.html>. Acesso em: 8 ago. 2020.

________. Câmara dos Deputados. Projeto de lei n. 5.139/2009. *Atividades legislativas*. Disponível em: <http://www.camara.gov.br/proposicoesWeb/fichadetramitacao?idProposicao=432485>. Acesso em: 2 set. 2018.

________. Câmara dos Deputados Projeto de Lei n. 4.778/2020. *Atividades legislativas*. Disponível em: <https://www.camara.leg.br/proposicoesWeb/fichadetramitacao?idProposicao=2263651>. Acesso em: 18 out. 2021.

________. Câmara dos Deputados Projeto de Lei n. 1.641/2021. *Atividades legislativas*. Disponível em: <https://www.camara.leg.br/proposicoesWeb/fichadetramitacao?idProposicao=2279806>. Acesso em: 29 ago. 2021.

________. Conselho da Justiça Federal. *Enunciados*. Disponível em: <https://www.cjf.jus.br/enunciados/enunciado/660>. Acesso em: 19 jul. 2021.

________. Conselho Nacional de Justiça. 100 maiores litigantes. *Publicações*. Disponível em: <https://www.cnj.jus.br/wp-content/uploads/2011/02/100_maiores_litigantes.pdf>. Acesso em: 13 mar. 2021.

________. Conselho Nacional de Justiça. Justiça em números. *Pesquisas Judiciárias*. Disponível em: <https://www.cnj.jus.br/pesquisas-judiciarias/justica-em-numeros/>. Acesso em: 6 set. 2021.

________. Conselho Nacional de Justiça. CNJ e OAB firmam parcerias para expandir conciliação e Escritório Digital. *Notícias*. Disponível em: <https://www.cnj.jus.br/cnj-e-oab-firmam-parcerias-para-expandir-conciliacao-e-escritorio-digital/>. Acesso em: 13 mar. 2021.

________. Conselho Nacional de Justiça. Grupo de trabalho do CNJ indica medidas para acelerar ações coletivas. *Notícias CNJ*, 28 jul. 2020. Disponível em: <https://www.cnj.jus.br/grupo-de-trabalho-do-cnj-indica-medidas-para-acelerar-acoes-coletivas/>. Acesso em: 14 mar. 2021.

________. Conselho Nacional de Justiça. Justiça em números. *Publicações*. Disponível em: <https://www.cnj.jus.br/pesquisas-judiciarias/justica-em-numeros/>. Acesso em: 10 mar. 2021.

________. Conselho Nacional de Justiça. Relatório Justiça em números 2015. *Publicações*. Disponível em: <https://www.cnj.jus.br/pesquisas-judiciarias/justica-em-numeros/>. Acesso em: 13 mar. 2021.

________. Conselho Nacional de Justiça. Relatório Justiça em números 2020. *Publicações*. Disponível em: <https://www.cnj.jus.br/pesquisas-judiciarias/justica-em-numeros/>. Acesso em: 13 mar. 2021.

________. Conselho Nacional de Justiça. Portaria n. 152, de 30 de setembro de 2019. Institui grupo de trabalho com o objetivo de apresentar propostas voltadas para o aprimoramento da atuação do Poder Judiciário nas ações de tutela de direitos coletivos e difusos. *Atos normativos*. Disponível em: <https://atos.cnj.jus.br/atos/detalhar/3039>. Acesso em: 14 mar. 2021.

________. Conselho Nacional de Justiça. Resolução n. 317, de 19 de março de 2020. *Legislação*. Disponível em: <https://www.cnj.jus.br/wp-content/uploads/2020/03/Resolu%C3%A7%C3%A3o-n%C2%BA-313-5.pdf>. Acesso em: 10 jul. 2021.

________. Conselho Nacional da Justiça e Conselho Nacional do Ministério Público. *Cadastro Nacional de Ações Coletivas*. Disponível em: <https://paineisanalytics.cnj.jus.br/single/?appid=1d54bc4d-81c7-45ae-b110-7794758c17b2&sheet=87f1a661-cf86-4bda-afe4-61dfc6778cd4&lang=pt-BR&opt=ctxmenu,currsel>. Acesso em: 21 mar. 2022.

________. Conselho Nacional do Ministério Público. *Legislação*. Portaria CNMP-Presi n. 159/2020. Institui grupo de trabalho com o objetivo de apresentar propostas voltadas ao aprimoramento da atuação do Ministério Público brasileiro na tutela de direitos coletivos e difusos. Disponível em: <https://www.cnmp.mp.br/portal/images/Portarias_Presidencia_nova_versao/2020/2020.Portaria-CNMP-PRESI.159-1-3.pdf+&cd=1&hl=pt-BR&ct=clnk&gl=br&client=firefox-b-d>. Acesso em: 14 mar. 2020.

________. Conselho Nacional do Ministério Público. Manual de negociação e mediação para membros do Ministério Público. *Publicações*. Disponível em: <https://www.cnmp.mp.br/portal/publicacoes/245-cartilhas-e-manuais/7560-contribuicoes-para-atuacao-do-ministerio-publico-na-copa-das-confederacoes-e-na-copa-do-mundo-2>. Acesso em: 10 mar. 2021.

________. Conselho Nacional do Ministério Público. Mapa estratégico nacional 2020-2029. *Publicações*. Disponível em: <https://www.cnmp.mp.br/portal/institucional/comissoes/comissao-de-planejamento-estrategico/atuacao/planejamento-estrategico-nacional/pen-2020-2029>. Acesso em: 13. mar. 2021.

________. Conselho Nacional do Ministério Público. Relatório anual de atividades do Conselho Nacional do Ministério Público 2020. *Publicações*. Disponível em: <https://www.cnmp.mp.br/portal/publicacoes/244-relatorios/13884-relatorio-anual-cnmp-2020>. Acesso em: 10 mar. 2021.

________. Conselho Nacional de Justiça. Resolução n. 339, de 8 de setembro de 2020. *Atos.* Disponível em: <https://atos.cnj.jus.br/atos/detalhar/3454>. Acesso em: 29 ago. 2021.

________. Constituição (1934). *Constituição da República dos Estados Unidos do Brasil.* Rio de Janeiro: Senado Federal, 1934. Disponível em: <http://www.planalto.gov.br/ccivil_03/constituicao/constituicao34.htm>. Acesso: 21 mar. 2021.

________. Defensoria Pública da União. Portaria n. 497, de 17 de agosto de 2012. *Portarias.* Disponível em: <https://www.dpu.def.br/portarias/gabdpgf/2012/9173-portaria-n-497-de-17-de-agosto-de-2012>. Acesso em: 3 mar. 2021.

________. Memória da administração pública. Dicionário da Primeira República: Conselho Nacional do Trabalho. *Arquivo Nacional.* Disponível em: <http://mapa.an.gov.br/index.php/dicionario-primeira-republica/810-conselho-nacional-do-trabalho>. Acesso em: 15 mar. 2021.

________. Presidência da República. Código Civil dos Estados Unidos do Brasil. Lei n. 3.071, de 1º de janeiro de 1916. *Legislação.* Disponível em: <http://www.planalto.gov.br/ccivil_03/leis/l3071.htm>. Acesso em: 13 mar. 2021.

________. Presidência da República. Código Civil. Lei n. 10.406, de 10 de janeiro de 2002. *Legislação.* Disponível em: <http://www.planalto.gov.br/ccivil_03/leis/2002/l10406compilada.htm>. Acesso em: 13 mar. 2021.

________. Presidência da República. Código de Processo Civil. Lei n. 13.105/2016. *Legislação.* Disponível em: <http://www.planalto.gov.br/ccivil_03/_ato2015-2018/2015/lei/l13105.htm>. Acesso em: 13 mar. 2021.

________. Presidência da República. Consolidação das Leis do Trabalho. *Legislação.* Disponível em: <http://www.planalto.gov.br/ccivil_03/decreto-lei/del5452.htm>. Acesso em: 22 mar. 2021.

________. Presidência da República. Constituição da República Federativa do Brasil de 1988. *Legislação.* Disponível em: <http://www.planalto.gov.br/ccivil_03/constituicao/constituicaocompilado.htm>. Acesso em: 12 jul. 2021.

________. Presidência da República. Decreto n. 229, de 28 de fevereiro de 1997. *Legislação.* Disponível em: <http://www.planalto.gov.br/ccivil_03/decreto-lei/Del0229.htm#art616>. Acesso em: 25 ago. 2021.

________. Presidência da República. *Decreto n. 10.088, de 5 de novembro de 2019.* Disponível em: <http://www.planalto.gov.br/ccivil_03/_Ato2019-2022/2019/Decreto/D10088.htm#art5>. Acesso em: 30 ago. 2020.

________. Presidência da República. Decreto n. 20.910, de 6 de janeiro de 1932: regula a prescrição quinquenal. Disponível em: <http://www.planalto.gov.br/ccivil_03/decreto/antigos/d20910.htm>. Acesso em: 8 set. 2021.

________. Presidência da República. Lei n. 40, de 14 de dezembro de 1981: estabelece normas gerais a serem adotadas na organização do Ministério Público estadual. *Legislação.* Disponível em: <http://www.planalto.gov.br/ccivil_03/leis/lcp/lcp40.htm>. Acesso em: 22 mar. 2021.

________. Presidência da República. Lei n. 7.701, de 21 de dezembro de 1988. *Legislação.* Disponível em: <http://www.planalto.gov.br/ccivil_03/leis/l7701.htm>. Acesso em: 20 ago. 2021.

________. Presidência da República. Lei n. 8.542, de 23 de dezembro de 1992. *Legislação.* Disponível em: <http://www.planalto.gov.br/ccivil_03/leis/l8542.htm>. Acesso em: 30 ago. 2021.

________. Presidência da República. Lei n. 8.984, de 7 de fevereiro de 1995. *Legislação.* Disponível em: <http://www.planalto.gov.br/ccivil_03/leis/l8984.htm>. Acesso em: 6 out. 2021.

________. Presidência da República. Lei n. 10.192, de 14 de fevereiro de 2001. *Legislação.* Disponível em: <http://www.planalto.gov.br/ccivil_03/leis/leis_2001/l10192.htm>. Acesso em: 20 ago. 2021.

________. Presidência da República. Lei n. 13.140, de 26 de junho de 2015. *Legislação.* Disponível em: <http://www.planalto.gov.br/ccivil_03/_ato2015-2018/2015/lei/l13140.htm>. Acesso em: 19 jul. 2021.

________. Presidência da República. Lei n. 14.010, de 8 de setembro de 2020. *Legislação.* Disponível em: <http://www.planalto.gov.br/ccivil_03/_ato2019-2022/2020/lei/L14010.htm>. Acesso em: 10 jul. 2021.

________. Senado Federal. Constituição (1946). *Constituição dos Estados Unidos do Brasil.* Rio de Janeiro: Senado Federal, 1937. Disponível em: <http://www.planalto.gov.br/ccivil_03/constituicao/constituicao46.htm>. Acesso em: 21 mar. 2021.

________. Superior Tribunal de Justiça. *Acórdão do REsp 1798280.* Ministra Relatora Nancy Andrighi. Publicado no DJe: 04.05.2020. Disponível em: <https://processo.stj.jus.br/processo/revista/documento/mediado/?componente=ITA&sequencial=1900648&num_registro=201900468823&data=20200504&formato=PDF>. Acesso em: 29 mar. 2021.

________. Superior Tribunal de Justiça. *Acórdão do REsp 1.070.896/SC.* Ministro Relator Luis Felipe Salomão, DJE 04.08.2010. Disponível em: <https://processo.stj.jus.br/processo/revista/documento/mediado/?componente=ITA&sequencial=961896&num_registro=200801158256&data=20100804&peticao_numero=-1&formato=PDF>. Acesso em: 13 jul. 2021.

________. Superior Tribunal de Justiça. *Acórdão em Embargos de Declaração do REsp 1.070.896/SC.* Ministro Relator Luis Felipe Salomão, DJE 04.10.2011. Disponível em: <https://processo.stj.jus.br/processo/revista/documento/mediado/?componente=ITA&sequencial=1114822&num_registro=200801158256&data=20120227&peticao_numero=201100336882&formato=PDF>. Acesso em: 13 jul. 2021.

________. Superior Tribunal de Justiça. *Acórdão em REsp 588.202/PR.* Rel. Ministro Teori Albino Zavascki, 1ª Turma, julgado em 10.02.2004, DJ 25.02.2004. Disponível em: <https://processo.stj.jus.br/SCON/jurisprudencia/toc.jsp?i=1&b=ACOR&livre=((%27RESP%27.clap.+e+@num=%27588202%27)+ou+(%27RESP%27+adj+%27588202%27.suce.))&thesaurus=JURIDICO&fr=veja>. Acesso em: 18 ago. 2021.

________. Superior Tribunal de Justiça. Não há prazo determinado para ajuizamento de ação coletiva de consumo, decide Terceira Turma. *Notícias.* Disponível em: <https://www.

stj.jus.br/sites/portalp/Paginas/Comunicacao/Noticias/Nao-ha-prazo-determinado-para-ajuizamento-de-acao-coletiva-de-consumo--decide-Terceira-Turma.aspx>. Acesso em: 2 out. 2021.

________. Superior Tribunal de Justiça. *Súmulas.* Disponível em: <https://scon.stj.jus.br>. Acesso em: 19 jul. 2021.

________. Superior Tribunal de Justiça. *Acórdão em recurso especial REsp 869.583.* 4ª Turma, Ministro Relator Luis Felipe Salomão, DJe 05.09.2012.

________. Superior Tribunal de Justiça. *Acórdão em recurso especial REsp 1.156.021.* 4ª Turma, Desembargador Relator Marco Aurélio Gastaldi Buzzi, DJe 5.5.2014.

________. Supremo Tribunal Federal. Acórdão em Recurso Extraordinário (RE) n. 583955, Min. Ricardo Lewandowski, DJE 28.08.2009. *Consulta Processual.* Disponível em: <http://portal.stf.jus.br/processos/detalhe.asp?incidente=2610863>. Acesso em: 19 ago. 2021.

________. Supremo Tribunal Federal. Acórdão da ação direta de inconstitucionalidade n. 2.139. *Consulta processual.* Disponível em: <http://www.stf.jus.br/arquivo/cms/bibliotecaConsultaProdutoBibliotecaPastaFachin/anexo/ADI2139.pdf>. Acesso em: 19 jul. 2021.

________. Supremo Tribunal Federal. ADPF n. 323. *Consulta processual.* Disponível em: <http://portal.stf.jus.br/processos/detalhe.asp?incidente=4599102>. Acesso em: 6 out. 2021.

________. Supremo Tribunal Federal. Informativo n. 910. *Informativo STF.* Disponível em: <http://www.stf.jus.br//arquivo/informativo/documento/informativo910.htm>. Acesso em: 7 set. 2021.

________. Supremo Tribunal Federal. STF decide que direito da gestante à estabilidade não depende de conhecimento prévio do empregador. Recurso Extraordinário (RE) 629053. *Notícias.* Disponível em: <https://portal.stf.jus.br/noticias/verNoticiaDetalhe.asp?idConteudo=392418>. Acesso em: 19 jul. 2021.

________. Supremo Tribunal Federal. Súmula n. 150. Disponível em: <https://jurisprudencia.stf.jus.br/pages/search/seq-sumula150/false>. Acesso em: 18 out. 2021.

________. Supremo Tribunal Federal. Tema n. 666: acórdão em RE n. 669069: É prescritível a ação de reparação de danos à Fazenda Pública decorrente de ilícito civil. *Teses de Repercussão Geral.* Disponível em: <http://stf.jus.br/portal/jurisprudenciaRepercussao/abrirTemasComRG.asp>. Acesso em: 6 set. 2021.

________. Supremo Tribunal Federal. Tema n. 999: acórdão em RE n. 654.833: É imprescritível a pretensão de reparação civil de dano ambiental. *Teses de Repercussão Geral.* Disponível em: <http://stf.jus.br/portal/jurisprudenciaRepercussao/abrirTemasComRG.asp>. Acesso em: 18 out. 2021.

________. Tribunal Regional Federal da 1ª Região. INSTITUCIONAL: Magistrados discutem "O Anteprojeto CNJ de Lei de Ações Coletivas" em aula magna na Esmaf. *Notícias.* Pub. 21.03.2021. Disponível em: <https://portal.trf1.jus.br/portaltrf1/comunicacao-social/imprensa/noticias/institucional-magistrados-discutem-o-anteprojeto-cnj-de-lei-de-acoes-

coletivas-em-aula-magna-na-esmaf.htm e https://youtu.be/8APqr9AxHsl>. Acesso em: 7 set. 2021.

________. Tribunal Regional Federal da 4ª Região. *Acórdão em agravo interno AgIn 5029918-48.2019.4.04.0000*, 4ª Turma, Desembargadora Relatora Vivian Josete Pantaleão Caminha, DJFe 20.02.2020.

________. Tribunal Regional do Trabalho da 4ª Região. Acordão (RO) n. 0021971-41.2018.5.04.0271, 5ª Turma, Des. Rel. Angela Rossi Almeida Chaper, Publicação em 20.03.2019. *Jusbrasil*: jurisprudência. Disponível em: <https://trt-4.jusbrasil.com.br/jurisprudencia/709588077/recurso-ordinario-ro-219714120185040271/inteiro-teor-709588235>. Acesso em: 18 ago. 2021.

________. Tribunal Regional do Trabalho da 1ª Região — Rio de Janeiro. 7ª Turma decide: prescrição bienal não é aplicável em execução individual de sentença coletiva. *Últimas notícias*. 03.08.2021 09:36:00. Disponível em: <https://www.trt1.jus.br/ultimas-noticias/-/asset_publisher/IpQvDk7pXBme/content/7-turma-decide-prescricao-bienal-nao-e-aplicavel-em-execucao-individual-de-sentenca-coletiva/21078>. Acesso em: 3 ago. 2021.

________. Tribunal Regional do Trabalho da 2ª Região. *Acórdão em agravo de petição AgPet 1000475-43.2020.5.02.0070*. 16ª Turma. Desembargador Relator, Juiz Convocado, Marcio Granconato, DEJT 1º.09.2020.

________. Tribunal Regional do Trabalho da 9ª Região. *Acórdão (RO) n. 0000997-59.2020.5.09.0663*, 3ª Turma, Julgamento em 14.4.2021, Des. Rel. Thereza Cristina Gosdal, DEJT 19.3.2021.

________. Tribunal Regional do Trabalho da 9ª Região. *Acórdão (RO) n. 0000356-24.2020.5.09.0129*, 2ª Turma, Julgamento em 16.3.2021, Des. Rel. Ana Carolina Zaina, DEJT 02.02.2021.

________. Tribunal Regional do Trabalho da 15ª Região. *Sentença em ACP n. 22200-28.2007.5.15.0126*. Juíza Maria Inês Targa, Pub. PJE 19.08.2010.

________. Tribunal Regional do Trabalho da 15ª Região. 4ª Câmara (Segunda Turma). *RO — 22200-28.2007.5.15.0126*. Rel. Des. Dagoberto Nishina, Pub. PJE 06.04.2011.

________. Tribunal Regional do Trabalho da 17ª Região. *Acórdão em agravo de petição AgPet 0033400-22.2013.5.17.0011*. Pleno, Desembargador Relator Mário Ribeiro Cantarino Neto, Pub. 23.11.2015.

________. Tribunal Superior do Trabalho. *Acórdão agravo de instrumento em recurso de revista AIRR 142900-47.2008.5.04.0015*. 8ª Turma, Ministra Relatora Dora Maria da Costa, Publicado no DJe 14.10.2011.

________. Tribunal Superior do Trabalho. *Acórdão em agravo de instrumento em recurso de revista, AIRR 1777-21.2014.5.17.0005*. 4ª Turma, Ministra Relatora Maria de Assis Calsing, Pub. 17.5.2017.

________. Tribunal Superior do Trabalho. *Acórdão em recurso de revista RR 130400-89.2003.5.04.0025*. 1ª Turma, Ministro Relator Lelio Bentes Corrêa, Publicado no DJe 2.9.2011.

_________. Tribunal Superior do Trabalho. *Acórdão em recurso de revista RR 1658-76.2010.5.10.0011*. 4ª Turma. Ministra Relatora Maria de Assis Calsing. Publicado no DJe 23.11.2012.

_________. Tribunal Superior do Trabalho. Acórdão em Recurso de Revista (RR) RR 389826-55.1997.5.04.5555, 3ª Turma, Min. Rel. Carlos Alberto Reis de Paula, DJ 27.11.1998. *Jusbrasil*: jurisprudência. Disponível em: <https://tst.jusbrasil.com.br/jurisprudencia/1953444/recurso-de-revista-rr-3898265519975045555-389826-5519975045555/inteiro-teor-10315618>. Acesso em: 19 ago. 2021.

_________. Tribunal Superior do Trabalho. Acórdão em recurso de revista RR n. 2124200-92.2002.5.10.0900. 1ª Turma. Ministro Relator Lélio Bentes. Publicação DJ em 16.04.2004. *Jusbrasil*: jurisprudência. Disponível em: <https://tst.jusbrasil.com.br/jurisprudencia/1805979/recurso-de-revista-rr-2124200922002510-2124200-9220025100900/inteiro-teor-10181835>. Acesso em: 6 set. 2021.

_________. Tribunal Superior do Trabalho. *Acórdão em embargos ED-RR-Ag 1519-09.2010.5.10.0017*. Subseção I Especializada em Dissídios Individuais, Ministro Relator João Batista Brito Pereira, Publicado no DJe 02.08.2013.

_________. Tribunal Superior do Trabalho. Acórdão em recurso de revista 19600-10.2004.5.05.0161. 1ª Turma, Ministro Relator Walmir Oliveria da Costa, J. 11.03.2015, *Revista dos Tribunais on-line*: JRP\2015\155587.

_________. Tribunal Superior do Trabalho. *Acórdão em recurso de revista RR 839-13.2012.5.03.0061*. 8ª Turma, Ministro Relator, Márcio Eurico Vitral Amaro, Publicado no DJe 22.05.2015.

_________. Tribunal Superior do Trabalho. Acórdão em recurso de revista RR 167-91.2011.5.10.0013. 4ª Turma, Ministro Relator João Oreste Dalazen, J. 12.08.2015. *Revista dos Tribunais on-line:* JRP\2015\96299.

BRASIL. Tribunal Superior do Trabalho. *Acórdão EE-RR n. 2302-73.2014.5.17.0014*. SDI-1. Min. Relator Aloysio Corrêa da Veiga. DEJT 14.05.2021. Disponível em: <http://aplicacao4.tst.jus.br/consultaProcessual/consultaTstNumUnica.do?consulta=Consultar&conscsjt=&numeroTst=2302&digitoTst=73&anoTst=2014&orgaoTst=5&tribunalTst=17&varaTst=0014&submit=Consultar>. Acesso em: 7 set. 2021.

_________. Tribunal Superior do Trabalho. *Acórdão em agravo em sede de recurso de revista ARR 1510-63.2012.5.08.0201*. 5ª Turma, Ministro Relator Breno Medeiros, DJe 26.06.2020.

_________. Tribunal Superior do Trabalho (TST). Comissão de Documentação. *A história da Justiça do Trabalho no Brasil*: multiplicidade de olhares. Brasília: TST, 2011.

_________. Tribunal Superior do Trabalho. Conselho Superior da Justiça do Trabalho. Corregedoria-Geral da Justiça do Trabalho. Ato Conjunto n. 159/TST.GP.GVP.CGJT, de 6 de abril de 2020. *Boletim Interno do Tribunal Superior do Trabalho*. Brasília, n. 14, p. 2-6, 7 abr. 2020. Disponível em: <https://hdl.handle.net/20.500.12178/170230>. Acesso em: 18 set. 2021.

________. Tribunal Superior do Trabalho. Corregedoria-Geral da Justiça do Trabalho. Ato n. 11/GCGJT, de 23 de abril de 2020. Diário Eletrônico da Justiça do Trabalho: caderno judiciário do Tribunal Superior do Trabalho, Brasília, n. 2960, p. 1-3, 27 abr. 2020. Disponível em: <https://hdl.handle.net/20.500.12178/171013>. Acesso em: 18 set. 2021

________. Tribunal Superior do Trabalho. *Do C.N.T. ao T.S.T*: Tribunal Superior do Trabalho: ontem, hoje. Compilação: Americo J. P. Mesquita. Brasília: Tribunal Superior do Trabalho, 1975.

________. Tribunal Superior do Trabalho. Res. 185/2012, DEJT divulgado em 25, 26 e 27.09.2012. *Resoluções.* Disponível em: <http://www.trtsp.jus.br/geral/tribunal2/TST/Resol/Res_185_12.html>. Acesso em: 30 ago. 2021.

________. Tribunal Superior do Trabalho. Súmulas do Tribunal Superior do Trabalho. *Jurisprudência.* Disponível em: <https://www3.tst.jus.br/jurisprudencia/Sumulas_com_indice/Sumulas_Ind_301_350.html#SUM-310>. Acesso em: 10 mar. 2021.

________. Tribunal Superior do Trabalho. *Acórdão do processo n. AIRR – 47640-86.2006.5.13.0006*. 7ª Turma. Ministra Relatora Maria Doralice Moraes. Publicado no DJ 03.09.2010. Disponível em: <https://www.lexml.gov.br/urn/urn:lex:br:tribunal.superior.trabalho;turma.7:acordao;airr:2010-09-01;47640-2006-6-13-40>. Acesso em: 6 set. 2021.

________. Tribunal Superior do Trabalho. *Acórdão em AIRR – 89500-61.2008.5.05.0122.* 8ª Turma, Ministra Relatora Dora Maria da Costa, DJE 15.02.2013. Disponível em: <https://jurisprudencia.tst.jus.br/#ad8959a49bc2164243ed48112ba9e36>. Acesso em: 25 out. 2021.

________. Tribunal Superior do Trabalho. *Acórdão em recurso de revista RR-161300-35.2003.5.03.0073*. 4ª Turma, Relator Ministro Antônio Jose de Barros Levenhagen, DEJT 11.03.2005. Disponível em: <https://jurisprudencia.tst.jus.br/#ad8959a49bc2164243ed48112ba9e36>. Acesso em: 25 out. 2021.

________. Tribunal Superior do Trabalho. TST suspende execução de R$ 1 bi contra Shell e BASF, mas mantém assistência a contaminados. *Rádio TST*, jul. 2012. Disponível em: <http://www.tst.jus.br/web/guest/calendario-do-tst/-/document_library/3Ezv/view_file/2143728>. Acesso em: 6 set. 2021.

________. UFMG – Universidade Federal de Minas Gerais. Lei Le Chapelier (1791). Departamento de Filosofia e Ciências Humanas. Departamento de História. *Textos e documentos*. Disponível em: <http://www.fafich.ufmg.br/hist_discip_grad/LeiChapelier.pdf>. Acesso em: ago. 2019.

BUENO, Cássio Scarpinella. As *class actions* norte-americanas e as ações coletivas brasileiras: pontos para uma reflexão conjunta. *Revista de Processo*, São Paulo, v. 21, n. 82, p. 92-151, abr./jun. 1996.

BUGADA, Alexis. L'action de groupe contre les discriminations au travail: une menace judiciaire au service du dialogue social? *Chroniques du Travail*, Provence-Alpes-Côte d'Azur, Institut régional du travail, p. 191-203, 2018. L'égalité dans l'entreprise. Disponível em: <https://hal-amu.archives-ouvertes.fr/hal-02019989>. Acesso em: 10 jan. 2020.

BÜLOW, Oskar Von. *Teoria das exceções e dos pressupostos processuais.* Trad. e notas de Ricardo Rodrigues Gama. 2. ed. Campinas: LZN, 2005.

BUNDESMINISTERIUM DER JUSTIZ UND FÜR VERBRAUCHERSCHUTZ. *Arbeitsgerichtsgesetz.* Disponível em: <https://www.gesetze-im-internet.de/arbgg/BJNR012670953.html>. Acesso em: 3 jul. 2021.

________. Bundesamt für Justiz. *Bürgerliches Gesetzbuch (BGB).* Disponível em: https://www.gesetze-im-internet.de. Acesso em: 5 abr. 2020.

CABRAL, Antonio do Passo. O novo procedimento-modelo (*Musterverfahren*) alemão: uma alternativa às ações coletivas. *Revista de Processo*, São Paulo, v. 32, n. 147, p. 123-146, maio 2007.

________. Il procedimento-modello (Musterverfahren) tedesco e gli istrumenti di risoluzione di processi ripetitivi. *Revista de Processo Comparado*, São Paulo, v. 1, p. 45-67, jan./jun. 2015.

CABRAL, Antonio do Passo; ZANETI JR., Hermes. Entidades de infraestructura específica para la resolución de conflictos colectivos: las claims resolution facilities y su aplicabilidad en Brasil. *Revista Italo-Española de Derecho Procesal*, Madrid, v. 1, p. 5-37, 2019.

CABRAL, Antonio do Passo; ZANETI JR., Hermes. Entidades de infraestrutura específica para solução de conflitos coletivos: *claims resolution facilities* e sua aplicabilidade no Brasil. *Revista de Processo*, São Paulo, v. 44, n. 287, p. 445-483, jan. 2019.

CALHEIROS, Maria Clara. A ação popular revisitada. Notas à luz da atualidade jurídica e social portuguesa. *In*: MESSA, Ana Flávia; FRANCISCO, José Carlos (coords.). *Ação popular*. São Paulo: Saraiva, 2013.

CALIFORNIA LEGISLATIVE INFORMATION. *Code of Civil Procedure*, § 338. Disponível em: <https://leginfo.legislature.ca.gov/faces/codes_displaySection.xhtml?lawCode=CCP&sectionNum=338>. Acesso em: 26 jul. 2020.

CAMPILONGO, Celso Fernandes. *Política, sistema jurídico e decisão judicial.* São Paulo: Max Limonad, 2002.

CANARIS, Claus-Wilhelm. O novo direito das obrigações na Alemanha. *Revista da EMERJ*, Rio de Janeiro, v. 7, n. 27, p. 108-124, 2004.

CANOTILHO, José Joaquim Gomes. *Direito constitucional e teoria da constituição*. 7. ed. Coimbra: Almedina, 2003.

CAPONI, Remo. Tra class action e conciliazione. *Istituzioni del Federalismo*: Rivista di Studi Giuridici d Politici, Bologna (Emilia-Romagna), a. XXIX, n. 6, p. 785-820, nov./dez. 2008.

CAPPELLETTI, Mauro. Formações sociais e interesses coletivos diante da Justiça civil. *Revista de Processo*, São Paulo, v. 2, n. 5, p. 129-159, jan./mar. 1977.

________. *Juízes legisladores?* Trad. de Carlos Alberto Alvaro de Oliveira. Porto Alegre: Sergio Antonio Fabris, 1999.

CAPPELLETTI, Mauro; GARTH, Bryant. *Acesso à justiça*. Porto Alegre: Sergio Antonio Fabris, 1998.

CARNELUTTI, Francesco. *Instituciones del proceso civil.* Trad. de Santiago Sentis Melendo. Buenos Aires: EJEA, 1959.

________. *Teoria geral do direito.* Trad. de A. Rodrigues Queiró e Artur Anselmo de Castro. Rio de Janeiro: Âmbito Cultural, 2006.

CARVALHO, Augusto César Leite de. A prescrição trabalhista: a possível superação da prescrição total. *Revista do Tribunal Superior do Trabalho*, São Paulo, SP, v. 76, n. 3, p. 147-171, jul./set. 2010.

CARVALHO, Patrícia Oliveira Cipriano de. Ação civil pública na Justiça do Trabalho: particularidades e competências. *Revista eletrônica do Tribunal Regional do Trabalho da 9ª Região*. Curitiba: TRT9, v. 1, n. 1, p. 69-87, out. 2011.

CASEIRO NETO, Francisco da Silva. Conteúdo do processo formular romano, com suas condições da ação e pressupostos. *Revista de Processo*, São Paulo, v. 40, n. 245, p. 551-568, jul. 2015.

CATHARINO, José Martins. Justiça do trabalho brasileira: evolução institucional, diagnóstico, terapêutica, prognósticos. *Revista do TST*, Brasília, v. 66, n. 4, p. 92-99, out./dez. 2000.

CAVALCANTI, José Paulo. *Direito Civil*: escritos diversos. Rio de Janeiro: Forense, 1983.

CERDEIRA, Eduardo de Oliveira. *Ações coletivas e substituições processuais pelos sindicatos*. São Paulo: LTr, 2010.

CÉSAR, João Batista Martins. *A tutela coletiva dos direitos fundamentais dos trabalhadores*. São Paulo: LTr, 2013.

CESARINO JR., A. F. *Direito social brasileiro*. 3. ed. amp. Atual. Rio de Janeiro, São Paulo, Curitiba: Livraria Freitas Bastos S.A, 1953.

CHAMONE, Marcelo Azevedo. *Prescrição e decadência*: proposta de definição e identificação dos institutos a partir de uma perspectiva histórica comparada. 2019. Tese (Doutorado em Direito) — Pontifícia Universidade Católica de São Paulo, São Paulo, 2019.

________. *Prescrição e decadência*: proposta de definição e identificação dos institutos a partir de uma perspectiva histórica comparada. São Paulo: Editora ESASP, 2020. *E-book*.

CHAVES, Luciano Athayde. Eficácia dos direitos trabalhistas e litigiosidade na Justiça do Trabalho: reflexões e propostas de intervenção. *In*: CLAUS, Ben-Hur Silveira; ALVARENGA, Rúbia Zanotelli de (coord.). *Execução trabalhista*: o desafio da efetividade. São Paulo: LTr, 2015. P. 21-47.

CHAVES, Pires. *Execução trabalhista*. 2. ed. Rio de Janeiro: Forense, 1964.

CHIOVENDA, Giuseppe. *A ação no sistema de direitos*. Trad. De Hiltomar Martins Oliveira. Belo Horizonte: Livraria e Editora Lider Ltda., 2003.

CIUCCIOVINO, Silvia. La prescrizione dei diritti nel rapporto di lavoro. *In*: SANTORO PASSARELLI, Giuseppe (a cura). *Diritto e processo del lavoro e della previdenza sociale*. 8. ed. Milano: Wolters Kluwer, 2020. capitolo XL.

CLEMENTONI, Myriam Benarrós. Actio popularis *no direito romano e sua recepção no direito brasileiro*. 2016. Dissertação (Mestrado em Direito) — Universidade de São Paulo, São Paulo, 2016.

COCHRAN III, Augustus Bonner. A brief and practical primer on the legal system of the United States of America. *Revista LTr*, São Paulo, v. 84, n. 7, p. 783-795, jul. 2020.

COLNAGO, Lorena de Mello Rezende. Considerações sobre a tutela dos direitos metaindividuais pela Lei n. 12.016/2009. *Suplemento Trabalhista*, São Paulo, v. 45, p. 631-633, 2009.

________. *Competência da Justiça do Trabalho para o julgamento de lides de natureza jurídica penal trabalhista.* São Paulo: LTr, 2009.

________. A carga dinâmica da prova no processo do trabalho: uma perspectiva de unificação das regras do processo individual e coletivo. *Revista Jures*. Vitória: Estácio de Sá, v. 4, p. 62-93, 2013.

________. Reunião de execuções na Justiça do Trabalho. *Revista Eletrônica do Tribunal Regional do Trabalho da 9ª Região*, Curitiba, v. 3, p. 130-143, 2014.

________. Indisponibilidade e proteção de direitos a partir da perspectiva do núcleo duro da normatividade trabalhista: bioética e sustentabilidade humana como limites à negociação coletiva. *Revista eletrônica do Tribunal Regional do Trabalho da 9ª Região.* Curitiba: TRT9, v. 6, n. 58, p. 63-81, mar./abr. 2017.

________. Normas processuais coletivas do Código de Defesa do Consumidor — um diálogo necessário com o processo do trabalho para mudança de paradigma na solução de conflitos. COLNAGO, Lorena de Mello Rezende; CLAUS, Bem-Hur Silveira (coord.). *A teoria dos diálogos das fontes no processo do trabalho*: 2ª obra coletiva do FNPT. São Paulo: LTr, 2017.

________. Prescrição intercorrente e o direito intertemporal. *In*: D'AMBROSO. Marcelo Ferlin (coord.). *Direito do trabalho, direito penal do trabalho, direito processual do trabalho e a reforma trabalhista*: edição comemorativa dos 10 anos do IPEATRA. v. 1. São Paulo: LTr, 2017.

________. Arts. 11 a 12. *In*: COLNAGO, Lorena de Mello Rezende; ROCHA, Fabio Ribeiro da; FERREIRA, Farley Roberto Rodrigues de Carvalho (coord.). *CLT 2020 comparada e comentada*: pelos magistrados do TRT da 2ª Região, precedentes e jurisprudência do TST e TRT2. São Paulo: LTr, 2020.

________. Gerenciamento de processos e os acordos processuais. *Revista eletrônica do Tribunal Regional do Trabalho da 9ª Região*. Curitiba/PR: TRT9, v. 10, n. 93, p. 16-33, out. 2020.

________. Sindicalismo no Brasil e na França. Estudo de caso brasileiro na representatividade nas negociações coletivas: o que nos aproxima e nos afasta do sistema francês. *In*: MALLET, Estêvão; SANTOS, Enoque Ribeiro dos. *O direito do trabalho em evolução no Brasil e na França*: aspectos atuais do direito material, processual e coletivo. São Paulo: OAB ESA, 2020. p. 3-19. *E-book*.

COLNAGO, Lorena de Mello Rezende; BOUCINHAS FILHO, Jorge Cavalcanti. Eficácia executiva da ação declaratória trabalhista diálogo processual, economia, celeridade, efetividade e acesso à Justiça. *Suplemento Trabalhista.* São Paulo: LTr, v. 55, p. 515-519, 2019.

COLÔMBIA. Senado. *Código Procesal del Trabajo y de la Seguridad Social.* Disponível em: <http://www.secretariasenado.gov.co/senado/basedoc/codigo_procedimental_laboral.html>. Acesso em: 4 ago. 2021.

________. Senado. *Código Substantivo del Trabajo.* Disponível em: <http://www.secretariasenado.gov.co/senado/basedoc/codigo_sustantivo_trabajo.html>. Acesso em: 4 ago. 2021.

________. Senado. *Constituición política.* Disponível em: <http://www.secretariasenado.gov.co/senado/basedoc/constitucion_politica.html>. Acesso em: 4 ago. 2021.

________. Senado. *Ley 472 de 1998.* Disponível em: <http://www.secretariasenado.gov.co/senado/basedoc/ley_0472_1998.html>. Acesso em: 4 ago. 2021.

________. Senado. *Ley 472 de 1998*: art. 47. Jurisprudencia Vigencia. Sentencia C-215-99 de 14 de abril de 1999, Magistrada Ponente Dr. Martha Victoria Sáchica Méndez. Disponível em: <http://www.secretariasenado.gov.co/senado/basedoc/c-215_1999.html#1>. Acesso em: 9 ago. 2021.

CONSOLO, Claudio. L'azione di classe, trifasica, infine inserita nel C.P.C. *Rivista di Diritto Processuale*, Milano, v. 2, p. 714-751, 2020.

CONTANDRIOPOULOS, André-Pierre; CHAMPAGNE, François; POTVIN, Louise; DENIS, Jean-Louis, BOYLE, Pierre. *Saber preparar uma pesquisa*: definição, estrutura, financiamento. São Paulo: Abrasco, 1994.

CONTE, Rita de Cássia Rocha Conte. Prescrição no Código Civil e a ação civil pública, ação popular e ação de improbidade administrativa. *In*: CIANCI, Mirna (coord.). *Prescrição no Código Civil:* uma análise interdisciplinar. 2. ed. rev. atual. São Paulo: Saraiva, 2006.

CORDEIRO, Wolney de Macedo. A delimitação procedimental da liquidação das sentenças de tutela de direitos individuais homogêneos no processo do trabalho. *In*: RIBEIRO JR., José Hortêncio; CORDEIRO, Juliana Vignoli; FAVA, Marcos Neves; CAIXETA, Sebastião Vieira. *Ação coletiva na visão de juízes e procuradores do trabalho.* São Paulo: LTr, 2006.

CORNELL LAW SCHOOL. 29 U.S. Code § 255. Statute of limitations. *Legal Information Institute*: open access to law since 1992. Disponível em: <https://www.law.cornell.edu/uscode/text/29/255>. Acesso em: 26 jul. 2020.

________. Legal Information Institute. Rule 23. Class Actions. *Federal Rules of Civil Procedure.* Disponível em: <https://www.law.cornell.edu/rules/frcp/rule_23>. Acesso em: 2 jul. 2021.

CORREIA, Marcus Orione Gonçalves. *As ações coletivas e o direito do trabalho.* São Paulo: Saraiva, 1994.

COSSIGNANI, Fabio. Adempimento spontaneo ed esecuzione collettiva. *In*: SASSANI, Bruno (a cura di). *Class action*: commento sistemático alla legge 12 aprile 2019, n. 31. Pisa: Pacini Editore, 2019.

COSTA, Coqueijo. *Direito judiciário do trabalho.* Rio de Janeiro: Forense, 1978.

________. *Direito processual do trabalho.* 4. ed. Rio de Janeiro: Forense, 1995.

COSTA, Marcelo Freire Sampaio. *Curso de processo coletivo do trabalho*: em consonância com a reforma trabalhista. São Paulo: LTr, 2018.

COSTA, Orlando Teixeira da. *Direito coletivo do trabalho e crise econômica*. São Paulo: LTr, 1991.

COSTA, Suzana Henriques da. O controle judicial da representatividade adequada: uma análise dos sistemas norte-americano e brasileiro. *In*: SALLES, Carlos Alberto de. *As grandes transformações do processo civil brasileiro*: homenagem ao Professor Kazuo Watanabe. São Paulo: Quartier Latin, 2009. p. 953-978.

COSTA FILHO, Venceslau Tavares. Sobre a prescrição e a boa-fé no exercício da pretensão executiva: breves reflexões a partir da reforma do direito obrigacional alemão. *In*: BASTOS, Antonio Adonias de Aguiar; DIDIER JR., Fredie; CUNHA, Leonardo Carneiro da (org.). *Execução e cautelar*: estudos em homenagem a José de Moura Rocha. Salvador: Juspodivm, 2012. cap. XXXII.

COUËDEL, Clément. Régime de la prescription selon la nature de la créance invoquée: précisions. *Dalloz*: Actualité le quotidien du travail, éd. 20 juil. 2021. Disponível em: <https://www.dalloz-actualite.fr/flash/regime-de-prescription-selon-nature-de-creance-invoquee-precisions#.YP6PZKFv_cc>. Acesso em: 26 jul. 2021.

COUTURE, Eduardo J. *Fundamentos del derecho procesal civil*. 4. ed. Buenos Aires: B de F. Julio Cesar Faria Editor, 2018.

CUNHA, Leonardo Stocker Pereira. Breve introdução ao direito do trabalho alemão: artigo 611a do BGB e direitos do empregado. *LABUTA*: Laboratório UERJ de trabalho e previdência, 4 mar. 2020. Disponível em: <https://uerjlabuta.com/2020/03/04/breve-introducao-ao-direito-do-trabalho-alemao-artigo-611a-do-bgb-e-direitos-do-empregado/>. Acesso em: 4 jul. 2020.

CUNNIGHAM LAW. *Statute of limitations for labor violations*. Disponível em: https://laborattorney.com/statute-of-limitations-how-much-time-do-i-have-to-bring-a-lawsuit/. Acesso em: 26 jul. 2020.

DALAZEN, João Oreste. A nova prescrição da ação trabalhista do rurícola. *Revista do Tribunal Superior do Trabalho*, Porto Alegre: Editora Lex, v. 68, n. 1, p. 19-26, jan./mar. 2002.

D'AMBROSO, Marcelo José Ferlin. Competência criminal da Justiça do Trabalho e legitimidade do Ministério Público do Trabalho em matéria penal: elementos para reflexão. *Jus Navigandi*, Teresina, ano 11, n. 995, 23 mar. 2006. Disponível em: <http://jus2.uol.com.br/doutrina/texto.asp?id=8141>. Acesso em: 17 maio 2007.

DANTAS, Bruno; SANTOS, Caio Victor Ribeiro dos. A contribuição do contencioso coletivo norte-americano para o combate à judicialização no Brasil. *In*: WATANABE, Kazuo; NOLASCO, Rita Dias; CABRAL, Trícia Navarro Xavier; ÁVILA, Henrique. *Desjudicialização, justiça conciliativa e o poder público*. São Paulo: Revista dos Tribunais, 2011. cap. 2, p. 2. *E-book*.

DE BUEN LOZANO, Néstor. *Derecho del trabajo*. 16. ed. actual. México: Editorial Porrúa S.A. 2002, v. I, t. II. Primera edición 1976.

DEJURE.ORG. *BAG 28.9.2017*. Disponível em: <https://dejure.org/dienste/vernetzung/rechtsprechung?Gericht=BAG&Datum=28.09.2017&Aktenzeichen=8%20AZR%2067%2F15>. Acesso em: 25 jul. 2020.

DELGADO, Gabriela Neves; DELGADO, Maurício Godinho. *A reforma trabalhista no Brasil*: com comentários à Lei n. 13.467/2017. 2. ed. rev. atual. e ampl. São Paulo: LTr, 2018.

DENTI, Vittorio. *La giustizia civile*: lezione introduttive. Bologna: Società Editrice il Mulino, 1989.

DE SANTIS, Angelo Danilo. I disegni di legge italiani sulla tutela degli interessi collettivi e il "Class Action Fair Act of 2005". *Rivista Trimestrale di Diritto e Procedura Civile*, Milano, v. 60, n. 2, p. 601-624, 2006.

________. *La tutela giurisdizionale collettiva*: contributo allo studio della legittimazione ad agire e delle tecniche inibitorie e risarcitorie. Napoli: Jovene, 2013.

________. Il procedimento. *In*: SASSANI, Bruno (a cura di). *Class action*: commento sistemático alla legge 12 aprile 2019, n. 31. Pisa: Pacini Editore, 2019.

DIDIER JR., Fredie; ZANETI JR., Hermes. *Curso de direito processual coletivo*. 14. ed. Salvador: Juspodivm, 2020. v. 4.

DINAMARCO, Cândido Rangel. *Instituições de direito processual civil*. 6. ed. rev. e atual. São Paulo: Malheiros, 2009. v. I.

________. *Instituições de direito processual civil*. 6. ed. rev. e atual. São Paulo: Malheiros, 2009. v. III.

________. *Instituições de direito processual civil*. 3. Ed. rev. e atual. São Paulo: Malheiros, 2009. v. IV.

DINAMARCO, Cândido Rangel; LOPES, Bruno Vasconcelos Carrilho. *Teoria geral do novo processo civil*: de acordo com a Lei n. 13.256 de 4.2.2016. São Paulo: Malheiros, 2016.

DINIZ, José Janguiê Bezerra. *Atuação do Ministério Público do Trabalho como árbitro*. São Paulo: LTr, 2005.

DONIZETE, Elpídio; CERQUEIRA, Marcelo Malheiros. *Curso de processo coletivo*: contém jurisprudência temática e índice alfabético de assuntos. São Paulo: Atlas, 2010.

DONZELLI, Romolo. *La tutela giurisdizionale degli interessi collettivi*. Napoli: Jovene Editore, 2008.

________. L'ambito di applicazione e la legittimazione ad agire. *In*: SASSANI, Bruno (a cura di). *Class action*: commento sistemático alla legge 12 aprile 2019, n. 31. Pisa: Pacini Editore, 2019.

DU PASQUIER, Claude. *Introduction à la théorie générale et à la philosophie du droit*. 3. ed. Paris: Delachaux & Niestlé S.A., 1948.

ERMIDA URIARTE, Oscar. Breve panorama de las relaciones de trabajo en Uruguay. *Revista de Direito do Trabalho*, São Paulo, v. 11, n. 63, p. 25-33, set./out. 1986.

EUA. *Courts*. The Federal Rule of Civil Procedure. Disponível em: www.uscourts.gov. Acesso em: set. 2020.

EUR-LEX. Diretiva (UE) 2020/1828 do Parlamento Europeu e do Conselho de 25 de novembro de 2020 relativa a ações coletivas para proteção dos interesses coletivos dos consumidores e que revoga a Diretiva 2009/22/CE. Disponível em: http://data.europa.eu/eli/dir/2020/1828/oj. Acesso em: 3 jul. 2021.

EXEQUIEL VALENZUELA, Diego. Dilemas e incidencias de la cosa juzgada expansiva en clave de efectividad de los procesos colectivos en Argentina. *REDEA — Revista Derechos em Acción.* Buenos Aires: Faculdad Nacional de La Plata, a. 2, n. 3, p. 78-85, 2017.

FABIÁN BARUSSO, Leandro. Acciones Colectivas en la Ley de Defensa del Consumidor de Argentina. *Derecho & Sociedad.* Peru: PUC — Pontificia Universidad Católica del Perú, n. 38, p. 205- 2014, 2012.

FACCHINI NETO, Eugênio; HAEBERLIN, Mártin P. O estilo jurídico alemão. *Revista Ajuris*, Porto Alegre, v. 41, n. 133, p. 245-281, mar. 2014.

FADDA, Carlo. *L'azione popolare*: studio di diritto romano ed attuale. Torino: G.B. Paravia, 1894. Disponível em: https://babel.hathitrust.org/cgi/pt?id=hvd.32044049751340. Acesso em: 9 abr. 2021.

FARIA, José Eduardo. O sistema brasileiro de Justiça: experiência recente e futuros desafios. *Estudos Avançados*, São Paulo, v. 18, n. 51, p. 103-125, ago. 2004. Disponível em: <http://www.scielo.br/scielo.php?script=sci_arttext&pid=S0103-40142004000200006&lng=en&nrm=iso>. Acesso em: 9 mar. 2021.

FAVA, Marcos Neves. O esmorecimento do Poder Normativo: análise de um aspecto restritivo da competência da Justiça do Trabalho. *In*: COUTINHO, Grijalbo Fernandes; FAVA, Marcos Neves. *Nova competência da Justiça do Trabalho.* São Paulo: LTr, 2005. p. 276-291.

________. Teoria dos sistemas: sistemas operativos fechados: posição do poder normativo da Justiça do Trabalho no sistema jurídico. *Revista de Direito do Trabalho*, São Paulo, v. 33, n. 128, p. 103-124, out./dez. 2007.

FAZZALARI, Elio. *Instituições de direito processual.* Trad. de Elaine Nassif. Campinas: Bookseller Editora e Distribuidora, 2006.

FERRARI, Irany. Prescrição trabalhista: "decretação" *ex officio*. *Suplemento Trabalhista*. São Paulo: LTr, a. 28, n. 37, p. 253-255, 1992.

FERNANDES, Daniela. Como o movimento dos 'coletes amarelos' juntou direita e esquerda contra Macron na França. *In*: BBC NEWS BRASIL. De Paris para a BBC News Brasil. 04.12.2018. Disponível em:<https://www.bbc.com/portuguese/geral-46444559>. Acesso em: 10 nov. 2019.

FERNANDES, João Renda Leal. *O "mito EUA"*: um país sem direitos trabalhistas? Salvador: Juspodivm, 2021.

________. *O "mito EUA"*: um país sem direitos trabalhistas? 2020. Dissertação (Mestrado em Direito, Área de concentração: Pensamento Jurídico e Relações Sociais, Linha de pesquisa: Direito do Trabalho e Direito Previdenciário) — Universidade do Estado do Rio de Janeiro, Rio de Janeiro.

FINK, Daniel R. IX — Ação civil pública — prescrição — breves notas e reflexões. *In*: MILARÉ, Edis (coord.). *A ação civil pública após 20 anos*: efetividade e desafios. São Paulo: Revista dos Tribunais, 2005.

FRANÇA, R. Limongi. *A irretroatividade das leis e o direito adquirido.* 4. ed. São Paulo: Editora Revista dos Tribunais, 1994.

FRANCA FILHO, Marcílio Toscano. As diretivas da Comunidade Europeia: elementos para uma teoria geral. *Revista de Direito Constitucional e Internacional*, São Paulo, v. 9, n. 37, p. 7-26, out./dez. 2001.

FRANCO, Raquel Veras; MOREIRA, Leonardo Neves. História da Justiça do Trabalho no Brasil: o olhar do TST. *In*: BRASIL. Tribunal Superior do Trabalho (TST). Comissão de Documentação. *A história da Justiça do Trabalho no Brasil*: multiplicidade de olhares. Brasília: TST, 2011.

FRATINI, Riccardo. L'adezione. *In*: SASSANI, Bruno (a cura di). *Class action*: commento sistemático alla legge 12 aprile 2019, n. 31. Pisa: Pacini Editore, 2019.

FREITAS JUNIOR, Antonio Rodrigues de. *Sindicato*: domesticação e ruptura: um estudo da representação sindical no direito brasileiro. São Paulo: Departamento Editorial da Ordem dos Advogados do Brasil, 1989.

________. Sobre a relevância de uma noção precisa de conflito. *Revista do Advogado*, São Paulo, v. 34, n. 123, p. 11-18, ago. 2014.

G1. Pesquisa mostra aumento da rotatividade no emprego e de novas contratações, mas não de aumentos salariais: aumentos salariais ficaram na mesma média do ano passado, ao passo que a rotatividade de funcionários cresceu tanto em cargos mais altos como nos operacionais. *Economia*: concursos e empregos. Pub. 07.11.2019. Disponível em: https://g1.globo.com/economia/concursos-e-emprego/noticia/2019/11/07/pesquisa-mostra-aumento-da-rotatividade-no-emprego-e-de-novas-contratacoes-mas-nao-de-aumentos-salariais.ghtml. Acesso em: 6 out. 2021.

GAIA, Fausto Siqueira; MORAES, Camila Miranda de. COVID-19 e os impactos sobre os prazos de prescrição e decadência trabalhistas. *Revista LTr*. São Paulo: LTr, v. 84, n. 6, p. 456-464, abr. 2020.

GAIZO, Flávia Viana del. *Breves notas sobre o escorço histórico da tutela coletiva norte--americana*. 2015. Disponível em: <https://www5.pucsp.br/tutelacoletiva/download/ARTIGO-3-flavia-viana.pdf>. Acesso em: 9 nov. 2021.

GALANTINO, Luisa. *Diritto del lavoro*: editio minor. Torino: G. Giappichelli Editore, 2015.

GAMBACORTA, Mario Luis. La prescripción em el ámbito laboral y de la seguridade social. *In*: GHERSI. Carlos A. (dir.). *Prescripción liberatória*: caducidade de derecho y de instancia. Buenos Aires: La Ley, 2013.

GARMENDIA ARIGÓN, Mario. Panorama del modelo sindical uruguayo. *Revista de Direito do Trabalho*, São Paulo, v. 41, n. 161, p. 13-24, jan./fev. 2015.

________. *Orden publico e derecho del Trabajo*. 2. ed. ver. amp. actual. Montevideo: La Ley Uruguay, 2016.

GAZZETTA UFFICIALE. *Regio Decreto 16 marzo 1942, n. 262*. Disponível em: <https://www.gazzettaufficiale.it/atto/serie_generale/caricaDettaglioAtto/originario?atto.dataPubblicazioneGazzetta=1942-04-04&atto.codiceRedazionale=042U0262&elenco30giorni=false>. Acesso em: 2 abr. 2020.

GHERSI. Carlos A. (dir.). *Prescripción liberatória*: caducidade de derecho y de instancia. Buenos Aires: La Ley, 2013.

GIDI, Antonio. *Las acciones colectivas y la tutela de los derechos difusos, colectivos e individuales en Brasil*: un modelo para países de derecho civil. Trad. de Lucio Cabrera Acevedo. México: Universidad Autónoma de México, 2004.

________. Las acciones colectivas en Estados Unidos. *In*: GIDI, Antonio; FERRER MAC-GREGOR, Eduardo (coord.). *Procesos coletivos*: la tutela de los derechos difusos, colectivos e individuales en una perspectiva comparada. 2. ed. México: Editorial Porrúa, 2004.

________. *A* class action *como instrumento de tutela coletiva dos direitos*: ações coletivas em uma perspectiva comparada. São Paulo: Revista dos Tribunais, 2007.

________. *Rumo a um Código de Processo Civil Coletivo*: a codificação das ações coletivas no Brasil. Rio de Janeiro: GZ Editora, 2008.

________. O Projeto CNJ de Lei de Ação Civil Pública. Avanços, inutilidades, imprecisões e retrocessos: a decadência das ações coletivas no Brasil. *Civil Procedure Review*, Salvador, v. 12, n. 1, p. 25-75, jan./abr. 2021. Disponível em: https://ssrn.com/abstract=3724081. Acesso em: 20 jul. 2021.

GIGLIO, Wagner Drdla; CORRÊA, Cláudia Giglio Veltri. *Direito processual do trabalho*. 16. ed. São Paulo: Saraiva, 2007.

GILISSEN, Jonh. *Introdução histórica ao direito*. Lisboa: Fundação Calouste Gulbenkian, 1979.

GIUGGIOLI, Pier Filippo. *L'azione di classe*: un nuovo procedimento collettivo. Milano: Wolters Kluwer Italia, CEDAM, 2019.

GIUSSANI, Andrea. Interventi orale. *La nuova tutela collettiva*: azioni di classe e inibitorie. Convegno. Roma, 5 luglio 2019, 10:04. Durata: 6 ore 16 min. A cura di Pantheon e Delfina Steri. Organizzatori: Federconsumatori. Disponível em: <https://www.radioradicale.it/scheda/578810/la-nuova-tutela-collettiva-azioni-di-classe-e-inibitorie?i=4010783>. Acesso em: 12 set. 2020.

GÓES, Gisele Santos Fernandes. Pedido de dano moral: o pedido de dano moral coletivo na ação civil pública do Ministério Público. *In*: MAZZEI, Rodrigo; NOLASCO, Rita Dias (coord.). *Processo civil coletivo*. São Paulo: Quartier Latin, 2005. p. 470-483.

GOLDIN, Adrián. (dir.); ALIMENTI, Jorgelina F. (coord.). *Curso de derecho del trabajo y la seguridad social*. 2. ed. actual. Buenos Ayres: La Ley, 2015.

GOMES, Camila de Magalhães. História do processo: perspectiva histórico-cultural do direito processual. *In*: ZAGANELLI, Margareth Vetis (coord.). *Estudos de história do processo*. Rio de Janeiro: Lumen Juris, 2009.

GOMES, Orlando. *Introdução ao Direito Civil*. 6. ed. Rio de janeiro: Forense, 1979.

GOMES, Rodrigo. A fiscalização do trabalho tem o menor número em 20 anos. *Rede Brasil Atual*: trabalho. 28 jun. 2018. Disponível em: <https://www.redebrasilatual.com.br/trabalho/2018/06/fiscalizacao-do-trabalho-tem-menor-numero-de-auditores-em-20-anos/>. Acesso em: 2 abr. 2021.

GOMES NETO, Indalécio. Dissídio coletivo. *Revista do Tribunal Superior do Trabalho*, São Paulo, v. 62, p. 20-47, 1993.

GONÇALVES, Emilio. *Ação de cumprimento do direito brasileiro*. 3. ed. rev., amp. e atual. São Paulo: LTr, 1997.

GONÇALVES, Gláucio Maciel; DUTRA, Victor Barbosa. Apontamentos sobre o novo incidente de resolução de demandas repetitivas do Código de Processo Civil de 2015. *RIL*, Brasília, a. 52, n. 208, p. 189-202, out./dez. 2015.

GRINOVER, Ada Pellegrini. A ação popular portuguesa: uma análise comparativa. *Revista de Direito do Consumidor*. v. 18, p. 39-52, abr./jun. 1996.

________. Significado social, político e jurídico dos interesses difusos. *Revista de Processo*, São Paulo, v. 25, n. 97, p. 9-15, jan./mar. 2000.

________. Da *class action for damages* à ação de classe brasileira: os requisitos de admissibilidade. *In*: MILARÉ, Édis (coord.). *Ação civil pública*: Lei n. 7.347/1985: 15 anos. 2. ed. São Paulo: Revista dos Tribunais, 2002.

________. Parlamento Europeu e Conselho: Diretiva 2009/22 CE de 23.04.2009: as ações inibitórias de tutela do consumidor. *Revista de Processo*, São Paulo, v. 34, n. 175, p. 229-243, set. 2009.

________. A ação civil pública refém do autoritarismo. *In*: GRINOVER, Ada Pellegrini. *O processo*: estudos e pareceres. 2. ed. São Paulo: DPJ, 2009. p. 290-295.

________. Novas tendências em matéria de legitimação e coisa julgada nas ações coletivas. *In*: GRINOVER, Ada Pellegrini; WATANABE, Kazuo; MULLENIX, Linda. *Os processos coletivos nos países de* civil law e common law. 2. ed. São Paulo: Revista dos Tribunais, 2011. p. 228-252.

________. *A ação civil pública no STJ*: obra comemorativa: 1989-1999. Brasília: Superior Tribunal de Justiça, 1999.

________. A comparison of the class action for damages in the American judicial system to the Brazilian class action: the requirements of admissibility. *BRICS Law Journal*, [*s.l.*], v. 2, n. 1, p. 33-49, 2015. Disponível em: <https://doi.org/10.21684/2412-2343-2015-2-1-56-58>. Acesso em: 22 maio 2021.

________. *Ensaio sobre a processualidade*: fundamentos para uma nova teoria geral do processo. Brasília: Gazeta Jurídica, 2016.

________. I. Relatório geral: *civil law*. Os processos coletivos nos países de *civil law*. *In*: GRINOVER, Ada Pellegrini; WATANABE, Kazuo; MULLENIX, Linda. *Os processos coletivos nos países de* civil law e common law. 2. ed. São Paulo: Revista dos Tribunais, 2011.

GRINOVER, Ada Pellegrini; BENJAMIN, Antonio Herman de V. e; WAMBIER, Tereza Arruda Alvim; VIGORITI, Vicenzo (org.). *Processo coletivo*: do surgimento à atualidade. São Paulo: Revista dos Tribunais, 2014.

________ *et al*. *Código Brasileiro de Defesa do Consumidor*: comentado pelos autores do anteprojeto. 5. ed. Rio de Janeiro: Forense, 1998.

________ *et al*. *Código Brasileiro de Defesa do Consumidor*: comentado pelos autores do anteprojeto. 9. ed. Rio de Janeiro: Forense Universitária, 2007.

________ *et al.* *Código Brasileiro de Defesa do Consumidor*: comentado pelos autores do anteprojeto. 12. ed. Rio de Janeiro: Forense Universitária, 2019.

GUAYACÁN ORTIZ, Juan Carlos. Desafios do processo coletivo e conversão das ações individuais em coletivas na Ibero-américa. *Revista Iberoamericana de Derecho Procesal*, [*s.l.*], v. 4, p. 151-178, jul./dez. 2016.

________. La acción popular, la acción de grupo y las acciones colectivas: comparación de algunos tópicos entre el ordenamiento colombiano y el Anteproyecto de Código Modelo de procesos colectivos para Iberoamérica. *Revista de Derecho Privado*, Bogotá, n. 9, p. 35-56, jul./dez. 2005. Disponível em: <http://www.redalyc.org/articulo.oa?id=417537584003>. Acesso em: 3 jul. 2021.

GUIOMARD, Frédéric. L'action de groupe-discrimination en quête de sens: À propos du jugement du tribunal judiciaire de Paris, 15 décembre 2020, FTM-CGT c/ SA Safran Aircraft Engines. *Le Droit Ouvrier*, [*s.l.*], n. 847, p. 321-336, jun. 2021. Disponível em: <https://ledroitouvrier.cgt.fr/IMG/pdf/202106_doctrine_guiomard.pdf>. Acesso em: 26 jul. 2021.

HABERMAS, Jürgen. *Teoría de la acción comunicativa*. Trad. de M. Jiménez Redondo. 3. ed. Madrid: Taurus, 1999.

HERRERA TAPIAS, Beliña. Las acciones colectivas en Colombia frente a una realidad global: el derecho de consumo. *Justicia*, Barranquilla, Colombia, n. 25, jan./jun. 2014. Disponível em: <http://www.scielo.org.co/scielo.php?script=sci_arttext&pid=S0124-74412014000100004>. Acesso em: 4 ago. 2021.

HIGA, Flávio da Costa. *Class actions for damages*: breves apontamentos. *Revista do Direito Trabalhista*. Brasília, a. 17, n. 7, p. 20-31, jul. 2011.

HINESTROSA, Fernando. *La prescripción extintiva*. Bogotá: Universidad Externado de Colombia, 2001.

HIRONAKA, Giselda Maria Fernandes Novaes; TARTUCE, Flávio. A teoria do diálogo das fontes e a prescrição: comunicações entre o Código Civil e o Código de Defesa do Consumidor. *Revista de Direito do Consumidor*. São Paulo: Revista dos Tribunais, v. 128, p. 257-282, mar./abr. 2020.

HUEP, Tobias. Verjährung / Arbeitsrecht. Lexikonbeitrag aus Haufe Personal *In*: *Office Platin*. Disponível em: <https://www.haufe.de/personal/haufe-personal-office-platin/verjaehrung-arbeitsrecht_idesk_PI42323_HI727425.html>. Acesso em: 29 jun. 2020.

HUGO, Victor. *Os miseráveis*. Adaptado por Walcyr Carrasco. São Paulo: Editora FTD, 2002.

ITÁLIA. *Gazzetta Ufficiale della Repubblica Italiana*: Codice di Procedura Civile. Disponível em: <https://www.gazzettaufficiale.it/dettaglio/codici/proceduraCivile/840_1_2>. Acesso em: 17 maio 2021.

IWW – Institute. *Bundesarbeitsgericht: Urteil vom 28.09.2017 – 8 AZR 67/15*. 07.03.2018. IWW-Abrufnummer 200006. Disponível em: <https://www.iww.de/quellenmaterial/id/200006>. Acesso em: 25 jul. 2020.

JATIP, Jimena. Liquidacíon y execución de sentencias en procesos colectivos. *In*: SALGADO, José María (dir.). *Procesos colectivos y acciones de clase*. Ciudad Autónoma de Buenos Aires: Cathedra Juridica, 2014.

KANZLEIK§TZ. *Mindestentgelt – Ausschlussfristen.* BAG, Az.: 5 AZR, Urteil vom 24.08.2016. Disponível em: <https://www.arbeitsrechtsiegen.de/artikel/mindestentgelt-ausschlussfristen/>. Acesso em: 4 jul. 2020.

KOCH, Harald. Procedimientos colectivos y representativos en el procedimiento civil alemán. *In*: GIDI, Antonio; FERRER MAC-GREGOR, Eduardo (coord.). *Procesos colectivos*: la tutela de los derechos difusos, colectivos e individuales en una perspectiva comparada. 2. ed. México: Editorial Porrúa, p. 235-249, 2004.

LAMY, Marcelo. *Metodologia da pesquisa jurídica*: técnicas de investigação, argumentação e redação. Rio de Janeiro: Elsevier, 2011.

LEAL, Antônio Luís da Câmara. *Da prescrição e da decadência*: teoria geral do direito civil. 3. ed. atual. pelo juiz José de Aguiar Dias. Rio de Janeiro: Forense, 1978.

LEAL, Márcio Flávio Mafra. *Ações coletivas*: história, teoria e prática. Porto Alegre: Sergio Antonio Fabris, 1998.

LÉGIFRANCE. *Code Civil.* Disponível em: https://www.legifrance.gouv.fr. Acesso em: 10 jul. 2020.

________. *Code du travail.* Disponível em: www.legifrance.gouv.fr. Acesso em: 13 abr. 2020.

________. *Loi n. 2016-1547 du 18 novembre 2016 de modernisation de la justice du XXIe siècle.* Disponível em: www.legifrance.gouv.fr. Acesso em: 24 jul. 2021.

LEITE, Carlos Henrique Bezerra. *Liquidação em ação civil pública trabalhista.* São Paulo: LTr, 2004.

________. *Direitos metaindividuais.* São Paulo: LTr, 2005.

________. *Curso de direito processual do trabalho.* 5. ed. São Paulo: LTr, 2007.

________. *Curso de direito processual do trabalho.* 11. ed. São Paulo: LTr, 2013.

________. *Ministério Público do Trabalho*: doutrina, jurisprudência e Prática. 6. ed. São Paulo: Saraiva, 2014.

LEITE, Eduardo de Oliveira. *Monografia jurívera.* 7. ver rev. atual. rev. amp. São Paulo: Revista dos Tribunais, 2006.

LEMA, Martín. *Exposición de motivos projecto de ley*: regimén de responsabilidad por daño ambiental. Repartido n. 287, diciembre de 2020. Disponível em: <https://parlamento.gub.uy/documentosyleyes/documentos/repartido/representantes/49/287/0/pdf?width=800&height=600&hl=en_US1&iframe=true&rel=nofollow>. Acesso em: 3 jun. 2021.

LEONEL, Ricardo de Barros. *Manual do processo coletivo.* São Paulo: Revista dos Tribunais, 2002.

________. Código de Processo Civil de 2015 em perspectiva. *In*: YARSHELL, Flávio Luiz; BEDAQUE, José Roberto dos Santos; SICA, Heitor Vitor Mendonça. *Estudos de direito processual civil em homenagem ao professor José Rogério Cruz e Tucci.* Salvador: Juspodivm, 2018.

LEVESQUE, Frédéric; TREMBLAY, François; LEPAGE, Caroline. Lorsque le temps est l'ennemi de la justice: les fondements et les origines de la prescription extinctive des droits personnels: Note de recherche. *Revue de Droit*, Université de Sherbrooke, v. 46, n. 3, p. 575-608, 2016. Disponível em: <https://doi.org/10.17118/11143/13624>. Acesso em: 10 jan. 2020.

LOBATO, Márcia Regina. Ação de cumprimento. *Revista Fórum Trabalhista*, Belo Horizonte, ano 3, n. 10, p. 23-37, jan./fev. 2014.

________. *Dissídio coletivo*. São Paulo: LTr, 2014.

LÓPEZ MORENO, Juan Pablo; VILLAMIL GARZÓN, Edwin Mauricio. Resolución de conflictos colectivos, comportam inámicandical, y dinamica legislativa y jurisprudencial en materia laboral en el posconflicto en Colombia. *Revista cuatrimestral de las Facultades de Derecho y Ciencias Económicas y Empresariales*, Madrid, n. 103, 2018. Revista eletrônica. Disponível em: <https://revistas.comillas.edu/index.php/revistaicade/article/download/8197/8437>. Acesso em: 10 out. 2021.

LOPILATO, Vincenzo. *Manuale di diritto amministrativo*. 2. ed. Torino: G. Giappichelli Editore, 2020.

LORA, Ilse Marcelina Bernardi. *A prescrição no direito do trabalho*: teoria geral e questões polêmicas. São Paulo: LTr, 2001.

LORENZETTI, Ari Pedro. *A prescrição e a decadência na Justiça do Trabalho*. São Paulo: LTr, 2009.

LUHMANN, Niklas. *Stato di diritto e sistema sociale*. Napoli: Guida Editori, 1978.

MAATMAN JR., Gerald L. Annual workplace class section litigation report: an overview of the year in workplace class action litigation. *Labor Law Journal*: Seyfarth Shaw LLP, p. 5-30, Spring 2015.

________. Annual workplace class section litigation report: an overview of the year in workplace class action litigation. *SEYFARTH SHAW LLP*, p. 1-23, 2016. Disponível em: <https://www.workplaceclassaction.com/2016/01/its-here-seyfarths-2016-workplace-class-action-report/>. Acesso em: 20 jun. 2021.

________. Annual workplace class section litigation report: an overview of the year in workplace class action litigation. *SEYFARTH SHAW LLP*, p. 1-43, 2019. Disponível em: <https://www.seyfarth.com/dir_docs/publications/2019_WCAR_Chapters_1-2.pdf>. Acesso em: 20 jun. 2021.

________. Notícias sobre o "*annual workplace class section litigation report 2021*". *SEYFARTH SHAW LLP*. Disponível em: <https://www.workplaceclassactionreport.com/#h-get-report>. Acesso em: 20 jun. 2021.

MADDALONI, Osvaldo A.; JAVIER TULA, Diego. *Prescripción y caducidad en el derecho del trabajo*. 2. ed. Buenos Aires: Abeledo Perrot, 2008.

MAEDA, Michio. Las acciones colectivas en Japón: evolución histórica y regulación actual. *Revista de Interés Público*, Buenos Aires, a. 1, n. 2, p. 110-127, 2007. Disponível em: <http://sedici.unlp.edu.ar/handle/10915/67475>. Acesso em: 28 mar. 2021.

MAGANO, Octavio Bueno. Convenção coletiva de trabalho. *In*: MAGANO, Octavio Bueno (coord.). *Curso de direito do trabalho*: em homenagem ao Ministro e professor Mozart Victor Russomano. São Paulo: Saraiva, 1985.

________. *Organização sindical brasileira*. São Paulo: Revista dos Tribunais, 1981.

________. *Manual de direito do trabalho*: direito coletivo do trabalho. 2. ed. rev. e atual. São Paulo: LTr, 1990. v. III.

________. *Direito tutelar do trabalho*. 2. ed. rev. e atual. São Paulo: LTr, 1992.

MAIA, Diogo Campos Medina. *Ação coletiva passiva*. Rio de Janeiro: Lumen Juris, 2009.

________. A revisão do objeto da tutela coletiva: os direitos homogeneamente lesionados. *In*: CORDEIRO, Juliana Vignoli (org.). *Ações coletivas*: crítica para a construção da nova lei da ação civil pública. Brasília: Ministério Público do Trabalho, 2011.

MALAVASSI, Manuela; RICCIARDI, Giacomo. *La nuova class action*: analisi delle principali disposizioni. Approfondimenti. Profile processual. 10 set. 2019. Disponível em: <https://www.dirittobancario.it/approfondimenti/profili-processuali/la-nuova-class-action-analisi-delle-principali-disposizioni>. Acesso em: 20 nov. 202

MALLET, Estêvão. Considerações sobre a homogeneidade como pressuposto para a tutela coletiva de direitos individuais. *Revista da Faculdade de Direito*, Universidade de São Paulo, São Paulo, v. 105, p. 111-142, jan./dez. 2010. Disponível em: <http://www.revistas.usp.br/rfdusp/article/view/67894>. Acesso em: 20 dez. 2020.

MANCUSO, Rodolfo de Camargo. Interesses difusos: conceito e colocação no quadro geral dos interesses. *Revista de Processo*, São Paulo, v. 14, n. 55, p. 165-179, jul./set. 1989.

________. *Interesses difusos*: conceito e legitimação para agir. 4. ed. São Paulo: Revista dos Tribunais, 1997.

________. *Jurisdição coletiva e coisa julgada*: teoria geral das ações coletivas. São Paulo: Revista dos Tribunais, 2006.

________. *Ação popular*: proteção do erário, do patrimônio público, da moralidade administrativa e do meio ambiente. 8. ed. rev., ampl. e atual. São Paulo: Revista dos Tribunais, 2015. *E-book*.

MANNRICH, Nelson. *Dispensa coletiva*: da liberdade contratual à responsabilidade social. São Paulo: LTr, 2000.

MARQUES, José Frederico. *Instituições de direito processual civil*. 3. ed. Rio de Janeiro: Forense, 1966. v. 2.

________. *Tratado de direito penal*. V. 1. Campinas: Bookseller, 1997.

MARTÍNEZ PEREIRA, Joseph; MARTÍNEZ VÁSQUEZ, Juan Camilo; VANEGAS ARANGO, Juan Davi. *Prescrición oficiosa de los derechos laborales en la jurisdicción contencioso-administrativa colombiana*: efectos a la luz del derecho a la igualdad, el principio de favorabilidad y el debido proceso. 2016. 259 f. Maestría en Derecho Procesal — Facultad de Derecho, Universidad de Medellín, Rio Negro, 2016.

MARTINS FILHO, Ives Gandra da Silva. O dissídio coletivo e suas fases procedimentais. *Revista do Tribunal Superior do Trabalho*, São Paulo: TST, v. 63, p. 122-135, 1994.

________. Os interesses difusos na Justiça do Trabalho: atuação do Ministério Público do Trabalho. *Revista de Direito do Trabalho*, São Paulo, n. 88, p. 9-14, out./dez. 1994.

________. Breve história da Justiça do Trabalho. *In*: NASCIMENTO, Amauri Mascaro; FERRARI, Irany; MARTINS FILHO, Ives Gandra da Silva (org.). *História do trabalho, do direito do trabalho e da Justiça do Trabalho*: homenagem a Armando Casimiro Costa. Parte III. São Paulo: LTr, 1998.

________. Evolução histórica da estrutura judiciária brasileira. *Revista do TST*, Brasília, v. 65. n. 1, p. 85-114, out./dez. 1999.

MARTINS, Sérgio Pinto. Ação coletiva para discutir direito do empregado. *Justiça do trabalho*, Porto Alegre, a. 30, n. 353, p. 7-22, maio 2013.

________. Concentração das execuções. *Revista LTr*, São Paulo, a. 85, n. 10, p. 1236-1244, out. 2021.

MARUOTTI, Laura Solidoro. La perdita dell'azione civile per decorso del tempo nel diritto romano. Profili Generali. *Rivista Internazionale On line.* Peer Reviewd Journal (ISSN 2036:2528). Aut. Tr. Napoli n. 78 del 03.10.2007 – Proprietario e direttore responsabile: Laura Solidoro Iscr. Cam. Comm. n. 04552920482 – Partita IVA: IT01573850616 – Cod. Fisc. 04552920482 Disponível em: <http://www.teoriaestoriadeldirittoprivato.com/index.php?com=statics&option=index&cID=109>. Acesso em: 15 jan. 2020.

MAXIMILIANO, Carlos. *Direito intertemporal ou teoria da irretroatividade das leis.* 2. ed. Rio de Janeiro, São Paulo: Freitas Bastos, 1955.

________. *Hermenêutica e aplicação do direito.* 20. ed. Rio de Janeiro: Forense, 2011.

MAZZAFERRO, Giulia. Le spese e le sanzioni. *In*: SASSANI, Bruno (a cura di). *Class action*: commento sistemático alla legge 12 aprile 2019, n. 31. Pisa: Pacini Editore, 2019.

MAZZEI, Rodrigo; DAL'COL, João Roberto de Sá. Ação popular no Brasil e em Portugal. *Revista de Processo*, São Paulo, v. 40, n. 240, p. 317-344, fev. 2015.

MAZZILLI, Hugo de Nigro. *A defesa dos interesses difusos em juízo*: meio ambiente, consumidor, patrimônio cultural, patrimônio público e outros interesses. 15. ed. rev., ampl. e atual. São Paulo: Saraiva, 2002.

________. *O inquérito civil*: investigações do Ministério Público, compromissos de ajustamento e audiências públicas. 4. ed. São Paulo: Saraiva, 2015.

MAZZONI, Giuliano. *Manuale di diritto del lavoro*. 6. ed. Milano: Giuffrè Editore, 1988. v. 1.

MEDEIROS NETO, Xisto Tiago de. *Dano moral coletivo.* 4. ed. rev. atual. rev. São Paulo: LTr, 2014.

MELLO, Luiz Philippe Vieira de. Ação coletiva. *In*: MAGANO, Octavio Bueno (coord.). *Curso de direito do trabalho*: em homenagem ao Ministro e professor Mozart Victor Russomano. São Paulo: Saraiva, 1985.

MELO, André Luiz Alves de. O Ministério Público no mundo. *Migalhas de Peso*. Pub. 06.12.2006. Disponível em: <https://www.migalhas.com.br/depeso/33277/o-ministerio-publico-no-mundo>. Acesso em: 11 out. 2021.

MELO, Raimundo Simão de. *Ação civil pública na Justiça do Trabalho*. 2. ed. São Paulo: LTr, 2004.

________. *Direito ambiental do trabalho e saúde do trabalhador*: responsabilidades legais, dano material, dano moral, dano estético, indenização pela perda de uma chance, prescrição. 3. ed. São Paulo: LTr, 2008.

________. *Processo coletivo do trabalho*: dissídio coletivo, ação de cumprimento, ação anulatória. São Paulo: LTr, 2009.

________. Ação anulatória de instrumentos coletivos. *Revista Eletrônica do Tribunal Regional do Trabalho da 9ª Região*, Curitiba, v. 3, n. 31, p. 9-22, jun. 2014.

________. Os limites da negociação coletiva para o sistema jurídico brasileiro. *Reflexões Trabalhistas*. ConJur, publ. 22.01.2016. Disponível em: <https://www.conjur.com.br/2016-jan-22/reflexoes-trabalhistas-limites-negociacao-coletiva-sistema-juridico>. Acesso em: 10 set. 2021.

MENDES, Aluisio Gonçalves de Castro. *Ações coletivas e meios de soluções de conflitos coletivos no direito comparado e nacional*. 4. ed. rev., atual. e ampl. São Paulo: Revista dos Tribunais, 2012.

MENDONÇA JR., Nelson Teixeira. A prescrição e a equidade. *Revista LTr*, São Paulo, v. 60, n. 5, p. 636-642, maio 1996.

MILARÉ, Édis; MORAIS, Roberta Jardim de; BEZERRA, Mayara Alves. Publicado em 15 ago. 2019. *Migalhas de peso*. Disponível em: <https://www.migalhas.com.br/depeso/308712/dano-ambiental-individual-e-o-prazo-prescricional-da-respectiva-acao-reparatoria>. Acesso em: 6 set. 2021.

MINÉ, M. *Droit du travail*: la hiérarchie des normes est-elle inversée? The conversation, 26 sept. 2017b. Disponível em: <https://theconversation.com/droit-du-travail-la-hierarchie-des-normes-est-elle-inversee-84548>. Acesso em: 10 nov. 2019.

MINISTÉRIO PÚBLICO DO TRABALHO. Conselho Superior. *Resoluções*. Disponível em: <https://mpt.mp.br/pgt/conselho-superior/resolucoes-1>. Acesso em: 2 out. 2021.

MIRAGEM, Bruno. *Curso de direito do consumidor*. 6. ed. ampl., atual. e rev. São Paulo: Revista dos Tribunais, 2016.

________. *Curso de direito do consumidor*. 8. ed. ampl., atual. e rev. São Paulo: Revista dos Tribunais, 2020.

________. *Curso de direito do consumidor*. 8. ed. São Paulo: Revista dos Tribunais, 2020, p. RB-2.132. *E-book*. Disponível em: <https://proview.thomsonreuters.com/launchapp/title/rt/monografias/75937820/v8/page/RB-2.132>. Acesso em: 2 out. 2021.

MIRANDA, Pontes de. *Tratado de direito privado*: parte geral. Exceções, direitos mutilados, exercício dos direitos, pretensões, ações e exceções, prescrição. Atual. por Otávio Luiz Rodrigues Júnior, Tilman Quarch, Jefferson Carús Guedes. São Paulo: Revista dos Tribunais, 2013. t. VI.

MODRZEJEWSKI, Joseph Mélèze. *Le droit grec après Alexandre*. Paris: Dalloz, 2012, p. 95-96 *apud* LEVESQUE, Frédéric; TREMBLAY, François; LEPAGE, Caroline. Lorsque le temps est l'ennemi de la justice: les fondements et les origines de la prescription extinctive des droits personnels. *Revue de Droit*, Université de Sherbrooke. v. 46, n. 3, p. 575-608, 2016. Disponível em: <https://doi.org/10.17118/11143/13624>. Acesso em: 10 jan. 2020.

MOLINA, André de Araújo. Da suspensão e da extinção do processo de execução no novo CPC e seus reflexos no processo do trabalho. *Revista do Tribunal Regional do Trabalho da 3ª Região,* Belo Horizonte, v. 62, n. 94, p. 95-130, jul./dez. 2016.

MONSALVO, Manuel. Extinción de los créditos laborales. *In*: ACKERMAN, Mario E. (dir.); TOSCA, Diego M. (coord.). *Tratado de derecho del trabajo*: la relación individual del trabajo III. Santa Fé: Rubinzal-Culzoni Editores, 2005.

MORAES FILHO, Evaristo. *Introdução ao direito do trabalho.* 3. ed. São Paulo: LTr, 1982.

MOREIRA, José Carlos Barbosa. Notas sobre pretensão e prescrição no sistema do novo Código Civil brasileiro. *Revista Forense*, Belo Horizonte, v. 99, n. 366, p. 147-158, mar./abr. 2003.

________. O novo Código Civil e o direito processual. *Revista Síntese de Direito Civil e Processual Civil*, São Paulo, n. 19, p. 113-122, set./out. 2002.

MULLENIX, Linda S. New trends in standing and res judicata for collective suits. *Report for Common Law Countries* (March 1, 2007). Proceedings of the XIII World Congress of Procedural Law, New Trends in Procedural Law. Texas: Universidade do Texas, n. 319, p. 500-534, mar. 2007. Disponível em: <https://ssrn.com/abstract=2210894>. Acesso em: 28 jul. 2021.

________. Suing on Borrowed Time: The Appropriate Statute of Limitations in Federal Civil Rights Cases: 3 Preview of Supreme Court Cases 75 (October 1988). Public Law Research Paper, Texas, n. 385, p. 75-77, Oct. 1988. Disponível em: <https://ssrn.com/abstract=2222794>. Acesso em: 26 jul. 2021.

MUNERATI, Ligia Ramia. A evolução do direito do trabalho na Itália: da Lei 604/1966 até o Jobs act. *Revista de Direito do Trabalho*, São Paulo, v. 41, n. 164, p. 301-311, jul./ago. 2015.

NALLAR, Florencia; DE ARRASCAETA, Arturo. *Acción de classe*: tutela de derechos de incidencia colectiva: difusos individuais homogéneos. Ciudad Autónoma de Buenos Aires: Cathedra Juridica, 2019.

NASCIMENTO, Amauri Mascaro. Evolução histórica do sindicalismo. *In*: ROMITA, Arion Sayão (coord). *Sindicalismo.* São Paulo: LTr, 1986, p. 3- 12.

NERY, Ana Luiza de Andrade. *Compromisso de ajustamento de conduta*: teoria e análise de casos práticos. São Paulo: Revista dos Tribunais, 2010.

NERY JR., Nelson. O processo civil no Código de Defesa do Consumidor. *Revista de Processo*, São Paulo, v. 16, n. 61, p. 24-35, jan./mar. 1991.

NERY JR., Nelson; NERY, Rosa Maria de Andrade. *Código de Processo Civil comentado e legislação extravagante*. 10. ed. São Paulo: RT, 2008.

NICOD, Cécile. La réforme du droit de la négociation collective par la loi du 20 août 2008. *Le Droit Ouvrier*, [*s.l.*], p. 219-229, maio 2009. Disponível em: <https://ledroitouvrier.cgt.fr/IMG/pdf/200905_doctrine_nicod.pdf>. Acesso em: 5 nov. 2019.

NORDMEIER, Carl Friedrich. O novo direito das obrigações no Código Civil alemão: a reforma de 2002. *Revista Cadernos do Programa de Pós-Graduação em Direito PPGDir/UFRGS*, Porto Alegre, n. 1, p. 203-236, 2004. Disponível em: <http://seer.ufrgs.br/index.php/ppgdir/article/view/43502/27380>. Acesso em: 7 abr. 2020.

NUNES, Rizzatto. As ações coletivas e as definições de direito difuso, coletivo e individual homogêneo. *In*: MAZZEI, Rodrigo; NOLASCO, Rita Dias (coord.). *Processo civil coletivo*. São Paulo: Quartier Latin do Brasil, 2005.

OMAR BERIONCE, Roberto; TEISHENER, José Maria R.; KRÜGER THAMAY, Rennan Faria (coord.). *Los procesos colectivos*: Argentina y Brasil. Buenos Aires: Cathedra Juridica, 2012.

OLIVEIRA, Carlos Alberto Alvaro de. *Do formalismo no processo civil*: proposta de um formalismo-valorativo. 3. ed. ampl., rev. e atual. São Paulo: Saraiva, 2009.

OLIVEIRA, Francisco Antônio de. O dano moral no direito do trabalho. *Revista dos Tribunais*, São Paulo: RT, v. 751, p. 151-165, maio 1998.

OLIVEIRA, Sebastião Geraldo de. *Indenização por acidente de trabalho ou doença ocupacional*: de acordo com a reforma trabalhista Lei n. 13467/2017. 10. ed. São Paulo: LTr, 2018.

OST, François. *O tempo do direito*. Trad. de Élcio Fernandes, rev. téc. de Carlos Aurélio Mota de Souza. Bauru: Edutec, 2005.

PALO NETO, Vito; KERNER, Christian. A influência do processo civil alemão em relação ao processo judicial do trabalho. *In*: TOLEDO FILHO, Manoel Carlos (coord.); GIORDANI, Francisco Alberto da Mota (org.). *Estudos jurídicos 2017*: os impactos do novo CPC no processo do trabalho na perspectiva do direito comparado. Campinas: Escola Judicial do TRT15, 2017.

PAMPLONA FILHO, Rodolfo. *Prescrição trabalhista*: questões controvertidas. São Paulo: LTr, 1996.

________. *O dano moral na relação de emprego*. 2. ed. São Paulo: LTr, 1999.

PAMPLONA FILHO, Rodolfo; FERNANDEZ, Leandro. A pronúncia de ofício da prescrição no processo civil e no processo do trabalho. *Revista Direito UNIFACS — Debate Virtual*, n. 210, dez. 2017. Disponível em: <https://revistas.unifacs.br/index.php/redu/issue/view/273>. Acesso em: jul. 2021.

PAMPLONA FILHO, Rodolfo; FERNANDEZ, Leandro. *Tratado de prescrição trabalhista*: aspectos teóricos e práticos. São Paulo: LTr, 2017.

PEIXOTO, José Carlos de Matos. *Curso de direito romano*: partes introdutória e geral. Rio de Janeiro: Companhia Editora Fortaleza, 1950. t. I.

PÉLISSIER, Jean; SUPIOT, Alain; JEAMMAUD, Antoine. *Droit du travail*. 21. ed. Paris: Dalloz, 2002.

PEREIRA CAMPOS, Santiago. Nuevas tendências en matéria de legitimación y cosa juzgada em los procesos colectivos: relato nacional por Uruguay. *Academia.edu.* Disponível em: <https://www.academia.edu/12386697/NUEVAS_TENDENCIAS_EN_MATERIA_DE_LEGITIMACI%C3%93N_Y_COSA_JUZGADA_EN_LOS_PROCESOS_COLECTIVOS_EN_URUGUAY>. Acesso em: 3 jun. 2021.

PEREIRA, Caio Mário da Silva. *Instituições de direito civil.* 3. ed. rev. e atual. Rio de Janeiro: Forense, 1971. v. 1.

PEREIRA, Caio Mário da Silva. *Instituições de direito civil.* 19. ed. rev. e atual. Rio de Janeiro: Forense, 1999. v. 1.

PERGOLARI, Eleonora. Azioni risarcitorie per danni da violazione di norme a tutela della concorrenza. *In Dotto cultura e método.* 18 maggio 2017. Disponível em: <https://www.edotto.com/articolo/azioni-risarcitorie-per-danni-da-violazione-di-norme-a-tutela-della-concorrenza#>. Acesso em: 10 set. 2018.

PETERS, Edward. Book review: From medieval group litigation to the modern class action. *The American Journal of Legal History,* v. 34, p. 1495-1496, 1990. Disponível em: <https://www.repository.law.indiana.edu/cgi/viewcontent.cgi?article=3514&context=facpub>. Acesso em: 10 maio 2019.

PETRILLO, Chiara. Situazioni soggettive implicate. *In*: SASSANI, Bruno (a cura di). *Class action*: commento sistemático alla legge 12 aprile 2019, n. 31. Pisa: Pacini Editore, 2019.

PEYRONNET, Marie. L'action de groupe "discrimination" a déjà atteint ses limites. *Dalloz*: Actualité le quotidien du travail, 11 jan. 2021. Disponível em: <https://www.dalloz-actualite.fr/flash/l-action-de-groupe-discrimination-deja-atteint-ses-limites#.YP6OXaFv_cc>. Acesso em: 26 jul. 21.

________. Absence de prescription des discriminations continuant à produire leurs effets. *Dalloz*: Actualité le quotidien du travail, 28 avr. 2021. Disponível em: <https://www.dalloz-actualite.fr/flash/l-action-de-groupe-discrimination-deja-atteint-ses-limites#.YP6OXaFv_cc>. Acesso em: 26 jul. 2021.

PINTO, Almir Pazzianoto. 60º aniversário da Justiça do Trabalho. *Revista de direito trabalhista,* Brasília, ano 12, n. 10, p. 16-19, out. 2006.

PIRES, Eduardo Rockenbach. O pronunciamento de ofício da prescrição e o processo do trabalho. *Revista do Direito Trabalhista*, São Paulo, v. 14, n. 7, p. 24-26, jul. 2008.

PITAS, José. História da Justiça do Trabalho: competência. *Revista de Direito do Trabalho*, São Paulo, v. 31, v. 120, p. 114-134, out./dez. 2005.

PIZZOL, Patrícia Miranda. *Tutela coletiva*: processo coletivo e técnicas de padronização das decisões. São Paulo: Revista dos Tribunais, 2020.

PLÁ RODRÍGUEZ, Americo. *Los princípios del derecho del trabajo.* Ediciòn al cuidado de Hugo Barretto Ghione. 4. ed. Montevidéo: Fundación de Cultura Universitaria, 2015.

POIRIER, Mireille. Éviter le couperet de la prescription, après la loi du 14 juin 2013 relative à la sécurisation de l'emploi. *Le Droit Ouvrier*, Bordeaux, n. 788, p. 182-196, mars 2014.

Disponível em: <file:///C:/Users/I170500/AppData/Local/Temp/201403_doctrine_poirier.pdf>. Acesso em: 11 jul. 2020.

POZZATO, Anna. La prescrizione nella prospettiva storico-comparatistica. Radici romanistiche, ordinamenti nazionali, Principles of European Contract Law Direttore dela. *Tesi di dottorato.* Universitá di Padova — Itália. Disponível on line: *<paduaresearch.cab.unipd.it › Tesi_dottorato_Anna_POZZATO_110130>.* Acesso em: 22 fev. 2020.

PRÍNCIPE, Carlos Eduardo. Aposentadoria: extinção do vínculo empregatício: a multa de 40% do FGTS é devida ou não? *Migalhas de peso.* Pub. 04.10.2004. Disponível em: <https://www.migalhas.com.br/depeso/7103/aposentadoria--extincao-do-vinculo-empregaticio>. Acesso em: 4 out. 2021.

QUEIROZ, Lorrane; GOMES JUNIOR, Luiz Manoel. História da ação popular no sistema constitucional brasileiro: evolução até o julgamento do STF — RE com agravo 824-781-MT. *Revista de Processo*, São Paulo, v. 45, n. 302, p. 265-288, abr. 2020.

RABELLO, Bruno Resende. Algumas considerações sobre a prescrição e a decadência no Código Civil de 2002. *In*: FIUZA, Cesar (org.). *Curso avançado de direito civil.* São Paulo: Thompson-IOB, 2004. p. 309-328.

RAMOS, André Luiz Arnt. Lineamentos do processo civil coletivo na Alemanha. *Revista de Processo*, São Paulo, v. 39, n. 232, p. 223-237, jun. 2014.

RASO DELGUE, Juan; GARMENDIA ARIGÓN, Mario; RODRÌGUES AZCÚE, Alvaro. *Prescripción laboral.* Reimpresión inalterada. Montevideo: Fundación de Cultura Universitaria, 2012.

REFOSCO, Helena Campos. *Ação coletiva e democratização do acesso à Justiça.* São Paulo: Quartier Latin, 2018.

REPÚBLICA ORIENTAL DEL URUGUAY. *Comisión Especial de Ambiente:* regimén de responsabiliad por daño ambiental. Repartido n. 287, diciembre de 2020. Disponível em: <https://parlamento.gub.uy/documentosyleyes/documentos/repartido/representantes/49/287/0/pdf?width=800&height=600&hl=en_US1&iframe=true&rel=nofollow>. Acesso em: 3 jun. 2021.

________. *Poder legislativo:* Ley 15.982. Disponível em: <https://legislativo.parlamento.gub.uy/temporales/leytemp9293889.htm>. Acesso em: 3 jun. 2021.

REZENDE, Caroline Gaudio. Musterverfahren *como mecanismo de efetividade do acesso à justiça e a sua convivência com a tutela coletiva*. 2014. 202 f. Dissertação (Mestrado em Direito) — Universidade Estácio de Sá, Rio de Janeiro, 2014.

RIBEIRO, Rafael Pugliese Edson. *Reforma trabalhista comentada*: análise da lei e comentários aos artigos alterados da CLT e leis reformadas — de acordo com a Lei n. 13.467/2017 e a MP n. 808/2017. Curitiba: Juruá, 2018.

RICHA, Morgana de Almeida. O CNJ e a estruturação da Política Judiciária Nacional: solução consensual dos conflitos de interesse. *Revista Eletrônica do Tribunal Regional do Trabalho da 9ª Região*, Curitiba, v. 1, n. 7, p. 31-43, maio 2012.

________. O Conselho Nacional de Justiça e a constituição da vida republicana. *Revista Eletrônica do Tribunal Regional do Trabalho da 9ª Região*, Curitiba, v. 3, n. 25, p. 80-101, nov. 2013.

________. *Políticas públicas judiciárias e o acesso à Justiça*. São Paulo: LTr, 2021. No prelo.

ROCHA, Fábio Ribeiro da; BOUCINHAS FILHO, Jorge Cavalcanti. *Aspectos jurídicos das medidas governamentais destinadas a preservar empregos e renda durante a pandemia*: análise das Medidas Provisórias 927, 928, 936, 944 e 945/2020 [livro eletrônico]. São Paulo: Escola Superior de Advocacia da OAB SP, 2020.

RODRIGUES, Marcelo Abelha. *Ação civil pública e meio ambiente*. Rio de Janeiro: Forense Universitária, 2003.

RODRIGUES JUNIOR, Otavio Luiz. A influência do BGB e da doutrina alemã no direito civil brasileiro do século XX. *Revista dos Tribunais*, São Paulo, v. 102, n. 938, p. 79-155, dez. 2013.

ROMITA, Arion Sayão. A prescrição na Constituição: direito intertemporal. *In*: ROMITA, Arion Sayão (coord.). *Curso de direito constitucional do trabalho*. São Paulo: LTr, 1991, p. 340-350.

ROQUE, Andre Vasconcelos. *Class actions* e reformas processuais: um ponto de reflexão para as ações coletivas no Brasil. *Revista Eletrônica de Direito Processual*, Rio de Janeiro, v. 1, n. 1, p. 86-124, 2007.

________. Origens históricas da tutela coletiva: da *actio popularis* romana às *class actions* norte-americanas. *Revista de Processo*, São Paulo, v. 35, n. 188, p. 101-146, out. 2010.

RUGGIERO, Roberto. *Instituições de direito civil*: direito das obrigações e hereditário. Trad. da 6. ed. italiana com notas remissivas aos Códigos Civis brasileiro e português por Dr. Ary dos Santos. São Paulo: Livraria Academica Saraiva & Cia., 1934. v. III.

________. *Instituições de direito civil*. Trad. de Paolo Capitanio. Campinas: Bookseller, 1999. v. I.

RUPRECHT, Alfredo J. *Relações coletivas de trabalho*. Rev. téc. de Irany Ferrari. São Paulo: LTr, 1995.

RUSSOMANO, Mozart Victor. *Comentários à Consolidação das Leis do Trabalho*. v. I. 4. ed. Rio de Janeiro: José Konfino Editor, 1957.

________. *Curso de direito do trabalho*. Rio de Janeiro: José Konfino Editor, 1974.

SAISIRPRUDHOMMES. *Les délais de prescription en droit du travail*. Disponível em: <https://www.saisirprudhommes.com/fiches-prudhommes/procedure-saisine-prudhommes/les-delais-de-prescription>. Acesso em: 10 jul. 2020.

SALDANHA, Nelson. Espaço e tempo na concepção do direito de Pontes de Miranda. *Revista de Informação Legislativa*, Brasília, v. 25, n. 97, p. 271-282, jan./mar. 1988.

SALES, Lilia Maia de Morais; CHAVES, Emmanuela Carvalho Cipriano. Mediação e conciliação judicial: a importância da capacitação e de seus desafios. *Sequência*, Florianópolis, n. 69, p. 255-279, dez. 2014. Disponível em: <http://www.scielo.br/scielo.php?script=sci_arttext&pid=S2177-70552014000200011&lng=en&nrm=iso>. Acesso em: 13 mar. 2021.

SANTOS, Boaventura de Sousa. Introdução à sociologia da administração da justiça. *Revista Crítica de Ciências Sociais*, [*s.l.*], n. 21, p. 11-37, nov. 1986.

SANTOS, Boaventura de Sousa; MARQUES, Maria Manuel Leitão; PEDROSO, João. Los tribunales en las sociedades contemporaneas. *Pensamiento Jurídico*, [*s.l.*], n. 4, p. 5-38, 1995. Disponível em: <https://revistas.unal.edu.co/index.php/peju/article/view/38999. Acesso em: 10 mar. 2021.

SANTOS, Enoque Ribeiro dos. *Direitos humanos na negociação coletiva*: teoria e prática jurisprudencial. São Paulo: LTr, 2004.

________. *Fundamentos do direito coletivo do trabalho*: nos Estados Unidos da América, no Mercosul e a experiência brasileira. Rio de Janeiro: Lumen Juris, 2005.

________. A polêmica sobre os direitos individuais homogêneos: essencialmente individuais e acidentalmente coletivos ou autênticos direitos coletivos, na seara trabalhista. *In*: SANTOS, Enoque Ribeiro dos (coord.); BARBOSA, Felipe de Melo (org.). *Fundamentos do processo coletivo do trabalho*. Rio de Janeiro: Lumen Juris, 2021.

________. *O microssistema de tutela coletiva*: parceirização jurisdicional. 4. ed. Rio de Janeiro: Lumen Juris, 2020.

________. *Processo coletivo do trabalho*. 2. ed. rev., ampl. e atual. Rio de Janeiro: Forense, 2018.

SANTOS, Enoque Ribeiro dos; HAJEL FILHO, Ricardo Antonio Bittar. *Curso de direito processual do trabalho*. 3. ed. rev., ampl. e atual. São Paulo: Atlas, 2019.

SANTOS, Ronaldo Lima dos. *Sindicatos e ações coletivas*: acesso à justiça, jurisdição coletiva e tutela dos interesses difusos, coletivos e individuais homogêneos. 5. ed. rev. e ampl. São Paulo: LTr, 2019.

SÃO PAULO. Assembleia Legislativa. Secretaria Geral Parlamentar. *Departamento de Documentação e Informação*. Lei n. 1.869 de 10 de outubro de 1922. Disponível em: <https://www.al.sp.gov.br/repositorio/legislacao/lei/1922/lei-1869-10.10.1922.html>. Acesso em: 8 ago. 2020.

SARAT, Austin; GROSSMAN, Joel B. Courts and conflict resolution: problems in the mobilization of adjudication. *The American Political Science Review*, [*s.l.*], v. 69, n. 4, p. 1200-1217, dec. 1975.

SARCEDO, Cristiane Lapa Wanderlei. *Representatividade sindical e negociação coletiva*: diretrizes da OIT, experiências no modelo francês e norte-americano e contribuições ao sistema brasileiro. São Paulo: LTr, 2011.

SCHIAVI, Mauro. Prescrição trabalhista. O que muda com as novas disposições da reforma trabalhista. *Revista do Tribunal Regional do Trabalho da 3ª Região*. Belo Horizonte: TRT3, edição especial, p. 411-422, nov. 2017.

SCIALOJA, Vittorio. *Procedura civile romana*: esercizio e difesa dei diritti. Roma: Anonima Romana Editoriale, 1894.

SHIMURA, Sérgio Seiji. Aspectos da defesa do devedor. Impugnação. *In*: WAMBIER, Theresa Arruda Alvin; SHIMURA, Sérgio. *Tutela coletiva e sua efetividade*. São Paulo: Método, 2006.

SHINESTECK, Clarissa Ribeiro. A história da contaminação do meio ambiente do trabalho em Paulínia: o caso Shell-Basf. *In*: SANTOS, Adriana Augusta dos (coord. *et. ali*). *Grandes acidentes do trabalho no Brasil*: repercussões jurídicas e abordagem multidisciplinar. Belo Horizonte: RTM, 2020.

SILVA, Antônio Álvares da. Prescrição do trabalhador rural após a Emenda Constitucional n. 28/2000. *Revista do Tribunal Superior do Trabalho*, Porto Alegre: Editora Lex, v. 67, n. 1, p. 53-88, jan./mar. 2001.

________. *Prescrição trabalhista na nova Constituição*. Rio de Janeiro: Aide, 1990.

SILVA, Homero Batista de Mateus. Ações coletivas interrompem a prescrição das pretensões individuais trabalhistas? *In*: RIBEIRO JR., José Hortêncio; CORDEIRO, Juliana Vignoli; FAVA, Marcos Neves; CAIXETA, Sebastião Vieria. *Ação coletiva na visão de juízes e procuradores do trabalho.* São Paulo: LTr, 2006.

________. *Estudo crítico da prescrição trabalhista.* São Paulo: LTr, 2004.

________. Comentários no Facebook sobre a Lei n. 14.010/2020. *In*: *Facebook:* Homero @professorhomero. Disponível em: <https://www.facebook.com/professorhomero/>. Acesso em: 30 ago. 2020.

SILVA, Sandoval Alves da. *O Ministério Público e a concretização dos direitos humanos.* Salvador: Juspodivm, 2016.

SIMÃO, José Fernando. *Prescrição e decadência*: início dos prazos. São Paulo: Atlas, 2013.

SIQUEIRA, Cleanto Guimarães. *A defesa no processo civil*: exceções substanciais no processo de conhecimento. 2. ed. rev., atual e ampl. Belo Horizonte: Del Rey, 1997.

SOCIÉTÉ D'AVOCATS. *Actance*. Ordonnance Macron: Impact sur les délais de prescription des actions portant sur l'exécution et la rupture du contrat de travail. Actualité législative ou réglementaire. 28.09.2017. Disponível em: <https://www.actanceavocats.com/actualites/actualite-legislative-ou-reglementaire/ordonnance-macron-:-impact-sur-les-delais-de-prescription-des-actions-portant-sur-lexecution-et-la-rupture-du-contrat-de-travail-35>. Acesso em: 18 nov. 2021.

SPENCE, George. Limitation of actions and prescriptions. *In*: SPENCE, George. *The equitable jurisdiction of the Court of Chancery.* London: V. and B. Stevens and G. S. Norton, 1846. Book second, cap. X, p. 255-262.

SÜSSEKIND, Arnaldo; MARANHÃO, Délio; VIANNA, Segadas; TEIXEIRA, Lima. *Instituições de direito do trabalho.* V. 1. 20. ed. Atualização por Arnaldo Süssekind e João de Lima Teixeira Filho. São Paulo: LTr, 2002.

TAMAYO JARAMILLO, Javier. Colombia. *In*: *The class actions law review*: second edition. London: Richard Swallow. Law Business Research Ltd., 2018.

________. The class action law review: Colombia. *The Law Review.* Disponível em: https://thelawreviews.co.uk/title/the-class-actions-law-review/colombia. Acesso em: 5 ago. 2021.

TEIXEIRA FILHO, Manoel Antônio. *O processo do trabalho e a reforma trabalhista*: as alterações introduzidas no processo do trabalho pela Lei n. 13.467/2017. São Paulo: LTr, 2017.

________. *Curso de direito processual do trabalho.* São Paulo: LTr, 2009. v. III.

TEIXEIRA, Sergio Torres. Pressupostos de concessão das tutelas preventivas do meio ambiente do trabalho. *Revista do Tribunal Superior do Trabalho*, São Paulo, v. 80, n. 1, p. 106-117, jan./mar. 2014.

TESHEINER, José Maria Rosa. 32. Prescrição nas ações homogeneizantes ou relativas a direitos individuais homogêneos: comentário ao acórdão do REsp 1.070.896. *In*: ALVIM, Teresa Arruda; GRINOVER, Ada Pellegrini; BENJAMIN, Antonio Herman de V. e; VIGORITI, Vicenzo. *Processo Coletivo*. São Paulo: Revista dos Tribunais, 2014 (versão *ebook* II Parte — Trabalhos publicados a partir de 2010 ou preparados para este volume) Disponível em: <https://proview.thomsonreuters.com/launchapp/title/rt/monografias/99874040/v1/document/100163211/anchor/a-100163211>. Acesso em: 2 jun. 2021.

TEYSSIÉ, Bernard. *Droit du travail*. Paris: LITEC, 1980.

THEODORO JÚNIOR, Humberto. *Código de Processo Civil anotado*. 12. ed. Rio de Janeiro: Forense, 2008.

________. *Prescrição e decadência*: de acordo com a reforma trabalhista. Rio de Janeiro: Forense, 2018.

THIBAU, Tereza Cristina Sorice Baracho; GOUVEA, Alex Lamy de. A tutela coletiva na França. *Âmbito Jurídico*, 1º de novembro de 2012. Disponível em: <https://ambitojuridico.com.br/cadernos/direito-constitucional/a-tutela-coletiva-na-franca/#_ftn17>. Acesso em: 17 maio 2021.

TOURINHO NETO, Fernando. A eficácia executiva da sentença declaratória. *Revista de Informação Legislativa*: Brasília. a. 29, n. 115, p. 557-570, jul./set. 1992.

TRABA, José Maria Torres. El rol del juez y del abogado em el ámbito de los procesos colectivos. *In*: SALGADO, José M. (dir.). *Procesos colectivos y acciones de clase*. Buenos Aires: Cathedra Juridica, 2014.

TUCCI, José Rogério Cruz e; AZEVEDO, Luiz Carlos de. *Lições de história do processo civil romano*. 2. tir. São Paulo: RT, 2001.

TUSSEAU, Guillaume. À propos de la représentativité syndicale. *Revue du droit public et de la science politique en France et à l'étranger*, [*s.l.*], p. 1-36, 2005. Disponível em: <https://hal-sciencespo.archives-ouvertes.fr/hal-01020642/document>. Acesso em: 26 jul. 2021.

TV BRASIL. BITTENCOURT, Graciely *et. ali*. Brumadinho e Mariana: a dor que não passa. Como está a vida das pessoas atingidas pelo desastre ambiental? *Caminhos da reportagem*. 25.01.2020. Disponível em: <https://tvbrasil.ebc.com.br/caminhos-da-reportagem/2020/01/brumadinho-e-mariana-dor-que-nao-passa>. Acesso em: 6 out. 2021.

UNESCO. *Políticas e regulamentações*: Constitución de la República Oriental del Uruguay. Disponível em: <https://siteal.iiep.unesco.org/pt/bdnp/574/constitucion-republica-oriental-uruguay>. Acesso em: 3 jun. 2021.

UNIÃO EUROPEIA. *Jornal Oficial da União Europeia*: L 409/1. Publicado em 4 de dezembro de 2020. Disponível em: <https://eur-lex.europa.eu/legal-content/PT/TXT/PDF/?uri=CELEX:32020L1828&from=EN>. Acesso em: 17 maio 2021.

________. *Parlamento Europeu*: sobre o Parlamento. Disponível em: <https://www.europarl.europa.eu/portal/pt>. Acesso em: 5 maio 2021.

UNTURA NETO, Marcos. *O Conselho Nacional do Trabalho e os direitos sociais no Brasil*. 2013. Dissertação (Mestrado em Direito) — Universidade de São Paulo, São Paulo, 2013.

URUGUAY. IMPO — Centro de información oficial. Código Civil. *Normativa y avisos legales del Uruguay*. Disponível em: <https://www.impo.com.uy/bases/textos-originales-ley/16603-1994/1216>. Acesso em: 6 jul. 2021.

________. IMPO — Centro de información oficial. Código Civil. *Normativa y avisos legales del Uruguay*. Disponível em: <https://www.impo.com.uy/bases/codigo-civil/16603-1994/1216>. Acesso em: 6 jul. 2021.

________. Poder Legislativo. *Ley n. 16.906*. Interes nacional, promoción y proteccion dictanse normas referidas a la declarion de las inversiones realizadas por intversores nacionales y extranjeros em el territorio nacional. Disponível em: <https://legislativo.parlamento.gub.uy/temporales/leytemp1676.htm>. Acesso em: 8 jul. 2020.

________. Poder Legislativo. *Ley n. 18.091*. Creditos o prestaciones laborales originados em la relación de trabajo: se determinan los plazos de prescripción. Disponível em: <https://legislativo.parlamento.gub.uy/temporales/leytemp5607891.htm>. Acesso em: 8 jul. 2020.

USA. Congress. S.181 — Lilly Ledbetter Fair Pay Act of 2009. *Legislation*. Disponível em: <https://www.congress.gov/bill/111th-congress/senate-bill/181>. Acesso em: 21 jun. 2021.

________. The Committee on the Judiciary House of Representatives. *Federal Rules of Civil Procedure. December 1, 2018*. U.S. Government Publishing Office Washington, 2018. Disponível em: <https://www.uscourts.gov/sites/default/files/cv_rules_eff._dec._1_2018_0.pdf>. Acesso em: 28 mar. 2021.

VENOSA, Silvio de Salvo. *Direito civil*: parte geral. 19. ed. São Paulo: Grupo Gen, 2019.

VENTURI, Elton. *Processo civil coletivo*: a tutela jurisdicional dos direitos difusos, coletivos e individuais homogêneos no Brasil: perspectivas de um código brasileiro de processos coletivos. São Paulo: Malheiros, 2007.

________. O problema conceitual da tutela coletiva: a proteção dos interesses ou direitos difusos, coletivos e individuais homogêneos segundo o Projeto de Lei n. 5.130-2009. *In*: GOZZOLI, Maria Clara; CIANCI, Mirna; CALMON, Petrônio; QUARTIERI, Rita (coord.). *Em defesa de um novo sistema de processos coletivos*: estudos em homenagem a Ada Pellegrini Grinover. São Paulo: Saraiva, 2010.

VERBIC, Francisco. El derecho argentino en materia de tutela colectiva de derechos e la influencia ricibida del Codigo Modelo de Procesos Colectivos para Iberoamerica. *Revista Iberoamericana de Derecho Procesal*. São Paulo: Revista dos Tribunais, v. 8, p. 255-306, jul./dez. 2018.

________. Los procesos colectivos en Argentina: novedads y proyectos de reforma. *In*: SALGADO, José María (dir.). *Procesos colectivos y acciones de clase*. Ciudad Autónoma de Buenos Aires: Cathedra Juridica, 2014.

VIANA, Márcio Túlio. O acesso à justiça e a nova prescrição do rurícola. *In*: *Revista do Tribunal Regional do Trabalho da 3ª Região*. Belo Horizonte: TRT3, a. 31, n. 61, p. 93-106, jan./jun. 2000.

VIEIRA, Debora da Silva; VERBICARO, Dennis; GÓES, Gisele Santos Fernandes. Incidente de resolução de demandas repetitivas e ação coletiva: diálogo ou duelo na defesa do consumidor em juízo? *Revista de Direito do Consumidor*, São Paulo, v. 130, p. 349-393, jul./ago. 2020.

VIEIRA, Sérgio Túlio Santos. O inexplicável oblívio da prescrição e da decadência como fatos jurídicos *lato sensu*. *Revista EMERJ*, Rio de Janeiro, v. 18, n. 69, p. 64-101, jun./ago. 2015.

VIGLIAR, José Marcelo Menezes. *Interesses individuais homogêneos e seus aspectos polêmicos*. 2. ed. rev. e atual. São Paulo: Saraiva, 2008.

VIGORITI, Vicenzo. Class action e azione collettiva risarcitoria: la legittimazione ad agire e altro. *Revista de Processo*, São Paulo, v. 33, n. 160, p. 181-204, jun. 2008.

VICTORIA MOSMANN, María. Los procesos colectivos en Argentina y los projectos de reforma: representatividade adecuada y rol del Ministerio Publico. *In*: SALGADO, José María (dir). *Procesos colectivos y acciones de clase*. Ciudad Autónoma de Buenos Aires: Cathedra Juridica, 2014.

VITORELI, Edilson. *O devido processo legal coletivo*: dos direitos aos litígios coletivos. 2. ed. rev., atual. e ampl. Salvador: Juspodivm, 2020.

WATANABE, Kazuo. Demandas coletivas e os problemas emergentes da práxis forense. *Revista da Faculdade de Direito de São Bernardo do Campo*, São Bernardo do Campo, v. 2, p. 60-71, 1992.

________. Comentários sobre a defesa do consumidor em juízo. *In*: GRINOVER, Ada Pellegrini *et al.* *Código Brasileiro de Defesa do Consumidor*: comentado pelos autores do anteprojeto. 9. ed. Rio de Janeiro: Forense Universitária, 2007.

WINDSCHEID, Bernhard; MUTHER, Theodor. *Polemica sobre la "actio"*. Trad. de Tomás A. Banzhaf. Santiago: Ediciones Olejnik, 2017.

XAVIER, Carlos Alberto Moreira. Ação de cumprimento. *Revista de Direito do Trabalho*, São Paulo, v. 6, n. 30/31, p. 141-144, mar./jun. 1981.

YEAZELL, Stephen C. *From medieval group litigation to the modern class action.* New Haven and London: Yale University Press, 1987. Disponível em: <https://www.jstor.org/stable/4285766?seq=1#page_scan_tab_contents>. Acesso em: 10 maio 2019.

________. Group Litigation and Social Context: Toward a History of the Class Action. *Columbia Law Review*, [*s.l.*], v. 77, n. 6. p. 866-896, 1977.

ZANETI JR., Hermes. Direitos coletivos *lato sensu*: a definição conceitual dos direitos difusos, dos direitos coletivos *stricto sensu* e dos direitos individuais homogêneos. *In*: AMARAL, Guilherme Rizzo; CARPENA, Márcio Louzada (coord.). *Visões críticas do Processo Civil Brasileiro*. Porto Alegre: Livraria do Advogado, 2005.

ZAROIL, Sofian. L'action de groupe à l'épreuve du droit français. *Dumas*: MEM-UNIV-NIMES Droit. 2019. Disponível em: <https://dumas.ccsd.cnrs.fr/dumas-02291087>. Acesso em: 20 nov. 2020.

ZAVASCKI, Teori Albino. O Ministério Público e a defesa de direitos individuais homogêneos. *Revista de Informação Legislativa*, Brasília, v. 30, n. 117, p. 173-186, jan./mar. 1993.

________. *Processo coletivo*: tutela de direitos coletivos e tutela coletiva de direitos. São Paulo: Revista dos Tribunais, 2006.

________. *Processo de execução*: parte geral. 3. ed. São Paulo: RT, 2004.

ZENUN, Augusto. *Prescrição na Constituição*. Rio de Janeiro: Forense, 1993.

ZIPONLINE. ZIP 2017, 2375. *Zeitschrift fur Wirtschaftsrecht*. Disponível em: <https://www.zip-online.de/heft-49-2017/zip-2017-2375-wirksamkeit-einer-mindestlohnansprueche-nicht-ausdruecklich-ausnehmenden-ausschlussklausel-bei-geltendmachung/>. Acesso em: 4 jul. 2020.